现代晋语的研究

侯精一 著

商 务 印 书 馆

2008 年·北京

图书在版编目(CIP)数据

现代晋语的研究/侯精一著. —北京:商务印书馆,1999
ISBN 978-7-100-02562-1

Ⅰ.现… Ⅱ.侯… Ⅲ.西北方言-山西-研究 Ⅳ.
B172.2

中国版本图书馆 CIP 数据核字(97)第 22836 号

XIÀNDÀI JÌNYǓ DE YÁNJIŪ
现代晋语的研究
侯精一 著

商 务 印 书 馆 出 版
(北京王府井大街36号 邮政编码100710)
商 务 印 书 馆 发 行
北京中科印刷有限公司印刷
ISBN 978-7-100-02562-1

1999 年 8 月第 1 版　　　　开本 850×1168 1/32
2008 年 10 月北京第 2 次印刷　　印张 13 3/4
定价:27.00 元

目　录

论晋语的归属[*]

一　简要的回顾

1.1　关于晋语的名称　　在讨论晋语的归属问题前,有必要先明确我们所说的晋语是有特定内容的。"晋语"这个名称平常用作"山西方言"的意思。作为学术名词,"晋语"跟"山西方言"应该有区别。"山西方言"着眼于地理,指山西省境内的方言。我们用"晋语"着重在语言,指山西省及其毗连地区有入声的方言。(李荣1985)因此对前人关于"晋语"的论述应该有所分析,不能与我们所讨论的"晋语"简单地划等号。

1.2　晋语区的划分　　晋语区包括太行山以西山西的中西部、北部、东南部,内蒙古黄河以东中西部地区以及陕西北部、河南北部、河北西部邻山西的地区。总共174个县市,使用人口约4,500万人。(侯精一 1986)从行政区划上看,晋语分布在5个省(区)。

1.3　关于晋语的归属　　《中国语言地图集》分汉语方言为十大区,把山西省及其毗连地区的方言从北方话分出来称作晋语,并把晋语看作与吴、粤、闽、湘、赣、客、平话、徽语、官话平行的一个大方言区。(中国社会科学院　澳大利亚人文科学院 1987/1989)。晋语的归属问题,学界同道看法颇不一致。丁邦新先生说:如果只以这一个条件(指有入声——引者)来划分晋语,似乎不

＊ 此文是在"语言的变化与汉语方言,纪念李方桂先生国际研讨会"(1998.8 西雅图)的发言稿,发表前做了修改。原刊于研讨会论文集。

够坚强。(丁邦新 1987)晋语分立理由不足。(丁邦新 1996)詹伯慧(1991)、王福堂(1998)等也对晋语从北方话分离出来持异议。温端政先生则主张晋语可以升格独立,并提出晋语是"部分入声音节两分"的方言。他说:如果说吴语是"塞音、塞擦音三分的方言",那么晋语便可以说成是"部分入声音节两分"的方言①(温端政1997)。

二　晋语的特点及区分晋语的标准

2.1　晋语的主要特点

我在 1989 年提出晋语的五个特点:(侯精一 1989)

①入声多带有比较明显的喉塞音。②北京 [ən:əŋ] [in:iŋ] [uən:uŋ] [yn:yŋ]四对韵母晋语分别合并。③ 多数地区有词缀"圪"[kəʔ]。④北京话的轻声"子"尾多数地区读[tsəʔ]。⑤多数地区有分音词。

之后,在1996年我把晋语的主要特点增加到十个:(侯精一1996)

①发音特点。②崇母平声字的擦音化。③古全浊声母今读塞音、塞擦音平声不送气。④蟹、止两摄部分合口字今白读[y]。⑤鼻音韵尾的消失与合流。⑥入声收喉塞尾及入舒同调型。⑦文白异读。⑧有表音词缀"圪"。⑨指示代词三分。⑩分音词。

2.2　区分晋语的标准

我们把晋语从北方话划分出来依据的标准是李荣先生提出的"山西省及其毗连地区有入声的方言",应该说这是一条很有效的标准。用这条标准划出来的晋语,从地理分布上来看也是非常合适的。这一大片相连的地区,东边到太行山,西边和南边(中间有个过渡区)邻黄河,北边一直延伸到内蒙古阴山山脉。这是一个相当封闭的地理环境。魏峨的太行山和古老的黄河以及山西南部的太岳山脉、中条山脉作为天然屏障抵挡处于强势的北京官话方言的西进与中原官话的北上。

用入声这条标准可以把晋语从北方话分出来。下面我们再补充一些例证。

通摄合口一等与合口三等精组入声字晋语区今读音多有分别。一等字读入声洪音,三等字读入声细音。见下表一:[②]

表　一

	族通合一 入屋从	**速**通合一 入屋心	**足**通合三 入烛精	**俗**通合三 入烛邪	**肃**通合三 入屋心
太原山西中部	tsʻuəʔ	suəʔ	tɕyəʔ	ɕyəʔ	ɕyəʔ
长治山西东南	tsuəʔ	suəʔ	tɕyəʔ	ɕyəʔ	ɕyəʔ
临县山西西部	tsuəʔ		tɕyəʔ	ɕyəʔ	ɕyəʔ
大同山西北部	tʂʻuəʔ	ʂuəʔ	tɕyəʔ	ɕyəʔ	ɕyəʔ
盂县山西东部	tsʻuɤʔ	ɕyɤʔ*	tɕyɤʔ	ɕyɤʔ	ɕyɤʔ
张家口河北	tsuɐʔ		tsuɐʔ*	ɕyɐʔ	ɕyɐʔ
邯郸河北	tsuəʔ	suəʔ	tɕyəʔ	ɕyəʔ	ɕyəʔ
吴堡陕西	tsʻuəʔ	ɕyəʔ*	tɕyəʔ	ɕyəʔ	ɕyəʔ
绥德陕西	tsʻuəʔ	ɕyəʔ*	tɕyəʔ	ɕyəʔ	ɕyəʔ
林县河南	tsuʔ		tɕyʔ		
获嘉河南	tsuʔ	suʔ	tɕyʔ	ɕyʔ	ɕyʔ
呼和浩特内蒙	tsuəʔ	suəʔ	tɕyəʔ	ɕyəʔ	ɕyəʔ
临河内蒙	tsʻuɛʔ	suɛʔ	tɕyɛʔ	ɕyɛʔ	ɕyɛʔ

上表总共列出晋语区 13 个市、县的资料,这些资料大多是从近些年公开发表的出版物中摘选的。其中,有贺巍的《获嘉方言研究》、温端政主编的《山西省方言志丛书》、温端政与本人共同主编

的《山西方言调查研究报告》、陈章太等的《普通话基础方言基本词汇集》和刘育林的《陕西通志·方言志(陕北部分)》。表中"＊"号表示例外,空格表示资料或缺(下同)。这 13 个市县的地理分布,从晋语的中心地区——山西中部的太原盆地到山西西部的吕梁山区、东部的太行山区、东南部的上党盆地。山西省境外的晋语区,从陕北、豫北到河北西部、内蒙古黄河以东中西部地区。可以说举例覆盖整个晋语区。例外较少,而且只是个别字音(从同等音韵地位的其他例字的读音也可做补证)。通摄合口一等与合口三等精组入声字今韵母读音有分别在晋语区具有相当大的一致性。上面我们只举出 13 个点的资料,从上文列出的出版物中,很容易再找到例证。

从语音上看,晋语的区分标准可以概括为:晋语有入声,通摄合口一等与合口三等入声精组字今读音有分别。下面再看一下同等音韵地位舒声字的表现。

通摄合口一等与通摄合口三等精组、泥组舒声字在晋语区的一些地区,今读音也有分别。一等读洪音,三等读细音(主要集中在山西东南部及相邻的豫北[③]、陕北)这一条虽然不是作为区分标准,但却可看作晋语区分标准在相当一片地区的深层影响,很值得注意。如长治"笼聋"一等读[luəŋ],"龙陇垅"三等读[lyəŋ],"耸宋送"一等读[suəŋ],"松诵讼"三等读[ɕyəŋ]。(侯精一 1985)。例字见下表二。

表 二

	聋通合一	≠	龙通合三	送宋通合一	≠	诵讼通合三
屯留	luŋ	≠	lyŋ	suəŋ	≠	ɕyŋ
陵川	luŋ	≠	lyŋ	ʂuŋ	≠	ɕyŋ
清徐	luŋ	=	luŋ[＊]	suᴧ̃	≠	ɕyᴧ̃

	聋通合一	≠	龙通合三	送宋通合一	≠	诵讼通合三
文水	luəŋ	≠	lyəŋ白读	suəŋ	≠	ɕyəŋ
忻州	luəŋ	≠	lyəŋ旧读	suəŋ	≠	ɕyəŋ旧读
获嘉河南	luŋ	≠	lyŋ	suŋ	≠	ɕyŋ
兴和内蒙古	luəŋ	≠	lyəŋ白读			

据北京大学《汉语方音字汇》，"龙"字读细音在全国 20 个重点方言（北京、济南、西安、太原、武汉、成都、合肥、扬州、苏州、温州、长沙、双峰、南昌、梅县、广州、阳江、厦门、潮州、福州、建瓯），有福州[lyŋ]、梅县[liuŋ]温州[liɛ]白读读细音。在晋语区"龙"读细音除去上面所举出的长治、屯留、陵川、文水、忻州、获嘉、兴和 7 处以外，根据对已发表晋语资料的初步翻检，还有平遥、汾西、隰县、平顺、高平、晋城、大同、五台、邯郸、济源等 10 处。总共 17 处。

三　与官话方言的比较

3.1　与冀鲁官话的比较

官话区的济南、西安，通摄合口一等与合口三等入声精组字今读音也有分别。一等读舒声洪音，三等读舒声细音。如，属北方官话的济南"族"[tsu]与"足"[tɕy]不同音。属中原官话的西安"族"[tsu]与"足"[tɕy]韵母也有洪细的不同。一等读舒声洪音，三等读舒声细音。但北方官话、中原官话均无入声，而晋语有入声，晋语与北方官话、中原官话有明显分别。

3.2　与江淮官话的比较

"族""足"两组例字，江淮官话虽然也读入声，但一等与三等精组入声字，今韵母的读音没有区别，而晋语则有区别，据此可以把晋语区与江淮官话区别开来。参看下表三:（根据江苏省和上海市方言调查指导小组 1960）（刘丹青 1998）（李金陵 1998）

表　三

	南京	扬州	高邮	淮阴	泰兴	如皋	合肥
族一等	tsʻuʔ	tsʻɔʔ	tsʻɔʔ	tsʻɔʔ	tsʻɔʔ	tsɔʔ	tsʻuəʔ
足三等	tsuʔ	tsɔʔ	tsɔʔ	tsɔʔ	tsɔʔ	tsɔʔ	tsuəʔ

四　通合一与通合三入声精组字韵母在现代汉语方言里的读音

通合一与通合三入声精组今仍读入声,但韵母洪细有别,在现代汉语方言里还比较少见。据《汉语方音字汇》(北京大学中国语言文学系 1989),在全国 20 个重点汉语方言中,"族"与"足"韵母读音有分别的,除去晋语区的太原外,还有 7 处。其中济南古入声已读舒声,余下只有温州、南昌、梅县、厦门、福州、建瓯等 6 处。吴语、粤语的代表点苏州、广州均不在内。至于"聋"与"龙"字韵母读音有分别,在《汉语方音字汇》的 20 个重点方言中只有温州、梅县、厦门、潮州、福州、建瓯 6 处。有意思的是,"族""足"今韵母不同,"聋""龙"今韵母不同的现象,却在中国最北边的晋语区比较多地保存下来。这难道不说明晋语的保守性一面(与北方话比较),只有把晋语从北方话分出来,才能更好地反映出晋语的特点。

下列表四说明通合一与通合三入声精组字韵母读音在汉语东南沿海方言的分合情况。表里头除列出精组例字外,还列出来母的"聋""龙"两字的读音,以便参考。(北京大学中国语言文学系 1989)

表　四

	族通合一入屋从		足通合三入烛精	聋通合一平东来		龙通合三平钟来
广州	tʃuk	=	tʃuk	luŋ	=	luŋ
苏州	zoʔ	=	tsoʔ①	loŋ	=	loŋ

	族通合一入屋从		足通合三入烛精	聋通合一平东来		龙通合三平钟来
南昌	ts'uk	≠	tɕiuk	luŋ	=	luŋ
长沙	ts'əu	=	tsəu	lən	=	lən
厦门	tsɔk 文读 tsak 白读	≠	tsiɔk	laŋ 白读 lɔŋ 文读	= ≠	laŋ 白读 liɔŋ 文读
福州	tsu?	≠	tsøy?	løyŋ 白读 luŋ 文读	≠ ≠	leiŋ 白读 lyŋ 文读
梅县	ts'uk	≠	tsiuk	luŋ	≠	liuŋ

上表南昌"聋"与"龙"韵母相同,梅县"聋"与"龙"韵母不同。下面我们再进一步看一看其他客赣方言的表现。

根据李如龙、张双庆对江西、广东、福建、湖南、广西的 34 点调查,"聋"与"龙"今韵母不同的只有 14 点。其中,江西占一半,7点。福建 5 点,广东只有梅县、揭西两点。(李如龙 张双庆 1992)李、张的调查说明"聋"与"龙"今韵母不同还不是客赣方言的主流现象。

五 划分晋语区的词汇标准

5.1 从语音方面讨论晋语的归属,我们做了许多工作。单从语音方面着眼,是不够的。我们的目光应该兼及词汇问题,就是说不仅注意用语音作划分的标准,词汇方面,特别是区别特征明显的、历史久远的核心词,也可以而且应该作为区分晋语的标准。温端政说:"我们必须同时承认,晋语在语音、词汇和语法上确有许多不同于官话方言的特点。就拿同是李荣先生主编的几部方言词典来比较,《忻州方言词典》所收不同于官话方言的词语数量,超出了《长沙方言词典》和《苏州方言词典》,而接近于《厦门方言词典》——从这一点来说,晋语与吴语、闽语、湘语等并列为独立的方言区似无逊色。"(温端政 1997)这个意见是值得考虑的,词汇的确可以作为区分晋语的一条标准。

5.2 山西方言里头有相当一批词语与官话方言明显不同。表五共列出 18 条。我们可以考虑从中选出 1—2 条作为划分晋语区的词汇标准。表文举例标注的是山西平遥县的读音。

表 五

山药蛋 saŋ iʌʔ taŋ 土豆儿 01	壁虱 piʌʔ ʂʌʔ 臭虫 02	红薯 xuŋ sʅ 白薯 03
得脑 tʌʔ lɔ 头 04	圪嘟 kʌʔ tu 拳头 05	黑夜饭 xʌʔ iɛ xuaŋ 晚饭 06
茅子 mɔ tsʌʔ 厕所 07	跑茅子 pʰɔ mɔ tsʌʔ 08	圪蹴 kʌʔ tɕiəu 蹲 09
毛巾巾 ʂəu tɕiŋ tɕiŋ 毛巾 10	年时 niɛ sʅ 去年 11	户子 tuʌʔ tsʌʔ 屁股 12
蚂蚍蜉 ma piʌʔ xu 蚂蚁 13	月明爷 yʌʔ mi iɛ 月亮 14	风匣 xuŋ xʌʔ 风箱 15
土墼 tʰu tɕiʌʔ 土坯 16	龙床 luŋ suə 白读;蒸笼 17	炭 tʰaŋ 煤 18

01—12、16—18 各条在晋语区有很大的一致性,与晋语区周边的官话方言区别也很明显。13—15 三条晋语区有少数地区有不同的说法。

01"山药蛋"指"土豆"在晋语区非常普遍。"山药蛋"是晋语区老百姓的当家菜,几乎天天见。晋语区周边的官话方言不说"山药蛋",多说"土豆儿"。文艺界有"山药蛋"派,是对山西作家的戏称。可见"山药蛋"一词地区色彩之浓厚。

02"壁虱"作为"臭虫的别名",《汉语大词典》举的书证是宋·陈师道《后山诗话》:"鲁直有痴弟,畜漆琴而不御,虫虱入焉。鲁直嘲之曰:龙池生壁虱"。上海、苏州"臭虫"也叫"壁虱"。晋语与吴语的平行性在此又表现出来。本条及以下三条均见于文献记载。

11 "年时"指"去年"。《唐五代语言词典》："年时：当年；去年"，举唐诗为证："春衫窄，香肌湿，记得年时，共伊曾滴。"（江蓝生 曹广顺 1997）

12 "后子"指屁股，在晋语区极为普遍。"后子"的"后"，见于《广韵》。《广韵》入声屋韵："尾下窍也。"丁木切，民国初年山西印行的《方言杂字》"后"用"笃"字直音，注："出粪门也"。《汉语方言词汇》"屁股"条，全国 20 点，涉及各大方言区，说"后"的只晋语一家。

13 "蚂蚍蜉"指"蚂蚁"，山西境内的晋语大都如此，只山西东南部说"蚂蚁"，不说"蚂蚍蜉"。⑤《普通话基础方言基本词汇集》共收录 93 点方言词，"蚂蚁"条除晋语区外，只有甘肃天水说"蚍蜉蚂蚂"、西安说"蚍蜉蚂"。（词序与晋语不同）⑥韩愈的著名诗句"蚍蜉撼大树，可笑不自量"，"蚍蜉"指的就是大蚂蚁。⑦"蚍蜉"见于早期历史性文献。《礼记·学记》"蛾子时术之，其此之谓也"。汉·郑玄注"蛾，蚍蜉也。"

14 "月明"、"月明爷"指"月亮"，在晋语区相当一致。"明"多为白读[mi]。

04 "得脑"的"脑"在晋语的核心地区太原盆地的清徐、太谷、祁县、文水多做[l-]声母。其他地区为[n]声母。第一音节本字不明，从山西东南部第一音节多做"圪"看，"得脑"的"得"可能是表音前缀，没有意义。后一音节不管是读鼻音还是读边音，当是"脑"字。（晋语区[n]与[l]分别很清楚，但常用的指代词"哪儿"不少地区读边音[l]可证）。

05 "圪嘟"指拳头，在晋语区内具有很高的一致性，非晋语区很少有这种说法。⑧"拳头"为什么叫"圪嘟"[kʌʔ tu]，"拳"群母字，"头"定母字，晋语有古全浊声母今读塞音、塞擦音平声不送气。"圪嘟"[kʌʔ tu]可能就是"拳头"，从声母上、从词义上看此说可

— 9 —

通,但从其他方面看,还要再论证。以词汇作为标准区分晋语,"圪
嘟"也是很合适的。

18"炭"指"煤"。北京说"买了200斤煤",晋语说买了200斤
炭。山西煤炭资源非常丰富,山西方言之丰富犹如山西之煤炭。
有意思的是,晋语区土话都说"炭",不说"煤"。《山西方言调查研
究报告》山西方言词汇对照第12"煤块"条,山西境内的晋语多说
"炭",也有说"炭块块"、"炭疙瘩"的。只有沁县一点例外,说"煤
块"。山西境外的晋语,河北的邯郸、平山、张家口、阳原;内蒙古的
呼和浩特、临河、集宁;河南的林县;陕西的绥德,也都说"炭"。⑨晋
语区以外的地区也有说"炭"的,如关中地区的宝鸡、西安,西北地
区的兰州、银川。

"炭"指煤炭。《水经注·漯水》"山有石炭,火之热,同樵炭也"。
又,明·宋应星《天工开物·燔石》:"……或一井而下,炭纵横广有,
则随其左右阔取。⑩《正字通》:"'炭',石炭,今西北所烧之煤即石
炭,苏轼集有《石炭行》。"⑪今甘肃天水还把"煤"称作"石炭"。⑫

以上18条,"圪嘟"(拳头)条可考虑作为区分晋语区的词汇标
准的首选条目。

六　余论

6.1　在给汉语方言分区时一定会有例外,事实上我们找不到
哪一条标准可以完全适应一个方言区的所有地区。在一些地区,
一定有例外,有两可。没有例外和两可的反而不正常。特别是在
不同方言区的交界地带,例外或两可的现象是常见的,我们不能据
此怀疑分区的标准。通常两个方言区的相邻地区自然会有过渡语
言现象。我在《晋语区形成的社会因素》一文的附图(侯精一
1989)就标出山西南部没有入声的20几个县、市实际上是晋语与
中原官话的过渡区。道理很简单,因为从没有入声出发,我们可以

把这个地区划入中原官话区,但是如果以有无文白异读作为分区标准,山西南部比山西北部更适合留在晋语区。因此,在对某条分区标准的效能提出批评时,我们应该避免使用这种特有的过渡语言现象。"现在讨论方言的分类,只能就各地区方言的主流来立论",(丁邦新 1982)"方言的分区也许应该厘清方言的中心地区,到边际地区则可容许相当的出入"(丁邦新 1996)的意见确为经验之谈。

6.2 从 1985 年提出晋语从北方话分出来,至今也不过十三四年,对晋语的认识(调查与研究)比起对官话或者是对东南沿海汉语方言的调查研究还是非常不够的。随着调查研究的深入,肯定会有新的、重要的资料展示出来,也许到那时,晋语归属问题的讨论就会有结果了。

附 注

① 温端政说的"部分入声音节两分"是指入声音节"实际上可分为表义(有词汇意义)和不表义的(没有词汇意义)两个部分"。举的例子是太原的。表义的,如:日杂店[zəʔ²⁻⁴⁵ tsaʔ⁵⁴⁻² tie⁴⁵]的"日"[zəʔ²]。不表义的,如:日怪[zəʔ² kuai⁴⁵]的"日"[zəʔ²]。

② 通摄合口三等入声精组字,除去以上列出的三个以外,还有"促续宿粟"四个字。"促"字晋语多读洪音。应视作例外。例如:"促"太原 tsʻəuʔ|平遥 tsʻuʌʔ|获嘉 tsuʔ|吴堡陕北 tsʻuəʔ。"续宿粟"晋语区多读细音。北方话"续宿"也有细音的读法。如:北京话"续"音[ɕy],"宿"音[ɕiou]一~:一夜。

③ 郑州市,"聋"音[luŋ],"龙"文读音[luŋ],"龙"白读音[lyŋ]。(卢甲文,郭小武 1998)郑州市地处河南省北部黄河南岸,与黄河北岸的晋语区相邻。"龙"白读音[lyŋ]是受晋语区的影响。

④ 表里头的"="、"≠"号,仅仅表示字音韵母的相同与否。

⑤ 参看《山西方言调查研究报告》232－233 页。

⑥ 参看《普通话基础方言基本词汇集》3728 页;《山西方言调查研究报

告》第 9 – 10 页。

⑦ 韩愈《调张籍》:李杜文章在,光焰万丈长。不知群儿愚,那用故谤伤。蚍蜉撼大树,可笑不自量。

⑧ 参看《山西方言调查研究报告》249 页;《普通话基础方言基本词汇集》2575 页。

⑨ 参看《普通话基础方言基本词汇集》2105 页。

⑩ 此条承白维国先生告我。

⑪ 《正字通》张自烈(明)、廖文英(清)编,董琨整理。628 页,中国工人出版社,1996,北京。

⑫ 参看《普通话基础方言基本词汇集》2105 页。

参考文献

李 荣   1985 《官话方言的分区》《方言》第 1 期 。

丁邦新   1982 《汉语方言区分的条件》,载《丁邦新语言学论文集》(1996)
         商务印书馆 北京 。

——   1987 《论官话方言研究中的几个问题》,载《丁邦新语言学论文集》
         (1996) 商务印书馆 北京 。

——   1996 书评:《中国语言地图集》载《国际中国语言学评论》第 1 期
         香港。

詹伯慧   1991 《汉语方言及方言调查》第 62 页 湖北教育出版社。

王福堂   1998 《20 世纪的汉语方言学》《二十世纪的中国语言学》北京大学
         出版社。

温端政   1997 《试论晋语的特点与归属》《语文研究》第 2 期。

——   1982 – 1984 《山西省方言志丛书》:平遥 怀仁 太谷 晋城 陵川
         洪洞 祁县 寿阳 襄垣 文水 万荣等 11 种方言志《语文研究增刊》
         太原。

——   1985 – 1991 长治 忻州 大同 原平 孝义 清徐 汾西 沁县 山阴
         天镇 文水(修订本)武乡 和顺 左权 盂县 临县 介休 阳曲 新绛
         永济 朔县 运城 屯留 临汾 吉县等 25 种 语文出版社 北京。

贺　巍　1989《获嘉方言研究》商务印书馆 北京。

——　1981《济源方言记略》《方言》第 1 期 北京。

刘育林　1990《陕西省志 方言志》(陕北部分)陕西人民出版社 西安。

翟英谊　1989《山西娄烦方言同音字汇》《方言》第 1 期。

中国社会科学院　澳大利亚人文科学院 1987/1989《中国语言地图集》 朗文
　　　(远东)出版有限公司 香港。

侯精一　1985《长治方言志》语文出版社 北京。

1986《晋语的分区(稿)》《方言》第 4 期。

——　1989《晋语图》载《中国语言地图集》 朗文(远东)出版有限公司
　　　香港。

——　1989《晋语区形成的社会因素》载《晋语研究》日本东京外国语大
　　　学亚非言语文化研究所。

1997《晋语研究十题》《桥本万太郎纪念 中国语学论集》内山书店
　　　东京。

——　1998《现代汉语方言音库》:《合肥话音档》(李金陵编写)上海教育
　　　出版社。

《南京话音档》(刘丹青编写)上海教育出版社。

《郑州话音档》(卢甲文、郭小武编写)上海教育出版社。

——　1995《平遥方言民俗语汇》语文出版社 北京。

北京大学中国语言文学系语言学教研室　1989《汉语方言字汇》(第 2 版)文
　　　字改革出版社 北京。

1995《汉语方言词汇》(第 2 版)语文出版社 北京。

李大业　1986《兴和音系略说》《方言》第 4 期。

江苏省和上海市方言调查指导组　1960《江苏省和上海市方言概要》江苏
　　　人民出版社 南京。

李如龙 张双庆　1992《客赣方言调查报告》厦门大学出版社。

陈章太 李行健　1996《普通话基础方言基本词汇集》语文出版社 北京。

江蓝生 曹广顺　1997《唐五代语言词典》上海教育出版社。

晋语研究十题

——为纪念桥本万太郎教授逝世 10 周年而作

根据有入声这条标准,把"山西省及其毗连地区"从北方话分出来,称作"晋语"。(李荣 1985)晋语"独立"十年多了,有关晋语的论著又出了许多,回头来看,把晋语独立出来确是很有见地的。

本文从晋语研究众多题目中选了十个主要问题进行讨论。关于这些问题的论述散见于前人的论著。这里集中起来讨论,或许会对整个晋语认识得更清楚一点,有助于对晋语的了解。文中提出的十个题目在晋语区的分布不尽相同。有的现象,如有入声,有表音词缀"圪",鼻音韵尾的合流与消失等现象分布就很广泛。有的现象,如文白异读则多见于晋语的中心地带:山西中部太原盆地、西部吕梁山地区等。全面描写一个方言区,最好能从多层面进行。本文举出的十个题目是从语音(声、韵、调;音值、音类;共时、历时)、词汇、语法三个层面来考虑的。下面分题讨论。各题文字的繁简不尽相同,能略则略;读者可参看文末所列参考文献。

一 晋语区发音特点

1.1 塞音声母[p t k]带有舌根擦音[x]。赵元任先生称作"爆发又加摩擦的复合音"。(赵元任 1935)

送气塞音声母[p' t' k']带有舌根塞音[x]现象比较明显。赵元任先生称作"摩擦送气"(赵元任 1935),太原的"怕"字标作[p'xɑ]。高本汉(karlgren)也有类似的看法,比如他说在归化(今呼和浩特)、大同、太原、兴县都有"[p]后面随着一个清舌面前腭的摩擦音"[ç],或"清舌根摩擦音"[x]。(高本汉 1948)

1.2 鼻音声母[m n ȵ ŋ]通常分别带有同部位的塞音声母,实际读音标作[mᵇ nᵈ ȵᵈ ŋᵍ]。

高本汉也指出过这种现象。高本汉听到的是半个多世纪以前的山西话,可以想像那个时候鼻音声母带塞音尾的现象一定比现在还要明显。

1.3 某些复合元音(北京话的"桃"[-au]"条"[-iau];"盖"[-ai]"怪"[-uai])的单元音化。

晋语区复合元音的单元音化现象比较普遍。以山西为例,《山西方言调查研究报告》记录103个市县的方言,山西南部24个市县属中原官话除外不计,山西省属晋语区的有79个市县。其中有单元音化现象的有36个市县,几乎占半数,参看下表一:数目字表示该地区有单元音化现象县市的数目。

"A组""桃"的韵母为单元音,"盖"的韵母为复合元音;"B组""盖"的韵母为单元音,"桃"的韵母为复合元音;"C组""桃""盖"韵母均为单元音。

表　一

山西中部	10 点
A组	平遥　灵石　孟县　阳泉　平定　昔阳
B组	榆次　左权
C组	交城　榆社
山西西部	4 点
A组	永和　静乐
C组	中阳　隰县
山西东南部	14 点
A组	长治　黎城　屯留　沁县　武乡　晋城　阳城
B组	潞城　平顺　壶关　沁源　襄垣　陵川　高平

— 15 —

山西北部	8点
A组	忻州 宁武 保德 五台
B组	原平 平鲁
C组	定襄 朔州

"桃条"单元音化后,主要元音绝大多数为[ɔ],如,"桃"[-ɔ]"条"[-iɔ]。个别点,如左权、五台主要元音为[o]。在"桃条"韵母为复合元音的地方,"桃条"多读作[ɔɔ][io],韵尾呈现弱化、低化,与主要元音的舌位靠近,动程甚短。(如朔州、中阳)

"盖怪"单元音化后,主要元音有[æ](如平遥)[ɜ](如阳泉)[ɛ](如沁县),甚至有读[e]的(如宁武)。

在"盖怪"韵母为复合元音的地方,一般"盖""怪"多读作[æɜ][uæɜ](如浑源、灵丘),韵尾也呈弱化低化,发音动程很短。

在内蒙古晋语,上列"桃条""盖怪"等例字分别读作[ɔ ei][ɛi][ɛ uɜ][su ɜ]。(侯精一 1989)如,呼和浩特"保"[pɔ]"跳"[tʻiɔ]"盖"[kɜ]"怪"[kuɜ]。呼和浩特解放前称作归化,据高本汉的记音,"保"作[pɔ]"跳"作[tʻio](高本汉 1948)。高本汉记录的山西兴县字音,"盖"[kɛ]"害"[xɛ](高本汉 1948),均为单元音。据近人的记录,兴县"盖"[kai]"怪"[kuai]"刀"[cɑɔ]"交"[tɕiɑɔ]均为复合元音。

从早期高本汉的记音到多位近人的记录,某些复合元音的单元音化现象的确存在。但是也应该看到,由于发音人受普通话的影响和不排除记录者对单元音化现象的疏忽,有些地区的记音可能不够准确。晋语的单元音化现象应该看作是早期晋语的行为。从高本汉的记录来看,西北地区的一些方言也有单元音化现象,均可看作早期读音的保留。

二 崇母平声字的擦音化

崇母平声字白读音的擦音化现象见于晋语中心地带太原盆地

(太原除外)。例见下表二：

表　二

	茌	馋	锄	柴	愁	床
平遥	s	s	s	s	s	s
太谷	s	s	f	s	s	f
文水	s		s	s	s	s
祁县	s		–	s	s	s
孝义	s	–	s	–	–	s

崇母入声字也有个别读擦音的。如"铡"平遥、孝义、沁县(平遥的邻县)均读[s]。(侯精一 1995)

三　古全浊声母今读塞音、塞擦音平声不送气

古全浊声母今读塞音、塞擦音在北方话平声送气,仄声不送气。如:北京话"厨"[tʂʻuɿ],阳平。"住"[tʂuˋ],去声。山西中部地区清徐、榆次、交城、太谷、文水、祁县、孝义、平遥、介休古全浊声母今读塞音、塞擦音平声,白读不送气声母,文读送气声母。如平遥,"盘"(～问)[pʻ]文读。"盘"(～腿)[p]白读。(侯精一、温端政 1993)。

古全浊声母在现代汉语方言里的读音是汉语方言分区的重要标准之一。

李方桂先生在 1937 年英文版的《中国年鉴》上把汉语方言分为七类,主要就以此作为标准。张琨先生曾指出:李先生汉语方言分类的建立是根据一些限于某个特殊地区的音韵特征,其中最主要的一个特征是对于《切韵》全浊声母,浊塞音浊塞擦音声母的处理办法。(张琨 1992)《切韵》浊塞音浊塞擦音声母在现代汉语方言的读音是有很大分歧的,可以作为汉语方言分类的标准。尽管晋语的这一特点仅仅限于山西中部九个县,而且只是古全浊声母

今读塞音塞擦音的部分字,但由于事实本身具有重要性,所以我们还是把这一问题看作是晋语重要特征之一。

四 蟹、止两摄部分合口字今白读[y]

山西中部平遥、灵石、交城、孝义、清徐、介休、太谷,山西西部中阳、临县、方山、离石、岚县、静乐、石楼、隰县、蒲县、汾西总共有十几个县市有这种现象。(侯精一,温端政1993)举例见下表三:标音只列韵母。

表 三

	喂(止合三)		脆(蟹合三)	
	文	白	文	白
介休	uei	y	uei	y
孝义	uei	y	uei	y
清徐	–	y	uai	y
中阳	–	y	uæ	y
临县	uei	y	uei	y

五 鼻音韵尾的合流与消失

中古的[-m -n -ŋ]三个鼻音韵尾,晋语只保存一个舌根鼻音韵尾[-ŋ]。这种现象在晋语区是很普遍的。舌根鼻音韵尾比起双唇鼻音韵尾[-m],舌尖鼻音韵尾[-n],发音部位要靠后,这可能是[-ŋ]尾至今还在晋语区以至某些官话方言中保存的原因。晋语[-ŋ]尾多保存于央元音[ə]或高元音[i u y]的后头。低元音[a]后头的鼻音韵尾在很多地方都已脱落。(侯精一、温端政1993)。晋语鼻音韵尾消失的路向与汉语其他方言有某些一致性。比如,吴语"最保存"[-ŋ]尾是后高(圆唇)元音[o],"最先进"(最不易保存)的是低元音后头的舌尖鼻音韵尾[n]。(张琨1983)

鼻尾韵的合流情况,晋语区呈多元化。(王洪君1991)

六　入声收喉塞尾及入舒同调型

关于晋语区的入声问题有三点要特别指出：

6.1　山西中部、西部、东南部入声多分阴阳。山西北部及山西省境外的晋语——内蒙古中西部、河北邻近山西部分、陕北、豫北入声多不分阴阳，只有一个入声。晋语的西南边缘(陕西省的志丹、延川、吴旗、安塞)及东南边缘(河北省邯郸地区的部分县市)古入声字只有部分字仍读入声。这是晋语区入声的大致情况。(侯精一 1986)

6.2　从发音看，晋语区入声只收塞喉尾[ʔ]。[ʔ]的爆破很明显，很像吴语的入声尾[ʔ]。

6.3　"入舒同调型"。"入舒同调型"是指入声的调型与舒声的某个调型有较明显的一致性。就是说，舒入之分只是长短调的不同，"入舒同调型"不仅表现在单字调，也表现在连调。例如：

太原　　阴入　3　急　　平声　11　鸡
　　　　阳入　54　截　　上声　54　挤
获嘉　　入声　3　速　　阴平　33　苏

与入声同型舒声的连调行为，可以帮助调查者确定入声的连调，从而大大减少记录入声连读变调的困难。

七　文白异读

7.1　晋语的文白异读现象主要分布在山西的中西部及与北部邻近中部的地区。山西境外的晋语文白异读现象很不丰富。山西方言的文白异读表现在字音的声母、韵母上。声母比较简单，韵母要复杂得多。总起来说，晋语的文白异读是一种成套的、有规律性的、在地域分布上是相连成片的。晋语的文读系统与北方官话的韵类分合大致相同，白读音的韵类系统则有自身的系统，与北方官话的韵类系统差别比较明显。(侯精一、温端政 1993)关于晋语文白读的进一步讨论请见下文。

7.2　变读。变读是晋语的一种特殊构词手段,是一个值得晋语研究者重视的问题。1988 年日本中国语学会第 38 回全国大会上我报告了这个问题。后来写了《变读别义》一文(《晋语研究》1989),但只是作了初步的讨论。1993 年出版的《山西方言调查研究报告》在《山西方言概况》一章也专门谈到这个问题,文中称作"变音"。内容虽有所充实,例如把晋东南的子变韵母,霍州、清徐的小称变韵也看作"变音"的一个重要内容,这可以说是一点儿进步,但可惜未做展开讨论。现在看来,这种构词手段还是称作"变读"的好。日语汉字的发音分音读和训读两种,近似汉字本来读音的叫音读,如"人"读[dʒin]。取汉字的字义而按日语的固有读法发音的叫训读,如"人"读为[çito]。闽南话也有"训读",即用方言的本字去读具有相同意义的,字如,海南"黑"训读[ou˩](乌),"兄"训读为[ko˩](哥)。厦门"短"训读[te˧],这是"底"(本字)的训读。(周长楫 1994)如同"训读"是厦门话的重要特点,"变读"是晋语的一个重要特点。这只是从重要性上相比较而言。晋语"变读"从数量上及分布地区上都远不如闽语的"训读"。

晋语的变读是指用改变一个字的声母、韵母或声调(比较少见)的读法来表示另外一种词汇意义和语法意义。(侯精一 1989)变读不同于文白异读,文白异读是成规律的变音现象,变读是不成规律的变音现象。例如平遥:

娘　　文读　　niaŋ˩　大娘(大伯父之妻)

　　　白读　　nyə˩　寺庙里供奉的"娘娘"

　　　变读　　niai˩　祖母

犹如闽语的训读音的本字有很多是待考的,晋语的变读字音(例如上文所举的[niai˩])的溯源也是颇为费力的。

八 表音词缀"圪"

8.1 关于这个问题同行们有许多论著,就地域分布来看,表音词缀"圪"在晋语区(甚至与晋语区相邻的地区,如山西南部)相当普遍存在。就晋语的几个主要特点来说,无论是从"圪"的地域分布来看还是从"圪"的构词能力上来看,"圪"都是名列前茅的。比如崇母平声字的擦音化、古全浊声母今读塞音、塞擦音平声不送气,虽都是晋语的重要特点,但就分布地域来看,这种现象只见于晋语的中心地区——太原盆地,其他地区很少有这种现象。

8.2 表音词缀"圪"没有具体的词汇意义,但有时有语法意义。以长治话为例:

圪台	kəʔˠ tʼæˠ	(台阶)
圪洞	kəʔˠ tuŋˠ	(小洞儿)
圪须子	kəʔˠ ɕyˠ təʔˠ	(碎布条儿)
圪扯	kəʔˠ tsʼeˠ	(抻条儿面)

上列例词中的"圪"都不能省,加"圪"构成新词。如"台"本指平而高的建筑物,加表音词缀"圪"构成新词"圪台","台阶"的意思。"洞"可指大洞也可指不太大的洞,加"圪"则专指较小的洞。"须子"指动植物体上长的像须发的东西,加"圪"后专指碎布条儿,构成新词。"扯"为动词,加"圪"构成名词。(侯精一 1985)

8.3 以上是就"圪"的主要功能说的,因之,我们称"圪"为"词缀"。但是"圪"也可以作为语气助词,通常出现在句中,表现停顿或某种情感色彩。以平遥话为例:

(1) 这些枣儿比前些时圪红的多啦

(2) 兀块裤儿比这块圪合适

(3) 你圪就不能让让兀家(他)

(4) 我咔(那个)房子还能吃住下雨圪,圪淋圪淋就漏起了例(1)(2)"圪"表示语气的停顿。例(3)还兼有表示"亲近、友好"的感情色彩。例(4)兼有对主语"房子"的"嫌弃"。

九　指示代词三分

9.1　晋语区指示代词三分多分布在山西中部盂县、寿阳、榆社、阳曲、平定、和顺、昔阳、忻州、原平、石楼、中阳、临县、柳林、静乐等地。

以和顺话为例(田希诚 1987)

这个	tʂ˩:ʔɣu˥	近指
那个	nɑ˩	中指
兀个	u:ɣu˥	远指

这会儿	tʂɣ˩ xuəɣ˥	近指
那会儿	nɑ˩ xuəɣ˥	中指
兀会儿	uəʔ˥ xuəɣ˥	远指

这里	tʂɣ˩ lei˩	近指
那里	nɑ˩ lei˥	中指
兀里	uəʔ˥ lei˥	远指

9.2　晋语指示代词三分有如下特点:

(1)近指用"这",中指用"那",远指用"兀"。指示代词二分的地区,近指用"这",远指(自然也包括中指)有两种。一种用"兀",多见于山西中西部。一种用"那",多见于山西中西部以外的晋语区。当然这是就字形而言。"兀"在各地的读音存在明显的差异。这就是说,只有用"兀"表指代的地区才可能有指示代词三分现象。晋语"兀"通常不单用,有些地区,如平遥"兀家"[uɑʔ˥ tɕiə˩]"兀家们"[uɑʔ˥ tɕiə˩ʌ məŋ˩ʌ]指"他""他们";"兀块"[uʌʔ˥ʌ xuæ˥ʌ]

指"那个",咪儿[uæ˧ z˩˧ʌ˥˩ɭ]（咪:"兀块"的合音）是远指代词。

《汉语大词典》收"兀那"条，注"指示代词。犹那，那个。可指人、地或事。元马致远《汉宫秋》第一折:'兀那弹琵琶的是那位娘娘?'"有趣的是"兀那"在现代晋语的部分地区分离为两个指示代词，分别表示中指、远指。

(2)指示代词"这、兀"不能单用，后面要先跟量词，再跟名词。例如平遥:

啫是我的（"啫"[tsæ˧]是"这块"[tsʌʔ˩˧ɭ xuæ˧ɭ]的合音）。

咪是你的（"咪"[uæ˧]是"兀块"[uʌʔ˩˧ɭ xuæ˧ɭ]的合音）。

平遥不能说"＊这是我的""＊兀是你的"。北京话没有这个限制，可以说"这是我的""那是你的"，也可以说"这个是我的""那个是你的"。指物的这、那用作主语……早期多带"个"，现代不带个字的较多。（吕叔湘1985）梅祖麟教授说得更具体一些，他说，这，那在北方从晚唐、五代开始就不能单用作为主语，一定要跟语尾"个"或"底"结合。（梅祖麟1986）晋语平遥方言有"这底块"（这样）"兀底块"（那样）。如:要这底块做，不要兀底块做。（"块"为量词，相当于北京话的"个"）

十 分音词

10.1 分音词指在口语中把一个词分成两个音节来说。如，口语中不说"绊"，而说"薄烂"。晋语的分音词类似福州话的切脚词，古人所说的"切脚字"。宋朝俞文豹说（《唾玉集》，元陶宗仪辑，明陶珽重校，顺治三年宛委山堂刻本《说郛》卷二十三）:"俗语'切脚字'勃笼篷字，勃篮盘字"（梁玉璋1982）。

10.2 分音词现象主要分布在山西中部、西部及北部邻近中部的少数地区。临近山西的豫北及陕北、内蒙古中西部也有此现象。例如:

	本词	分音词
山西太原	绊 pæ̃˥	薄烂 pəʔ˥ʌ ˩læ̃
河南获嘉	摆 pai˥	卜来 pəʔ˥ ·lai
陕西延安	绊 pæ˥	不烂 pəʔ˥ ·læ

(侯精一 温端政 1993)

10.3 从上列例词看,晋语分音词的构成方式如下。分音词的第一音节与本词双声,分音词的第二音节与本词叠韵。后一音节均为边音[l]声母。福州话切脚词的构成与此相同。

山西中部的分音词有八十多条(赵秉璇 1979)。福州话的切脚词数量大于晋语约有二百出头(梁玉璋 1982)。福州的切脚词多为动词,也有象声词和少数量词。晋话的分音词多为动词,也有少量为名词、量词。

余　论

如果把以上所讨论的晋语研究的十题与汉语的其他方言作比较的话,我们首先会感到晋语的某些特点与官话区方言以至吴方言有一些共同之处。与官话区方言有共同之处,这是很自然的,毋须再讨论,与吴方言的关系却值得注意。这个问题桥本万太郎教授在十几年前就提出来了。下面我想介绍一下桥本教授的看法。他在 1981 年 10 月 5 日从美国西雅图写给我的信上提出了晋语与吴语的关系问题。现摘录如下:(附:影印件)

我还在想着为什么汾阳话里有了那么大的音韵变化。三十多年前我第一次跟刘桂萍女士学汾阳话的时候想到的是:也许跟吴语有关,因为韵尾弱化和复元音的单元音化是吴语音节结构的两个特点。这次在去飞机场的汽车里,我向李荣先生报告汾阳话的一些特点的时候,李先生立刻指出温岭话也有相似的韵尾弱化。

　　侯先生下一次去山西省时，能不能注意这些方言另外还有没有吴语的特点。例如：（音韵结构上）有没有全浊正齿音的擦音化（普通话也有这特点，不过不像吴语那么彻底！）；（语法特点上）有没有指示词的三分法——近称：中近：远称（虽然我个人看法差一点），★等等？有些词尾、副词等也可能有像吴语的，不过这些特点，外人很难找出。……（★中称和远称的分别也可能是很微妙——声调的一些分别，或只是个重音的分别。不知侯先生听过李荣先生花了四十多年才觉得到温岭话有类似的分别？他谈到这一点是在两年前他访问我们研究所时）。

上文所讨论的晋语研究的十个题目，比如，崇母平声字的擦音化、鼻音韵尾的合流与消失、入声收喉塞尾、指示代词三分、复合元音的单元音化等可以说是对桥本教授信上提出问题的初步答复。以下分别作些说明。

（1）桥本教授信上说的"全浊正齿音的擦音化"问题。这种现象在北部吴语较多。现转引《当代吴语研究》所列崇母字声母读音，参看下文表四：（钱乃荣 1992）

表　四

	助	豺	柴	士	愁	床	状	崇	闸	镯
常州	dz	z	z	z	z	dz	z	dz	z	dz
黎里(吴江)	z	dz	z	z	z	dz	z	dz	z	dz
双林(湖州)	z	z	dz/z	z	z	z	z	z	z	dz
黄岩	z	z	z	ʑ	z	z	z	z	z	z
余姚	dz	dz	z	z	z	dz	z	dz	z	dz
绍兴	dz	dz	z	z	z	dz	z	dz	z	dz

据钱乃荣（1992）"以黎里（江苏吴江）的崇母字共 22 个作统计，读

dz 的 8 个,读 z 的 12 个,读 dz/z 的 2 个"。

(2)止摄的合口见系字山西中部地区多有白读[y]韵母,见系以外的字也有个别读[y]的。以平遥为例,见表五:

髓	ɕyˉ	牛骨~
穗	ɕyˊ	~~:穗儿
喂	yˊ	~吃的
慰	yˊ	~问
柜	tɕyˊ	~~:柜子
苇	yˇ	~子地

吴语止摄的合口见系字(如"亏龟柜归围")在大部分地区如苏州、无锡、上海、温州白读为[y]。(钱乃荣 1992,张琨 1992)

(3)晋语白读音的高元音化与圆唇化与吴语的类型相似。

晋语白读音均丢失鼻尾韵,主要元音多为非鼻化的单元音。例见表六:(斜线前为文读,斜线后为白读,下同)

表　六

文水	帮	aŋ / u	桥	iɐu / i
	羊	iaŋ / iu	腰	iɐu / i
	光	uaŋ / u	停	iəŋ / i
	井	iəŋ / ʅ	岁	ue / ʮ
汾阳	看	ã / i	敢	ã / i
	鞭	iã / i	巷	ã / ɔ
	端	uã / u	羊	iã / i
	院	yã / y	射	ɯ / i

从上面的例子连同本文第四节所举例子可以看出,与文读音相比,晋语的白读音表现为高元音化与圆唇化。在讨论汉语方言复合元音的单元音化问题时,何大安归结为两种类型,"一种是高化、圆唇化,如吴方言。一种并没有明显的高化、圆唇化,如西南官话"(何大安 1988)晋语白读音的高元音化圆唇化接近吴语的类

型。

(4)指示代词三分的问题。吴语有,如苏州方言指人和物、指时间、指处所、指方式程度的指示代词为三分。例如:

近指	中指	远指
哀 ɛ˥	辫 gəˀ˥	弯 uɛ˥
该 kɛ˥		归 kuɛ˥

就用法来说,"苏州话里的哀、该、辫、弯、归"不能单独用,后面一定要跟上其他语素,才能组合成词,起到指示代词的作用"。(叶祥苓 1996)上文第九节讨论晋语指示代词三分时也谈到,晋语的指示代词也不能单独使用,后头要跟量词。这种一致性可能是两种方言平行发展的结果,因为指示代词三分的地区绝不限于吴语与晋语。日本学者曾指出:"指示词的三分法不仅是汉语方言和日文所有,南亚的几个语言也有这种分法"。(小川环树 1981)缅彝语的纳西、傈僳、拉祜、哈尼、米必苏、基诺和桑孔等语言的指示代词也是三分,分近指、远指、更远指。(李永燧 1995)

参 考 文 献

李 荣 1985 《官话方言的分区》,《方言》第 2 期。

赵元任 1935 《中国方言当中爆发音的种类》,载《中国现代语言学的开拓和发展》,清华文丛之四,清华大学出版社,1992。

高本汉 1948 《中国音韵学研究》,中译本,商务印书馆。

陈庆延 1991 《山西西部方言白读的元音高化》,《中国语文》第 6 期。

何大安 1988 《规律与方向:变迁中的音韵结构》,《史语所专刊》之九十。

钱乃荣 1992 《当代吴语研究》,上海教育出版社。

侯精一 温端政 1993 《山西方言调查研究报告》,山西高校联合出版社,太原。

张 琨 1992 《汉语方言的分类》,《中国境内语言暨语言学》第一辑《汉语方言》,《史语所论文集》之二。

——　　　1992　《汉语方言中的几种音韵现象》,《中国语文》第 4 期。

——　　　1983　《汉语方言中鼻音韵尾的消失》,《史语所集刊》第 54 本,第一分册,台北。

王洪君　1991　《阳声韵在山西方言中的演变》,《语文研究》第 4 期。

周长辑　1994　《厦门方言词典》,江苏教育出版社。

侯精一　1985　《长治方言志》,语文出版社。

——　　　1986　《晋语的分区》《方言》第 4 期。

——　　　1989　《变读别义》,载《晋语研究》,日本东京外国语大学亚非言语文化研究所。

——　　　1995　《平遥方言民俗语汇》,语文出版社。

田希诚　1987　《和顺方言志》,语文出版社。

吕叔湘　1985　《近代汉语指代词》,学林出版社。

梅祖麟　1986　《关于近代汉语指代词》,《中国语文》第 6 期。

小川环树 1981　《苏州方言的指示代词》,《方言》第 4 期。

叶祥苓　1996　《苏州方言音档》,上海教育出版社。

赵秉璇　1979　《晋中话"嵌 1 词"汇释》,《中国语文》第 6 期。

梁玉璋　1982　《福州方言的"切脚词"》,《方言》第 1 期。

李永燧　1995　《论缅彝语的称代范畴》,《中国语言学报》第 7 期。

10月5日

侯先生:

　　我还在想着 为什么汤阳话里有了那么大的音韵变化。三十多年前我第一次跟刘梅萍女士学汤阳话的时候 想到的是:也许跟是语有关,因为韵尾弱化系、複元音的单元音化是吴语言等(结构上两个特点。这次在去飞机场的汽车里、我向李荣先生报告讳阳话的一些特点的时候,李先生立刻提出温岭话也有相似的韵尾弱化。

　　侯先生下一次去山西的时,能不能注意一下各方言另外还有没有吴语的特点、例如:(音韵结构上)有没有全浊塞擦音的擦音化 (普通话也有这特点,子虚不得是塞擦的擦音!);(语法特点上)有没有指示词的三分法——近称;中称;远称(至少 别个人各称不等一定),等?有些词尾、副词等 也可能有 吴性绍,不过这些特点,别人很难找出。侯先生在这一点是理想的研究者。(其中称和远称也可分别 也可就是涉境好一点词的一些分别,或只是个重音的分别。不知侯先生此次李荣先生花了四十多年才觉得到温岭话有这些的分别?他认到这一点是在西安前 他访问北仙研究讨的时)。

　　以上写些想到、不值得特写大书,只是想在不忘、也许我会忘记。匆匆写下、请多原谅!

　　　　　　　　　　　　　　　　　桥本万太郎上
于西班牙图
追白: 我家里内人还有几本 Phonology of Ancient Chinese 在她经济支配。您如有需要请写信向她买。若要此书,请了连 佩宋翁告知!

(原载《桥本万太郎纪念·中国语学论集》
日本东京内山书店 1997年 6月)

晋语的分区

提要 晋语指山西省及其毗连地区有入声的方言。根据这条标准可以把晋语跟周围的官话分开。晋语分布于山西、河北、河南、陕西、内蒙古自治区等五省区的一百七十四个县市,使用晋语的总人数约四千五百多万人。根据古四声在今音的演变情况,晋语可以分为并州、吕梁、上党、五台、大包、张呼、邯新、志延八片。本文也简单讨论山西省境内的非晋语——中原官话汾河片,广灵县的北方官话。全文分五节:一、晋语的共同点,二、晋语的分区,三、晋语各片的特点,四、中原官话汾河片,五、广灵县的北方官话。

就行政区域而论,本文包括山西全省,河北省西部邻近山西的地区,河南省黄河以北地区(其中盂县属中原官话)、黄河以南的灵宝、陕县和三门峡市,内蒙古自治区中、西部黄河以东地区,以及陕西省的北部地区。就方言而论,本文包括晋语全部地区以及中原官话的汾河片,北方官话的广灵县。

晋语分布于上述五个省区的一百七十四个县市。使用晋语的总人数约四千五百多万人。其中,山西省有七十八个县市,一千九百多万人。河北省有三十五个县市,九百多万人。河南省有十七个县市,八百多万人。内蒙古自治区有二十八个县市,七百多万人。陕西省有十六个县市,二百多万人。

中原官话汾河片主要分布于山西省西南部的二十八个县市,人口约六百四十多万。河南省的灵宝县,陕县和三门峡市也属于汾河片,这三县市的人口有一百多万人。汾河片合计人口七百四十多万人。

北方官话的广灵县约有十五万人。

一 晋语的共同点

晋语指山西省及其毗连地区有入声的方言,根据这条标准可以把晋语跟周围的官话分开。除此之外晋语还有一些共同点,分述如下:

①入声多带有比较明显的喉塞音[ʔ]。例如:平遥有[ʌʔ iʌʔ uʌʔ yʌʔ]四个入声韵,张家口有[əʔ iəʔ uəʔ yəʔ əʔ iəʔ uəʔ yəʔ]八个入声韵。邯新片有的县市入声不带[ʔ],仍自成调类。入声字儿化后喉塞尾[ʔ]失落,读舒声调。例如:长治市"格 kɤˑ˩, 小格儿 ɕiɤ˩ karˑ(=小个儿) | 塞 sɤʔˑ, 纸塞儿 tsʅ˥ sarˑ(=纸扇儿)"。忻州市"月 yɤʔ˩, 月儿 yərʌ(=鱼儿) | 曲 tɕʻyɤʔ˩, 小曲儿 ɕiɤʌ˩ tɕʻyərʌ(=小渠儿)"。

②北京[ən:əŋ|in:iŋ|uən:uəŋ|yn:yŋ]四对韵母分别合并,多读[ŋ]尾韵。例如:太原"根=庚 kəŋ˩ | 新=星 ɕiŋ | 魂=红 xuŋ˩ | 群=穷 tɕʻyŋ˩"。少数地区鼻音韵尾失落,主要元音往往鼻化。例如:太谷"根=庚 kə̃˩ | 新=星 ɕiə̃ | 魂=红 xũ˩ | 群=穷 tɕʻyũ˩"。

③多数地区有词缀"圪"[kəʔˑ]。例如:文水"圪都 kəʔˑ tuˑ 拳头 | 圪洞 kəʔˑ tuəŋ˩ 坑"。吴堡"圪都 kɤʔˑ touˑ | 圪洞 kɤʔˑ tuŋˑ"。

④北京话的轻声"子"尾,晋语多数地区读[tsəʔˑ]或[zəʔ z̩əʔ təʔ ləʔ]。例如:和林格尔"女子 nyˑ zəʔˑ 女孩 | 讨吃子 tʻɤˑ tsʻəʔˑ zəʔˑ 乞丐"。寿阳"拐子 kuaiˑ təʔˑ | 桌子 tsuaʔˑ təʔˑ"。平顺"帽子 mɑˑ ləʔˑ | 盘子 pʻã˩ ŋˑ ləʔˑ"。邯新片则多用变韵的方式表示相当于北京话的轻声"子"尾。

⑤除邯郸、安阳等地以外,多数地区都有分音词。例如:平遥把"摆"[pæ˩]说成[pʌʔˑr læ˩],把"杆"[kaŋ˩],说成[kʌʔˑr laŋˠ]。所谓分音词是一个字分成两音。以平遥为例，假如本字的声韵是 CV（C 往往是塞音 p t k），分音词就是"C＋ʌʔ，L＋V"。

二　晋语的分区

晋语可以分为八个片。以下列举各片包括的市县。

㈠ 并州片　本片包括山西中部的十五个市县

太原　清徐　娄烦　榆次　太谷　祁县　平遥
介休　灵石　交城　文水　孝义　寿阳　榆社
盂县

㈡ 吕梁片　本片包括山西中部和陕西北部共十七个市县

① 汾州小片九市县

汾阳　离石　方山　中阳　临县　柳林_{以上山西省}

佳县　吴堡　清涧_{以上陕西省}

② 兴隰小片八市县

兴县　岚县　静乐　隰县　交口　石楼　永和
大宁_{以上山西省}

㈢ 上党片　本片包括山西东南部的十五个市县

长治市　长治县　长子　屯留　潞城　壶关
黎城　平顺　陵川　沁县　沁水_{城关以东}
沁源　武乡　襄垣　高平

㈣ 五台片　本片包括山西北部、陕西北部、内蒙古后套地区共三十个市县旗

忻州　定襄　五台　原平　岢岚　五寨　神池
宁武　代县　繁峙　灵丘　保德　河曲　偏关
平鲁　朔县　应县　浑源　阳曲_{以上山西省}
府谷　神木　靖边　米脂　子洲　绥德　子长

        杭锦后旗　临河　磴口　乌海以上内蒙古

　㈤　大包片　本片包括山西中部、北部,内蒙古西部(黄河以东),陕西北部共三十个市县旗

        大同市　大同县　阳高　天镇　右玉　左云

        山阴　怀仁　阳泉　平定　昔阳　和顺

        左权 以上山西省

        包头　固阳　武川　土默特左旗　土默特右旗

        和林格尔　托克托　清水河　达拉特旗　东胜

        准格尔旗　伊金霍洛旗　五原　杭锦旗

        乌审旗 以上内蒙古

        榆林　横山 以上陕西省

　㈥　张呼片　本片包括河北省西北部、内蒙古中部共二十七个市县旗

        张家口　张北　康保　沽源　尚义　阳原

        怀安　万全　宣化　崇礼　怀来　涿鹿

        赤城　灵寿　平山　获鹿 城关以西

        元氏　赞皇 以上河北省

        呼和浩特　卓资　凉城　集宁　丰镇　太仆寺

        兴和　商都　化德 以上内蒙古

　㈦　邯新片　本片包括河北省南部、河南省北部、山西省东南部共三十六个市县

　③　磁漳小片十八市县

        邯郸市　邯郸县　涉县　武安　磁县　永年

        沙河　肥乡　鸡泽　曲周 东里町以西

        广平 城关以西　成安　临漳　魏县 辣林寨以西

        临城 城关以西

内丘_{城关以西}　邢台_{城关以西,以上河北省}

林县_{河南省}

④ 获济小片十八市县

新乡　安阳　鹤壁　汤阴　辉县　淇县　汲县

延津　修武　获嘉　焦作　博爱　武陟　温县

沁阳　济源_{以上河南省}　　晋城　阳城_{以上山西省}

㈧ 志延片　本片包括陕北四县

志丹　延川　吴旗　安塞

三　晋语各片的特点

3.1　总说

根据古四声在今音的演变,晋语可以分为八片。具体说,古四声演变的异同有以下五项。

① 平声分不分阴阳,即古平声清音声母字和浊音声母字今声调有无分别。

② 今阴平与上声是否同调,即古平声清音声母字和古上声清音声母、次浊音声母字今声调有无分别。

③ 今去声分不分阴阳,即古去声清音声母字和古上声全浊音声母字、古去声浊音声母字今声调有无分别。

④ 入声分不分阴阳,即古入声清音声母字和全浊音声母字今声调有无分别。(入声次浊音声母字读同入声清音声母或读同全浊音声母字,各方言不同)

⑤ 古入声字有没有归到今平声的。晋语都有入声,不过其中邯新与志延两片古入声字大部分或一部分读平声。

现在先说古入声今读入声的并州、吕梁、上党、五台、大包、张呼六片。

并州、吕梁、上党三片分阴阳入。"八发"读阴入,"拔罚"读阳入。五台、大包、张呼三片不分阴阳入。"八拔"同调,"发罚"同调。并州片平声不分阴阳,吕梁、上党两片平声分阴阳。上党片十五县市中,长治、黎城等八县市去声分阴阳,陵川、沁县等七县市不分阴阳去。吕梁片分为汾州、兴隰两小片,兴隰小片阴平与上声同调。

表　　一

古　　调　　类		入　声	平　声	平清、上清次浊	去　声
今　　调　　类		阴入:阳入	阴平:阳平	阴平:上声	阴去:阳去
并州片		≠	=	≠	=
吕梁片	汾州小片	≠	≠	≠	=
	兴隰小片	≠	≠	=	=
上党片		≠	≠	≠	≠八县市
五台片		=	≠	≠	=
大包片		=	≠	≠	=
张呼片		=	=	≠	=

　　五台、大包、张呼三片不分阴阳入。张呼片平声不分阴阳,区别于五台、大包两片。五台片阴平与上声同调,区别于大包、张呼两片。

　　上述六片古今声调的不同演变如表一。表中"="表示今同调,"≠"表示今不同调。

　　邯新、志延两片也有一个入声,不过情况跟五台、大包、张呼三片一个入声不同。后者古入声字今读入声,前者古入声字只有部分字仍读入声,大部分或一部分字今读平声。

　　下面分别说明并州等六片的特点,如无必要,上文提到的一般不重复,个别例外点的情况随文交代。

3.2　并州片

　　①古全浊音声母今读塞音、塞擦音声母的字,本片的清徐、交城、文水、孝义、榆次、太谷、祁县、平遥、介休等九县市,平声白读不

送气声母,平声文读送气声母。例如:

	陪並平		甜定平		騎群平		腸澄平	
	文	白	文	白	文	白	文	白
太谷	p'ei˧	pei˧	t'iẽ˧	tiẽ˧	tɕ'i˧	tɕi˧	ts'ɒ˧	tsɒ˧
文水	p'e˧	pe˧	t'iən˧	tiən˧	ts'ʅ˧	tsʅ˧	ts'u˧	tsu˧
清徐	p'ai˩	pai˩	t'ie˩	tie˩	tɕ'i˩	tɕi˩	ts'ɑ˩	tsɒ˩

②果摄开口和合口端泥精组字今韵母的介音不同。例如:平遥"多 tei˩|拖 t'ei˩|挪 nei˩|罗 lei˩"读开口呼。"躲 tuei˥|剁 tuei˩|睡 t'uei˥|撮 luei˥"读合口呼。"左 tɕiɛ˥~手|搓 tɕ'iɛ˥"读齐齿呼。"座 tɕyɛ˩|坐 tɕyɛ˥|锁 ɕyɛ˥"读撮口呼。吕梁片汾州小片的多数县市也有这种现象。

③曾梗摄的舒声字,多有文白异读。白读往往失落鼻音韵尾。例如:寿阳"蒸"文读[tsəŋ˩],白读[tsʅ˩]。"蝇"文读[iəŋ˥],白读[zʅ˩]。宕江两摄的舒声字,本片文水、祁县、平遥、介休、灵石等县也有文白异读现象。例如:祁县"汤"文读[t'ã˧],白读[t'ɑ˧],"粮"文读[liã˧],白读[lia˧]。中原官话汾河片也有类似现象。

④本片交城、文水、孝义、祁县、平遥、介休、灵石"扶=胡",读[x]声母的合口呼。邻近的吕梁片汾州小片的汾阳、方山、离石、中阳、柳林五县市也有这种现象。

3.3 吕梁片

①汾州小片宕摄开口一等白读失落[ŋ]尾,读开尾韵,与果摄开口一等同韵。例如:离石"钢=歌 kɒ˧|当~中=多 tɒ˧|杭=河 xɒ˧"。吴堡"狼=罗 luɛ˧|汤=拖 t'əuɛ˧"。汾阳宕摄开口一等白读失落[ŋ]尾,但与果摄开口一等不同韵。

②兴隰小片的石楼、永和、交口、隰县、大宁五县止摄合口逢精组读[y]韵,逢知庄章组读[u](永和读[ʮ])。例如:隰县"嘴 tɕy˩|醉 tɕyˊ‖吹 tʂ'u˩|睡 ʂuˊ"。

③兴隰小片邻近中原官话汾河片的永和、隰县、大宁三县也有汾河片的古全浊音声母今读塞音、塞擦音送气的现象。此外,兴隰小片的静乐县"猪穿书乳"等字分别读[pf- pf'- f- v-]。例如:"猪 pfu˩丨穿 pf'æ˩丨书 fu˩丨乳 vu˩丨"。晋语区有此现象的仅此一县。

3.4 上党片

①本片十五市县中长治市、长治县、长子、屯留、潞城、壶关、黎城、平顺八市县去声分阴阳去。晋语区只有这八处分阴阳去。(沁水城关及城西地区去声分阴阳,但无入声,属于中原官话,沁水城关以东有入声,入声分阴阳,去声不分阴阳,属于晋语。中原官话汾河片平阳小片有九县市也分阴阳去,不过这九县市无入声,可以和晋语分开。)本片还有陵川、沁县、沁源、武乡、襄垣、高平、沁水_{城关以东}等七市县去声不分阴阳去。从其他方面看,与上述八市县较近与邻片较远,也划到本片。上文提到,本片平、入都分阴阳。但长治、武乡、高平、沁源四市县的单字调入声不分阴阳,武乡、高平单字调平声不分阴阳除外。

②本片多数市县日母字_{止摄除外}读零声母[ø]。例如:长治"人 iŋ˩丨软 yɑŋ˥丨"。陵川读[l],例如:"人 lɤ˩丨软 luæ˩丨"。沁县、襄垣、武乡、高平、沁源五市县读摩擦音[z]或[ʐ]。例如:高平"人 zəʐ˩丨闰 ʐuŋ˥ʐ丨"。武乡"人 zəŋ˩丨闰 zuŋ˥丨"。

③本片的黎城、潞城、平顺、壶关、陵川、高平六市县分尖团。精组字读[ts ts' s],见晓组字读[c c' ç]。

④高平无撮口呼,其他地方读撮口呼的字都读齐齿呼。在开口、齐齿呼前(不包括[i]单用作韵母)[n l]不分,都读[n]。

3.5 五台片、大包片、张呼片

五台、大包、张呼三片有共同的地方,放在一起讨论。

①上文提到五台、张呼两片入声不分阴阳,张呼片平声不分阴阳。少数县例外:五台片的阳曲(与并州片接壤),张呼片的万全、

— 37 —

怀安两县入声分阴阳；张呼片赤城、涿鹿、怀来（与北方官话接壤）三县平声分阴阳。

②张呼片的和林格尔、凉城、丰镇、集宁、商都、化德、康保、沽源、赤城、崇礼、怀来等市县和相邻的大包片的阳高、天镇、右玉、左云、怀仁，五台片的岢岚、五寨、神池、宁武、偏关、平鲁、应县等共二十三市县，"败"与"背"同音，"怪"与"贵"同音。例如：怀仁"败＝背 pei˩｜怪＝贵 kuei˩"。岢岚"败＝背 pei˩｜怪＝贵 kuei˩"。

③五台片（限山西省境内），大包片沿黄河地区的杭锦后旗、临河、磴口、五原、固阳、包头、达拉特旗、和林格尔、清水河、准格尔旗、河曲、偏关、岢岚等十三市县旗"光＝钢｜筐＝康｜黄＝杭"，都读开口呼。例如：

		光＝钢	筐＝康	黄＝杭
包头	临河	kɑ̃˩	kʼɑ̃˩	ɣɑ̃˩
河曲		kɒ˩	kʼɒ˩	ɣɒ˩

以上六片古入声字今读入声。以下两片古入声字大部分或一部分读平声。

3.6 邯新片

本片古入声清音声母、次浊音声母字今多读入声，古入声全浊音声母字今多读阳平。不过阳城、晋城两市古入声全浊声母字仍多读入声。本片又分磁漳、获济两个小片：

①磁漳小片 本小片分尖团，古精组字在今细音前读[ts tsʻ s]，古见晓组字在今细音前读[tɕ tɕʻ ɕ]。上文提到，上党片的多数县市也分尖团，不过上党片古精组字今读[ts tsʻ s]，古见晓组字读[c cʻ ç]，后者的音值与本小片不同。

②获济小片 本小片不分尖团。多数市县用变韵方式表示各种语法功能，其中之一相当于北京话的轻声"子"尾。例如：获嘉"麦子"[mioʟ]（比较："麦秸"[mɐʔ˧˨ tɕiɐʔ˩]），"椅子"[iːɤuˀ]（比较：

"椅背儿"[iˠ perˌ]）。阳城"法子"[foːˌ]（比较："办法"[pɛ̃ˇ
fʌʔˌ]），"托子做月饼的模子"[t'oːˌ]（比较："托人"[t'ʌʔˌ ʐ̩ə̃ˌ]）。

3.7 志延片

本片志丹、延川、安塞、吴旗四县紧邻中原官话区，是晋语到中
原官话的过渡地带，内部不甚一致。志丹、吴旗两县古入声的全浊
音声母字今读阳平，清音声母字及次浊音声母字今多读阴平，与中
原官话一致，只有少数清音声母字今读入声。延川、安塞只有少数
入声全浊音声母字今读阳平，多数字今仍读入声。延川上声与去
声同调，与邻接的延长相同，不过延长无入声，属中原官话。

四 中原官话汾河片

中原官话见于本文的是汾河片，包括山西省西南部的二十八
个县市和河南省灵宝、陕县和三门峡市。以下分平阳、绛州、解州
三个小片。

① 平阳小片九县市

       汾西[*] 洪洞 襄汾 临汾 霍县 浮山 古县

       闻喜 沁水_{城关}

② 绛州小片五县市

       新绛 绛县 垣曲 侯马 曲沃

③ 解州小片十七县市

       远城 蒲县[*]吉县 乡宁 河津 稷山 万荣

       夏县 临猗 永济 芮城 平陆 安泽

       翼城_{以上山西省}

       灵宝 陕县 三门峡_{以上河南省}

汾河片没有入声。古入声清音声母、次浊音声母字今多读阴

---

    * 汾西、蒲县两点后划入山西方言西区(参看侯精一 温端政 1993)，相当本文吕梁
片。此处作一总说，下文不再注明。

平,古入声的全浊音声母字今读阳平。这是中原官话的共性。

本片特点如下:

①古全浊声母字不论平仄,今逢塞音、塞擦音多读送气声母。例如:

	皮並	图定	步並	自从	舅群	拔並	夺定	地定	肚~子,定
汾西	pʻʐ˥	tʻʋ˩	pʻʋ˥	tsʅ˩	tɕiəˀ˩	pʻɑˀ˩	tʻoˀ˩	tʻʐˀ˥	tʻʋ˥
运城	pʻi˩	tʻu˩	pʻu˥	tsʅ˩	tɕiou˥	pʻɑ˩	tʻuə˩	tʻi˩	tʻu˥
洪洞	pʻi˩	tʻu˩	pʻu˥	tsʅ˥	tɕioi˥	pʻɑ˩	tʻo˩	tʻi˩	tʻu˥
万荣	pʻei˩	tʻu˩	pʻu˥	tsʅ˩	tɕuei˥	pʻɑ˩	tʻʋ˩	tʻi˩	tʻu˥
垣曲	pʻi˩	tʻəu˩	pʻu˩	tsʅ˥	tɕiə˥	pʻɑ˩	tʻuə˩	tʻi˩	tʻu˥

②本片多数县市"书入"读[f v]声母。解州、绛州两小片的多数县市"猪出"读[pf pfʻ]声母。中原官话关中片邻近山西省的韩城、合阳、大荔、华阴、潼关以及西安、长安、周至也有这一类声母。

③假摄开口三等字本片白读[a ia](或[ɑ iɑ])韵母。例如:

	车文	车白	蛇文	蛇白	惹文	惹白	借文	借白	爷文	爷白
临汾	tʂʻʅ˥	tʂʻa˩	ʂʋ˩	sa˩	ʐʋ˥	ʐa˩	tɕiə˩	tɕia˩	ie˩	ia˩
汾西	tsʻei˩	tsʻa˩	sei˩	sa˩	zei˩	za˩	tɕiə˩	tɕia˩	ie˩	ia˩
侯马	tʂʻiɛ˩	tʂʻa˩	ʂiɛ˩	ʂa˩	ʐʅɛ˥	ʐa˩	tɕiə˩	tɕia˩	ie˩	ia˩
万荣	tʂʻʅɤ˩	tʂʻɑ˩	ʂʅɤ˩	ʂɑ˩	ʐʅɤ˥	ʐɑ˩	tɕiɛ˩	tɕiɑi˩	iɛ˩	iɑi˩

④宕江两摄的舒声字有文白异读。例如:临汾"汤"文读[tʻã˩],白读[tʻou˩]。新绛"汤"文读[tʻʋɤ˩],白读[tʻʋ˩]。

汾河片可以分为三个小片。平阳小片去声分阴阳,解州、绛州两个小片去声不分阴阳。绛州小片只有三个单字调,其中新绛、垣曲、绛县单字调今阴平和去声同调;侯马、曲沃单字调平声不分阴阳。

五 广灵县的北方官话

北方官话见于本文的只有山西省东北角的广灵县,广灵有阴平[˧]53、阳平[˩]11、上声[˥]55、去声[˨]24。广灵无入声,古入声清音声母字今多读阴平,次浊音声母字今读去声,全浊音声母字今读阳平。

参 考 文 献

河北北京师范学院、中国科学院河北省分院语文研究所　1961　《河北方言概况》,河北人民出版社,天津。

贺　巍　1982　《获嘉方言韵母的分类》,《方言》1982.22－37,北京。

——　　 1981　《济源方言记略》,《方言》1981.5－26,北京。

侯精一、温端政、田希诚　1986　《山西方言的分区(稿)》,《方言》1986.81－89,北京。

侯精一　1986　《内蒙古晋语记略》,《中国语文》1986.116－123,北京。

——　　 1985　《晋东南地区的子变韵母》,《中国语文》1985.130－137,北京。

——　　 1985　《长治方言志》,语文出版社,北京。

李　荣　1985　《官话方言的分区》,《方言》1985.2－5,北京。

山西省方言调查指导组　1961　《山西省方言概况》(油印稿)。

山西省社会科学院语言研究室　1982－1984　《山西省方言志丛刊》十一种(平遥、怀仁、太谷、晋城、陵川、洪洞、襄垣、祁县、寿阳、文水、万荣)。

田希诚　1986　《和顺方言的子变韵母》,《中国语文》1986.371－373,北京。

温端政　1985　《忻州方言志》,语文出版社,北京。

——　　 1986　《试论山西晋语的入声》,《中国语文》1986.124－127,北京。

张盛裕、张成材　1986　《陕甘宁青四省区汉语方言的分区(稿)》,《方言》1986.93－105,北京。

(原载《方言》1986.4)

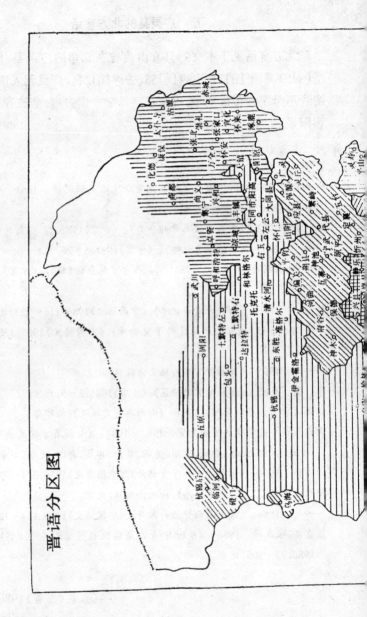

晋语分区图

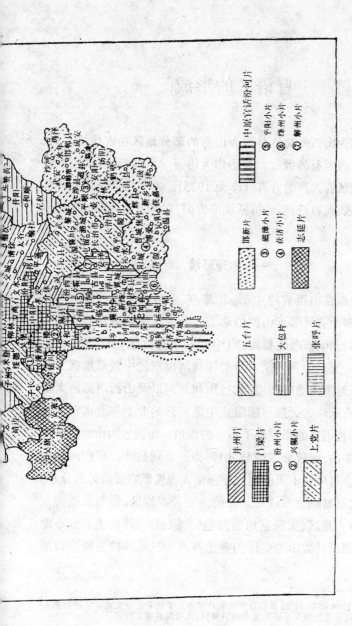

晋语区的形成[*]

"晋"作为山西的简称是因为山西的部分地区在古代的西周、春秋时为晋国领有的缘故。晋语作为语言学名词指的是"山西省及其毗连地区有入声的方言"(李荣 1985)。本文从晋语的地理环境、历史政区、人口迁徙、经济活动等方面,对晋语区的形成作初步的讨论。

一 地理环境

晋语分布在山西省的中部、北部、东南部及河北、河南、内蒙古、陕西等四个省区邻近山西的地带。晋语区的东边到河北与山西交界的太行山,^①西边和南边(中间有个过渡区)临黄河(见附图)。北边一直延伸到内蒙古自治区黄河以东的中西部地区。这是一个相当封闭的地理环境,太行山和黄河以及山西南部的太岳山脉、中条山脉作为天然屏障阻止中原官话的北上与北京官话的西进。对于晋语区的稳定起了不小的作用。山西省为山地型黄土高原,境内多山,地貌分区明显,中部为一系列盆地。东西两侧为山地、高原。可以说不同的地貌特征很大程度影响晋语区的分片。如中部的太原盆地为晋语并州片的主要分布地区,忻州盆地为五台片主要分布地区,大同盆地为大包(大同包头)片的主要分布地区,山西西部以吕梁山为主体的黄土高原为吕梁片的主要分布地区。

---

* 本文是 1988 年 10 月 25 日在日本东京外国语大学亚非言语文化研究所昭和 63 年度第 3 回言语文化接触关系研究会上的讲演稿,此次发表作了补充。

二 历史政区

现代晋语的划分与山西古代历史政区有很大的一致性。山西晋语区下头所划分的各片也与山西历史政区大致相合。比如：隋代属于桑干河流域的大同盆地及其周围的马邑郡相当于现代晋语的云中片，属于蔚汾河、滹沱河流域的娄烦郡和雁门郡相当于现代晋语的五台片。属于山西东南高原的上党郡、长平郡相当于现代晋语的上党片，属于太原盆地和太行山西麓的太原郡以及西河郡的平川地区相当于现代晋语的并州片。至于山西境外的晋语区也多在历史上曾经属于晋语。比如大包片(大同包头)的属内蒙古的包头、固阳、武川、土默特左旗、土默特右旗、和林格尔、托克托、清水河、伊金霍洛、五原、杭锦旗、准格尔、乌审旗、东胜、达拉特在历史上从秦汉到明清一直归山西所辖。又比如山西南部属于中原官话的 20 几个县市在历史上曾有近 10 个世纪属于河南、陕西管辖(赵秉璇 1995)

山西历史政区的划分与山西的山川盆地高原丘陵等自然地貌上的分区是一致的。如果说山西的地理环境是形成晋方言区的土壤，山西政区的划分则是一种重要的稳定晋语区并使之成熟的因素。

三 人口迁徙

山西的移民是形成山西境外晋语区的直接原因。

据《明太祖实录》193 卷，洪武二十一年八月，"户部郎中刘九皋言：'古者狭乡之民迁于宽乡，盖欲地不失利，民有恒业，今河北诸处，自兵后田多荒芜，居民鲜少。山东、西之民自入国朝，生齿日繁，宜令分丁，徙居宽闲之地，开种田亩，如此则国赋增而民生遂矣'。上谕户部侍郎杨靖曰：'山东地广，民不必迁，山西民众，宜如其言'"。于是"迁山西泽、潞二州民之无田者，往彰德、真定、临清、归德、太康诸处闲旷之地，令自便置屯耕种，免其赋役三年，每户给钞二十锭，以备农具"。《明太祖实录》197 卷，洪武二十二年甲戌。"山西沁州民张从整等一百一十六户告原应募屯田。户部以闻命赏从整等钞锭，送后军都督佥事徐礼分田给之，仍令回沁州召募居民。时上以山西地狭民稠，下令许其民丁于北平、山东、河南旷土耕种，故从整等来应募也。"《明太祖实录》198 卷。洪武二十二年十一月乙丑朔，"上以河南彰德、卫辉、归德，山东临清、东昌诸处土宜桑枣，民少而遗地利，山西民众而地狭故多贫，乃命后军都督佥事李恪等往谕其民，愿徙者验丁给田，其冒名多占者罪之，复命工部谕榜。"

以上的记载说明，在明洪武年山西移民到河南、河北、山东等地的情况。《明太祖实录》所说的"泽潞二州"就是今山西省东南部的晋城、长治等地。"沁州"就是今山西省中部的沁县。

此外，河南等地方志的记载也证实了明洪武年间的移民情况。《林县志》大事表二十一年记有："林民先世多籍晋，其来也皆在明初。谱碣所载尤以洪洞为多……旧志云，永乐十年归并县属为二十五里，后相继迁民，加以军屯增为三十三里。知此事在洪（洪武）永（永乐）两朝，盖继续行之，不止一次也"。[2]此条记载说明移民（或军屯）人数很多，以至将县属从二十五里增为三十三里。

从山西向内蒙古移民要比向河南移民晚得多。这是由于清朝初年禁止汉人到满蒙地区的缘故。直到清康熙实行"移民实边"政策后，汉人才大量进入内蒙古地区。"先是春来秋归，谓之'雁行'客户，[3]后来便定居下来"。[4]以伊克昭蒙为例，自康熙末年（1722）山西、陕西北部的移民由土默特而西，私向蒙人租地耕种，境内凡近黄河、长城处均有汉人足迹。山西的移民从土默特沿黄河西行至达拉特旗、杭锦旗。[5]由于大量汉族人移入内蒙古开垦种地，因此归绥道所辖的厅从原来的五个，又新设丰镇、宁远、武川、兴和、五原、陶林、东胜七厅。统称口外十二厅。由清水河一处即可看出山西移民是开发内蒙古草原的主要力量。据《清水河厅志》记载："清水一郡所属幅员辽阔至千余里，原系蒙古草地，所有居民并无土著，大抵皆内地各州县人民流寓，而附近边墙之偏关、平鲁二县人为尤多，其风气各就所隶之地"。[6]该志"职官"一栏"七品功牌十四人"九人是山西人。偏关县 4 人，平鲁县 1 人，崞县 3 人，榆次县1 人。绝大多数都是邻近内蒙古的山西北部人。山西的移民带来了山西的语言习惯，即《清水河厅志》所说的"其风气各就所隶之地"。从清水河的一些村落名称看得出都是山西的习惯叫法。该志卷四就列有这类村名。例如：

<blockquote>
圪针林　　　　圪针沟
焦胡圪洞　　　黄土圪洞
</blockquote>

"圪针"是指野生带针刺的植物。"圪洞"指小的不太深的洞。名词前头加上词缀"圪"是山西话的常用构词手段。通过山西的移民，把山西话带到当地的地名中去了。

四　经济生活

山西商人经营商业享有盛名，著名的"西商""西帮"即是旧时对山西商人的雅称。从清初开始的 100 来年，山西商人在我国经济界占有重要地位。山西的票庄在国家的经济生活中作出很大的贡献。（陈其田 1937）日本学者寺田隆信的《山西商人研究》对此有专门的论述。（寺田隆信 1972）山西商人的经济活动从"供给资本、准备市场、训练人才、推广信用、巩固组织"无一不用晋语，这种经济上的优势对于提高晋语的地位推动晋语在山西境外的发展起了很大的作用。

山西商人在内蒙古、陕西、河北一带都很活跃。内蒙古自治区的最大城市是包头市,这地方有句民谚:"先有复盛公,后有包头城"。(路成文等1987)这句民谚过去流传很广,复盛公是个买卖字号,有总店、分店,经营范围很广,如同东京的三越、东武。复盛公的财东就是山西祁县乔家堡人。乔家从清乾隆初年创业,可以说,包头城的兴起和发展与复盛公(乔家)的兴起和发展有着极为密切的关系。又据《归绥县志》记载:"邑明代为蒙人游牧地,……后始有晋人来营商业,初仅百物互易,后始代以货币……钱商每晨赴市定银分汇水利率价格……粮商亦发制钱帖子,票号有平遥帮、祁县太谷帮之分,专营汇兑,此清代金融之崖略也"。[⑦]

陕西北部有十六个县市属于晋语区,这些地区以黄河为界与山西相邻。陕北地区很早就是山西商人的活动地盘。陕北地处僻壤,交通不便,商业多半靠晋人。这大概是晋语进入陕北的一个条件。据《横山县志》"邑境僻处山岳,交通滞窒,商业贸易不甚发达,……而经营商人则县民晋人各居其半……布匹百货买自山西顺德等地,皮毛羊绒则由晋商洋行岁来收买……邑人营商拙于操纵,偶值金融紧张,周转立窘。"[⑧]陕北《佳县志》也有与晋人商业活动的记载,不再摘录。《横山县志》所载已大致说明山西商人在陕北经济活动中的重要地位。

山西商人在河北省张家口地区的商业活动可以追源到明代。"自明末以来,山西出身的商人已经行商于张家口。张家口自隆庆五年开设有马市后,山西商人已经在此与蒙族和满族进行贸易"。"八家商人者皆山右人,明末时以贸易来张家口"。"张家口有西帮茶商百余家,与俄商在恰克图易货"。[⑨]

这里顺便说一下晋文化与晋语区的密切关系。先说一个例子,1982年我到晋东南与晋南相邻的沁水县调查,沁水县是山西籍作家赵树理的家乡,县境东西长南北短,县城的西半边(以城关为代表)无入声,属中原官话。县城的东半边(以端氏镇为代表)有入声,属晋语。就地方戏曲文化来看,西半边流行的是蒲剧,东半边流行的是上党梆子。就山西地方戏剧的流行区域来看,山西南部流行蒲剧(南路梆子),山西省其他属晋语的地区则流行晋剧(山西梆子)。山西中部流行中路梆子,山西北部流行北路梆子,山西东南部流行上党梆子。因此我们可以说戏剧文化以及其他晋文化现象,如饮食、民居等,对于晋语区的形成与稳定均起到不可忽视的作用。

以上从四个方面讨论了晋语区的形成问题,这四个方面都很重要,正是具备这样四个条件,晋语区才能在北京官话、中原官话、兰银(兰州、银川)官话的长期包围之中仍然保留若干与官话方言不同的特点。与官话方言相比,在语言的历史演变方面,晋语明显具有滞后性。日本学者中岛干起教授称之为"黄土高原语言的保守性",说的也是这个意思。

附　注

①　太行山全长四百多公里,像一张卧弓躺在山西与河北、河南交界处……从河北望去像连天的屏障,高不可及,古称天下之脊。(《山西风物志》第3页)

②　《林县志》卷 16,大事表 21。

③　《宣化府志》:"土著之人,从来不习耕,凡戮力于南亩,皆山右人。秋去春来,如北塞之雁。"

④　《中国人口·内蒙古分册》,中国财政经济出版社 1987。

⑤　《额尔多斯史志研究文稿》第 4 册 伊克昭盟地方志编纂委员会,1984。

⑥　《清水河厅志》卷 13 田赋。

⑦　《归绥县志》金融卷。

⑧　《横山县志》实业志。

⑨　《山西商人研究》229 页、230 页。

参 考 文 献

李 荣 1985 官话方言的分区 《方言》第1期。

赵秉璇 1995 晋语与山西历史区划 《中国语言学报》第7期。

陈其田 1937《山西票庄考略》 华世出版社 台北。

寺田隆信 1986 张正明等译 《山西商人研究》山西人民出版社。

路成文等 1987《山西风俗民情》 山西省地方志编纂委员会。

《山西风物志》 1985 山西人民出版社。

晋语区地理概况示意图

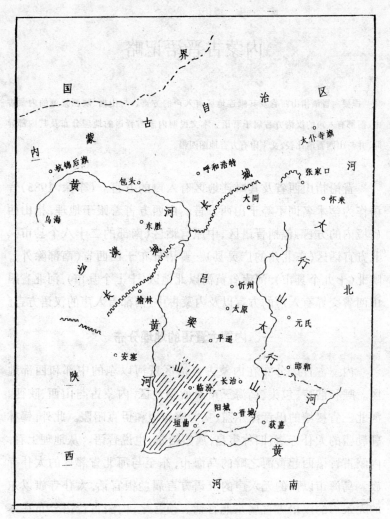

斜线是晋语与中原官话的过渡区,现划入中原官话。

内蒙古晋语记略

提要 晋语指山西省及其毗连地区有入声的方言。与山西、陕西接壤的内蒙古中、西部有入声的汉语方言属于晋语。本文说明内蒙古晋语的地理分布及其内部异同,并与山西晋语比较,文末附有方言地图四幅。

晋语指山西省及其毗连地区有入声的方言。(李荣,1985)晋语作为学术名词不等于山西方言。山西方言着眼于地理,指山西省境内的方言:包括晋语区、中原官话区(南部的二十八个县市)、北方官话区(东北角的广灵县)。晋语分布于山西省(南部除外),陕北(十九个县市),河南省黄河以北地区(十七个县市),河北省跟山西省交界有入声的方言以及内蒙古中、西部有入声的汉语方言。

一 内蒙古晋语的地理分布

内蒙古晋语分布在内蒙古自治区黄河以东的中部和西部地区。呼和浩特、包头、乌海三市及所辖地区,内蒙古与山西、陕西、河北三省接壤的巴彦淖尔盟、乌兰察布盟和伊克昭盟。此外,锡林郭勒盟的太仆寺旗(旧称宝昌,属察哈尔)也说晋语。从地理上看,内蒙古晋语西起黄河之畔的乌海市,东至与河北省邻界的太仆寺旗。乌海市以西的无入声的汉语方言属兰银官话,太仆寺旗以东的无入声的汉语方言属东北官话。换言之,内蒙古晋语分布在本区境内的黄河两侧地区及邻近山西、陕西、河北三省的地区。

晋语的势力向北扩展,是清朝的"移民实边"政策的结果。以伊克昭盟为例,自清康熙末年(1722),山西、陕西北部的移民由土默特而西,私向蒙人租地耕种,境内凡近黄河长城处均有汉人足迹。山西的移民从土默特沿黄河西行至达拉特旗、杭锦旗。陕北府谷、神木、榆林、定边、靖边等地的移民北越长城和原来的黑界地到内蒙的准格尔旗、郡王旗、乌审旗。(均见《鄂尔多斯史志研究文稿》,1984,28 页)此外,在清朝征服内蒙古及中原地区后,山西商人(旧称"山西帮")走西口,大批进入内蒙古中、西部,主要是在旧归化城(今呼和浩特)一带。(余元盦,119 页)商业经济的发展对晋语的北移也起了一定的作用。

二 内蒙古晋语的共同特点

2.1 内蒙古晋语保留古入声。入声字一律收喉塞[-ʔ]尾。(参看表一)

2.2 古疑母、影母今开口呼读鼻音声母[ŋ](仅丰镇一点读[n])(参看表二.1)

2.3 鼻音韵尾的消失与合流。咸山宕江四摄舒声,鼻音韵尾消失,主要元音有时鼻化。咸山与宕江有区别,"胆≠党""官≠光"。(参看表二.4、表三)

深臻曾梗通五摄的舒声韵今合流,韵尾收舌根鼻音[-ŋ],主要元音多鼻化。"根＝庚""心＝新＝星""魂＝红""群＝穷"。(参看表二.3、表三)

2.4 咸山三四等果假三等四摄的端系、见系字今韵母相同。"姐＝减""靴＝宣"。(参看表二.2)

2.5 "子尾"(相当于北京话的轻声子尾)一律读入声。土默特左、集宁、丰镇、和林格尔子尾读擦音[zɚʔ]或[z̩ɚʔ](集宁),其他各点子尾读[tsɚʔ]。例如:小子男孩,呼和浩特、包头、临河读[ˌɕiɔˈtsɚʔ],丰镇读[ˌɕiɔˈzɚʔ],集宁读[ˌɕiɔˈz̩ɚʔ]。

2.6 前响复合元音的单元音化。北京话的[au][iau][ai]

[uai]等韵母,内蒙古晋语读[ɔ][iɔ][ε][uε],丰镇、凉城、清水河有例外(参看表二.6)。例如:

	报	跳	盖	怪
呼和浩特	poʔ	t'iɔʔ	kεʔ	kuεʔ
包头	poʔ	t'iɔʔ	kεʔ	kuεʔ
临河	poʔ	t'iɔʔ	kεʔ	kuεʔ

三 内蒙古晋语的内部差别

3.1　内蒙古晋语的内部差别主要表现在单字调。呼和浩特及其以东的凉城、丰镇、集宁、太仆寺旗平声不分阴阳[①],古平声清音声母字和浊声母字今单字调无分别。单字调有平上去入四个。以包头为中心的地区,平声分阴阳,单字调有阴平、阳平、上声、去声、入声五个。临河、杭锦后、磴口旧后套行政区及邻近的乌海市,古清平与古清、次浊声母上声的字今单字调无分别。单字调有"阴平=上声"、阳平、去声、入声四个。例见内蒙古晋语地图一。依据古今声调关系的不同,内蒙古晋语可以分为呼和浩特片、包头片和临河片。呼和浩特片包括呼和浩特、凉城、丰镇、集宁、太仆寺旗。包头片包括包头、土默特左旗、固阳、武川、和林格尔、清水河、达拉特旗、东胜、伊金霍洛、准格尔、五原。临河片包括临河、杭锦后、磴口、乌海。(参看图一)

3.2　内蒙古晋语在声母、韵母上的差别不很大。主要有下列三项:

(1)沿黄河地区(从后套的磴口起沿黄河望东)宕摄合口舒声读开口。"钢=光""康=筐""杭=黄"。其他地区有的同音,有的不同音。(参看图二,表二.5)这种语音现象正好说明清末山西移民进入内蒙境内沿黄河西行的路线。

(2)与山西、陕西接壤的南部边界地区(东起丰镇,西至伊金霍洛)蟹、止两摄北京读[ai uai][ei uei]韵的字,读[ε uε]或[ei uei]。"拜＝背""怪＝桂"。其他地区不同音。(参看图三,表二.6)

(3) 呼和浩特、包头、临河等多数地区分[ts tʂ],五原、固阳、武川、丰镇、集宁、和林格尔等地不分[ts tʂ],一律读[ts]。例如,呼和浩特读[ts tsʻ s]的有古精组、庄组、知组开口二等、章组限止摄开口以及这四组的今合口呼韵母前。例如:[ts]资斩罩支中准追;[tsʻ]瓷愁茶齿撮吹椽;[s]心生试栓水缩。读[tʂ tʂʻ ʂ]的有古章组开口,止摄除外知组开口三等。

四　内蒙古晋语与山西晋语的比较

本节主要讨论内蒙古、山西两地晋语语音上的异同,为说明问题有时也兼及陕西晋语。

4.1　入声问题　内蒙古、山西、陕西三个地区的晋语,入声收喉塞尾[-ʔ]。入声字的单字调类,内蒙只有一个,古清入和浊入无分别。山西、陕西晋语单字调入声,有的也不分阴阳入,只有一个入声。如山西的大同、忻州地区,陕西的榆林和延安地区的部分县。有的入声分阴阳。如山西的太原、吕梁及长治地区的多数县市,陕西延安地区的部分县。入声韵的数目,内蒙古晋语多为四个,少数八个。(参看图四)山西晋语多为七、八个入声韵,个别点有十一个(温端政,1985)。四个的很少(如平遥、介休)。陕西晋语多为四个入声韵母(如绥德、子洲),少数地区有七个(如神木、府谷),十个(榆林、横山)。与山西、陕西晋语比较,内蒙古晋语的入声字的调类和韵类都趋于简单化。

4.2　古今字调的关系　内蒙古晋语古今字调的关系有三种。呼和浩特片古清平和古浊平无分别。临河片古清平与古清音、次浊音声母上声无分别。包头片古清平和古浊平有分别,古清平与古清音、次浊音声母上声有分别。上述三种调类分合现象,山西晋语也都有。太原片古清平和古浊平无分别,同呼和浩特片。忻州片古清平与古清音、次浊声母上声无分别,同临河片。大同片古清平和古浊平有分别,古清平与古清音、次浊声母上声有分别,同包头片。陕西晋语也有古清平和古清音、次浊声母上声无分别的。如榆林地区的绥德、米脂等处。内蒙晋语的古清平与古浊平无分别的现象,陕西晋语似未见到。这是内蒙晋语同于山西晋语不同于陕西晋语的地方。

4.3 北京话的前响复合元音[au iau ai uai]四韵的字(古入声字在外)在内蒙古晋语有单元音化现象,这也见于山西晋语。如,"保条"的韵母,大同是[o io],太谷是[ɔ iɔ](高本汉 1948)。忻州、长治也是[ɔ iɔ](温端政 1985,侯精一 1985)。"拜怪"的韵母忻州、长治是[æ uæ]。(温端政 1985,侯精一 1985)。

4.4 鼻音韵尾的消失与合流 内蒙古晋语央元音、高元音后头的鼻音韵尾保留,读[ŋ]尾,主要元音多鼻化,深臻曾梗通合流。但是,在其他元音后头的鼻音韵尾消失,读开尾韵,主要元音往往也鼻化。咸山与宕江有区别。鼻音韵尾的消失与合流现象在山西晋语里头也很普遍,各地的情形不很一致。内蒙古晋语鼻音韵尾的消失与合流的现象与山西北部地区的晋语有许多相似处。

鼻音韵尾的消失与合流是晋语的一个重要特点。晋语的丰富材料对于汉语方言鼻音韵尾消失的研究(例如,张琨,1983)可以提供许多重要的事实。

4.5 内蒙古沿黄河地区的晋语"钢=光""康=筐""杭=黄",都读开口韵,山西北部的部分地区也有这种现象。例如天镇、阳高、浑源、五寨,"钢=光"[kɒ],"康=筐"[k'ɒ],"杭=黄"[xɒ]。河曲、岚县这三组例字读合口。例如,河曲"钢=光"[kuɒ],"康=筐"[k'uɒ],"杭=黄"[xuɒ]。陕北晋语未见这种现象。内蒙古晋语宕摄合口读开口,大概可以说是山西北部晋语北移的影响。

4.6　内蒙古与山西、陕西邻界的地带(乌审旗材料暂缺,除外)"拜=背""怪=桂"现象,山西雁北许多地区都有。如怀仁"拜=背"[pei]"怪=桂"[kuei]。陕北晋语"拜≠背""怪≠桂"。内蒙古晋语"拜=背""怪=桂"可能也是晋语北移的影响。

4.7　北京话的轻声子尾,如桌·子的"·子",山西晋语多数读[tsəʔ]或轻读的[tsʅɯ],内蒙古晋语多数地区读[tsəʔ]。呼和浩特、集宁、丰镇、和林格尔等地读[zəʔ]或[zˌəʔ]。如,和林格尔"女子"['ny zəʔ]女孩儿,讨吃子['tˌ'ɔ tsˌ·əʔ zəʔ]乞丐。

4.8　重叠形式丰富是山西晋语的又一个重要特点(特别是在山西晋语中心的太原、吕梁地区)。内蒙古晋语的重叠形式也比较普遍。例如,呼和浩特说"红红胭脂、盆盆小盆儿、棍棍小棍儿、肉丝丝肉丝儿、碟碟碟子",并州、吕梁地区的晋语也都说。

4.9　内蒙古晋语和山西晋语都有很多用表音字"圪"构成的词②。例如"圪洞小洞儿、圪肘子胳膊肘儿、圪台台台阶、圪籵籵粮食碎粒、圪串圪串蹦一蹦、圪捏圪捏捏一捏。"陕北晋语也用"圪"。例如,吴堡话"鼻子"叫做"鼻圪垛儿","胡同"叫做"圪巷"。内蒙古、山西、陕北晋语的表音字"圪"都读入声,无词汇意义。

总的说来,内蒙古晋语的音韵特点在山西晋语中几乎都可以得到印证,两地晋语的共同点很多,差别主要表现在内蒙古晋语入声韵数目的减少与单字调阴阳入合流。

以上是就语音而论。在用词上,内蒙古晋语与山西晋语也是同多异少。例如内蒙古晋语说玉茭子玉蜀黍、滚水开水、铁匙铁铲儿、炊具、温壶热水瓶、揹锅子驼背、炭煤块、小子男孩、女子女孩,山西晋语也说。用词不同的也有。例如,"拳头"内蒙古晋语说"捶头"的多,说"圪都"的少,山西晋语说"圪都"的多。"头"内蒙古晋语多说"脑袋""头",说"得脑"的少,山西晋语流行的说法是"得脑""的脑"。

随着经济的发展,汉民群体继续往北开发,阴山以北地区汉民讲的也是晋语,晋语的势力还在继续北移。

附 注

① 呼和浩特的单字调另有其他记法:阴平 213,阳平 31,上声 53,去声 55,入声 43。(《中国语文》1956 年 6 月,22 页)这大概是呼和浩特新城的读音。呼和浩特分"旧城"和"新城"。现在的旧城在明朝的时候为蒙古西土默特旗部驻牧地,旧名归化城。清代为了统治的需要,在旧城东北五华里许筑绥远城,迁满族人居此,这是新城,并与旧城合置归化绥远厅。民国初年改为归化县,后又改为归绥。本文依据的是呼和浩特旧城的发音。

② 表音字"圪"也有称作"构词成份""词头""前缀"的。参看《语文研究》增刊第十本《文水方言志》,第三本《太谷方言志》,第九本《寿阳方言志》。

参 考 文 献

李 荣 1985 《官话方言的分区》,《方言》,第 1 期。

伊克昭盟地方志编纂委员会 1984 《鄂尔多斯史志研究文稿》,第四册。

余元盦 1960 《内蒙古历史概要》,上海人民出版社。

高本汉 1948 《中国音韵学研究》,中译本,商务印书馆。

张清常 1959 《内蒙古自治区汉语方音与普通话语音对应规律》,内蒙古大学学报,第 1 期。

张 琨 1983 《汉语方言中鼻音韵尾的消失》,《历史语言研究所集刊》五十四本,第一分,台湾。

温端政 1985 《忻州方言志》 语文出版社。

—— 1983 《怀仁方言志》 语文研究增刊。

侯精一 1985 《长治方言志》 语文出版社。

(原载《中国语文》1986.2)

表　一

古声调	平		上			去		入		
古声母	浊	清	清	次浊	全浊	清	浊	清	次浊	全浊
今声调	阳平	阴平	上声			去		入		
例字	穷鹅	刚	古		近	菜	饭	急	麦	局
呼和浩特	31		53			55		ʔ43		
集宁	22		53			24		ʔ54		
丰镇	212		53			24		ʔ54		
凉城	22		31			35		ʔ32		
太仆寺旗	53		44			35		ʔ54		
包头	13	213	535			52		ʔ54		
固阳	33	324	212			54		ʔ32		
武川	22	212	53			24		ʔ54		
土默特左	22	212	535			52		ʔ54		
和林格尔	31	212	535			42		ʔ54		
清水河	44	212	535			42		ʔ32		
达拉特	44	213	535			52		ʔ54		
东胜	44	213	535			52		ʔ54		
准格尔	44	213	535			52		ʔ4		
伊金霍洛	44	213	535			52		ʔ54		
五原	24	212	535			53		ʔ54		
临河	44		212			52		ʔ4		
杭锦后	44		212			52		ʔ4		
碛口	55		213			51		ʔ3		
乌海	44		213			52		ʔ54		

表　二

	1	2	3	4		5		6	
	岸案	姐减	根庚	胆	党	钢	光	拜	背
呼和浩特	ŋ	ie	ə̃ŋ	ã	ã	ã	uã	ɛ	ei
土默特左	ŋ	ie	ə̃ŋ	ã	ã	ã	uã	ɛ	ei
武川	ŋ	ie	ə̃ŋ	ã	ɒ̃	ɒ̃	uɒ̃	ɛ	ei
太仆寺旗	ŋ	ie	ə̃ŋ	ɛ̃	ɜ	ã	uã	ɛ	ei
东胜	ŋ	ie	ə̃ŋ	ã	ã	ɑ	uã	ɛ	ei
乌海	ŋ	ie	ə̃ŋ	ã	ã	ã	uã	ɛ	ei
丰镇	n	ie	ə̃ŋ	ɛ̃	ɜ	ã	uã		ei
伊金霍洛	ŋ	ie	ə̃ŋ	ɛ̃	ɜ	ã	uo	ɛ	
集宁	ŋ	ie	ə̃ŋ	ã	ã	ã		ɛ	
凉城	ŋ	ie	ə̃ŋ	ɛ̃	ɜ	ã			ei
和林格尔	ŋ	ie	ə̃ŋ	ã	ã	ã		ɛ	
清水河	ŋ	ie	ə̃ŋ	ɛ̃	ɜ	ã			ei
准格尔	ŋ	ie	ə̃ŋ	ã	ã	ã		ɛ	
包头	ŋ	ie	ə̃ŋ	ã	ã	ã		ɛ	ei
固阳	ŋ	ie	ə̃ŋ	ɛ̃	ɜ	ã		ɛ	ei
达拉特	ŋ	ie	ə̃ŋ	ã	ã	ã		ɛ	
五原	ŋ	ie	ə̃ŋ	ã	ã	ã		ɛ	
临河	ŋ	ie	ə̃ŋ	ã	ã	ã		ɛ	ei
杭锦后	ŋ	ie	ə̃ŋ	ã	ã	ã		ɛ	
磴口	ŋ	ie	ə̃ŋ	ã	ɒ̃	ã		ɛ	ei

表　三

	根	庚	新	星	魂	红	群	穷
北京	kən	kəŋ	ɕin	ɕiŋ	xun	xuŋ	tɕʻyn	tɕʻyŋ
呼和浩特		kə̃ŋ		ɕĩŋ		xũŋ		tɕʻỹŋ
包头		kə̃ŋ		ɕĩŋ		xũŋ		tɕʻỹŋ
忻州山西		kəŋ		ɕiəŋ		xuəŋ		tɕʻyəŋ
怀仁山西		kəŋ		ɕiəŋ		xuəŋ		tɕʻyəŋ

	胆	党	检	讲	官	光	权
北京	tan	taŋ	tɕian	tɕiaŋ	kuan	kuaŋ	tɕʻyan
呼和浩特	tã	tã	tɕie	tɕiã	kuã	kuã	tɕʻye
包头	tæ̃	tã	tɕie	tɕiã	kuæ̃	kuã	tɕʻye
忻州山西		tã		tɕiã		kuã	tɕʻyã
怀仁山西	tæ	tɒ	tɕiæ	tɕiɒ	kuæ	kuɒ	tɕʻyæ

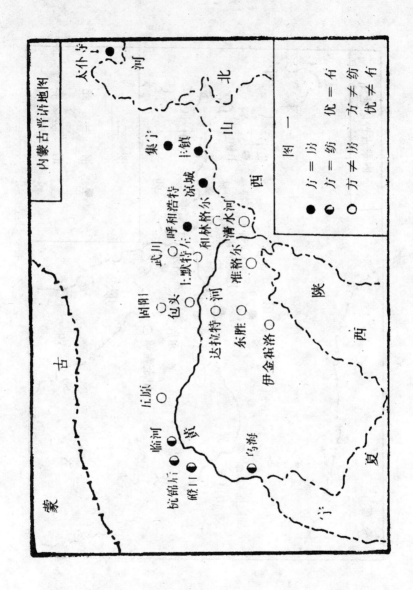

内蒙古晋诉地图

图 — 例

● 方 = 房   ① 方 = 纺
① 方 = 纺   ① 优 = 右
○ 方 ≠ 房   ① 方 ≠ 右
                   ① 优 ≠ 右

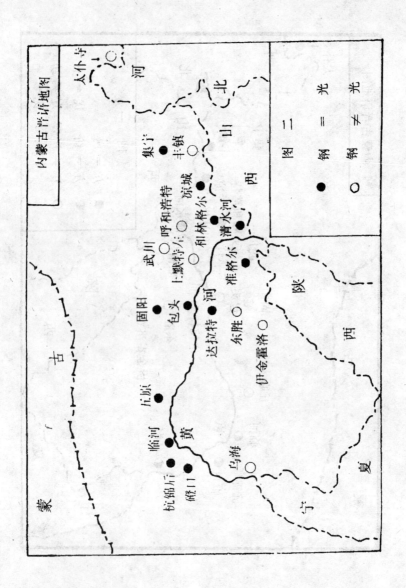

内蒙古岩画地图

图二

● 钢 二 光

○ 钢 半 光

太什罕河

河

北

集宁

丰镇

山

凉城

呼和浩特

清水河

西

和林格尔

武川

土默特左

准格尔

陕

固阳

包头

河

达拉特

东胜

伊金霍洛

西

杭原

黄

临河

河

乌海

杭锦后旗

磴口

夏

宁

蒙

古

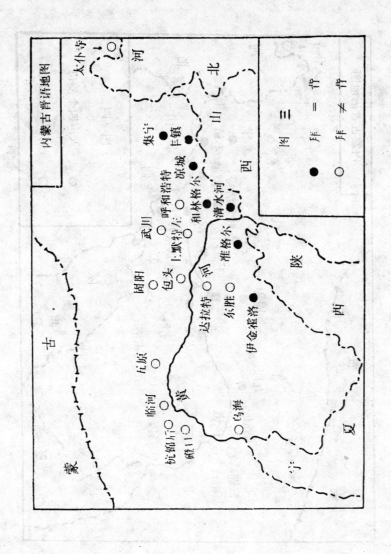

内蒙古晋诉地图

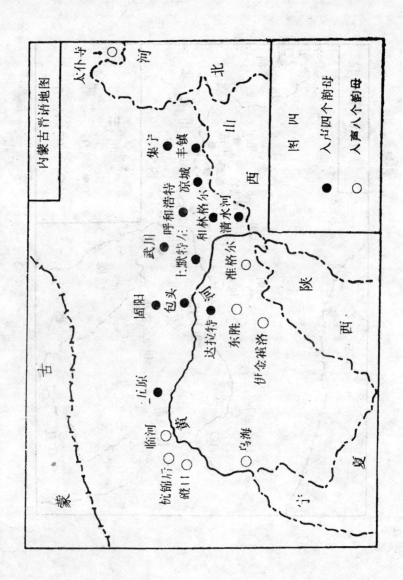

内蒙古晋语地图

图 四

● 入声四个韵母
○ 入声八个韵母

晋语的变读别义[*]

变读别义比较丰富是平遥话构词的一个特点。所谓变读别义是指用改变字音的声母、韵母或声调来表示另外一种词汇意义或语法意义。例如："解"[kæʏ]上声，作动词，"解开"的意思。"解"又有[tɕiaʏ]一读，作介词用。请看例句：

1. 把这根绳绳解[kæʏ]开。（绳绳：小绳子）

2. 你解[tɕiaʏ]哪儿来的？

作介词用的"解"[tɕiaʏ]我们看作变读。

平遥方言里头也有北京话的四声别义现象。例如：平遥方言"担"作动词，读平声。"担"作名词，读去声。这类词的变读别义比较明显，本文的讨论不涉及。

平遥方言的变读别义大致有以下三种类型。下文的讨论，有时兼及平遥以外的山西方言。

一、称谓不同引起的变读别义。

二、因避讳引起的变读别义。

三、词类或词义不同引起的变读别义。

以下分项讨论。

一、称谓不同引起的变读别义。例如：

1. 哥

"哥"文读[kɔʏ]，平声。重叠式"哥哥"[kɔʏ˩ kɔʏʏ]。兄长的意思。

---

* 本文是作者在日本中国语学会第 38 回全国大会（1988.10 神户）讲演稿的一部分。

"哥"白读[kiɛʌ],平声。外人称述某人的父亲。如:兀块孩儿的后~不赖。(那个小孩子的继父不错。)有意思的是,平遥方言背称"后妈"叫"后姐"[xəu˞ tɕiəʌ]。正与"后哥"[xəu˞ kiɛʌ]成套。

"哥"变读[kaʌ],对年长于己者的昵称。在"哥"字的前头往往要加上被称呼人的名字。如:虎儿~、锁儿~。

2. 婆

"婆"文读[pʻɔʌ],白读[peiʌ],平声。指丈夫的母亲,背后称呼。

"婆"变读[pæʌ],上声。重叠式[pæʌ pæɣ],指的是母亲的母亲,北京话叫"姥姥"。变读后的"婆",韵母、声调都不同于本来的读法。这里可以举个旁证。孝义话(山西中部)"婆"音[pɛʌ],平声。重叠式[pɛʌ pɛʌ]指丈夫的母亲。变读去声用来指"姥姥"。孝义话只是声调的不同,比较容易看出变读的来历。

3. 娘

"娘"文读[ɲiaŋʌ],平声。大娘[teiʌ ɲiaŋʌ]指大伯母。三娘[saŋʌ ɲiaŋʌ]指三伯母或三婶。

"娘"白读[ɲyəʌ],平声。重叠式[ɲyəʌ ɲyəɣ],指寺庙里供奉的"娘娘"。

"娘"变读[ɲiaʌ],平声。重叠式[ɲiaʌ ɲiaɣ],指祖母。当面背后均可用。

平遥以外的其他的山西方言称谓词变读别义的例子,参看本书《亲属称谓词的变读》一文。

二、因避讳引起的变读别义

1. 片

"片"音[pʻiɛʌ],去声。往往不单用。重叠式"片片"[pʻiɛʌ pʻiɛʌ]指女阴,名词。

"片"变读[pʻiɛɣ]上声,量词。如:一~纸。重叠式"片片"

— 66 —

[pʻiɤʏ pʻiɤʏ˨˩], 名词。"片儿"的意思。

2. 透

"透"音[tʻəuʔ], 去声。詈词"㞞"的意思。如:～他祖宗。

"透"变读[təuʔ], 去声。声母不送气。"渗透;穿透"的意思。例如:～气。|下了场～雨。

三、词类或词义不同引起的变读别义

本节讨论1、2两小节以外的变读别义。

1. 块

"块"音[kʻuæʏ], 上声。重叠式"块块"[kʻuæʏ˨ kʻuæʏʔ], 名词。"小块儿"的意思。如:"纸～～"指小块儿的纸。

"块"变读[xuæʏ], 上声。量词。如:一～人|一～牛儿|一～饼子。"块"是一个用处极广的量词。(作为"钱"的单位只能说[kʻuæʏ], 不能说[xuæʏ]。这大概是受北京话的影响。)"块"作量词,通行的地区相当广。山西中部(不包括太原市)、南部的许多县市都有这种用法。平遥变读与本来读法的不同,是声母发音方法的不同。塞音[kʻ]>擦音[x]。太谷、文水、介休、清徐、祁县、孝义等县,"块"的变读,也读[x]声母。山西南部的洪洞、万荣作量词的"块"变读零声母。如:洪洞"块"音[kʻuai], 去声,名词。作量词的"块"音[uɛʔ]轻声。

2. 颗

"颗"音[kʻueiʌ], 平声,量词。如:一～鸡蛋|一～扣子。

"颗"变读[kʻueiʌ], 上声。重叠式"颗颗"[kʻueiʏ˨ kʻueiʏʔ], 名词。指(脸或身上的)小疙瘩。如:长了好些儿～～。

3. 和

"和"文读[xɔʌ], 平声。如:～气。

"和"白读[xueiʔ], 去声。作动词用。如:～面[xueiʔʌ miɛʔ]。

— 67 —

"和"变读[xuei˩]或[xuɣ˩]或[xuɣx]，上声。作连词用。如：你～谁好咧？

文水、祁县、孝义作连词的"和"也变读上声。用声调的不同区分词类。

4. 上

"上"音[suə˩]，去声，动词。例如：～坡｜～炕。

"上"变读[xɔ˩]，去声。方位词。例如：坡坡～｜炕～。两个"上"的声韵不同。

太谷、孝义、文水等县也有此现象，现列表比较如下：

	平 遥	太 谷	孝 义	文 水	举 例
上	suə	sɒ	ʂE	su	～学　～车
上	xɔ	xɒ	xE	xu	房～　街～

太谷、孝义、文水三处两个"上"的不同表现为声母的不同，韵母、声调相同。平遥两个"上"只声调一项相同，韵母、声母都不相同，单从平遥一点的读音来看，不太容易看清楚，对比邻近各县的读音就看得比较清楚了。

5. 去

"去"音[tɕ'y˩]，去声。谓语动词。例如：～街儿｜～省城。

"去"变读[tiʌʔ]，阴入。趋向补语。例如：起～｜下～。

太谷、文水等地也有此种现象。太谷动词"去"音[tɕ'y]，读去声。表趋向的"去"音[təʔ]，变读入声。文水动词"去"音[ts'ʮ]，读去声。表趋向的"去"音[ɕieʔ]，变读入声。声母也改变了。（此条旁证还不足，暂列在此。）

6. 破

"破"音[p'ei˩]，去声。名词"疮"和动词"破费"的意思。如：脖子上长了块～｜～上些钱儿去医院看看。

"破"变读[p'ʌʔˑʌ˩],阴入。形容词。如:～衣烂裳们|～鞋臭袜子。

7. 可

"可"文读[k'ɤʔ],白读[k'iɤ˥],上声。副词"不大……"的意思。如:～来|～疼|～粗。

"可"变读[k'iɛ˩],去声。形容词"满"的意思。如:～村儿|～椅子上。

8. 家

"家"音[tɕiɑ˩],平声。

"家"变读[tɕiɤiɑ˥],上声。专指"娘家"。如:你媳妇是哪儿的～? |我～是东村的。

9. 疲

"疲"音[p'iʌ˩],平声。形容词,"微温"的意思。作定语。如:～茶(微温的茶)。

"疲"变读[p'iʌ˥],上声。动词。指事情从高潮转向低潮或停滞。如:兀块事情～下来了。

(原载《晋语研究》1989)

亲属称谓词的变读

在山西方言里,用变读一个音节的声母、韵母或声调的方式可以构成两个不同的亲属称谓词。例如,山西太原话称外祖母作[pɣ˩ pɣ˩],平声。称丈夫的母亲作[pʻɣ˩ pʻɣ˩],平声。如果用汉字表示都写作"婆婆"。也就是说,"婆婆"读不送气的声母[p],指的是外祖母。读送气声母[pʻ]指的是丈夫的母亲。也有变读一个字的韵母构成两个不同的亲属称谓词的。例如,山西南部的平陆县(与河南邻界)城关称父亲作[tia˩],平声。称伯父作[tie˩],平声,汉字均作"爹"。平陆县西的长乐乡一带称祖母作[ȵyəˊ],阳平。称母亲作[ȵiaȵˊ],阳平,汉字均作"娘",也属于变读韵母。用变读字调来构成两个不同的亲属称谓词也见到几例。山西南部的侯马市称外祖父作[lɔˀ˥ iaˀ],称曾祖父作[yɛˀ˥ iaˀ],汉字均写作"老爷"。称外祖母作[lɔˀ˥ ȵiəˀ],称曾祖母作[yɛˀ˥ ȵiəˀ],汉字均写作"老娘"。侯马城关55调[˥]是上声调,53调[˥]是去声调。这就是说,一个"老"字读上声还是读去声,可以构成两个不同的亲属称谓词。类似的例字,像山西东南部的阳城县(与河南邻界)城关对人称述自己男人的母亲作[pʻoˊ],读阳平调;称祖母作[pʻoˊ],读去声。写成汉字都作"婆"。

用变读的方式构成不同的亲属称谓词似未见于北京话,晋语的这类例子虽不多,却很值得注意。

(原载《中国语文》1984.5,署名米青)

地处山西南部的洪洞县"姐"也有变读,补录如下:

"姐"音[tɕiɛ],阴去。重叠式"姐姐",词义与北京相同。

"姐"音[tɕiɑ],阴去。韵母变读。如:"后姐"指继母

(背称)。"大姐"指伯母。

一九八八年十二月补记

此文刊出后,又陆续见到津化《〈亲属称谓词的变读〉补例》(《中国语文》1990.5)补充了山东北部亲属称谓词变读的例子。汪维辉《〈亲属称谓词的变读〉再补》,补充了宁波市北仑区方言的例子(《中国语文》1991.6),可以参看。

一九九七年五月再补

山西方言的分区

提要 根据入声的有无和古四声在今方言里的演变情况,山西省境内的方言可以分为七个片:并州片(晋阳小片、平辽小片)、吕梁片(汾州小片、兴岚小片、隰州小片)、上党片(潞安小片、沁州小片、泽州小片)、五台片、云中片、汾河片(平阳小片、绛州小片、解州小片)和广灵片。全文分三节:一、概说。二、分片标准。三、各片方言特点。还有山西省方言分区图,山西省方言古今声调关系表。

一 概说

　　山西省地处太行山与黄河中游的峡谷之间,北面是内蒙古自治区,西邻陕西,东界河北,南与河南接壤。因大部分地区在西周和春秋时期为晋国领有,所以简称晋。据一九八五年行政区划,全省分雁北、忻州、吕梁、晋中、晋东南、临汾、运城七个地区,共一百零六个市、县。除注明者外,本文讨论以市、县所在地的方言为准。

　　全省方言可以分为下列七片。有的片内部差别比较明显,所以在片的下头又分了小片。括号里头的数字是该片或该小片所辖的市、县数目。

　　㈠ 并州片(21)——晋阳小片(15) 平辽小片(6)

　　㈡ 吕梁片(14)——汾州小片(6)　兴岚小片(3) 隰州小片(5)

　　㈢ 上党片(17)——潞安小片(9)　沁州小片(4) 泽州小片(4)

　　㈣ 五台片(18)

　　㈤ 云中片(8)

　　㈥ 汾河片(27)——平阳小片(9)　绛州小片(6) 解州小片(12)

　　㈦ 广灵片(1)

　　以上分片范围请看下页山西省方言分区图。

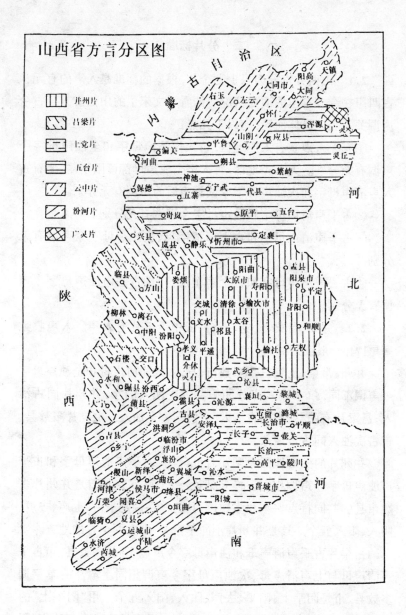

山西省方言分区图

并州片
吕梁片
上党片
五台片
云中片
汾河片
广灵片

山 蒙 古 自 治 区

天镇
阳高
大同市
大同
右玉
左云
怀仁
浑源
广灵
应县
山阴
平鲁
偏关
灵丘
河曲
朔县
繁峙
神池
宁武
代县
保德
五寨
岢岚
原平
五台
兴县
岚县
静乐
忻州市
定襄
临县
娄烦
阳曲
盂县
太原市
寿阳
阳泉市
方山
平定
柳林
离石
交城
清徐
榆次市
昔阳
中阳
汾阳
文水
太谷
和顺
石楼
交口
孝义
平遥
祁县
榆社
左权
水利
隰县汾西
介休
灵石
武乡
蒲县
霍县
沁源
沁县
襄垣
黎城
古县
吉县
安泽
屯留
潞城
乡
洪洞
临汾市
长子
壶关
长治市
平顺
稷山
浮山
长治
新绛
襄汾
翼城
沁水
高平
陵川
河津
曲沃
晋城市
万荣
侯马市
绛县
阳城
闻喜
夏县
垣曲
临猗
运城市
平陆
永济
芮城

陕

西

河

北

河

南

— 73 —

二 分片标准

2.1 山西方言分为以上七个片,根据的标准是入声的有无和古四声在今方言里的演变情况。请看本文末了的山西省方言古今声调关系表。具体而论,有以下几点:

①有无入声。有入声地区,古入声清声母字和全浊声母字今声调有无分别。无入声地区,古入声全浊声母都读阳平,主要看古入声清声母字和次浊声母字今读舒声后的声调有无分别。

②古平声清声母字和浊声母字今声调有无分别。

③古平声清声母字和古上声清声母、次浊声母字今声调有无分别。

④古去声清声母字和古上声全浊声母、古去声浊声母字今声调有无分别。

2.2 并州、吕梁、上党、五台、云中等五片有入声。入声收喉塞尾[ʔ],一般读短调。

并州、吕梁、上党三片多数市、县,古入声清声母和全浊声母字今声调不同,单字调入声分阴阳。古次浊入的字,并州片同古清入;吕梁片有的县、市同古清入,有的同古全浊入。上党片多数县、市古次浊入同古全浊入。

并州片的中心地区晋阳小片_{阳曲除外},古平声清声母字和古平声浊声母字今声调相同。换句话说,今平声不分阴阳是并州片多数市县的共同特点。本片多数市、县的单字调是平声、上声、去声、阴入、阳入五个。这是并州片不同于吕梁、上党两个片的地方。

吕梁片古平声清声母和浊声母字今声调不同,多数县、市古平声清声母与上声清声母、次浊声母字今声调相同。本片的单字调多数县、市是阴平上、阳平、去声、阴入、阳入五个。用"阴平上"的名目便于看出"阴平=上声"的事实,所以没有把这一类字称作"阴

— 74 —

平"或称作"上声"。但下文举"阴平上"例字时,调类符号姑且标作阴平"ɿ□"。少数县、市古平声清声母与古上声清声母、次浊声母字今声调不同,但调形相同的居多。单字调是阴平、阳平、上声、去声、阴入、阳入六个。

上党片的中心地区潞安小片,古去声清声母字和古上声全浊声母、古去声浊声母字今声调不同。这就是说本片方言分阴阳去。这是本片不同于并州、吕梁两片的地方。潞安小片一般有阴平、阳平、上声、阴去、阳去、阴入、阳入七个单字调。

2.3 五台、云中两片古入声清声母字和古入声浊声母字今声调相同,只有一个入声。云中片(如大同市)有少数入声字今读舒声。

五台片古平声清声母字和古上声清、次浊声母字今声调相同。此点是五台片不同于云中片的地方。本片单字调为阴平上、阳平、去声、入声四个。

云中片古平声清声母字和古上声清、次浊声母字今声调不同。本片单字调为阴平、阳平、上声、去声、入声五个。五台、云中除去单字调上的不同以外,其他语音特点分别不大。下文各片特点一节,五台、云中两片一并讨论。

汾河、广灵两片都没有入声,古入声字今都读舒声,单字调一般只有阴平、阳平、上声、去声四个。这是这两片不同于其他五片的地方。汾河片二十七个市县,古入声全浊声母字今读阳平,古入声清声母、次浊声母字多数县市今读阴平调。广灵片只有山西东北角与河北省交界的广灵一个县,古入声全浊声母字今也读阳平,但古入声清声母字今读阴平,古入声次浊声母字今读去声。这是广灵片不同于汾河片的地方。

以上是就每个片多数市、县古今声调的演变情况而言的,下文还要详细讨论。

三　各片方言特点

3.1　并州片　并州片包括二十一市县,下头分晋阳、平辽两个小片。

晋阳小片:太原　清徐　榆次　太谷　祁县　平遥　介休
灵石　交城　文水　孝义　寿阳　榆社　娄烦　阳曲

平辽小片:阳泉　平定　昔阳　和顺　左权　盂县

晋阳小片平声不分阴阳,只有一个平声,但阳曲除外。阳曲话以县城所在地黄寨来说,平声分阴阳。平声不分阴阳的,全省除去晋阳小片,只有上党片的武乡、高平,汾河片的侯马、曲沃四处。平辽小片平声分阴阳。晋阳小片入声分阴阳,古入声的次浊声母字今读阴入。平辽小片入声不分阴阳,盂县一处除外。晋阳小片的平声调值多为平调形,平辽小片的阳平调值也是平调形,这是两个小片在声调上的共同之处。并州片的其他特点是:

① 深、臻、曾、梗、通五摄的舒声字今合流。本区除祁县话古合口今读[-m]尾韵外,其他各处多读[-ŋ]尾。少数县读开尾,主要元音往往鼻化。例如:

	根＝庚	心＝新＝星	魂＝红	群＝穷
太原	₌kəŋ	₌ɕiŋ	₌xuŋ	₌tɕʻyŋ
阳泉	₌kəŋ	₌ɕiŋ	₌xuŋ	₌tɕʻyŋ
和顺	₌kəŋ	₌ɕiŋ	₌xuəŋ	₌tɕʻyŋ
寿阳	₌kə̃	₌ɕiə̃	₌xuə̃	₌tɕʻyə̃
祁县	₌kə̃	₌ɕiə̃	₌xũm	₌tɕʻyũm
太谷	₌kə̃	₌ɕiə̃	₌xũ	₌tɕʻyũ

② 曾、梗摄的舒声字,本片多数县市有文白异读。白读鼻音韵尾消失,文读一般有鼻音韵尾[-ŋ]。有的县文读[-ŋ]尾也消失,主要元音鼻化。例如:

	蒸	绳	井	兄
文水白	₍tsʅ	₍sʅ	ꞌtsʅ	₍sʮ
文	₍tsəŋ	₍səŋ	ꞌtɕieŋ	₍ɕyəŋ
太谷白	₍tsʅ	₍sʅ	ꞌtɕi	₍ɕy
文	₍tsə̃	₍sə̃	ꞌtɕiə̃	₍ɕyũ
平遥白	₍tʂʅ	₍ʂʅ	ꞌtsei	₍ɕy
文	₍tʂəŋ	₍ʂəŋ	ꞌtɕiŋ	₍ɕyŋ

太原话在地名中还保留白读音。例如,北营的"营"读[₍ɕi],黄陵的"陵"读[₍li]。

③ 宕、江摄字在晋阳小片的文水、祁县、平遥、介休、灵石方言有文白异读。白读鼻音韵尾消失,主要元音不鼻化,文读有的读[-ŋ]尾,有的韵尾消失,主要元音鼻化。有少数字白读音声母与文读音声母不同。例如:

	桑	汤	墙	羊	光	双
文水白	₍sʊ	₍tꞌʊ	₍tɕiʊ	₍iʊ	₍kʊ	₍sʊ
文	₍saŋ	₍tꞌaŋ	₍tɕꞌiaŋ	₍iaŋ	₍kuaŋ	₍suaŋ
祁县白	₍sa	₍tꞌa	₍tɕia	₍ia	₍ko	₍tsꞌo
文	₍sã	₍tꞌã	₍tɕꞌiã	₍iã	₍kuã	₍suã
平遥白	₍suə	₍tꞌuə	₍tɕyə	₍yə	₍kuə	₍tsꞌuə
文	₍saŋ	₍tꞌaŋ	₍tɕꞌiaŋ	₍iaŋ	₍kuaŋ	₍suaŋ
介休白	₍suə	₍tꞌuə	₍tɕyə	₍yə	₍kuə	₍tsꞌuə
文	₍sæ̃	₍tꞌæ̃	₍tɕꞌiæ̃	₍iæ̃	₍kuæ̃	₍suæ̃

④ 果摄开口一等和合口一等,晋阳小片今韵母的介音不同(有的县泥组除外)。果摄开口一等今读开口呼,果摄合口一等今读合口呼。例如果摄开口一等"多拖哥",太原分别读[₍tɣ | ꞌtꞌɣ | ₍kɣ],文水分别读[₍tei | ꞌtꞌie | ₍kəi];果摄合口一等"躲妥科",太原分别读[ꞌtuɣ | ꞌtꞌuɣ | ₍kꞌuɣ],文水分别读[ꞌtuei | ꞌtꞌuəi | ₍kꞌuəi]。

⑤ 山摄仙韵合口三等精组字和见组字，平辽小片孟县除外读音有分别，精组读洪音，见组读细音。例如，阳泉话"全泉"读[ₑtsʻuæ]，"宣"读[ₑsuæ]，"选"读[ˈsuæ]；"眷"读[tɕyˈæ]，"拳权"读[ₑtɕyˈæ]。

⑥ 古浊塞音和古浊塞擦音的字，晋阳小片的清徐、交城、文水、孝义、榆次、太谷、祁县、平遥、介休文读读送气声母，白读读不送气声母。举例如下。音标后头的短杠"-"表示该字的文读与白读韵母相同。

	赔並	田定	甜定	铜定	穷群	骑群	肠澄
太谷白	ₑpei	ₑtiẽ	ₑtiẽ	ₑtũ	ₑtɕy	ₑtɕi	ₑtsɒ
文	ₑpʻ-	ₑtʻ-	ₑtʻ-	ₑtʻ-	ₑtɕʻ-	ₑtɕʻ-	ₑtsʻ-
文水白	ₑpe	ₑtiən	ₑtiən	ₑtuəŋ	ₑtɕyəŋ	ₑtsʅ	ₑtsu
文	ₑpʻ-	ₑtʻ-	ₑtʻ-	ₑtʻ-	ₑtɕʻ-	ₑtsʻ-	ₑtsʻaŋ
清徐白	ₑpai	ₑtie	ₑtie	ₑtuã	ₑtɕyã	ₑtɕi	ₑtsɒ
文	ₑpʻ-	ₑtʻ-	ₑtʻ-	ₑtʻ-	ₑtɕʻ-	ₑtɕʻ-	ₑtsʻ-

⑦ 非敷奉和晓匣母今读洪音的字，晋阳小片的交城、文水、祁县、孝义、平遥、介休、灵石等七处都读[x]声母的合口呼。例如：

	方非＝慌晓	分非＝昏晓	罚奉＝活匣	福非＝霍晓
平遥	ₑxuɑŋ	ₑxuŋ	xuʌʔ˧	xuʌʔ˧
祁县	ₑxuã	ₑxũm	xuɑʔ˧	xuəʔ˧
文水	ₑxu	ₑxuəŋ	xuaʔ˧	xuəʔ˧

3.2 吕梁片 吕梁片包括十四个市县，下头分汾州小片、兴岚小片和隰州小片。

汾州小片:离石　方山　中阳　临县　柳林　汾阳

兴岚小片:兴县　岚县　静乐

隰州小片:隰县　交口　石楼　永和　大宁

汾州小片有六个调:阴平、阳平、上声、去声、阴入、阳入。离石、方山古入声次浊声母字和全浊声母字同调。中阳、临县、柳林、汾阳等四处古入声次浊声母字和清音声母字同调。

兴岚小片和隰州小片_{大宁除外}有五个调类：阴平上、阳平、去声、阴入、阳入。古平声清声母字和古上声清、次浊母字今字调相同。兴岚小片古次浊入归阴入。隰州小片隰县、石楼、永和古次浊入归阴入，交口一处古次浊入归阳入。大宁入声不分阴阳，与本区其他十三处不同。本片的主要特点是：

① 假摄开口三等，本区隰州小片和汾州小片的方山、临县、柳林、中阳都读[a ia]。但汾州小片的汾阳读[ʏ i]，离石读[ie]。兴岚小片的读音和北京音差不多。例如：

	遮	姐	夜	蛇	车
汾阳	ꞔtʂʏ	ꞌtɕi	iꞌ	ꞔʂʏ	ꞔtʂꞌʏ
离石	ꞔtɕie	ꞌtɕie	ieꞌ	ꞔɕie	ꞔtɕꞌie
中阳	ꞔtʂa	ꞌtɕia	iaꞌ	ꞔʂa	ꞔtʂꞌa

② 果宕两摄开口一等，汾州小片_{汾阳除外}、兴岚小片的兴县今韵母相同。例如：

	歌果＝钢宕	多果＝当宕	拖果＝汤宕	鹅果＝昂宕	河果＝杭宕
离石	ꞔkɒ	ꞔtɒ	ꞔtꞌɒ	ꞔŋɒ	ꞔxɒ
兴县	ꞔkʏ	ꞔtʏ	ꞔtꞌʏ	ꞔŋʏ	ꞔxʏ

③ 果摄合口一等和宕摄合口一、三等在汾州小片_{汾阳除外}，兴岚小片的兴县今韵母相同。例如：

	锅果＝光宕	科果＝筐宕	禾果＝黄宕
临县	ꞔku	ꞔkꞌu	ꞔxu
离石	ꞔkuo	ꞔkꞌuo	ꞔxuo
兴县	ꞔkuʏ	ꞔkꞌuʏ	ꞔxuʏ

④ 止摄合口三等精粗字和知系声母字，隰州小片、汾州小片的中阳今韵母不同。精组字读[y]韵母，知系字读[u]韵母（永和读

— 79 —

[ɥ])。汾州小片的离石、柳林、方山两组字同韵母，都是单元音[u]或[y]韵母。例如：

	嘴	醉	吹	锥	锤	睡	水
隰县	꜀tɕy	tɕyˀ	꜀tʂʻu	꜀tʂu	꜀tʂʻu	ʂuˀ	꜀ʂu
永和	꜀tɕy	tɕyˀ	꜀tsʻɿ	꜀tʂɿ	꜀tʂʻɿ	꜇ʂɿ	꜀ʂɿ
中阳	꜀tɕy	tɕyˀ	꜀tʂʻu	꜀tʂu	꜀tʂʻu	ʂuˀ	꜀ʂu
离石	꜀tsu	tsuˀ	꜀tsʻu	꜀tsu	꜀tsʻu	suˀ	꜀su
柳林	꜀tɕy	tɕyˀ	꜀tɕʻy	꜀tɕy	꜀tɕʻy	ɕyˀ	꜀ɕy

以下四点与并州片晋阳小片的特点相近。

① 果摄开口一等与合口一等今韵母不同。例如：

	多≠躲	拖≠妥	锣≠骡
方山	꜀tɑ≠꜀tuo	꜀tʻɑ≠꜀tʻuo	꜀lɑ≠꜀luo
临县	꜀tɑ≠꜀tu	꜀tʻɑ≠꜀tʻu	꜀lɑ≠꜀lu

② 深臻曾梗通五摄的舒声字本片合流，韵尾收[-ŋ]尾。主要元音一般不鼻化。例如，离石话"根＝庚 ꜀kəŋ｜今＝京 ꜀tɕiəŋ｜魂＝红 ꜀xuəŋ｜群＝穷 ꜀tɕʻyəŋ"。

③ 曾梗两摄的字本片也有文白异读，文读收 [-ŋ]尾，白读开尾韵。例如：

	蒸	钉	兄	星
汾阳白	꜀tʂʅ	꜀tʅ	꜀sʯ	꜀sʅ
文	꜀tʂəŋ	꜀tiəŋ	꜀ɕyəŋ	꜀ɕiəŋ
中阳白	꜀tʂə	꜀tʅ	꜀ɕy	꜀ɕi
文	꜀tʂəŋ	꜀tiŋ	꜀ɕyŋ	꜀ɕiŋ
离石白	꜀tsʅ	꜀tʅ	꜀sʯ	꜀sʅ
文	꜀tsəŋ	꜀tiŋ	꜀ɕyŋ	꜀ɕiŋ
永和白	꜀tʂə	꜀tie	꜀ɕye	꜀ɕie
文	꜀tʂəŋ	꜀tiŋ	꜀ɕyŋ	꜀ɕiŋ

④ 本片多数市县临县、大宁、岚县、静乐除外"扶＝胡""饭＝患"。例如:离石话"扶胡 ₅xu|饭患 xuæʔ'|冯红 ₅xuəŋ|福忽 xuæʔ₂"。汾阳话"扶胡"[₅fu],但"饭冯福'读[f-],"患红忽"读[xu-],以[u]作介音的字[f x]两个声母不混。

此外,本片隰州小片的隰县、永和、大宁古全浊塞音、塞擦音不论平仄今读送气声母。例如:永和"皮 ₅p'i|步 p'u'"。离石小片的静乐县知、庄、章、日组今拼合口韵读[pf pf' f v]。例如:"猪 ₅pfu|穿 ₅pf'æ|书 ₅fu|乳 'vu"。以上两点与汾河片的特点相同。

3.3 上党片 上党片包括十七个市县,下头分潞安小片,沁州小片,泽州小片。

潞安小片:长子 屯留 潞城 壶关 黎城 平顺 沁水 长治市 长治县

沁州小片:沁县 沁源 武乡 襄垣

泽州小片:晋城 阳城 高平 陵川

潞安小片去声分阴阳,入声也分阴阳(长治市、长治县入声不分阴阳,沁水城关无入声,例外)。古入声次浊声母字多归阳入,(并州片分阴阳入的地区古次浊声母的入声读阴入,这也是上党片不同于并州片的地方)调类多为阴平、阳平、上声、阴去、阳去、阴入、阳入七个。

沁州小片和泽州小片去声不分阴阳。泽州小片的晋城、阳城、高平入声不分阴阳。只有陵川一处入声分阴阳。沁州小片的沁县、襄垣入声分阴阳,和潞安小片不同,次浊入归阴入。沁源、武乡两处入声不分阴阳。沁州、泽州两个小片的调类有六个的,也有五个的。分阴阳入的是六个调类,不分阴阳入的是五个调类。泽州小片的高平、沁州小片的武乡,两处平声不分阴阳,只有一个平声。本片的主要特点是:

① 潞安小片日母字止摄除外读零母 [ø]。例如:长治市"人 ₅iŋ|

软 ʿyaŋ"。沁州、泽州_{陵川除外}两个小片读擦音 [ʐ]或[z]。例如：沁源"认 ᴄzəŋ|闰 ᴄzuŋ᾽"。阳城"认 zᴄnēʔ|闰 zuēᴄʔ"。陵川日母字_{止摄除外}读 [l],例如:"人 ₌lə|软 ʿluæ"。

② "耳而二"等止摄日母字,本片多读自成音节的 [l̩]。就山西全省来说,这种现象仅限于本片。潞安小片读 [l̩](沁水读零声母 除外)。沁州小片的沁县读[l̩],武乡、沁源、襄垣读零声母 [ø]。泽州小片的晋城、高平、陵川读 [l̩],阳城读零声母 [ø]。

③ 疑母、影母开口一二等字,例如"岸_疑安矮_影"等,潞安小片读 [ŋ]或 [ɣ](长治市、长治县读 [ø] 除外)。沁州小片读 [ŋ]或 [n̠](襄垣读 [ø] 除外)。泽州小片的晋城、阳城读 [ø],高平、陵川读 [ɣ]。

④ 本片黎城、潞城、平顺、壶关、陵川、阳城、高平七县精组和见晓组在今齐、撮两呼前读音有分别。高平在今齐齿呼前(高平无撮口呼)精组读 [ts tsʻ s],见晓组读 [c cʻ ç]。黎城、潞城、平顺、壶关、陵川、阳城六县在今齐、撮呼前精组读 [tɕ tɕʻ ɕ],见晓组读 [c cʻ ç]。例如

	精精≠经见	趣清≠去溪	修心≠休晓
高平	ᴄtsiəŋ≠ᴄciəŋ	tsʻi᾽≠cʻi᾽	ᴄsiei≠ᴄçiei
阳城	ᴄtɕiēn≠ᴄciēn	tɕʻy᾽≠cʻy᾽	ᴄçiʌi≠ᴄçiʌi
平顺	ᴄtɕiŋ≠ᴄciŋ	tɕʻy᾽≠cʻy᾽	ᴄçiuei≠ᴄçuei

3.4 五台片和云中片 五台、云中两个片的特点有相同之处,可放在一起讨论。

五台片包括下列十八个市县:忻州 定襄 原平 五台 代县 繁峙 应县 浑源 灵丘 平鲁 朔县 神池 宁武 五寨 岢岚 保德 河曲 偏关

云中片包括下列八市县:大同市 大同县 阳高 天镇 怀仁 山阴 右玉 左云

五台、云中两片古今字调关系的不同见上文 2.3 节。本节讨论两片声母、韵母的特点。

　　① 影、疑母开口一二等字,五台、云中两个片读鼻音声母[n]或[ŋ]。五台片的灵丘、平鲁、朔县、应县、浑源,云中片的大同市、大同县、左云、怀仁、山阴等十处读 [n]。五台片的忻州、定襄、五台、原平、岢岚、神池、宁武、五寨、代县、繁峙、河曲、偏关,云中片的天镇、阳高、右玉共十五处读 [ŋ]。五台片的保德,影母读 [ŋ],疑母读零声母 [ø],“暗影 ŋæn꜒≠碍疑 ɛ꜒”。

　　② 定、透母字,今韵母是齐齿呼的,今声母在五台片的五台、神池、宁武、朔县四处和云中片的山阴一处读 [tɕʻ]。例如:五台“条定＝桥 ₌tɕʻio|铁透＝切 tɕʻiʔ”。清从溪群四母字,今韵母是齐齿呼的,五台区的应县今声母读 [tʻ]。例如:欺溪＝梯 [ₑtʻi]。

　　③ 果摄开口一等端组和晓组字,五台片的忻州、定襄、原平、灵丘、平鲁、朔县、应县、浑源八处和云中片的怀仁、山阴两处今韵母相同。其中,忻州、定襄、原平读开口呼。例如:忻州“多端 ₌tɤ|河匣 ₌xɤꜛ”;平鲁、灵丘、朔县、应县、浑源、怀仁、山阴读合口呼。例如:浑源“多 ₌euɤ|河 ₌euɤ”。

　　④ 蟹摄开口二等和假摄开口三等在五台片的忻州、定襄、五寨、保德、偏关五处今韵母不同。例如:忻州“介蟹开二 tɕiæꜛ≠借假开三 tɕieꜛ”。

　　⑤ 蟹摄开口二等、合口一、二等字和止摄合三等字,云中片(大同县、山阴除外)和五台片的岢岚、五寨、神池、宁武、偏关、平鲁、应县七处,今韵母的主要元音及韵尾相同。例如:岢岚“败蟹开二＝背蟹合一 peiꜛ|卖蟹开二＝妹蟹合一 meiꜛ|怪蟹合二＝贵止合三 kueiꜛ”。

　　⑥ 流摄开口一等见溪母字,云中片的大同市、阳高两处今韵母为齐齿呼。例如:“狗 ꜛkiəu|口 ꜛkʻiəu”。阳高县匣母字也读齐

— 83 —

齿呼。例如:"后"[xiəˀ]。

⑦ 宕摄开口三等庄组字,合口一、三等见系字和江摄二等知庄组字(即北京读 [uaŋ]韵的字),五台片的岢岚、五寨、河曲、偏关、浑源五处和云中片的天镇、阳高两处都读开口呼,例如:岢岚、天镇"庄=张 ꜀tʂɒ|窗=昌 ꜀tʂʻɒ|光=刚 ꜀kɒ|筐=康 ꜀kʻɒ"。

⑧ 山摄合口一二等少数字,五台片的忻州、定襄、五台三处今韵母的主要元音不同。例如:"官 ꜀kuɒ̃≠关 ꜀kuɑ̃|桓 xuɒ̃≠还环 ꜀xuɑ̃"。

3.5 汾河片 汾河片包括二十七个市县,下分平阳小片、绛州小片和解州小片。

平阳小片:洪洞　襄汾　临汾　霍县　汾西　浮山　翼城
　　　　　古县　闻喜

绛州小片:新绛　绛县　垣曲　稷山　侯马　曲沃

解州小片:运城　蒲县　吉县　乡宁　河津　万荣　夏县
　　　　　临猗　永济　芮城　平陆　安泽

襄汾是襄陵与汾城两县的合并。本文记录的是襄陵话,襄陵话和汾城话差别很明显。根据潘家懿同志的调查,临汾城关话去声不分阴阳,只有一个去声,临汾四乡话去声都分阴阳、西北部吴村、土门、魏村、平垣、西头五个乡古去声的清声母字与古平声的浊声母字今同调,古全浊上声、古浊去自成一类。西北部五个乡以外的四乡话,古去声清声母和古上声全浊声母、古去声浊声母字今字调不同。本文记录的是四乡的发音。解州小片的安泽县,过去由于地方病的影响,居民流动较大,他们多来自河南、山东,下面的讨论不包括安泽县。

① 平阳小片翼城除外去声分阴阳,古清去和古全浊上、古浊去今单字调不同。调类一般是阴平、阳平、上声、阴去、阳去五个。例如:洪洞"四试 sʅ˦˨≠是事市 sʅˠ"。古全浊入今读阳平,古清入、次

浊入今读阴平古县除外。

解州小片去声不分阴阳，古入声字与舒声字的合流情况和平阳小片相同。调类有阴平、阳平、上声、去声四个。

绛州小片单字调类一般只有三个。新绛、垣曲、绛县三处，古全浊上声、清去、浊去的字与古平声清声母字今合流。例如：垣曲"诗＝是试事 ｓ₁ˠ"。侯马、曲沃两处，古平声清浊声母字今合流。例如：侯马"诗＝时 ｓ₁ʲ"。古入声字与舒声字的合流情况与平阳、解州两个小片不同，本片古入声清、次浊声母字读去声调。

② 古浊塞音和浊塞擦音声母的字，不论平仄，今音读送气声母。例如：

	皮並	步並	地定	肚～子,定	自从	舅群	病並
运城	₌pʻi	pʻu²	tʻi²	tʻu²	tsʻ₁²	tɕʻiou²	pʻie²
洪洞	₌pʻi	pʻu²	tʻi²	tʻu²	tsʻ₁²	tɕʻiou²	pʻie²
万荣	₌pʻei	pʻu²	tʻi²	tʻu²	tsʻ₁²	tɕʻiəu²	pʻiɛ²
垣曲	₌pʻi	pʻu²	tʻi²	tʻu²	tsʻ₁²	tɕʻiəu²	pʻiɛ²

吕梁片与汾河片相邻的隰县、永和、大宁也有这种现象，参看上文3.2节。

③ 知庄章日四组声母今拼合口呼韵母，解州小片_{蒲县、乡宁除外}、绛州小片_{垣曲除外}读 [pf pfʻ f v]。例如：

	猪知	砖章	处相～,昌	穿穿	书书	拴生	乳日	软日
运城	₌pfu	₌pfæ	ʻpfʻu	₌pfʻæ	₌fu	₌fæ	ʻvu	ʻvæ
万荣	₌pfu	₌pfæ̃	ʻpfʻu	₌pfʻæ̃	₌fu	₌fæ̃	ʻvu	ʻvæ̃

④ 生、书、日三母及禅母的部分字今拼合口韵，平阳小片_{霍县除外}读 [f v]。例如：洪洞"书 ₌fu｜拴 ₌fɑn｜乳 ʻvu｜软 ʻvɑn｜睡 fu²"。

⑤ 疑母开口细音，本片各处多读 [ȵ]声母。例如：万荣"牙 ₌ȵia｜咬 ʻȵiau｜硬 ȵiʌŋ²｜虐 ₌ȵiˠ"。

⑥ 假摄开口三等字,本片平阳小片、解州小片,文读 [ɣ ie],绛州小片文读 [ɹɣe](或 [ɹɣe])[ie],白读均读 [a ia]韵母。例如:

	车	蛇	惹	借	爷
临汾文	ᴄtʂʏ	ᴄʂʏ	ꞌʐʏ	ʨieꜝ	ᴄie
白	ᴄtʂꞋa	ᴄʂa	ꞌʐa	ʨiaꜝ	ᴄia
侯马文	ᴄtʂɹe	ᴄʂɹe	ꞌʐɹe	ʨieꜝ	ᴄie
白	ᴄtʂꞋa	ᴄʂa	ꞌʐa	ʨiaꜝ	ᴄia

⑦ "钢庚""光工""江京"三组字,绛州小片、解州小片的万荣、夏县两处文读分别同音。例如:稷山话"钢庚 ᴄkɐŋ|光工 ᴄkuɐŋ|江京 ᴄʨiɐŋ"。平阳小片、解州小片的万荣、夏县以外的地区,三组字读音不同。例如:临汾话"钢光江"分别读 [ᴄkã ᴄkuã ᴄʨiã],"庚工京"分别读 [ᴄkəŋ ᴄkuəŋ ᴄʨiəŋ]。

⑧ 宕江两摄的舒声字的白读韵母,平阳小片、解州小片多读 [uo yo]韵母。例如:临汾话"汤"白读 [ᴄtꞋuo](文读 [ᴄtꞋã]),"墙"白读 [ᴄtɕꞋyo](文读 [ᴄtɕꞋiã]),运城话"汤"白读 [ᴄtꞋuo](文读 [ᴄtꞋɔ̃]),"墙"白读 [ᴄtɕꞋyo](文读 [ᴄtɕꞋiɔ̃])。绛州小片白读 [ɣ iɣ]。例如:新绛话"汤"白读 [ᴄtꞋɣ](文读 [ᴄtꞋẽŋ]),"墙"白读 [ᴄtɕꞋiɣ](文读 [ᴄtɕꞋiɔ̃])。

3.6 广灵片 广灵片只有广灵一个县,据本地人讲,广灵话和河北省蔚县话相似,分不太出来。广灵话的主要特点是:

① 无入声,单字调有阴平、阳平、上声、去声四个。古清入的字今读阴平,古全浊入的字今读阳平,古次浊入的字今读去声。例如:急=鸡 ᴄʨi|约=腰 ᴄiɔu|麦=卖 mɛiˀ|合=河 ᴄxɣ。

② 咸山宕江四摄不合流。例如:三 ᴄsæ≠桑 ᴄsɒ|减 ˀʨiæ≠讲 ˀʨiɒ|官 ᴄkuæ≠光 ᴄkuɒ。

③ 深臻曾梗通合流。例如:根=庚 ᴄkəŋ|心=新=星 ᴄɕiŋ|魂=红 ᴄxuŋ|群=穷 ᴄtɕꞋyŋ。

参 考 文 献

李 荣 1985 《官话方言的分区》,《方言》第 1 期。

山西省社会科学院语言研究室 1982—1984 《山西省方言志丛刊》十一种
  (平遥、怀仁、太谷、晋城、陵川、洪洞、襄垣、祁县、寿阳、文水、万荣)。

温端政 1985 《忻州方言志》,语文出版社,北京。

侯精一 1985 《长治方言志》,语文出版社,北京。

山西省方言调查指导组 1961 《山西省方言概况》(讨论稿)。

山西省方言古今声调关系表（一）

片	小片	地点	平		上			去		入		
		古声母	浊	清	清	次浊	全浊	浊	清	清	次浊	全浊
		例字	同兰	天	口	女	士	大漏	菜	节	热	舌
并州片	晋阳小片	太原	11			53		55		ʔ2		ʔ43
		清徐	11			53		55		ʔ2		ʔ53
		榆次	11			53		45		ʔ2		ʔ54
		太谷	22			313		45		ʔ1		ʔ424
		祁县	33			213		35		ʔ2		ʔ313
		平遥	13			53		35		ʔ23		ʔ54
		介休	13			43		35		ʔ23		ʔ43
		灵石	33			313		45		ʔ4		ʔ43
		交城	11			43		55		ʔ2		ʔ54
		文水	22			424		35		ʔ2		ʔ313
		孝义	23			424		353		ʔ12		ʔ313
		寿阳	21			424		45		ʔ2		ʔ43
		榆社	44			313		53		ʔ3		ʔ21
		娄烦	11			213		53		ʔ2		ʔ212
		阳曲	11	213				35		ʔ2		ʔ212
	平辽小片	阳泉	44	313		52		24		ʔ3		
		平定	44	313		53		24		ʔ4		
		昔阳	33	31		35		424		ʔ32		
		和顺	22	31		45		44		ʔ2		
		左权	22	313		424		53		ʔ3		
		盂县	22	313		54		55		ʔ2		ʔ43
吕梁片	汾州小片	离石	33	213		424		52		ʔ2		ʔ324
		方山	11	212		535		53		ʔ4		ʔ23
		中阳	22	35		424		53		ʔ21		ʔ212
		临县	44	24		313		53		ʔ3		ʔ213
		柳林	33	213		535		51		ʔ3		ʔ535
		汾阳	22	325		412		53		ʔ1		ʔ212
	兴岚小片	兴县	44			212		53		ʔ3		ʔ212
		岚县	44			325		53		ʔ3		ʔ34
		静乐	32			212		53		ʔ3		ʔ212
	隰州小片	隰县	33			212		53		ʔ2		ʔ212
		交口	33			313		53		ʔ43		ʔ23
		石楼	33			213		53		ʔ4		ʔ2
		永和	13			212		53		ʔ3		ʔ212
		大宁	35			11		55		ʔ2		

山西省方言古今声调关系表(二)

古 声 调		平		上			去		入		
古 声 母		浊	清	清	次浊	全浊	浊	清	清	次浊	全浊
例 字		同兰	天	口	女	士	大漏	菜	节	热	舌
上党片 潞安小片	长治*	↗24	↘213	↘535	↘535		↘53	↘44		ʔ54	
	潞城	↗13	↗313	↘535	↗131	↘53	↘53		ʔ12	ʔ54	
	黎城	↘53	↙33	↘212	↗53	↘535			ʔ2	ʔ43	
	壶关	↗35	↙31	↘53	↗35	↘53			ʔ21	ʔ54	
	屯留	↗35	↙313	↘535	↗35	↘53			ʔ12	ʔ54	
	平顺	↙213	↗22	↗53	↙131	↘53			ʔ2	ʔ54	
	长子	↗35	↙213	↙325	↘53	↗45		ʔ4			ʔ212
	沁水	↗13	↙31	↗55	↘53	↗33		↙31			↗13
上党片 沁州小片	沁县	↗33	↗35	↘535			↘53		ʔ45		ʔ535
	沁源	↙11	↗13	↘535			↘53		ʔ23		
	武乡		↙22	↗313			↘53		ʔ2		
	襄垣	↙11	↗33	↙213			↗55		ʔ3		ʔ213
上党片 泽州小片	晋城	↗13	↗33	↙13			↘53		ʔ2		
	陵川	↘53	↗33	↙213			↗24		ʔ32		ʔ34
	阳城	↗13	↙11	↘31			↘53		ʔ23		
	高平		↗33	↘535			↙31		ʔ2		
五台片	忻州	↙31		↙313			↘53		ʔ43		
	定襄	↙31		↙313			↘52		ʔ43		
	五台	↙33		↙214			↘52		ʔ32		
	原平	↗44		↙213			↘53		ʔ32		
	岢岚	↗44		↙212			↘53		ʔ21		
	五寨	↙33		↙213			↘53		ʔ32		
	神池	↗44		↙213			↘53		ʔ34		
	宁武	↗44		↙212			↘53		ʔ23		
	代县	↙11		↙213			↘52		ʔ34		
	繁峙	↙21		↙212			↘43		ʔ23		
	灵丘	↙31		↘43			↘53		ʔ4		
	保德	↙33		↙212			↘53		ʔ21		
	河曲	↙33		↙213			↘52		ʔ21		
	偏关	↙33		↙212			↘52		ʔ21		
	平鲁	↗24		↙212			↘53		ʔ32		
	朔县	↗44		↙213			↘52		ʔ34		
	应县	↙31		↘53				↗35		ʔ4	
	浑源	↙22		↙31				↗13		ʔ4	

* 长治声调指长治市、县两地的声调;大同声调(见表三)指大同市、县两地的声调。

山西省方言古今声调关系表(三)

古声调		平		上			去		入		
古声母		浊	清	清	次浊	全浊	浊	清	清	次浊	全浊
例字	地点	同兰	天	口	女	士	大漏	菜	节	热	舌
云中片	大同	↓313	↓41	⌐54			↗24		ʔ3		
	阳高	↓313	↓31	↓53			↗24		ʔ3		
	天镇	⌐11	↓31	↓53			↗24		ʔ↓32		
	右玉	↓424	↓41	↓53			↗24		ʔ↓43		
	左云	↓313	↓42	↓53			↗24		ʔ3		
	山阴	↓33	↓313	↓53			↗35		⌐45		
	怀仁	↓313	↓31	↓55			↗24		ʔ↓43		
汾河片 平阳小片	洪洞	↗13	⌐21	↓42	↘53	↗33		↓21			↗13
	临汾	↗24	↓22	↓51	↘53	⌐55		↓22			↗24
	霍县	⌐35	↓22	↓31	↘53	⌐44		↓22			↗35
	汾西	⌐45	↓21	↓33	↘53	⌐55		↓21			↗45
	浮山	↗24	↓21	↓22	↘53	⌐44		↓21			↗24
	襄汾	↗24	↓21	↓33	↘53	⌐55		↓21			↗24
	闻喜	⌐11	↓31	⌐44	⌐11	↘53		↓31			⌐11
	古县	⌐13	⌐11	↘53		⌐13		↘53			⌐13
	翼城	↓213	↓31	⌐44		↘53		↓31			↓213
汾河片 绛州小片	新绛	↗13	↘52	⌐44		↘52		↘52			↗13
	垣曲	↗31	↘53	↘33		↘53		↘53			↓31
	绛县	↗13	↘53	↘535		↘53		↘53			↗13
	稷山	↗12	↓31	⌐55		↗43		↗43			↗12
	侯马	↗13		⌐44		↘53		↘53			↗13
	曲沃	↗13		⌐44		↘53		↘53			↗13
汾河片 解州小片	运城	↗24	↓31	↘53				⌐44	↓31		↗24
	吉县	↗24	↓313	↘54				⌐44	↘313		↗24
	蒲县	↗34	↘53	↓21				⌐44	↘53		↗34
	乡宁	↗12	↓31	↘53				⌐44	↓31		↗12
	安泽	↗35	⌐11	⌐44				↘53	⌐11		↗35
	夏县	↓21	↘53	↘424				↗33	↘53		↓21
	河津	↓213	↓31	↘53					↓31		↓213
	万荣	↗23	↓31	↘53					↓31		↗23
	临猗	↗13	↓31	↘53					↓31		↗13
	永济	↗13	↓31	↘55					↓31		↗13
	芮城	↗13	↓31	↘53				↗44	↓31		↗13
	平陆	↗13	↓31	↘53				↗33	↓31		↗13
广灵片	广灵	↘11	↘53	⌐55			↗24		↘53	↗24	↘11

（原载《方言》1986.2。此文是与温端政先生、田希诚先生合作的。）

山西中区方言[*]

一　中区方言的分片

1.1　本区人口 **762.**1 万。分布在以下 21 个市县：

太原　清徐　榆次　太谷　文水　交城　祁县　平遥　孝义
介休　寿阳　榆社　娄烦　灵石　盂县　阳曲　阳泉　平定
昔阳　和顺　左权。

1.2　根据入声是否分阴阳,中区方言可分为太原片、阳泉片。
参看中区方言分布图。太原片入声分阴阳,有阴入、阳入两个入
声。阳泉片入声不分阴阳,只有一个入声。参看中区声调表。

1.3　太原片。本片有下列 16 个市县：

太原　清徐　榆次　太谷　文水　交城　祁县　平遥　孝义
介休　寿阳　榆社　娄烦　灵石　盂县　阳曲

1.4　阳泉片。本片有下列 5 个市县：

阳泉　平定　昔阳　和顺　左权

1.5　太原片地处太原盆地及相邻的地区。阳泉片 5 个点,均
在晋中地区的东部太行山地,本片的和顺县即位于省境的东陲,太
行山之巅。

---

[*] 本文的"中区方言",在 1986 年发表的《山西方言的分区》一文(简作《分区》)称作
"并州片"。本文的"太原片"、"阳泉片",《分区》作"晋阳小片"、"平辽小片"。"盂县"一
点,本文属太原片,《分区》属"平辽小片"。

— 91 —

二　中区方言的声母

2.1　中区方言声母的数目。本区声母最少的为 19 个,如祁县。最多的是娄烦,有 27 个。声母多的点一般是多出 [tʂ tʂʻ ʂ f v n̡]。娄烦一点还多出两个唇齿音 [pf pfʻ]。

2.2　中区方言声母的音值

2.2.1　鼻音声母 [m n ŋ]的发音分别有不同程度的同部位的浊塞音 [b d g]。实际音值近于 [mᵇ nᵈ ŋᵍ]。

2.2.2　送气的塞音 [pʻ tʻ kʻ]与洪音相拼时带有较明显的舌根擦音 [x]。

2.3　中区方言声母的特点

2.3.1　北京零声母开口呼字("二耳"等卷舌韵除外)如"暗岸",本区一律读舌根音。除太原一点读舌根擦音 [ɣ]外,本区其他 20 个点都读舌根鼻音 [ŋ]。(参看本文末尾的中区声母表)

2.3.2　北京话零声母合口呼字在太原、清徐、榆次、太谷、娄烦、阳曲、寿阳、榆社、盂县、阳泉、平定、昔阳、左权等 13 个点读作唇齿擦音 [v]或[v-]。[v]实际上已基本清化,如"乌"读作[v̥]。交城、文水、祁县、平遥、孝义、介休、灵石、和顺等 8 个点读作 [u]或[u-]。如"乌"读作 [u]。(参看中区声母表)

2.3.3　ts tʂ 问题。太原片 16 个点。只有平遥、孝义、介休、娄烦 4 个点分 [ts tʂ],其他 12 个点不分 [ts tʂ]、阳泉片 5 个点部分分 [ts tʂ]。分 [ts tʂ]的点,读 tʂ 组的字比北京话少。

2.3.4　北京话读平声送气的清塞音、塞擦音声母 [pʻ tʻ tsʻ tʂʻ tɕʻ]的,太原片清徐、榆次、太谷、交城、文水、祁县、平遥、孝义、介休等 9 个点有文白异读。文读为送气声母,白读为不送气声母。如,盘 pʻ 盘 p,迟 tʂʻ 迟 tʂ。

2.3.5　"全宣选"的声母太原片读舌面音 [tɕʻ ɕ],阳泉片读舌尖音［ts‘ s］。

2.3.6　太原片的交城、文水、祁县、平遥、孝义、介休、灵石(参看中区方言地图第1图)等7个点没有唇齿音［f］,阳泉片有［f］声母。阳泉片读［f］声母的字,交城等7个点读作舌根擦音［x］的合口。

以上各项的例字可参看中区声母表。

2.4　中区声母与古声母的比较

本节及下节(中区韵母与古韵母的比较)只酌选古今对应关系比较复杂的作简单讨论。

2.4.1　本区清徐、榆次、太谷、交城、文水、祁县、平遥、孝义、介休等9个点古全浊声母並、定、从、澄、群今平声白读为不送气声母,文读为送气声母。(参看中区方言地图第2图)如:

	赔並	田定	甜定	钱从	穷群	骑群	肠澄
太谷白	pei	tiẽ	tiẽ	tɕiẽ	tɕyũ	tɕi	tsɒ
文	p‘-	t‘-	t‘-	tɕ‘-	tɕ‘-	tɕ‘-	ts‘-
文水白	pe	tien	tien	tɕien	tɕyəŋ	tsʅ	tsʊ
文	p‘-	t‘-	t‘-	tɕ‘-	tɕ‘-	ts‘-	ts‘aŋ
清徐白	pai	tie	tie	tɕie	tɕyã	tɕi	tsɒ
文	p‘-	t‘-	t‘-	tɕ‘-	tɕ‘-	tɕ‘-	ts‘-

2.4.2　古精组知庄章组声母的读音

中区阳泉片的阳泉、平定、昔阳、和顺、左权等5个点及太原片平遥、孝义、介休、娄烦等4个点分［ts ts‘ s］与［tʂ tʂ‘ ʂ］,但分法与北京不同。从现代语音构造看不出阳泉等点与北京的分法有什么不同。从来历看,今开口字古精组,中区读［ts ts‘ s］。古庄组,中区读［ts ts‘ s］。古知组二等,中区读［ts ts‘］,古知组三等中区阳泉、平定、昔阳、和顺、左权、平遥、孝义、介休、娄烦等9个点读［tʂ tʂ‘］。古章组止摄读［ts ts‘ s］,止摄以外各摄读［tʂ tʂ‘ ʂ］。

见表一。（参看中区方言地图第3图）

表　一

中古声母				今　开　口		
中古声母	精组	庄组	知组二等	章组非止摄	章组止摄	知组三等
例字	字	债	罩	制	志	知
阳泉	ts	ts	ts	tʂ	ts	tʂ
和顺	ts	ts	ts	tʂ	ts	tʂ
平遥	ts	ts	ts	tʂ	ts	tʂ
北京	ts	tʂ	tʂ	tʂ	tʂ	tʂ

今合口字读 [ts ts' s]。娄烦把北京话读 tʂ tʂ' ʂ 拼合口呼的字读作 pf pf' f。如，状 [pfəɯ]，床 [pf'əɯ]，税 [fuei]。太谷白读音把北京话读 ʂ 拼合口呼的字读作 f。如，苏 [fu]。

2.4.3　非敷奉和晓匣母字，本区太原片的交城、文水、祁县、孝义、平遥、介休、灵石7个点读 [x]声母的合口呼。例如：

	方非＝慌晓	分非＝昏晓	罚奉＝活匣	福非＝霍晓
平遥	xuɑŋ	xuŋ	xuʌʔ	xuʌʔ
祁县	xuã	xũm	xuɑʔ	xuəʔ
文水	xʊ	xuəŋ	xuaʔ	xuəʔ

2.4.4　古疑母部分字本区平遥、介休、盂县、娄烦、文水读作鼻音声母 [ȵ]，与古泥母字在今细音前的读音合流。如：鱼疑咬牛(以上疑母)、年宁匿聂(以上泥母)，今均读作 [ȵ]声母。

2.4.5　古影母疑母今读开口呼的字，本区都读作舌根鼻音声母 [ŋ]。(太原老派读同部位的口音 [ɣ])如：安案暗袄(以上影母)、岸饿偶熬(以上疑母)。

三　中区方言的韵母

3.1　本区韵母的数目。本区各点韵母数目多少不一。多的，如孝义(42 个韵母)、文水(41 个韵母);少的,如榆次(31 个韵母)、左权(34 个韵母)。现以文水、左权两点的韵母为例进行比较,看两处韵类数目差别之所在。文水比左权多出 8 个韵类,少 1 个韵类。具体情况如下:

文水比左权多以下 8 个韵母。

文水有 ya 韵(例字极少),如"横"白读;左权无 ya 韵,"横"读 xɤ。

文水有 yaʔ 韵,如"决"tɕyaʔ(≠局 tɕyeʔ);左权无 yaʔ 韵,"决=局"tɕyeʔ。

文水有 yəi 韵,如"靴"ɕyəi(≠须 sʮ);左权无 yəi 韵,"靴=须"ɕy。

文水有 ʊ、iʊ 韵(限白读),如,"帮"pʊ(≠帮 paŋ)"粮"liʊ(≠粮 liaŋ);左权无 ʊ、iʊ 韵,"帮粮"无文白异读,"帮"读作 pɔ,"粮"读作 liɔ。

文水"倍"pe≠"败"pai;"归"kue≠"乖"kuai;左权"倍=败"pæe,"归=乖"kuæe。

文水有 iai 韵,如"鞋"ɕiai(≠斜 ɕi);左权无 iai 韵,"鞋=斜"ɕi。

文水比左权少一个韵母 [ʮ]。如,文水"之=知"tsʅ。左权"之"tsʅ≠"知"tʂʅ。

3.1.1 本区入声韵最少的为 4 个。如,平遥、介休。最多为 8 个。如,寿阳、太谷。

	扎	则	百	笔	桌	竹	缺	脚
平遥	tsʌʔ		piʌʔ		tsuʌʔ		tɕʻyʌʔ	tɕyʌʔ
介休	tsʌʔ		piʌʔ		tsuʌʔ		tɕʻyʌʔ	tɕyʌʔ
太谷	tsaʔ	tsəʔ	piaʔ	piəʔ	tsuaʔ	tsuəʔ	tɕʻyaʔ	tɕyəʔ
寿阳	tsaʔ	tsəʔ	piaʔ	piəʔ	tsuaʔ	tsuəʔ	tɕʻyaʔ	tɕyəʔ

3.2 中区方言韵母的音值

3.2.1 鼻音韵尾 [ŋ]比较稳定;鼻音韵尾前的元音无鼻化现象。

3.2.2 鼻化元音的鼻化程度各点情况不一。总的来说,鼻化程度都较弱。鼻化的范围一般只限于主要元音。

3.2.3 入声韵尾 [ʔ],喉塞明显。

3.2.4 祁县的 [m]尾比较明显,[m]尾只限于 [ũm]、[yũm]两韵。

3.3 本区韵母的特点

3.3.1 单元音化倾向

韵母的单元音化倾向表现在北京话的某些复合韵母,本区多数点读单元音韵母(短杠"–"表示该点韵母不读单元音)。见表二。(参看本文末尾的中区韵母表)。

表　二

	盖	桃		盖	桃
太原	–	–	寿阳	–	–
清徐	–	–	榆社	ɛ	–
榆次	–	ɔ	娄烦	–	ɔ
太谷	–	–	灵石	ɛ	ɔ
文水	–	–	盂县	æ	ɔ
交城	ɛ	–	阳曲	–	–
祁县	–	–	阳泉	ɜ	ɔ
平遥	æ	ɔ	平定	ɛ	ɔ
孝义	–	–	昔阳	ɜ	ɔ
介休	–	–	和顺	–	–
			左权	–	o

3.3.2 鼻音韵尾的消失与合流是本区的一个突出的特点。一般说来,偏前、偏低的主要元音的鼻尾容易脱落。请参看本区韵母表"搬、班、碱、关、园、烫、羊、光"等字的读音。央元音和后元音

的鼻尾则多保留。参看中区韵母表"针、绳、新、井、群、兄"等字的读音。

3.3.3 本区有 7 个点只有儿尾韵没有儿化韵。即,阳曲、清徐、灵石、寿阳、祁县、文水、交城。既有儿尾韵又有儿化韵的有太原、娄烦、榆次、太谷、平遥、榆社 6 个点。

介休、和顺、孟县、孝义、平定、阳泉、昔阳、左权等 8 个点只有儿化韵没有儿尾韵。儿化韵的发音与北京话很相似,也是在发主要元音时同时卷舌。儿尾都自成音节,各点的读法不一样。例如:

平遥　　　葱儿　　　ts'uŋ¹³⁻³¹ʐʌʔ¹³

祁县　　　牛儿　　　niəu³³l̩³³

文水　　　猪儿　　　tsu²²e²²⁻³⁵

阳曲　　　兔儿　　　t'u³⁵³æe²²

3.3.4 本区太原片 16 个点中,太原、清徐、榆次、太谷、交城、文水、介休、祁县、寿阳、榆社、灵石、孟县、阳曲等 13 个点没有舌尖后元音 ʅ,只有一个 ɿ。娄烦、平遥、孝义有 ʅ 也有 ɿ。阳泉片 5 个点既有 ʅ 也有 ɿ。

3.3.5 太原片 u 韵母不拼 l,阳泉片 u 韵母可以拼 l。如:

　　　　太原　　　文水　　　和顺　　　左权

鲁卤　　ləu⁵³　　lou⁴²³　　lu³⁵　　　lu⁵³

3.3.6 太原片 16 个点中,太原、清徐、榆次、太谷、文水、交城、祁县、平遥、孝义、介休、灵石、孟县等 12 个点有文白异读。其中太原只有极少数字音有文白异读,其余 11 个点文白异读现象异常丰富。阳泉片只有左权、和顺个别字音有文白异读。

3.3.7 太原片 16 个点中,太原、清徐、榆次、太谷、文水、交城、祁县、灵石、孟县、阳曲等 10 个点"雨、吕"同音。阳泉片"雨、吕"不同音。

3.3.8 太原片太谷、文水、交城、祁县等 4 个点，"搬≠班""官≠关"。阳泉片没有此种情况。参看中区韵母表。

3.3.9 太原片清徐、榆次、交城、平遥、介休等 5 个点"卖＝妹"。阳泉片只有左权 1 点有此种现象。

3.3.10 太原片太谷、文水、祁县、孝义等 4 个点"夜介"不同韵。其他点没有这种情况。如：

	太谷	孝义	平遥	左权
夜	ie	iE	iE	i
介	iai	iai	iE	i

3.3.11 "多、拖"和"躲、妥"两组例字的韵母，太原片不相同。阳泉片两组例字韵母多相同。如：

	多果开一	拖果开一	躲果合一	妥果合一
太原	tɤ	t'ɤ	tuɤ	t'uɤ
寿阳	tɯ	t'ɯ	tuɯ	t'uɯ
孝义	tE	t'E	tuE	t'uE
介休	tiE	t'iE	tuE	t'uE
盂县	to	t'o	tuo	t'uo
榆次	tʌ	t'ʌ	tuʌ	t'uʌ
阳泉	tuo	t'uo	tuo	t'uo
平定	tuo	t'uo	tuo	t'uo

3.4 中区韵母与中古韵母的比较

3.4.1 深臻曾梗通五摄的舒声字的鼻音韵尾今合流。中区除祁县读 [-m] 尾外（限臻摄部分字），多读 [ŋ] 尾，少数点读开尾，但主要元音往往鼻化。如：

	根＝庚	心＝新＝星	魂＝红	群＝穷
太原	kəŋ	ɕiŋ	xuŋ	tɕ'yŋ

阳泉	kəŋ	ɕiəŋ	xuəŋ	tɕʻyəŋ
和顺	kəŋ	ɕiŋ	xuəŋ	tɕʻyŋ
寿阳	kə̃	ɕiə̃	xuə̃	tɕʻyə̃
祁县	kə̃	ɕiə̃	xũm	tɕʻyũm
太谷	kə̃	ɕiə̃	xũ	tɕʻyũ

3.4.2 曾、梗摄的舒声字,本区多数点有文白异读。白读鼻音韵尾消失,文读一般有鼻音韵尾 [-ŋ]。有的点文读 [-ŋ]尾也消失,主要元音鼻化。例如:

		蒸	绳	井	兄
文水	白	tsʅ	sʅ	tsʅ	sʮ
	文	tsəŋ	səŋ	tɕiəŋ	ɕyəŋ
太谷	白	tsʅ	sʅ	tɕi	ɕy
	文	tsə̃	sə̃	tɕiə̃	ɕyũ
平遥	白	tʂʅ	ʂʅ	tsei	ɕy
	文	tʂəŋ	ʂəŋ	tɕiŋ	yŋ

太原话在地名中还保留白读音。例如,北营的"营"读 [i],黄陵的"陵"读 [li]。

3.4.3 宕、江摄字在太原片的文水、祁县、平遥、介休、孝义、盂县 6 个点有文白异读。白读鼻音韵尾消失,主要元音不鼻化。文读有的读 [-ŋ]尾,有的韵尾消失,主要元音鼻化。有的字白读声母与文读不同。例如:

		桑	汤	墙	羊	光	双
文水	白	sʊ	tʻʊ	tɕiʊ	iʊ	kʊ	sʊ
	文	saŋ	tʻaŋ	tɕʻiaŋ	iaŋ	kuaŋ	suaŋ
祁县	白	sa	tʻa	tɕia	ia	ko	tsʻo
	文	sã	tʻã	tɕʻiã	iã	kuã	suã
平遥	白	suə	tʻuə	tɕyə	yə	kuə	tsʻuə

	文	saŋ	t'aŋ	tɕ'iaŋ	iaŋ	kuaŋ	suaŋ
介休	白	suə	t'uə	tɕyə	yə	kuə	ts'uə
	文	sæ̃	t'æ̃	tɕ'iɛ̃	iɛ̃	kuæ̃	suæ̃

3.4.4　果摄开口一等和合口一等,太原片今韵母的介音不同(有的点泥组除外)。果摄开口一等今读开口呼,果摄合口一等今读合口呼。例如果摄开口一等"多拖哥",太原分别读 [tɤ|t'ɤ|kɤ],文水分别读 [təi|t'əi|kəi];果摄合口一等"躲妥科",太原分别读 [tuɤ|t'uɤ|k'uɤ],文水分别读 [tuəi|t'uəi|k'uəi]。

3.4.5　山摄仙韵合口三等精组字和见组字,阳泉片读音有分别,精组读洪音,见组读细音。例如,阳泉话"全泉"读 [ts'uæ],"宣选"读 [suæ];"眷"读 [tɕyæ],"拳权"读 [tɕ'yæ]。

3.4.6　咸、山两摄一二等韵的部分字,本区太原片太谷、文水、交城、祁县 4 个点今韵母的主要元音不同。如:

	庵咸开一安山开一	衫咸开二产山开二	官 欢山合一	关 环山合二
太谷	ẽ	ã	uẽ	uã
文水	en	aŋ	uen	uaŋ
交城	õ	ã	uõ	uã
祁县	ũ	ã	uũ	uã

3.4.7　假摄开口三等精组、见系字与蟹摄开口二等见系字,本区太原片太谷、文水、祁县、孝义 4 个点今韵母不同。如:

	太谷	文水	祁县	孝义
谢也假摄	ie	i	i	iɛ
街界蟹摄	iai	iai	iei	iai

3.4.8　蟹慑开口一、二等帮组字,蟹摄合口一、二等见系字,本区太原片的清徐、榆次、交城、平遥、介休,阳泉片的左权今韵母相同。如:

贝沛蟹开一败派蟹开二　　盔回蟹合一乖怀蟹合二

清徐	ai	uai
榆次	ai	uai
交城	ɛ	uɜ
平遥	æ	uæ
介休	ɛi	uɛi
左权	æe	uæe

四　中区方言的声调

4.1　中区的单字调。中区 21 个点单字调类数目一般为 5 个。盂县、灵石有 6 个单字调类,是本区单字调类数目最多的两个点。左权只有 4 个单字调类,是本区单字调类数目最少的 1 点。

本区单字调调值的一致性比较明显。

4.1.1　上声调值除去昔阳 1 点读平调型以外,其余 20 个点读降调型(11 点)或先降后升型(9 点)。读降调型的有的上声的实际调值也接近降升型,如平遥。

4.1.2　去声的调值多数点(16 点)读升调型,孝义、娄烦、阳曲读降调型。盂县、和顺 2 点读平调型。

4.1.3　只有一个平声调类的各点,多数点平声的调型是平调,平遥、介休读升调(13)除外。分阴阳平的各点阳平调值也都是平调,左权一点读降调(21)除外。这个事实似乎可以暗示人们,阳平调类在阴阳平合流中的主导地位。

4.1.4　分阴入、阳入的各点,阴入的调型与平声或阳平的调型基本一致,阳入的调型与上声的调型基本一致。不分阴阳入,只有一个入声的各点,入声的调型与阳平的调型基本一致。其中有些出入的有榆次、寿阳、左权 3 个点。出入不很大,只是低平与低降的差别。

所以,我们可以说中区方言舒入的差别只是长短、舒促之别。

4.2 中区太原、阳泉两片在声调上的差别

4.2.1 太原片多数点平声不分阴阳,有阴入、阳入两个入声。阳泉片平声分两类,入声只有一个。

4.2.2 太原片 16 个点中,太原、清徐、榆次、交城、文水、太谷、祁县、平遥、孝义、介休、寿阳、榆社、娄烦等 13 个点,平声不分阴阳,只有一个平声,入声分阴阳入,单字调类数目为平、上、去、阴入、阳入 5 个。太原片盂县、灵石 2 个点平声分阴阳,入声也分阴阳,单字调类为 6 个,即:阴平、阳平、上声、去声、阴入、阳入。太原片阳曲 1 点古清平字与古清上、次浊上字今读作一个调。单字调类为阴平上、阳平、去声、阴入、阳入 5 个。

4.2.3 中区阳泉片阳泉、平定、昔阳、和顺 4 个点平声分阴阳,入声不分阴阳,单字调类有阴平、阳平、上声、去声、入声。阳泉片的左权 1 点古清平字与古清上、次浊上字今读作一个调。(太原片的阳曲也有此种现象。中区方言有此种现象的,只有左权、阳曲 2 个点。)左权单字调类只有 4 个,即:阴平上、阳平、去声、入声,是中区单字调类最少的一个点。(参看中区方言地图第 4 图)

4.3 连调

本区连读变调的主要特点是:

4.3.1 单字调是合并式,连调是区别式。本区太原片、阳泉片都有这种情况。如,太原片有些点平声单字调不分阴阳(即所谓合并式),连调可以区分阴阳平(即所谓的区别式)。参看《山西方言调查研究报告》平遥、娄烦、祁县 3 点音系的连读变调一节。

又如,太原片的阳曲与阳泉片的左权,单字调阴平、上声合流,连调有时可以区别出阴平、上声。参看《山西方言调查研究报告》阳曲、左权音系的连读变调一节。

4.3.2 同样声调组合,语法结构不同,连调不同。换句话说,语法结构的不同影响连调。本区平遥、和顺等点都有此种现象。

参看《山西方言调查研究报告》平遥、和顺音系的连读变调一节。

4.3.3 入声调与同调型的舒声调的连调行为一致。这个特点在本区具有普遍性。如：

介休(太原片) 阴入与平声同调型,阳入与上声同调型。

	前字	后字		
平＋平	13－55	13	高山	开门
平＋阴入	13－55	ʔ13	方法	胡说
上＋平	523－53	13	狗窝	武装
上＋上	523－55	523	洒水	洗脸
阴入＋平	ʔ13－55	13	发酸	刷牙
阴入＋阴入	ʔ13－55	ʔ13	发黑	缺德
阳入＋平	ʔ523－53	ʔ13	木楸	学堂
阳入＋阳入	ʔ423－55	ʔ413	毒药	实习

阳泉(阳泉片) 入声与阳平同调型。

阳平＋阴平	44	313－33	棉花	磨刀
阳平＋阳平	44	44	人民	羊皮
阳平＋上	44	53	门口	牛奶
阳平＋去	44	24	煤矿	流汗
阳平＋入	44	ʔ4	毛笔	零食
入＋阴平	ʔ4	ʔ313－33	吸收	集中
入＋阳平	ʔ4	44	国旗	食堂
入＋上	ʔ4	53	刻苦	谷雨
入＋去	ʔ4	24	媳妇	植树
入＋入	ʔ4	ʔ33	确实	出国

4.4 中区各点声调与古四声的比较在于说明古今声调的演变规律,限于篇幅,例外字没有列出。

4.4.1 本区太原、清徐、榆次、太谷、文水、交城、祁县、平遥、孝义、介休、寿阳、榆社、娄烦等 13 个点古平声今读平声。如：

	家见	牙疑	茄群
太原	tɕia¹¹	ia¹¹	tɕʻie¹¹
太谷	tɕiŋ²²	niŋ²²	tɕie²²
祁县	tɕia³³	nia²²	tɕi³³
文水	tɕia²²	ȵia²²	tɕi²²

本区阳泉、平定、昔阳、和顺、盂县、灵石 6 个点古平声清声母字今读阴平。古平声全浊、次浊声母字今读阳平。如：

	家见	牙疑	茄群
平定	tɕiɑ³¹³	iɑ⁴⁴	tɕʻie⁴⁴
和顺	tɕia³¹	ia²²	tɕʻi²²

本区阳曲、左权古平声清声母字与古上声清声母字、次浊声母字今合流。如：

	精精	领来	清清
阳曲	tɕiə̃²¹³	liə̃²¹³	tɕʻiə̃²¹³
左权	tɕiəŋ⁵³	liəŋ⁵³	tɕʻiəŋ⁵³

4.4.2 本区古上声清声母、次浊声母字今读上声(阳曲、左权读作"阴平上"调)。如：

	姐精	鲁来
太原	tɕie⁵³	ləu⁵³
清徐	tɕie⁵³	ləɯ⁵³
祁县	tɕi²¹	ləu²¹
和顺	tɕi³⁵	lu³⁵

4.4.3 本区古去声字,古上声全浊声母字今读去声。如：

	界见	路来	部並	栈崇
太原	tɕie⁴⁵	ləu⁴⁵	pu⁴⁵	tsæ̃⁴⁵

榆次	tɕie^{35}	lʌə^{35}	pu^{35}	tsɛ^{35}
榆社	tɕiɛ^{45}	ləu^{45}	pu^{45}	tsɑ̃^{45}

4.4.4　本区太原片大多数点古入声清声母、次浊声母字今读阴入。平遥古入声全浊声母字、次浊声母字今读阳入。如：

	发非	答端	力来	达定
太原	faʔ^{2}	taʔ^{2}	liəʔ^{2}	taʔ^{54}
平遥	fʌʔ^{3}	tʌʔ^{13}	liʌʔ^{53}	tʌʔ^{53}
太谷	faʔ^{11}	taʔ^{11}	liəʔ^{11}	taʔ^{434}
寿阳	faʔ^{2}	taʔ^{2}	liəʔ^{2}	taʔ^{43}

本区阳泉片古入声字今读入声。如：

	发非	答端	力来	达定
阳泉	faʔ^{4}	taʔ^{4}	liəʔ^{4}	taʔ^{4}
左权	faʔ^{2}	taʔ^{2}	lieʔ^{2}	taʔ^{2}
和顺	faʔ^{21}	taʔ^{21}	lieʔ^{21}	taʔ^{21}

五　中区方言的词汇

5.1　分音词

5.1.1　所谓分音词是指把一个单音词分成两个音节来说的。请看平遥话例子：

	本词		分音词	
	杆 ꞌkan＝		圪 kəʔ₂	槛 ꞌlaŋ

5.1.2　具体地讲分音词的构造有如下规律：

前音节的声母是本词的声母，通常是塞音，也有塞擦音或擦音。前音节的韵母是入声韵母。后音节的声母是 [1]。因此有人据此称分音词为"嵌 1 词"。后音节的韵母和声调是本词的韵母和声调。举例如下。例子先列汉字，后标读音。

太原	圪榄	kəʔ₂ˈlæ̃	ˈ杆玉荄~ː玉米秸
	圪老	kəʔ₂ˈlɔu	ˈ揽拿棍子~~
	黑浪	xəʔ₂lɔ̃ˀ	巷ˀ把车子打在~里
榆次	□裸	kuəʔ₂ˈlə	ˈ裹快荷上被子~住
	窟窿	kʻuəʔ₂ˈluŋ	ˈ孔冰~
平遥	薄来	pʌʔ₂ˈlæ	摆叫风吹的来回~咧
	□拢	kʻuʌʔ₂ˈluŋ	捆~住些儿再荷哇
寿阳	□落	tsaʔ₂ləˀ	扎ɿ把东西~一下再走
孝义	薄来	pəʔ₂ˈlai	ˈ摆~过来~过去

5.2 合音词

合音词是把双音节词合成一个单音词说的。请看太原话例子：

        本词   合音词

这块 tsəʔ² kʻuai⁵³   =   啐 tsai⁵³

5.2.1

合音词的声母多数是双音节词的前一个音节的声母，合音词韵母的主要元音是双音节词后一个音节韵母的主要元音。合音词的声调是双音节词后一个音节的声调。

太原   啐 tsai⁵³ < 这块 tsəʔ²kʻuai⁵³

        咻 vai⁵³ < 兀块 vəʔ²kʻuai⁵³

        □ nia¹¹ < 人家 zəŋ¹¹tɕia¹¹

孝义   啐 tʂai³¹² < 这块 tʂəʔ²xuai³¹²

        咻 uai³¹² < 兀块 uei¹¹xuai³¹²

        □ ʐa¹¹ < 人家 zəŋ¹¹tɕia¹¹

平遥   啐 tsæ⁵³ < 这块 tsəʔ¹³⁻³¹xuæ⁵³

        咻 uæ⁵³ < 兀块 uʌʔ¹³⁻³¹xuæ⁵³

        □ ŋɑ¹³ < 人家 zəŋ¹³ŋiɑ¹³

文水　　　啐 tsai^{423}＜这块 tsəʔ^{312}xuai^{423}

咴 uai^{423}＜兀块 uəʔ^{22}xuai^{423}

□ na^{22}＜人家 zəŋ^{22}n̠ia^{22}

盂县　　　啐 tsæ^{44}＜这块 tse^{22}kuæ^{44}

咴 væ^{44}＜兀块 ve^{22}kuæ^{44}

□ n̠ia^{22}＜人家 zə̃^{22}tɕia^{22}

5.3 逆序词

5.3.1　逆序指并列结构双音节词的语素顺序易位形式。逆序词在本区有两种类型：

5.3.1.1　方言词与北京话语素逆序,而词义完全相同。如：

	中区	北京
平遥	妻夫	夫妻
	扎挣勉力(作某事)如：～的吃	挣扎
	怪奇	奇怪
	味气	气味
	齐整	整齐
	天每	每天
太原	扎挣	挣扎
	惑惑疑疑	疑惑

5.3.1.2　同一方言词汇系统中,AB 式与 BA 式并存,意义不尽相同,如平遥：

耐实　物体结实　　　实耐　人身体结实

5.4 四字格俗语的构成

5.4.1　中区四字格俗语非常丰富。太原片四字格俗语的构成有较大的一致性。

5.4.2　四字格俗语的构成从形式上看,大致有以下几种格式：

　　①合成格　②带"圪"字格　③带数字格　④带衬字格　⑤带叠字格

　　5.4.3　现以太原、平遥为例说明如下：

　　5.4.3.1　太原

合成格

姊妹婆夫　ts$_{\textloweredtildeicent}^{53}$mei^{45}p'ɤ^{11}fu^{11}　母亲改嫁时，女儿同往继父家中，与继父(与前妻)子结为夫妻，这种关系叫～。

歪流切扯　vai^{11}liəu^{11}tɕ'ia^{2}ts'ɤ^{53}　形容歪斜：他刚学写字，写出来的字～的。

黑漆烂板　xəʔ^{11}tɕ'iʔ^{11}lã^{45}pã^{53}　形容屋里陈设简陋：家里～的，甚摆扎摆设也没啦。

黄尘黑暗　xuɒ^{11}ts'əŋ^{11}xəʔ^{2}ɣã^{45}　形容狂风大作尘土漫天：大春天的，又刮得～的。

上房揭瓦　sɒ^{45}fɒ^{11}tɕiəʔ^{2}va^{53}　形容孩子特别调皮：三天不打，～。

离鞋赤脚　li^{11}xai^{11}s̰əʔ$^{2-54}$tɕyəʔ^{2}　形容不穿鞋袜、光着脚：大冬天～的不嫌冷。

带"圪"字格

圪洞凹切　kəʔ^{54}tuəŋ^{45}vaʔ^{54}tɕ'iaʔ^{2}　形容不平整：这袄儿絮得～的真不好穿了。

圪地圪捞　kəʔ^{54}ti^{11}kəʔ^{54}ləu^{11}　旮旯：你家住得～的，可难寻了。

狗筋圪料　kəu^{53}tɕiŋ^{11}kəʔ^{54}liəu^{45}　形容性格古怪、喜怒无常：咻人～的不好处。

带数字格

假眉三道　tɕia¹¹mi¹¹sæ¹¹tɔu⁴⁵　装腔做势:~装好人了。

拐七溜八　kuai⁵³tɕ'ieʔ²liəu⁴⁵paʔ²　形容走路一瘸一拐:咻人
　　　　　　走路~的,像个拐子。

二五八气　ər⁴⁵vu⁵³paʔ²tɕ'i⁴⁵　形容傻里傻气;咻后生~的,
　　　　　　老让人取笑。

带衬字格

忽里倒腾　xuəʔ²⁻⁴⁵li¹¹tɔu⁵³t'əŋ¹¹　折腾:一天~的,跟上他
　　　　　　怕人了。

忽地忽撩　xuəʔ²⁻⁴⁵ti¹¹xuəʔ²⁻⁴⁵liəu¹¹　形容女子轻浮:咻女
　　　　　　娃娃~的,可惹事了。

糊里马涂　xuəʔ²⁻⁴⁵li¹¹ma¹¹tuəʔ²　糊涂。

灰土马爬　xuei¹¹t'u⁵³ma⁵³pa¹¹　①形容脏,连桌子也不擦,~
　　　　　　的。②形容颜色不鲜亮:这花花布~的,不好看。

带叠字格

薄褴薄缕　pəʔ⁵⁴læ¹¹pəʔ⁵⁴⁻²ly⁵³　形容衣衫褴褛:娃娃们穿得
　　　　　　~的,真恓惶了。

扑东扑西　p'əʔ²⁻⁵⁴tuŋ¹¹p'əʔ²⁻⁵⁴ɕi¹¹　形容忙碌不堪:一天~
　　　　　　的,也扑闹不下甚么。

5.4.3.2　平遥

合成格

寡妇幼子　kuɑ⁵³xu¹³⁻³¹iəu³⁵tsʅ⁵³　~们谁家管咧。

雨布天气　y⁵³pu³⁵t'iɛ¹³⁻³¹tɕ'i³⁵　连阴天:~不敢下城进城。

鸭子拽蛋　iʌʔ¹³⁻³¹tsʌʔ¹³⁻³⁵tsuæ⁵³tɑŋ³⁵　形容人走路慢:走道
　　　　　　道赛如~咧。

见景做法　tɕiɛ³⁵tɕiŋ⁵³tsʌʔ¹³xuʌʔ¹³　随机应变:你去了就~
　　　　　　哇。

带"圪"字格

圪溜拐弯　kəʔ⁵³liəu¹³kuæ⁵³uaŋ¹³　形容不直:～底根棍棍。

白圪洞洞　piʌ⁵³kʌʔ⁵³tuŋ³⁵tuŋ³⁵⁻⁵³　形容白:～底块孩儿。

带数字格

假眉三道　tɕia⁵³mi¹³saŋ¹³tɔ³⁵⁻¹³　弄虚做假、装腔做势:～装好人咧。

七长两短　tɕʻiʌʔ¹³tʂʻaŋ¹³liaŋ⁵³tuaŋ⁵³　长短不齐:穿的衣裳常是～底。

带衬字格

丑支八怪　tʂʻəu⁵³tsŋ¹³pʌʔ¹³⁻³¹kuæ³⁵　形容容貌丑陋:兀块孩儿～底不好看。

没精倒神　mʌʔ⁵³tɕiŋ¹¹tɔ⁵³ʂəŋ¹³　无精打采:～底块孩儿。

带叠字格

黄明朗朗　xuə¹³mi¹³laŋ¹³laŋ¹³　黄而可爱的样子:～底些儿小米。

不平不整　pʌʔ¹³pʻiŋ¹³pʌʔ¹³⁻³⁵tʂʅ⁵³　不平整:看你铺的单子床单～底。

5.5　本区常用语词举例

这里所举的十余条例词是本区最常用的特殊语词。

	01　头		02　拳头	
太原	得脑	təʔ²⁻⁵⁴nau⁵³	圪都	kəʔ⁵⁴tu¹¹
清徐	得老	təʔ²⁻⁵⁵lɔu⁵⁴	圪都	kəʔ⁵⁴tu¹¹
平遥	得老	tʌʔ¹³⁻³⁵lɔ⁵³	圪都	kəʔ⁵³tu¹¹
孝义	得脑	tʌʔ²naɔ³¹²	圪都	kəʔ²tu³¹²
文水	得老	təʔ³¹²lau⁴²³	圪都	kəʔ²tu³¹²
和顺	得脑	tieʔ³¹nɔu³⁵	拳圪都	tɕʻyæ²kəʔ²¹tuəʔ²¹

	03　屁股		04　个一～人	
太原	启子	tuəʔ²·tsɤ	块	kuai⁴⁵老 kɤ⁴⁵新

清徐	启子 tuəʔ²²tsɣʔ⁻¹¹	块 kʻuai³⁵
平遥	启子 tuʌʔ¹³⁻³¹tsʌʔ¹³⁻³⁵	块 xuæ⁵³
孝义	启子 tuəʔ²tsəʔ²⁻⁵³	块 xuai³¹²
文水	启子 tuəʔ²tsəʔ²⁻³⁵	块 xuai²²
和顺	启子 tuəʔ²¹	个 kɣ⁴⁴

05 拿   **06 蹲**

太原	荷 xɣ⁵³	圪蹴 kəʔ⁵⁴tɕiəu¹¹
清徐	荷 xɣɯ⁵⁴	圪蹴 kəʔ⁵⁴tɕiɣɯ¹¹
平遥	荷 xei⁵³	圪蹴 kəʔ⁵³tɕiəu¹³
孝义	荷 xɛ³¹²	圪蹴 kəʔ²tɕiou¹¹
文水	荷 xəi⁴²³	圪蹴 kəʔ³¹²tɕio²²
和顺	拿 na²²	圪蹴 kəʔ³¹tɕiəu⁴⁴

07 奇特形容小儿活泼可爱   **08 谁们**复数

太原	奇特 tɕʻiəʔ²⁻⁵⁴tʻəʔ⁵⁴⁻²	谁们 sei¹¹·mɣ
清徐	奇特 tɕʻiəʔ²⁻⁵⁴tʻəʔ⁵⁴⁻²	谁们 ɕy¹¹mə¹¹
平遥	奇特 tɕʻiʌʔ¹³⁻³¹tʻʌʔ¹³⁻³⁵	谁们 suei¹³məŋ¹³
孝义	奇特 tɕʻiəʔ²tʻaʔ²⁻⁵³	谁们 suei¹¹məŋ¹¹⁻⁵³
文水	奇特 tɕʻiəʔ²tʻaʔ²⁻³⁵	谁们 sue²²məʔ²²
和顺	奇特 tɕʻieʔ²¹tʻaʔ²¹	谁 suei²²

09 里头   **10 （房）上**

太原	黑里 xəʔ²li⁵³箱子~	（房）上 xɒ⁴⁵
清徐	黑里 xəʔ²²⁻⁵⁴lai	（房）上 xɒ̃⁴⁵
平遥	合里 xʌʔ⁵³lei⁵³	（房）上 xɔ³⁵
孝义	合里 xəʔ³¹²⁻²¹lei³¹²	（房）上 xɛ⁵³
文水	合里 xəʔ³¹²le⁴²³	（房）上 xu³⁵

和顺	里头 lei³⁵t'əu²²	(房)上 ʂʋ⁴⁴

11 （出）去

太原	（出）去 kəʔ²
清徐	（出）去 tə¹¹
平遥	（出）去 tiʌʔ¹³
孝义	（出）去 tiəʔ²
文水	（出）去 tiəʔ²
和顺	（出）去 tɕ'y⁴⁴

附： **中区 21 点声韵调表**

1. 中区声母表

编号	地点	步	盘	怕	门	状	吹	飞	到	桃	大男年路		增	争	蒸	识	曹	处	潮	丝	书诗	认	日	闰
1	北京	p	pʻ	pʻ	m	tʂ	tʂʻ	f	t	tʻ	n	l	ts	tsʻ	tʂ	ʂ	tsʻ	tʂʻ	tʂʻ	s	ʂ		ʐ̩	ʐ
2	太原	p	p pʻ	pʻ	m	ts	tsʻ	f	t	tʻ	n	l	ts	tsʻ	ts	s	tsʻ	tsʻ	tsʻ	s	s	z	z	z
3	清徐	p	p pʻ	pʻ	m	ts	tsʻ	x	t	tʻ	n	l	ts	tsʻ	ts	s	tsʻ	tsʻ	tsʻ	s	s	z	z	z
4	榆次	p	p pʻ	pʻ	m	ts	tsʻ f	x	t	tʻ	n	l	ts	tsʻ ts	ts	s	tsʻ	tsʻ	tsʻ	s	s f	z	z	v
5	太谷	p	p pʻ	pʻ	m	ts	tsʻ	x	t	tʻ	nȵ	l	ts	tsʻ ts	ts	s	tsʻ	tsʻ	tsʻ	s	z	z	z	z
6	文水*	p	p pʻ	pʻ	m	ts	tsʻ	x	t	tʻ	nȵ	l	ts	tsʻ ts	ts	s	tsʻ	tsʻ	tsʻ	s	s	z	zᶻ	z
7	祁县	p	p pʻ	pʻ	m	ts	tsʻ	x	t	tʻ	n ȵ	l	ts	tsʻ ts	ts	s	tsʻ	tsʻ	tsʻ	s	s	z	zᶻ	z
8	平遥*	p	p pʻ	pʻ	m	ts	tsʻ	x	t	tʻ	nȵ	l	ts	tsʻ ts	ts	s	tsʻ	tsʻ	tsʻ	s	s	z	zᶻ	z
9	孝义	p	p pʻ	pʻ	m	ts	tsʻ	x	t	tʻ	nȵ	l	ts	tsʻ ts	ts	s	tsʻ	tsʻ	tsʻ	s	s	z	zᶻ	z
10	介休	p	p pʻ	pʻ	m	ts	tsʻ	x	t	tʻ	n ȵ	l	ts	tsʻ ts	ts	s	tsʻ	tsʻ	tsʻ	s	s	z	zᶻ	z
11	寿阳	p	pʻ	pʻ	m	ts	tsʻ	f	t	tʻ	n	l	ts	tsʻ	ts	s	tsʻ	tsʻ	tsʻ	s	s	z	z	z
12	榆社	p	pʻ	pʻ	m	ts	tsʻ f	f	t	tʻ	n ȵ	l	ts	tsʻ	tsʻ	ts	tsʻ	tsʻ	tsʻ	s	s f	z	z	v
13	娄烦	p	pʻ	pʻ	m pf	pfʻ	f	f	t	tʻ	n ȵ	l	ts	tsʻ	ts	s	tsʻ	pfʻ tsʻ	tsʻ	s	s	z	z	z
14	灵石	p	pʻ	pʻ	m	ts	tsʻ	f	t	tʻ	n	l	ts	tsʻ	ts	s	tsʻ	tsʻ	tsʻ	s	s	z	z	z
15	盂县	p	pʻ	pʻ	m	ts	tsʻ	x	t	tʻ	n	l	ts	tsʻ	ts	s	tsʻ	tsʻ	tsʻ	s	s	z	z	z
16	阳曲	p	pʻ	pʻ	m	ts	tsʻ	f	t	tʻ	n	l	ts	tsʻ	ts	s	tsʻ	tsʻ	tsʻ	s	s	z	z	z
17	阳泉	p	pʻ	pʻ	m	ts	tsʻ	f	t	tʻ	n	l	ts	tsʻ	tʂ	ʂ	tsʻ	tʂʻ	tʂʻ	s	ʂ	zᶻ	zᶻ	z
18	平定	p	pʻ	pʻ	m	ts	tsʻ	f	t	tʻ	n	l	ts	tsʻ	tʂ	ʂ	tsʻ	tʂʻ	tʂʻ	s	ʂ	zᶻ	zᶻ	z
19	昔阳	p	pʻ	pʻ	m	ts	tsʻ	f	t	tʻ	n	l	ts	tsʻ	tʂ	ʂ	tsʻ	tʂʻ	tʂʻ	s	ʂ	zᶻ	zᶻ	z
20	和顺	p	pʻ	pʻ	m	ts	tsʻ	f	t	tʻ	n	l	ts	tsʻ	tʂ	ʂ	tsʻ	tʂʻ	tʂʻ	s	ʂ	zᶻ	zᶻ	z
21	左权	p	pʻ	pʻ	m	ts	tsʻ	f	t	tʻ	n	l	ts	tsʻ tsʻ	tʂ	ʂ	tsʻ tsʻ	tʂʻ	tʂʻ	s	ʂ	zᶻ	zᶻ	ər

中区声母表（续）

右侧说明：

* 未列入声母表的声母有：（括号内是例字）

文水 nz（女暖）

平遥 nz（软腻）　ŋ（诅碾）

孝义 nz（拧女）　（锭碾）

介休 nz（女暖）　ŋ（粘碾）

编号	地点	精	勤	青	泉	丘	洗	宣	薯	柜	贵	开葵	暗岸	化话	儿	衣	乌	鱼
	北京	tɕ	tɕʻ	tɕʻ	tɕʻ	tɕʻ	ɕ	ɕ	ɕ	tɕ	k	kʻ	ø	x	ɚ	i	ø	y
1	太原	tɕ	tɕʻ	tɕʻ	tɕʻ	tɕʻ	ɕ	ɕ	ɕ	tɕ	k	kʻ	ɣ	x	ar	i	v	y
2	清徐	tɕ	tɕʻ/tɕʻ	tɕ	tɕʻ	tɕʻ	ɕ	ɕ	ɕ	k	k	kʻ	ŋ	x	ai	i	v	y
3	榆次	tɕ	tɕʻ/tɕ	tɕ	tɕʻ	tɕʻ	ɕ	ɕ	ɕ	k	k	kʻ	ŋ	x	ar	i	v	ɥ
4	太谷	tɕ	tɕʻ/tɕ	tɕ	tɕʻ	tɕʻ	ɕ	ɕ	ɕ	tɕ	k	kʻ	ŋ	x	ɚ	ɿ	u	y
5	文水	tɕ	tɕʻ	tɕ	tɕʻ	tɕʻ	ɕ	ɕ	ɕ	tɕ	k	kʻ	ŋ	x	e	ʅ	u	ɥu
6	交城	tɕ	tɕʻ/tɕ	tɕ	tɕʻ	tɕʻ	ɕ	ɕ	ɕ	tɕ	k	kʻ	ŋ	x	ar	i	u	y ȵ
7	祁县	tɕ	tɕʻ/tɕ	ts/tɕ	tɕʻ	tɕʻ	ɕ	ɕ	ɕ	k tɕ	k	kʻ	ŋ	x	ɚ	ʅ	u	y ȵ
8	平遥	ts/tɕ	tɕʻ/tɕʻ	ts/tɕ	ts/tɕʻ	tɕʻ	s/ɕ	ɕ	ɕ	k tɕ	k	kʻ	ŋ	x	ar	i	u	y ȵ
9	孝义	tɕ	tɕʻ	ts/tɕ	ts/tɕʻ	tɕʻ	s/ɕ	ɕ	ɕ	k tɕ	k	kʻ	ŋ	x	ar	i	u	u
10	介休	ts/tɕ	tɕʻ/tɕʻ	ts/tɕ	tɕʻ	tɕʻ	ɕ	ɕ	ɕ	k	k	kʻ	ŋ	x	ar	i	u	ɥ
11	寿阳	tɕ	tɕʻ	tɕʻ	tɕʻ	tɕʻ	ɕ	ɕ	ɕ	k	k	kʻ	ŋ	x	ɚ	ʅ	v	y ȵ
12	榆社	tɕ	tɕʻ	tɕʻ	tɕʻ	tɕʻ	ɕ	ɕ	s	k	k	kʻ	ŋ	x	ar	i	v	y
13	娄烦	tɕ	tɕʻ	tɕʻ	tɕʻ	tɕʻ	ɕ	ɕ	ɕ	k	k	kʻ	ŋ	x	ar	i	u	y
14	灵石	tɕ	tɕʻ	tɕʻ	tɕʻ	tɕʻ	ɕ	ɕ	ɕ	k	k	kʻ	ŋ	x	ar	i	v	y
15	孟县	tɕ	tɕʻ	tɕʻ	ts'ʻ	tɕʻ	ɕ	ɕ	s	k	k	kʻ	ŋ	x	ae	i	v	y
16	阳曲	tɕ	tɕʻ	tɕʻ	tɕʻ	tɕʻ	ɕ	ɕ	s	k	k	kʻ	ŋ	x	ar	i	v	y
17	阳泉	tɕ	tɕʻ	tɕʻ	ts'ʻ	tɕʻ	ɕ	ɕ	s	k	k	kʻ	ŋ	x	ar	i	v	y
18	平定	tɕ	tɕʻ	tɕʻ	ts'ʻ	tɕʻ	ɕ	ɕ	ɕ	k	k	kʻ	ŋ	x	ɿ	i	v	y
19	昔阳	tɕ	tɕʻ	tɕʻ	ts'ʻ	tɕʻ	ɕ	ɕ	s	k	k	kʻ	ŋ	x	ar	i	u	y
20	和顺	tɕ	tɕʻ	tɕʻ	tɕʻ	tɕʻ	ɕ	ɕ	ɕ	k	k	kʻ	ŋ	x	ar	i	v	y
21	左权	tɕ	tɕʻ	tɕʻ	tɕʻ	tɕʻ	ɕ	ɕ	ɕ	k	k	kʻ	ŋ	x	ar	i	v	y

2. 中区韵母表

编号	地点 \ 例字	牛	口	条	女~围	怪	妹	盖	靴	街~野	锅	河~破	蛇	花	牙	茶	昌~雨	路~怒	猪~步	梨	衣	知	支~资
	北京	iou	ou	iau		uai	ei	ai	ye	ie	uo	o	ɤ	ua	ia	a	y	u	u	i	i	ʅ	ɿ
1	太原	uei	ue	iɔu		uai	ei	ai	ye	ie	uʌ	ɤ	ɤ	ua	ia	a	y	ue	u	i	i	ʅ	ʅ
2	清徐	uei	ue	nɔi	y	uai	ei	ai	ye	ie	uʌ	ɤ	ɣu	uɒ	iɒ	ɒ	y	ue	u	i	i	ʅ	ʅ
3	榆次	mxiu	yua	nɔi	u	uai	ei	ai	ye	ie	uʌ	ʌ	ʌ	uɒ	iɒ	ɒ	y	ʌ	u	i	i	ʅ	ʅ
4	太谷	ʌi	ʌ	ci	ʌ	uai	ai	ai	ye	ie	ye	ʌ	ei	uɒ	iɒ	ɒ	y	uʌ	u	i	i	ʅ	ʅ
5	文水*	meim	me	aui	u	uɑi	ei	ai	ya	iai	uei	mʌ	m	uɑ	iɑ	ɑ	uei	me	u	ei	ʅ	ʅ
6	交城*	mɔi	mo		io		e	e	yɑi	i lei		m	ei	uɒ	iɒ	ɒ	y	m	u		ʅ	ʅ
7	祁县	meim	me	nau	uei	uɑ	ei	ε	YE	iE	uɤi	m	m	uɑ	iɑ	ɑ	y	me	u	ei	ʅ	ʅ
8	平遥*	nei	ne	io	y	ɑ̃	ai	ai	yi	i	o	ɔ ei	YE	uɒ	iɒ	ɒ	y uei	ne	u ʮ	ei	ʅ	ʅ
9	孝义*	noi	no	ici	y	uai	e	ε	YE	lei	uE	Y E	E	uɑ	iɑ	ɑ	y	ou	ʮ	ei	ʅ	ʅ
10	介休	ioi	no	iau	uei	uE	ei	ε	YE	iE	men	en	e	uɑ	iɑ	ɑ	y uei	ou	u	ei	ʅ	ʅ
11	寿阳	ieim	ne	nɔu	u	ue	ei	ei	YE	ie	men	me	me	uɒ	iɒ	ɒ	y	ne	u	e	ʅ	ʅ
12	榆社	neim	ne	nɔu	ʮ	ue	ci	ei	y	i	o	ʌ	ʌ	uɑ	iɑ	ɑ	y u	ou	u	e	ʅ	ʅ
13	娄烦	iou	ue	iau	y	ue	ei	ε	uei	iei	nɤY	men	me	uɑ	iɑ	ɑ	y uei	ou	u	ei	ʅ	ʅ
14	灵石*	iou	ne	iau	ue	ε	ei	ε	YE	ie	nɤY	me	me	uɑ	iɑ	ɑ	y	ou	u	i e	ʅ	ʅ
15	盂县	nei	ne	iau	uei	uɑ	ei	æ	YE	ie	uo	Y	ε	uɒ	iɒ	ɒ	y	ei	u	i e	ʅ	ʅ
16	阳曲*	iei	ne	iau	ue	uæɐ	ei	æɐ	ye	ie	uo	e	ŋE	uɑ	iɑ	ɑ	y uæɐ	ei	u	i ei	ʅ	ʅ
17	阳泉	nei	ne	iɔu	y	uE	ci	E	YE	ie	uo	Y	Y	uɑ	iɑ	ɑ	y uei	ci	u	i ei	ʅ	ʅ
18	平定	nei	ne	iɔu	uei	uE	ci	ε	YE	iE	uo	ʌ	ʌ	uɒ	iɒ	ɒ	y	ci	u	i ei	ʅ	ʅ
19	昔阳	nei	ne	iɔu	ue	uɑi	ei	ε	YE	i		Y	Y	uɑ	iɑ	ɑ	y	ci	u	i ei	ʅ	ʅ
20	和顺	iau	ne	iou	uei	uai	ai	ai	y	i	uY	Y	Y	uɑ	iɑ	ɑ	y	ei	u	i i	ʅ	ʅ
21	左权	ʌY	ʌY	io	y	uæɐ	ne	ɐ	y	i	uY	Y	Y	uɑ	iɑ	ɑ	y uæɐ	ei	u	i	ʅ	ʅ

中区韵母表（续 1）

编号	地点	搬	班	减(检)	官	关	园	帮	羊	光	针	绳	新	井	魂	红	群	兄	塔	夹	匣	捉
	北京	an	an	ian	uan	uan	yan	aŋ	iaŋ	uaŋ	ən	əŋ	in	iŋ	uən	uŋ	yn	yŋ	a	ia	ia?	uo
1	太原	æ̃	æ̃	ie	uæ̃	uæ̃	ye	ɒ	iɒ	uɒ	ĩ	ə̃	iŋ	iŋ	uŋ	yŋ	yŋ	a?	ia?	ia?	ua?
2	清徐	ε	ε	ie	uε	uε	ye	ɒ	iɒ	uo	̃	ə̃	iɒ̃	iɒ̃	uɒ̃	yɒ̃	y	a?	a?	ia?	ua?
3	榆次	ε	ε	ie	uε	uε	ye	ɒ	iɒ	uɒ	i	ə̃	iɒ̃	i	ũ	y	y	a?	a?	iɑ?	ua?
4	太谷	õ	ã	iõ	uõ uã	yõ	yõ	ɒ	iõ	uɒ	i	õ	iõ	iõ	uõ	yõ	yuɒ	a?	a?	iɑ?	ua?
5	文水	en	iaŋ(ien)	iaŋ(ien)	uenuaŋ	yen	yen	ɒ	iaŋ	uaŋ	ieŋ	uɒ	ieŋ	ieŋ	uen	uɒ	yeŋ	yeaŋ	a?	a?	ia?	ua?
6	交城	õ	iõ	iõ	uõ	yõ	yõ	õ̃	iõ	uõ	iε	ə̃	iε	iε	uε	yε	yeŋ	yε	a?	a?	ia?	ua?
7	祁县	ũ	õ	iõ	uõ uõ	yõ	yõ	ɒ̃	iõ	uõ	iõ	ə̃	iõ	iõ	ũ	uɒ	yɒ̃	yⁿm	ɒ?	iɒ?	iɒ?	ʌʌ?
8	平遥	ã	ã	iaŋ	uõ uõ	yõ	yõ	aŋ	iɒŋ	uaŋ	iŋ	uɒ	iŋ	iŋ	uŋ	uŋ	yŋ	yŋ	ʌ?	iʌ?	iʌ?	uaʔ
9	孝义	ɒŋ yʌŋ	iaŋ iⁿy	iõ	uⁿy	yε	yε	əŋ	ie	uⁿɒ̃	iŋ	ei	ieŋ	ei	uŋ	uŋ	y	yⁿu	ʌ?	iʌ?	iʌ?	yeuʔ
10	介休	æ	æ	iε	uæ	yε	yʌ	ʌ̃	iə	uə	iŋ	ε	iʌ̃	iʌ̃	uə̃	uŋ	yʌ̃	yʌ̃	a?	a?	ia?	ua?
11	寿阳	ã	ã	ie	uᴇ	ye	ye	ɒ	iɒ	uõ	̃	ε	iŋ	iə̃	uə̃	uŋ	yᴇ̃	yᴇ̃	a?	a?	ia?	ua?
12	榆社	ε	iᴇ	iᴇ	uᴇ	yᴇ	ye	ɒ	iᴇ	uɒ	iə̃	ε	iə̃	iə̃	uᴇ̃	uᴇ̃	yᴇ̃	yᴇ̃	a?	a?	ia?	ua?
13	娄烦	ε	ie	ie	uᴇ	ye	ye	ɒ	ia	uᴇ	iŋ	uŋ	ieŋ	iŋ	uᴇ	uᴇ	yⁿu	yᴇ̃	a?	a?	ia?	ua?
14	灵石	ɒ	iᴇ	iᴇ	uⁿɒ	ye	yⁿɒ	ɒ	iⁿɒ	uõ	iⁿə̃	ə̃	iⁿə̃	iⁿə̃	uᴇ	uᴇ	yⁿŋ	yⁿŋ	a?	a?	ia?	uaʔ
15	孟县	ã	iⁿã	iⁿã	uⁿã	yⁿã	yⁿõ	ɒ	iⁿã	uⁿõ	iⁿə̃	ε	iⁿə̃	iⁿə̃	uⁿõ	uⁿõ	yⁿδ	yⁿð	ʌ?	iⁿʌ?	iʌ?	ua?
16	阳曲	ε	ie	ie	uᴇ	ye	ye	ɒ	iɒ	uᴇ	iə̃	ε	iŋ	iⁿə	uə̃	uⁿð	yⁿð	yᴇ̃	A?	iⁿA?	iⁿlA?	ɔ?
17	阳泉	æ	iæ	iæ	uæ	yæ	yæ	aŋ	iɒŋ	uɒŋ	ieŋ	e	iŋ	ieŋ	ien	aŋ	yeŋ	yeaŋ	a?	iə? Sei	iʌ? ia	ua?
18	平定	æ	iæ	iæ	uæ	yæ	yæ	aŋ	iɒŋ	uɒŋ	ien	e	iⁿð	ien	ien	aŋ	yᴇ̃	yᴇ̃	a?	ia? Sei	ia ia	ua?
19	昔阳	æ	iæ	iæ	uæ	yæ	ye	aŋ	iɒŋ	uɒŋ	iⁿð	ae	iⁿð	ien	ien	aŋ	yⁿŋ	yⁿŋ	a?	ia? Sei	iə? iə	ua?
20	和顺	æ	iæ	iæ	uᴇ	ye	ye	ɒ	iɒ	uᴇ	ieŋ	ae	iŋ	ien	ien	ə̃	yⁿŋ	yeaŋ	a?	iə?	ia	ua?
21	左权	ε	ie	ie	uᴇ	ye	ye	ɔ	iɒ	uɔ	ieŋ	ae	ieŋ	ieŋ	̃	̃	yδ	yeaŋ	a?	ia?	iə?	ua?Sei

— 116 —

中区韵母表(续 2) *

编号	地点	月　决	尺拾	笛　鼻	秃读	律　局	耳
	北京	ye	ɿ	i	u	y	ɚ
1	太原	yəʔ	əʔ	iəʔ	uəʔ	yəʔ	ər
2	清徐	ya　yaʔ	əʔ	iəʔ	uəʔ	yəʔ	ɛi
3	榆次	yaʔ	ʌʔ	iʌʔ	uʌʔ	yʌʔ	ɚ
4	太谷	yaʔ	əʔ	iəʔ	uəʔ	yəʔ	ɐr
5	文水	yaʔ	əʔ	iaʔ　iəʔ	uəʔ	yəʔ	e
6	交城	yaʔ	əʔ	iəʔ	uəʔ	yəʔ	ɚ
7	祁县	yɑʔ	əʔ	iəʔ	uəʔ	yəʔ	ʅ
8	平遥	yʌʔ	ʌʔ	iʌʔ	uʌʔ	yʌʔ	ɚ
9	孝义	yəʔ	əʔ	iəʔ	uəʔ	uəʔ　yəʔ	ɚ
10	介休	yʌʔ	ʌʔ	iʌʔ	uʌʔ	yʌʔ	ɐr
11	寿阳	yaʔ	əʔ	iəʔ	uəʔ	yəʔ	ɪɚ
12	榆社	yaʔ	əʔ	iəʔ	uəʔ	yəʔ	ɚ
13	娄烦	yaʔ	əʔ	iəʔ	uəʔ	uəʔ　yəʔ	ɪɚ
14	灵石	yaʔ	əʔ	iəʔ	uəʔ	uəʔ　yəʔ	ɪɚ
15	盂县	yʌʔ	ɣʔ	iɣʔ	uɣʔ	yɣʔ	ɪɚ
16	阳曲	yəʔ	əʔ	iəʔ	uəʔ	yəʔ	æe
17	阳泉	yəʔ	əʔ	i　iəʔ	uəʔ	y	ɪɚ
18	平定	yəʔ	əʔ	i　iəʔ	uəʔ	y	ɪɚ
19	昔阳	yəʔ	əʔ	i　iəʔ	uəʔ	y	ɚ
20	和顺	yəʔ	əʔ	iəʔ	uəʔ	yəʔ	ʅ
21	左权	yəʔ	əʔ	iəʔ	uəʔ	yəʔ	ɚ

* 受表格所限,未列入韵母表的韵母有:(括号内是例字)

孝义　ya　　(哕)
　　　yaʔ　　(觉确)
灵石　yaʔ　　(觉确)　　　老派有:æ(针笙)　uæ(棍葱)
阳曲　uʌʔ　　(刷滑)
　　　ya　　(曰)
文水　ya　　(横哕)
平遥　yɑ　　(哕)
介休　ya　　(哕曰)
交城　yø　　(全)

3. 中区声调表

编号	地点	平声 阳平 平唐龙	平声 阴平 知高安	上声 古买手	去声 近厚正怕大树	入声 阴入 笔急发麦	入声 阳入 读舌截
	北京	35	55	214	51	214 35 55 51	35
1	太原	11		53	45	ʔ2	ʔ54
2	清徐*	11		53	35	ʔ2	ʔ54
3	榆次	11		53	35	ʔ21	ʔ54
4	太谷	22		323	45	ʔ11	ʔ434
5	文水	22		423	35	ʔ2	ʔ312
6	交城	11		42	35	ʔ2	ʔ54
7	祁县	33		21	35	22ʔ	ʔ21
8	平遥	13		53	35	ʔ13	ʔ53
9	孝义	11		312	53	ʔ2	ʔ312
10	介休	13		523	45	ʔ13	ʔ523
11	寿阳	21		423	45	ʔ2	ʔ43
12	榆社	33		323	45	ʔ22	ʔ434
13	娄烦	22		213	54	ʔ2	ʔ212
14	灵石	44	535	212	53	ʔ4	ʔ212
15	盂县	22	412	53	44	ʔ2	ʔ53
16	阳曲	22	213	213	353	ʔ2	ʔ212
17	阳泉	·44	313	53	24	ʔ4	
18	平定	44	313	53	24	ʔ4	
19	昔阳	33	31	55	24	ʔ3	
20	和顺	22	31	35	44	ʔ21	
21	左权	21	53	53	35	ʔ2	

* 清徐另有阴入 2，无喉塞，调值 11。

（原载《山西方言调查研究报告》1993）

118

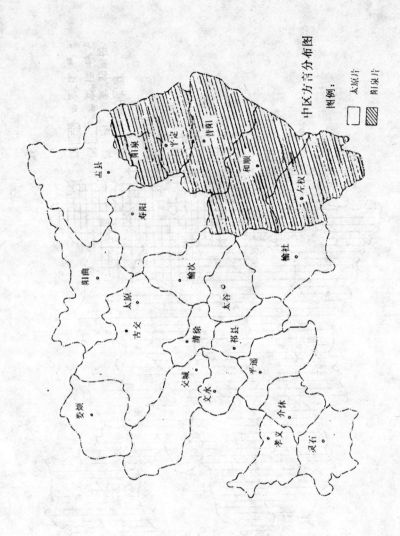

中区方言分布图

图例:

□ 太原片

▨ 阳泉片

盂县

阳泉

平定

昔阳

和顺

左权

寿阳

阳曲

太原

古交

榆次

太谷

清徐

祁县

文城

文水

平遥

娄烦

孝义

介休

灵石

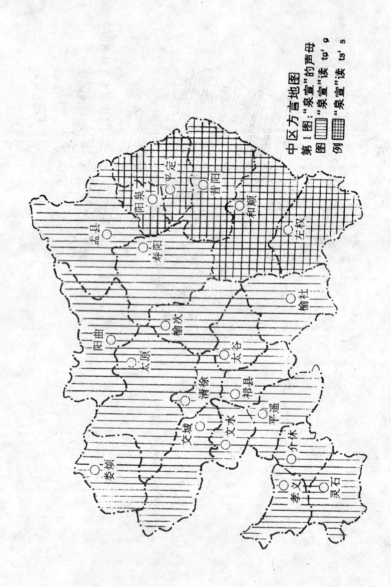

中区方言地图
第 1 图:"泉宣"的声母
图例 ▦ "泉宣"读 tɕ' ȵ
     ▦ "泉宣"读 ts' s

左权
平定
昔阳
和顺
阳泉乙甲
盂县
寿阳
榆社
榆次
阳曲
太原
太谷
清徐
祁县
平遥
文水
交城
娄烦
介休
灵石
孝义

中区方言地图

第 2 图："甜钱肠"的声母

图例　□ "甜钱肠"读送气声母

　　　▨ "甜钱肠"读不送气声母

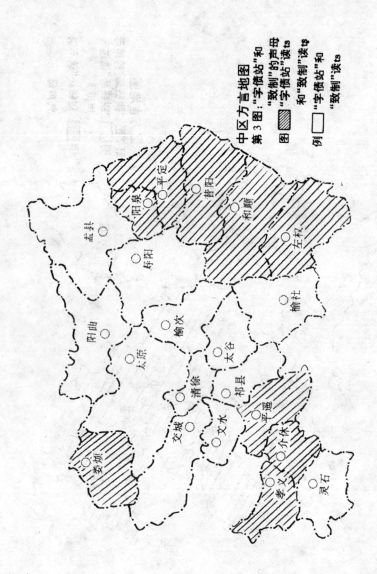

中区方言地图
第 3 图: "字债站"和
"致制"的声母
图 "字债站"读 tʂ
例 和"致制"读 ts
"字债站"和
"致制"读 ts

盂县
阳泉
平定
昔阳
和顺
左权
榆社
寿阳
阳曲
榆次
太原
太谷
祁县
清徐
平遥
交城
文水
介休
娄烦
孝义
灵石

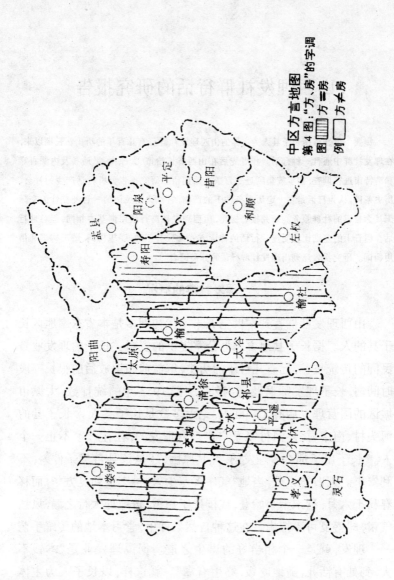

中区方言地图
第4图："方、房"的字调
图例 ▥ 方=房　□ 方≠房

山西理发社群行话的研究报告

提要 以晋东南长子县人为主体的山西理发社群已有几百年的历史。长期以来，在理发社群中通行一种行话。作者先后在山西省长治市、太原市、平遥县及内蒙古呼和浩特市进行调查，初步搜集到近二百条行话词语。研究报告分析行话产生的社会、历史条件，认为行话是在一定历史条件下的产物，它作为全民语的一种补充性的交际工具为自己的社群服务。研究报告提出，山西理发社群行话用词基本相同，但各地行话在语音上的差别比较明显。行话的构词方式大致有三种：联想构词、谐声构词和借用构词。研究报告还列出理发社群行话的分类词表。

一　理发社群的概况

山西理发社群直到本世纪五十年代初期多是本省东南地区长子县的人。据长子县地方志办公室提供的资料："长子的理发业是民间的传统技艺，已有几百年的历史，解放前和解放后的很长一段时间内，长子理发师遍及省内外"。[①]据 1953 年的统计数，太原市城区的国营理发店有 1,700 人，绝大多数是长子县人。[②]长子县的河头村、南李村、夏河村家家户户都有理发的，往往一家不止一个人。[③]长子出了那么多理发的，究其原因，还是该县自然条件差，不利农事。据旧志记载，当地"气序多寒少暑，桃李追初夏方华，而移春秋于六月，秋末禾黍始登，或摧残于霜雪，盖地处太行之巅，风猛气肃，即盛夏可不挥扇。"在这种自然条件下，学习本地的传统手艺——理发，就是一个相当好的谋生之道。据说理发业是"本钱不大，到处有活儿，随地吃饭，终生有靠"。就这样，以长子人为主体的理发社群，在几百年间得到很大的发展，这就为行话的产生与推广提供了极好的土壤。

山西的理发社群从本省东南部的长子县向外发展,到解放前,已经超出了本省。据说,河北省张家口地区及内蒙古、宁夏等西北地区都有山西的理发师。作者近几年,先后在山西省的长治市、太原市、平遥县及内蒙古的呼和浩特市调查,证实这些地方都有来自长子县的会说行话的理发师。

山西理发社群的发展和近几百年山西商人的活动及山西贫民的外流密不可分。明清以来,所谓西帮(山西)商人有了很大的发展。④"自明末以来,山西出身的商人已经行商于张家口。张家口自隆庆五年开设有马市后,山西商人又经常在此与蒙族和满族进行贸易。"⑤"从前,张家口有西帮茶商百余家,与俄商在恰克图易货。"⑥"八家商人者,皆山右人(指山西人——引者),明末时,以贸易来张家口"。"山西商人的足迹,还延伸到了所谓九边镇的西陲,即现在的甘肃地方。"⑦山西贫民外流的情况,《宣化府志》说:"土著之人,从来不习耕,凡戮力于南亩,皆山右之佣。秋去春来,如北塞之雁。"⑧从山西去内蒙古垦地的贫民也很多,他们"从山西边境至归化城土默特部,逐渐伸展到鄂尔多斯及绥远城将军辖境的其他地方。"⑨我们可以说,旧时山西理发社群的发展是近几百年山西经济向外发展的产物。

二 理发社群行话产生的社会、历史条件

行话的产生依赖于一个相对稳定的社会群体。它是为满足这个社群的某种交际需要而产生的。

旧时,理发社群的社会地位相当低,坐商还好一些,众多的游商,即所谓的剃头挑子,经常受到官府、黑势力的欺压。为保护自身,求得生存,需要一种社群外的人听不懂的话。比如,同行之间要说些有关顾客的话(诸如头型、发型、付现钱还是记账等),这些话自然要回避外人。可以说,理发社群的行话是为了满足理发社

群成员之间的某种交际需要而产生的一种补充性的交际工具。

山西理发社群行话的普及、发展是由行话在社群中的重要地位决定的。旧时的理发社群可以说是一个乡帮结合体,带有相当大的排外性。行话是入门的必修课,是正规从师学艺的标志。当学徒的初级功课大概有两门,一是磨刀(这也要技术),二是学行话。如果不会行话,手艺再好,同行还是不承认,被视为"柳生手"(半路学艺的人),为此还要拜师学艺,补学行话。由于行话在山西理发社群中有如此重要的作用,行话自然得到不断丰富和发展。到本世纪四十年代末期,理发社群的行话已发展到了它的顶峰。

到本世纪五十年代初期,理发社群的社会地位大大提高了,理发社群已不再需要这种补充性的交际工具。不过,有些行话在社群里头作为一种语言习惯还在使用。比如:以说"浇龙棍"代替"热水",以说"条儿"代替"毛巾"。但使用的范围和人数已大大减少了。新的一代学徒,已经不必再去学行话,更重要的是新一代学徒,已不是长子县人,这种新老人员的自然交替,使得行话只在中年以上的老理发师中不同程度地保存着。在文革动乱中,理发社群的行话被看作封建的残余习惯受到冲击。

从上所述,可以看出,理发社群行话的产生、发展直至消亡完全是以社会的需求为决定条件的。理发社群的行话作为一种社会现象,是一定历史条件下的产物;作为全民语言的一种补充性交际工具为自己的社群服务,当社群不再需要这种补充性的交际工具时,行话也就完成自己的历史使命了。

三 理发社群行话的特点

1. 山西境内的各地行话用词基本相同,但在语音上,由于说话人基本上用的是各自的乡音,所以差别明显。例如:

	长治	太原	平遥
灰子媳妇	ɕxuei təʔˌ	ɕxuei tsɤˈˌ	ɕxuæ tsʌʔˌ（平遥[f＝xu]，此条本地理发师写作"妃子"）
眉轮儿眼睛	ɕmi ᶜluɐɹ	ɕmi ᶜluɐɹ	ɕmi ᶜluɐɹ
条儿毛巾	ᴄtʼiɑɹ	ᴄtʼiauɹ	ᴄtʼiɔɹ
简割小、短	ˈtɕiɑn kəʔˌ	ˈtɕiɛ kɤˈ	ˈtɕiɛ kəʔˌ

由上例可以看出，名词后缀"子"尾，行话有 [təʔˌ tsɤˈˌ tsʌʔˌ]等不同的读音。这几种读音都是各地语音特点的反映。此外，"条"的儿化读法各地行话也不相同。长治方言 [iɔ] 韵的儿化与 [iɑ ian]韵的儿化合流，都读 [iɑɹ]，所以母语是长治话的说话人把"条儿"读成[ᴄtʼiɑɹ]。太原 [iau]平遥 [iɔ]的儿化不与 [iɑ ian]韵的儿化合流，所以"条儿"的读音与长治不同。"简割"条的不同读音也是各地方音的反映。此外，长治平声分阴阳，太原、平遥平声不分阴阳，在行话中也有反映。这些说明各地行话并没有共同的语音标准，只不过是晋东南的长子县人当理发师的多，晋东南语音在山西理发社群行话中用得多罢了。

2. 行话用词多实词少虚词，虚词仅限于几个副词，没有介词、连词、助词等。

3. 行话的词语大多浅显易懂，形象具体。例如：

水上飘——茶叶　　　　漫水儿——油

汽轮——汽车　　　　　咬牙——锁

行话词语的这个特点基于理发社群普遍文化水平低，其中还有不少文盲的缘故。

4. 有的行话词语有爱憎色彩。例如称"父亲"为"老实汉儿"，称"兄弟姐妹"为"一奶同"，均带有尊重、喜爱色彩。又如称"警察"

"狗"为"嚎天的",称"官吏"为"泥捏的",则带有反感、憎恶的色彩。

四　理发社群行话的构词方式

总的说来,理发社群行话的构造比较简单,大致有联想构词、谐声构词、借用构词三种方式。

1. 联想构词

联想构词是理发社群行话常用的构词方式。其中又可粗分为比形联想、比义联想和比音联想三类。

1) 比形联想。例如:

苗儿——头发　　　　　　　木耳——耳朵

条儿——毛巾　　　　　　　气轮儿——女性乳房

长条细——面条;路　　　　一般大——饺子

四方四——方的或指桌子、酱豆腐、豆腐干等呈方形的东西。

圆上圆——圆的或指月饼、元宵等圆的食品。

2) 比义联想。例如:

气筒——鼻子　　　　　车轴——脖子

温台——炕　　　　　　涮茬儿——洗头

托掌的——手　　　　　刻影儿——电影

顶盖儿——帽子　　　　磨茬儿——理发

3) 比音联想。例如:

哨哨——钟

咯咯儿——鸡;引申指吹风机。大概以其声似鸡啼而成词。早先吹风机声音比较大。

哼哼——猪。以猪寻食声而成词。

绵绵——羊。以羊叫声而成词。

咪咪 ꜝmi ꜝmi——猫。以猫叫声而成词。

2. 谐声构词。例如:

滴水儿——兵。此条谐"滴水成冰"的"冰"。

对口——碱。此条谐"剪刀"的"剪"。剪刀上下对口,对口才能"剪"。"剪"是"精"母字,"碱"是"见"母字,行话随长子话,也不分尖团。

探不着——糕。此条谐"高低"的"高"。(伸手够不着,自然是放"高"了。)

不透风——盐。此条谐"严密"的"严"。

捏不严——张姓。此条谐"张开"的"张"。

割不断——连姓。此条谐"连接"的"连"。

3. 借用构词

借用构词是指行话借用了长子话的某个现成说法而构成行话词。借用的词义(行话词义)与原词义(方言词义)多是相关连的。例如:

圪针——行话指"胡子"。长子话指枣树一类植物的针刺。

圪桩——行话指"人的躯体"。长子话指树的躯干。

蹲——行话指的是"坐",长子话的意思是指两腿弯曲到尽头,但臀部不着地。

辣——行话指的是"痛",长子话的意思是指姜、辣椒、蒜等有刺激性的味道。

笲框儿——行话指"腿"(不包括"脚"),长子话笲框儿是指笲面时支撑笲的长方横木支架。此条需略作说明:"腿"支撑身体,"笲框儿"支撑"笲",由此,行话以"笲框儿"表示"腿"的意思。

老昌 昌灰——"老昌"行话指中年以上的男人。"昌灰"指中年以上的女人。长子话指植物生长茂盛叫"昌"。行话借用来表示人过中年。"灰"指已婚妇女。这大概由当地已婚妇女多身着深色衣服而得名。"老昌"行话也可称作"老昌店"。

一些行话词语是如何构造的，目前还搞不清楚，例如，数目从 1—10 的说法。再如，称"剃头刀"为"清儿"，称母亲为"老灵山"等。

五 理发社群行话分类词表

本词表收录的条目约有二百条，按意义大致分为理发、身体、亲属、人物、姓氏、饮食、服装、居住、动作、性质状态、计数等十一类。每类条目先列出行话的说法，并标注国际音标，再列出普通话的相应说法。行话的本字往往不明，词表用同音字表示，下文不一一注明。有的条目后头还用按语的形式作了简要的说明。下面记录的是南城理发社群行话的用词。呼和浩特市的理发行话，北城与南城有些差别。南城的理发师多来自山西，南城理发行话与山西境内的理发行话用词没有什么差别。北城理发师多来自河北，有些行话的用词与南城的行话不同。词表随条注出。北城行话词汇很少，词表中的多数条目，北城行话都不说。

1. 理发

磨茬儿　mə˧ ˌtsʻɑr——理发。呼市北城行话叫"捏尖儿"。

扯茬儿　˩tsʻə ˌtsʻɑr——剃光头

磨谷　˩mə kuəʔˌ——推光头

岳谷　yəʔˌ kuəʔˌ——长发

汪谷　ˌuan kuəʔˌ——平头、寸头。按：本条及上两条的谷，均是以"谷"表头发。"岳"是行话数词"二"，"汪"是"三"。故称长发为"岳谷"，称平头、寸头为"汪谷"。

偏圪亮　ˌpʻian kəʔˌ lian˩——分头

后圪亮　xəu˩ kəʔˌ lian˩——背头

赶木耳　˩kan məʔˌ ˩l——刮耳朵。按："木耳"指耳朵，想是以其形似木耳得名。"赶"表示动作是一刀接一刀,全都刮到了。

赶碟子 ʻkɑn tiə? tə?——刮脸。按:"碟子"行话指脸。呼市北
城行话叫作"勾盘子"。

量(苗)眉轮儿 ɫiaŋ (ɕmiə) ɕmi ɕluər——打眼。按:"眉轮儿"指
眼睛,见下文解说。"打眼"是旧时理发师的额外服务项目。
操作时将眼皮翻开,用专用的玉刀轻轻刮眼球,据说很舒服。

搬底儿 ɕpan ʻtiər——掏耳朵。按:"搬"指扽住(耳朵),"底"指
到耳朵里头掏取耳垢。

加码 ɕʨia ʻmɑ——捏肩。按:表示此项系额外服务,故称之为
"加码"。

涮茬儿 suan? ɕtsʻɑr——洗头。按:张理发师说"搬茬儿"。呼市
北城行话称"洗头"作"浇茬儿"。

冰苗儿 ɕpiəŋ ɕmiar——火烫

扇苗儿 ɕsan ɕmiar——电烫。呼市北城行话叫作"烘茬儿"。

咯咯儿 kə? ɕkər——吹风机。据郝理发师讲,此条由鸡啼"咯咯
咯"而来。

磨子 mə? tə?——推子

夹子 ʨiə? tə?——剪儿。呼市北城行话称作"牙子"。

清儿 ɕʨʻiər——剃头刀

水鱼儿 ʻsuei ɕyər——刮胡子用的小刷子

刷鱼儿 suə? ɕyər——掸头发茬儿的长毛刷子。

钓鱼儿 tiə? ʻɕyər——刷洗鞋用的长把儿刷子,旧时刮脸前用其沾
清水刷面。按:"刷子"用"鱼儿"来表示。据说是因其总在水
里泡着,故此得名。

鎞条儿 pʻi? ʨʻiar——鎞刀布。连姓理发师又叫"拉杖"。按"鎞"
《集韵》去声霁韵蒲计切,"治刀使利"。今长子话及理发社群
行话在刀布子上蹭刀使锋利均读"鎞" [pʻi?]。声母送气,可

— 131 —

能受晋南话的影响。

架鬞儿的　ȶɕiɑˀ ˌpʰiərˀ tieʔˌ——挑担子理发的。"架"有"担"义，
　　见下文 139 页。

盏　ˈtsan——脸盆、碗。按：旧时理发用的铜盆，边沿较宽，故行
　　话借"盏"来表示。

条儿　ȶtʰiar——毛巾；围单。张理发师称"围单"作"肚帘儿"。

毛条儿　ˌmɔ ȶtʰiar——干毛巾

水条儿　ˈsuei ȶtʰiar——湿毛巾

隔山照　kəʔˌ ˌsan tsɔˀ——镜子。张理发师称之为"对面儿"。

通枝　ȶtʰuəŋ ˌtsʅ——梳子

玉刀　yˀ ˌtɔ——"打眼"用的器具

2. 身体

圪桩　kəʔ ˌtsuaŋ——人的身体。按：长子话"树干"叫"树圪桩"，
　　行话借"圪桩"表人体。

仰尘檩　ˈiaŋ ˌts'əŋ ˈliəŋ——头。按：长子话把房子的顶棚称作
　　"仰尘"。檩条还在仰尘之上，以此表示"头"的意思，音义皆
　　顺。

苗儿　ˌmiar——头发。呼市北城行话称"头发"作"草儿"。

盘子　ˌpʰan təʔ——脸。连师傅又叫做碟子。

圪针儿　kəʔ ˌtsər——胡子。按：长子话"圪针"指枣树一类的针
　　刺。此条行话当由此借来。

眉轮儿　ˌmi ˌluər——眼睛；眼镜儿。按：眼睛在眉毛下头，眼珠
　　儿能转动，联想为"轮儿"，故称之为眉轮儿。

眉轮儿苗儿　ˌmi ˌluər ˌmiar——眉毛；眼睫毛。

气筒　tɕʰiˀ ˌtʰuər——鼻子。呼市北城行话称"鼻子"作"嗅筒儿"。

合子　xəʔ təʔ——嘴

磨赶　məˀ ˈkan——牙

木耳　məʔ˒ ‘l——耳朵。呼市北城行话称作"听儿"。

托掌的　t‘uəʔ˒ ‘tsaŋ təʔ˒——手

气轮儿　tɕ‘i’ ₍luər——女性乳房

气盘儿　tɕ‘i’ ₍p‘ar——男性乳房

沙包　₍sɑ ₍pɔ——肚子

箩框儿　₍luə ₍k‘uar——腿。按:本条的说明见上文 129 页。

曲曲　tɕ‘yəʔ˒ tɕ‘yəʔ˒——脚;鞋

黑塔　xəʔ˒ t‘əʔ˒——屁股

把儿　par’——男阴

捏的　n̠iəʔ˒ təʔ˒——女阴

硃砂　₍tsu ₍sɑ——血

鼓啦　‘ku lɑ˧——病了

停啦　‘t‘iəŋ lɑ˧——死了

下了乌烟瘴　ɕiaˀ ‘liə u ₍ian tsaŋ’ "乌烟瘴"是"气"的意思。详见下文 135 页"查乌烟瘴的"条。

3. 亲属

老实汉儿　‘lə səʔ˒ xar’——父亲

干实汉儿　₍kan səʔ˒ xar’——干爹

老灵山　‘lə ₍liəŋ ₍san——母亲

一奶同　iəʔ˒ ‘næ ‚t‘uəŋ——兄弟姐妹。按:此条取自俗语"一奶同胞",藏尾字而成。

半升谷　pan’ ₍səŋ kuəʔ˒——内弟

小板凳儿　‘ɕiɔ ‘pan tər’——尚未成年的儿子

抖子　‘təu təʔ˒——女儿。据郝理发师讲,女孩儿穿衣美丽轻飘,从衣裳抖动而联想成词。

灰子　₍xuei təʔ˒——媳妇。据连理发师讲,当地已婚女性,不穿红、绿,习穿灰色,故称为"灰子"。此说似可信。

4. 人物

份儿　fərʾ——人。据连理发师讲,俗话说"人人有份儿",故以"份儿"代人。此说似可信。

工份儿　ₗkuəŋ fərʾ——工人

农份儿　ₗnəŋ fərʾ——农民

伴份儿　panʾ fərʾ——男人

小钵子　ʾɕiə pəʔₗ tʂəʔₗ——男少年

小抖子　ʾɕiə ʾtəu tʂəₗ——女少年

抹笭　ʾmə ₗluə——理发师傅。按:"抹笭"是磨面完工时收拾笭的动作。"抹笭"即表示大功告成。以此比指师傅。呼市北城管师傅叫"老本"。

三身　ₗsan ₗsən——徒弟。按:徒弟学师三年,三年成正身。可能寓意于此。

岳点清　yəʔₗ ʾtiar ₗtɕ'iəŋ——二把刀。按:"岳"是行话"二","清儿"是剃头刀。以此比称技术不行的人。

罗祖　ₗluə ʾtsu——理发社群的祖师爷。其说不详。

老昌店　ʾlə ₗts'aŋ tianʾ——中年以上男人。按:本条说明见上文129 页。

昌灰　ₗts'aŋ ₗxuei——中年以上的女子

谷种份儿　kuəʔₗ tsuəŋʾ fərʾ——庄稼人

地皮份儿　tiʾ ₗp'i fərʾ

总份儿　ʾtsuəŋ fərʾ ——掌柜的

量啃的　ₗliaŋʾ ʾk'ən təʔₗ——做饭的

倒啃的　tɔʾʾ ʾk'ən təʔₗ——要饭的

嚎天的　ₗxə ₗt'ian təʔₗ——警察

滴水　tiəₗ ʾsuei——兵。按:此条谐"冰"当无疑。

晒火啃的　sæʾ ₗxuə ʾk'ən təʔₗ——卖饭的

晒捏的　sæᵊ ȵⁱəʔ₂ təʔ₂——妓女

杆儿上　ₑkar saŋᵊ——妓院

泥捏的　ₑmi ȵⁱəʔ₂ təʔ₂——官吏。晋东南有不少地方"泥"读双唇
　　鼻音［m］。

望金份儿　uaŋᵊ ₑtɕiən fər᾽——小偷儿

坷垃店儿　kᵊəʔ₂ ₑla tiar᾽——指土里土气的人

查乌烟瘴（账）的　ₑtsᵊɑ ₑu ₑian tsaŋᵊ təʔ₂——指旧时官面上来店
　　里查账、查清洁的人。此条很可能是成语"乌烟瘴气"藏末字
　　"气"，"瘴"谐"账"，取'账'的意思。以"乌烟瘴"表示"气"的意
　　思。犹如以"猪头三"（省去末字"牲"）表示"生"的意思。《沪
　　苏方言记要》"此为称初至沪者之名词。'牲''生'谐音，言初
　　来之人，到处不熟也。"⑩

架丝子　tɕia᾽ ₑsʅ təʔ₂——抽香烟、抽水烟袋（的人）。呼市北城的
　　行话称作"架熏根子"。

架飞子　tɕia᾽ ₑfei təʔ₂——抽大烟（的人）

5. 姓氏

虎头份儿　'xu ₑtᵊəu fər᾽——王姓。按：以虎头上的似"王"字的花
　　纹比附成词，"份儿"指人。

捏不严　ȵⁱəʔ₂ pəʔ₂ ₑiᴇ——张姓。按：此条谐"张开"的"张"无疑。

灯笼腕儿　ₑtəŋ ₑleu uar᾽——赵姓。"灯笼"照亮。"照、赵"谐声，
　　故以"灯笼腕儿"称"赵"姓。长子及其他许多晋语地区"灯笼
　　儿"的"笼"与"楼"同音，失掉鼻尾。

割不断　kəʔ₂ pəʔ₂ tuaŋᵊ——连姓。按："连接"的"连"与姓"连"的
　　"连"同形，同音，以此谐声。

搬不动　ₑpan pəʔ₂ tuəŋᵊ——程姓（沉）

粉箩白份儿　'fəŋ ₑluə ₑpæ fər᾽——白姓。按：磨麦箩面，得白面
　　粉，由此联想造词。

点滴墨份儿　‘tian tiəʔ, məʔ, fər’——黑姓。按：点墨自然要变
　　"黑"，"份儿"指人。

　　6. 饮食

龙根儿　ₛlyəŋ kuər’——1)水。按："龙棍儿"大概是取自房簷的
　　冰柱，弯曲似龙形，长子气候寒冷，由冰联想到水，成词可通。
　　长子话，"龙"音[ₛlyŋ]读撮口呼，音合。2)尿。

水上飘　‘suei saŋ’ ₚp'iə——茶叶。郝师傅又叫"圪飘飘"。

挫割　tsʻuəʔ kəʔ——肉的总称。据郝师傅讲，长子话菜肉细切谓
　　之"挫"。此条是以切肉的动作联想成词。

哼哼　ₛxəŋ ₛxəŋ——猪

绵绵　ₛmian ₛmian——羊

直条蹄儿　tsəʔ, ₛt'iə ₛt'iər——牛马骡驴。"直"是行话数词"四"。

抓不住　ₛtsua pəʔ tsu’——鱼

稀稀　ₛɕi ₛɕi——稀饭

圪翻翻　kəʔ, ₛfan ₛfan——烙饼(名词)

一般大儿　iəʔ, ₛpan tar’——饺子

桔块儿　tɕyəʔ, k'uar’——米

海式桔块　‘xæ səʔ, tɕyəʔ, k'uær’——大米。"海式"，大的意思。

扑尘　p'əʔ,ₛts'ən——面粉

石头垒山　səʔ, ₛt'əu ₛlei ₛsan——小米饭

苗碎儿　ₛmiə suər’——菜(不分生熟)

颜光颗　ₛian ₛkuaŋ ₛk'uə——茄子

刺条　tsʻ ₛʅ, ₛt'iə——黄瓜

辣圪瘩　ləʔ, kəʔ, təʔ,——姜

霸王　pa’ ₛuaŋ——辣椒

漫水儿　man’ ‘suər——油的总称。按：山西牙行，也称"油"为
　　"漫水"，这大概是因为油漂于水面而得名的。

— 136 —

酱漫水儿　tɕiaŋˈmanˈ ˌsuər——酱油

火山　ˈxuə ˌsan——酒。呼市北城行话称"酒"作"四五子"。

忌牛　tɕiˈ ˌȵieu——醋。据郝师傅讲,长子土话"忌牛"指不好对
　　付的人,也有"酸"的意思。按:"牛"长子及晋东南不少地方读
　　零声母的齐齿呼,此说存疑。

不透风　pəʔˌ tˈuəˈ ˌfən——严(盐)

对口　tueiˈ ˈkˈəu——碱(剪)

探不着　tˈanˈ pəʔˌ ˌtsɔˈ——糕(高)

7. 服装

衣裳儿　iəʔ ˌsar——衣服。按:此条把"衣"读成入声;用音变的
　　方式把方言词构成行话词。

袯子　ˌtsˈa təʔˌ——裤子总称

　海式袯　ˈxæs əʔ ˌtsˈa——长裤

　简圪袯　ˌtɕian kəʔˌ ˌtsˈa——短裤

臭腿儿　tsˈuəˈ ˈtˈuər——袜子。呼市北城行话把"袜子"叫作"熏
　　腿儿"。

卧摞儿　uəˈ luərˈ——被子

皮皮　ˌpˈi ˌpˈi——布;被单;床单

五德拉皮皮　ˈu təʔˌ ˌla ˌpˈi ˌpˈi——花布。"五德拉"原指"理发
　　烫出来的花"。

顶盖儿　ˈtiəŋ karˈ——帽子。呼市北城行话称"帽子"作"顶天
　　儿"。

8. 居住

窑儿　ˌɕiar——家;厂房;机关单位。如:"红~"指衙门。"法~"指
　　法院。"漫水~"指酱油厂。"臭腿儿~"指袜厂。

壳壳儿　kˈəʔˌ ˈkˈar——屋

张移　ˌtsaŋ ˌɕi——门

亮子　₌liaŋ' tə?₌——窗

咬牙　'iɔ ₌ia——锁

温台　₌uən ₌t'æ₌——炕

四方四　sʅ' ₌faŋ sʅ'——方桌、酱豆腐、豆腐干一类方的东西。

温蹲子　₌uən neu₌ tə?₌——铁壶、瓷壶

龙儿盔　₌lyər ₌k'uei——尿盆,按长子话有帽盔子(帽子)、尿盔子(尿盆)的说法。"龙儿"是"龙棍"(水)之省称。

臭窑儿　ts'əu' ₌iar——厕所

圪桩窑儿　kə?₌ ₌tsuaŋ ₌iar——澡塘子。"圪桩"是"身体"的意思。呼市北城行话称"澡塘子"作"涮窑儿"。

　　以下四条虽不属本类,入其他类或自成类都有困难,暂附于此:

皇天　₌xuaŋ ₌t'ian——天气;社会;春节

圪叉飞飞　kə?₌ ₌ts'a ₌fei ₌fei——报纸。按:"圪叉"是字。可能立意于汉字的笔形点横叉等。"飞飞"是纸的意思。

喊声　'xan ₌səŋ——戏

刻影儿　k'ə?₌ 'iər——电影

9. 动作

扒货　₌pa xuə'——看。如:～喊声儿(看戏)、～刻影儿(看电影)

鋻　p'i'——把刀在布、皮上面反复磨擦,使锋利。如:～清儿

'片　'p'ian——1)生(小孩儿)。如:～板凳儿(生小孩儿)。2)解(大便)。如:～糟儿。"糟儿"[₌tsar],指大便。

搬　₌pan——娶。如:～灰子(娶媳妇)。

磨　mə'——推(头)。如:～茬儿。

发　fə?'——1)走。如:～窑儿(走回家)。2)生(气)。如:～鼓。"鼓"行话是指脾气。按:从生气联想到鼓,由此构成词。

蹲　₌tuəŋ——坐。如:～下(坐下)。"蹲儿"[₌tuər]指"座位"。

如:蹲~上(坐座位上)。

挡　ꜛtɑŋ——给。如:~了棍儿啦(给了钱啦)。"棍儿"指"钱"。

量　꜄liaŋ——买。如:~衣裳。

溜　lieuꜛ——磨(剃头刀)。如:~清儿。

扇　꜀san——(给头发)吹(风)。如:~苗儿。

筛　꜀sæ——撒(尿)。如:~龙棍。

晒　sæꜛ——卖。如:~火啃的(卖饭的)。

架　꜀tɕia——1)吃。如:~丝子(抽烟)。"丝子"是纸烟的意思。
　　2)喝。如:~龙棍儿(喝水)。3)坐。如:~汽轮(开汽车)。
　　"汽轮儿"是汽车的意思。4)担。如:~鏊条儿(担理发挑子)。

圪载　kəʔꜛ tsæꜛ——行走。如:茬儿~啦(客人走啦),"茬儿"也指
　　客人。

圪量　kəʔꜛ liaŋꜛ——1)挂。~衣裳儿(挂衣服)。2)买。如:~桔
　　块儿(买米)。3)做。如:~啃儿(做饭、买饭)。

啃儿　ꜛkʻər——吃。如:~长条细(吃面条)。

合子亡梁　xəʔꜛ tɿ꜄ ꜛɛʔ ꜀nau꜄꜂꜂꜀niai ꜀liaŋ——骂。"合子"是"嘴"的意思。

　曲子亡梁　tɕʻyəʔꜛꜛɛʔ ꜀tə꜄ ꜀nau꜄꜂꜂꜀niai ꜀liaŋ

托儿亡梁　꜀tʻuər ꜅uaŋ ꜀yeu꜄ꜛtʻɿ——打。如:叫茬儿~啦(叫顾客打
　　了)。

10. 性质、状态

喘干　ꜛtsʻuan ꜀kan——快。如:~圪载(快走)。按:喘着气干,很
　　卖气力,自然快了。此条易于联想。

掩　ꜛian——慢。如:~一点(慢一点儿)。按:长子话说人迟钝、
　　性子慢叫"掩"。行话借指动作慢。

疲　꜀pʻi——冷、湿。如:~龙棍儿(冷水)。晋中话称汤水不热谓
　　"疲"。此条有可能借自晋中话。词义有引申。

辣　laʔꜛ꜂꜂ɛʔ——疼。如:很~(很疼)。

叫　ȵɕiɔ꜒——热、烫。如：～龙棍儿(热水)、天～(天热)。

四方四　sʅ꜒ ꜀faŋ sʅ꜒——方的东西

圆上圆　꜀yan saŋ꜒ ꜀yan——圆的东西

颜光　꜀ȵian ꜀kuaŋ——(肉皮被刮破后的)红血道

粉笋白　꜀fəŋ ꜀luə ꜀pæ——(似笋出的面粉那样的)白

点滴黑　꜍tian tiə꜖ mə꜖——(像点了墨那样的)黑

五德拉　꜍u tə꜖ ꜀lɑ——花(指颜色)。如："～片片"指花布。

照和　tsɔ꜒ ꜀xuə——好、漂亮。如：皇天不～(天气不好)，"皇天"
　　　指天气。按：长子话"和"读合口，"河"读开口，介音不同，此
　　　处用"和"音义似通。

海式　꜍xæ sə꜖——1)大。如：～盏儿(大碗)、～杆杆(大城市)。
　　　2)高。如：～圪桩(高个的)。3)胖。如：～挫割(人胖)。

简个　꜍ȵian kə꜖——1)小。如：～盏儿(小碗儿)。2)低、矮。如：
　　　～圪桩(矮个儿)。3)瘦。如：～挫割(瘦人)。按：长子话"个"
　　　音[kə꜖]，此条用"个"字音顺。

11.　计数

溜甘　liəu꜒ ꜀kan——一个。呼市北城行话"一个""两个"的"个"，
　　　音[kə꜒]。

岳甘　yə꜖ ꜀kan——两个

汪甘　꜀uaŋ ꜀kan——三个

则甘　tsə꜖ ꜀kan——四个。呼市北城行话，"四个"叫[tsei꜒ kə꜒]。

总甘　꜍tsuaŋ ꜀kan——五个

省甘　꜍səŋ ꜀kan——六个

星甘　꜀ɕiəŋ ꜀kan——七个

张甘　꜀tsaŋ ꜀kan——八个

矮甘　꜍næ ꜀kan——九个

泡甘　꜀pʻɔ ꜀kan——十个

溜干溜　liəuʔ˻ ꞏkɑn liəuʔ˻——一毛一

溜丈儿溜　liəuʔ˻ 'tsɑr liəuʔ˻——旧指"一万一",今指"一块一"。

一个楚(棍儿)　iəʔ˻ kəʔ˻ 'tsꞌu(kuər˻)——一块钱

　溜个楚(棍儿)　liəuʔ˻ kəʔ˻ 'tsꞌu(kuər˻)　按:从南方迁来的理发
　　师把"楚(钱)"称作"把"['pɑ]。这种说法山西本地的理发师
　　也已习惯说了。

十个楚(棍儿)　səʔ˻ kəʔ˻ 'tsꞌu(kuər˻)——十块钱

　泡个楚(棍儿)　˻pꞌɔ kəʔ˻ 'tsu(kuər˻)

简个楚(棍儿)　'tɕiɛ kəʔ˻ 'tsꞌu(kuər˻)——小费

　　稿成之后承福建省建瓯县县志编纂委员会潘渭水同志告知,
建瓯一带的商贩计数的说法与上列山西理发社群行话计数的说法
基本相同。现转录潘渭水同志的记音如下:(括号里头的汉字写的
是同音字,数码表示调值,下同)

　　　　一(柳)　'liu²¹　　　　二(月)　ŋyɛ˻⁴²

　　　　三(汪)　˻uaŋ⁵⁴　　　四(则)　tsɛ˻²⁴

　　　　五(中)　˻tœyŋ⁵⁴　　六(神)　'seiŋ²¹

　　　　七(申)　˻seiŋ⁵⁴　　　八(张)　˻tioŋ⁵⁴

　　　　九(艾)　ŋyɛ²⁴⁴　　　十(柳)　'liu²¹

　　　　三十五　˻uaŋ⁵⁴ pꞌyɛ˻³³

　　　　六百五十五　'seiŋ²¹ ˻tœyŋ⁴⁵ pꞌyɛ˻³³

　　[pꞌyɛ˻]音"破",半也,即"五"。只限用于数末。

　　湖北武汉华中工学院语言研究所汪平同志告知,贵阳地区的
商贩计数的说法与此也类似。

　　山西、福建相距数千里,山西理发行话的计数说法竟然与福建

一些地区商贩的说法大致相同,这的确是个很有意思的问题,值得深入研究。关于计数的说法,山西牙行另有一套,顺带列出,以便一并研讨。此处记录的是长治牙行的发音。

一(士儿) sər²⁵³　　二(欠) tɕ'iaŋ²⁴⁴

三(又) iəu²⁵³　　四(长) ts'ɑŋ²⁴

五(人) ɕiŋ²⁴　　六(上) sɑŋ²⁵³

七(才) ts'æ²⁴　　八(力) liəʔ₂⁵⁴

九(王) ɕuaŋ²⁴　　十(大一十) tɑ²⁵³　iei⁵⁴　səʔ₂⁵⁴

一块一(重一十) ɕts'uŋ²⁴　iəʔ₂⁵⁴　səʔ₂⁵⁴

一块五(士人嘎) sʅ²⁵³　ɕiŋ²⁴　ɕkɑ²¹³　一毛五、一百五、一千五均叫"士人嘎"。"嘎"是钱的意思。

　　山西牙行计数说法的构成比较简单,一般是取相应数字大写形式的某一偏旁、构件而得名。如"一"牙行行话称作"士",所取是大写"壹"的"士"字头。"二"称"欠"是取大写"贰"的俗写体"弍",因为俗写体"弍"下缺"贝",故叫作"欠"。"三"称"又"是取大写"叁"的俗写体的前两笔"又"。"四"称"长"是因为大写"肆"的左边部件,"镸"草体似"长"。"五"称"人"所取的是大写"伍"左边的立人旁,等等。总之,这些数字的口诀,多来自数字大写的草体或俗体。

附记

　　为研究报告提供资料的有:长治市英雄台理发店冯宝山、张金龙、胡新爱师傅。太原市服务局连天财师傅。太原市按司街理发店郝根旺师傅。平遥县理发店孙永福、张桂兰师傅。呼和浩特市民族旅社理发部赵子贵师傅。

　　山西平遥中学劳老师协助调查平遥理发师傅的发音。郝根旺师傅对一些行话词语所做的分析提出了宝贵意见。对于他们的热诚帮助,谨致由衷的感谢。本文的记音除说明者外均为冯宝山师傅的发音。

附　注

①　《山西概况》427 页。山西省地方志编纂委员会办公室编,山西人民出版社,1985。

②　据被调查人郝师傅讲,1956 年上海支援太原一百来位理发师,这些人不讲山西理发社群的行话,他们也说一些行话词语,例如:称"钱"作"把"。本文的讨论不包括这些人讲的行话。

③　被调查人冯师傅提供。

④　《文学报》(上海)1987 年 9 月 10 日 2 版《民族工商业者的开拓冒险生涯》一文说:"……尤其在清朝中叶,山西商人的足迹曾遍布全国。仅拿内蒙地区来说,他们就控制过整个草原的经济命脉……一些资力雄厚的旅蒙商号如'大盛魁'、'复盛公',甚至左右过当时的政治生活。"

⑤　《山西商人研究》229、230 页。[日]寺田隆信著,张正明等译,山西人民出版社,1986。

⑥　转引自《山西省外贸志·上》41 页。山西省地方志编纂委员会办公室,1984。

⑦　同⑤229 页。

⑧　《宣化府志》卷三十七,艺文志。[清]乾隆刊本。

⑨　《内蒙古历史概要》121 页。余元盦,上海人民出版社,1960。

⑩　转引自《简明吴方言词典》285 页。闵家骥等编,1986。

(原载《中国语文》1988.2)

长治方言记略

提要 长治市为山西省第三大城市,古属上党郡,历来是晋东南地区政治、经济、文化、交通的中心。据一九八二年的人口普查材料,连同郊区在内,长治市共有人口四十三万,其中回民约两万人。市区的话和郊区的话有些差别。市区汉民说话和回民说话,老派说话和新派说话也有差别。本文前两节讨论市区老派汉民话,末了一节讨论长治方言的内部差异。全文共分三节。(一)声韵调;(二)词汇和语法例句;(三)长治话的内部差别。

一 声韵调

1.1 声调 长治方言有六个单字调:阴平、阳平、上声、阴去、阳去、入声。入声在"子"尾、"底"尾前分阴入、阳入。为便于讨论,在调类前列出代码。

1	阴平	˩ 213	高猪初边安三飞开诗梯抽粗天婚央英汪冤晕
2	阳平	˧ 24	穷陈床才寒人麻云唐平神扶鹅娘龙银王元荣
3	上声	˥ 535	古展纸口丑五女染买网有晚委引比九远永稳
5	阴去	˩ 44	戏副怕破配到四菜细去冻湁臭教倒气放案瓮
6	阳去	˩ 53	社淡父共树怒帽患棒右瞪旧大运院愧弃帅
7	阴入	ʔ˩ 4	蝎~子瞎~子袜~子黑~底绿~底
8	阳入	ʔ˩ 54	席~子鼻~子碟~子白~底熟~底
9	入声	ʔ˩ 54	蝎瞎袜黑绿擦捏席鼻碟白熟拾择

上声的实际调值接近534,为醒目起见记作[˥]535。

入声都是短调,有明显的喉塞音[ʔ]尾。单字音入声不分阴阳,读[ʔ˩]。入声在"子"尾、"底"尾前,逢古清音和次浊声母字今读[ʔ˩],认为阴入。逢古全浊声母字今读本调[ʔ˩],本文记作[ʔ˩],

认为阳入。

阴平和上声,阴去和阴入,阳去和阳入的调型相同。阴平和上声都是降升调。阴去与阴入是平调。阳去与阳入是高降调。

长治的上声是古上声清音声母和次浊声母的字。阴去是古去声清音声母字。阳去是古上声全浊声母的字和古去声浊声母的字。古全浊声母的字今读阴去的有"坏侍"两个例外字。古去声清音声母字有五十六个读阳去。列举如下:

稼怖驻注蛀铸句贝帝济辈最岁冀弃志意既帅季愧讳慰躁糙奥懊爆笊~篱

鞘少斗昼皱幼厌禁~止旦赞灿扮战颤献唤焕篡衅舜奋训向况逛更~加庆

1.2 连调 本节讨论广用式两字组和专用式两字组的连调。先讨论专用式两字组连调。

1.2.1 专用式两字组连调 专用式连调指的是带"子"尾、"底"尾两字组和动词重叠式两字组的连调。

长治词尾[tə]或[eʔ]姑且认为"子"尾。"子"尾在阴平、上声后头读[tə],在其他调类后头读[eʔ]。本文一律记作[tɕəʔ]。例如:本子[pəŋɭ ˩˥eʔ],夹子[tɕiaʔ ˩˧ ˩˥ tɕəʔ]。("儿子"和"莲子"的"子"音[tsɭ],上声。)

"底"尾音[tiˠ],上声。例如:红底[ˠxuɭˠ tiˠ],暗底[aŋˠ tiˠ]。

带"子"尾两字组和带"底"尾两字组的连调行为完全一致。主要特点是:

① "子"尾"底"尾的前字读本调。但是阴入作为前字就读变调[ʔɭ]不读本调。例如:

包子 ɭeˠ ˩˥təʔ　　盘子 pʻaŋˠ˩ ˩˥eʔ təʔ　　脖子 pəʔˠ˩˥eʔ

瞎子 ɕiaʔ ˩˥eʔ ˩˥eʔ təʔ　　鸭子 iaʔ ˩˥eʔ təʔ

深底 səŋˌ tiˇ꜔ 　黄底 xuaŋˊ tiˇ꜔ 　薄底 pəʔˊ꜔ ti꜔

湿底 səʔˌ꜔ tiˇ꜔ 　热底 iəʔˊ꜔ tiˇ꜔

②"子"尾"底"尾在阴去后读降升调[ʔ꜔ˇ]，在其他声调后和前字同调。例如：

锅子 kuəˌ tiˇ꜔ 　绳子 səŋˊ təʔ꜔ 　底子 tiˇ təʔ꜔

裤子 k'u꜔ təʔ꜔ 　糯子 tɕiaŋˊ təʔ꜔

灰底 xueiˌ tiˇ꜔ 　红底 xuŋˊ tiˇ꜔ 　老底 lɔˇ tiˇ

臭底 ts'əu꜔ ti꜔ 　细底 ɕi꜔ ti꜔

动词重叠式的连读变调。重叠前字有的读本调,有的读变调。前字是平声、上声,读本调,前字是去声、入声读变调。阴去、阴入(古清音和次浊声母字)变低降调,阳去、阳入(古全浊声母字)变高升调。专用式连读变调见表一,表头表示前字调类,表左是后字。

表　一

	阴平[ˌ]	阳平[ˊ]	上声[ˇ]	阴去[꜓]	阳去[꜖]	阴入[ʔˌ꜔]	阳入[ʔˊ꜔]
带"子"	ˌ ʔ꜔	ˊ ʔ꜔	ˇ ʔ꜔	꜓ ʔ꜔	꜖ ʔ꜔	ʔ꜔ ʔ꜔	ʔ꜔ ʔ꜔
带"底"	ˌ ꜖	ˊ ꜖	ˇ ꜖	꜓ ꜖	꜖ ꜖	ʔ꜔ ꜖	ʔ꜔ ꜖
动词重叠	ˌ ꜖	ˊ ꜖	ˇ ꜖	꜓ ꜖	꜖ ꜓	ʔˌ꜔ ʔ꜔	ʔˊ꜔ ʔ꜔

专用式两字组连调举例　以下举例先列带"子"尾两字组,再列带"底"尾两字组和动词重叠两字组。"子"尾用"Z"表示,"底"尾用"D"表示。最后列动词重叠两字组,因为前后字声韵相同,所以后字用"—"号表示。每类举例从左往右排列。

带"子"尾两字组

1Z [ˌ ʔ꜔]　　车子 ts'ə təʔ　　　箱子 ɕiaŋ təʔ

2Z [ˊ ʔ꜔]　　孩子 xæ təʔ　　　轮子 luŋ təʔ

3Z [ˇ ʔ꜔]　　板子 paŋ təʔ　　　椅子 i təʔ

5Z [꜓ ʔ꜔]　　轿子 tɕiə təʔ　　　粽子 tɕiŋ təʔ

6Z [꜖ ʔ꜔]　　馅子 ɕiaŋ təʔ　　　豆子 təu təʔ

— 146 —

7Z [˧˩ ˩˧] 镲子 niɛʔ təʔ 谷子 kuɜʔ təʔ

8Z [˩ʔ˧ ˩˧] 镯子 tsuɜʔ təʔ 凿子 tsuɜʔ təʔ

带"底"尾两字组

1D [˩ ˨] 酸底 suaŋ ti 青底 tɕʻiŋ ti

2D [˧ ˨] 黄底 xuaŋ ti 稠底 tsʻɜu ti

3D [˦ ˦] 冷底 ləŋ ti 软底 yaŋ ti

5D [˧ ˦] 暗底 aŋ ti 臭底 tsʻɜu ti

6D [˨ ˨˦] 烂底 laŋ ti 硬底 iŋ ti

7D [˩ʔ˧ ˦] 窄底 tsɜʔ ti 辣底 laʔ ti

8D [˩ʔ˧ ˨˦] 直底 tsəʔ ti 活底 xuɜʔ ti

动词重叠两字组

11 [˩ ˨] 扇扇 saŋ — 分分 fəŋ —

22 [˧ ˨] 求求 tɕʻiɜu — 瞧瞧 tɕʻiɔ —

33 [˦ ˨] 炒炒 tsʻɔ — 瞅瞅 tsʻɜu —

55 [˥ ˨] 算算 suaŋ — 看看 kʻaŋ —

66 [˨ ˨] 问问 uŋ — 动动 tuŋ —

77 [˩ʔ˥ ˩ʔ˥] 切切 tɕʻiɛʔ — 歇歇 ɕiɜʔ —

88 [˩ʔ˧ ˩ʔ˥] 凿凿 tsuɜʔ — 拔拔 pɜʔ —

附带说明,重叠称谓词的连调多数与动词重叠两字组的连调相同,对比如下:

22 [˧ ˧˨] 爷爷 iɛ iɛ|闻闻 uŋ uŋ

33 [˦ ˦˨] 姐姐 tɕiɛ tɕiɛ|写写 ɕiɛ ɕiɛ

33 [˦ ˦˨] 奶奶 næ næ|走走 tsɜu tsɜu

66 [˨˦ ˨] 舅舅 tɕiɜu tɕiɜu|问问 uŋ uŋ

1.2.2 广用式两字组的连调　广用式两字组的连调如表二所示。表左标明前字的调类,表头标明后字的调类。广用式两字组入声不分阴阳,所以表内只列一个入声。体词结构的连调与述宾结构的连调有时不同，下文在必要时用 S 表示体词结构，用 V 表示述宾结构。

表　二

前字＼后字	阴平 [˩]	阳平 [˦]	上声 [˨] S	上声 [˨] V	阴去 [˧] S	阴去 [˧] V	阳去 [˥]	入声 [˨ʔ]
阴平 [˩]	˩ ˩	˦ ˩	˩ ˩	˨ ˩	˨ ˩	˩ ˩	˩ ˥	˩ ˨ʔ
阳平 [˦]	˩ ˩	˦ ˩	˨ ˩	˨ ˩	˩ ˩	˩ ˩	˩ ˥	˩ ˨ʔ
上声 [˨]	˨ ˩	˨ ˦	˨ ˩	˨ ˩	˨ ˩	˨ ˩	˨ ˥	˨ ˨ʔ
阴去 [˧]	˧ ˩	˧ ˦	˨ ˩	˨ ˩	˧ ˩	˧ ˩	˧ ˥	˧ ˨ʔ
阳去 [˥]	˥ ˩	˥ ˦	˥ ˨	˥ ˨	˥ ˩	˥ ˩	˥ ˥	˥ ˨ʔ
入声 [˨ʔ]	˨ʔ ˩	˨ʔ ˦	˨ʔ ˨	˨ʔ ˨	˨ʔ ˩	˨ʔ ˧	˨ʔ ˥	˨ʔ ˨ʔ

(一)广用式两字组连读变调举例

第一字阴平

11　[˩ ˩]　公鸡 kuŋ tɕi　　　　　西瓜 ɕi kua
　　　　　　斑鸠 paŋ tɕieu

　　[˨ ˦]　生姜 səŋ tɕiaŋ　　　抽风 ts'ɛu fəŋ
　　　　　　开车 k'æ ts'ə

12　[˩ ˦]　香油 ɕiaŋ ieu　　　　中人 tsuŋ iŋ 中间人
　　　　　　关门 kuaŋ məŋ

13S　[˨ ˩]　针管 tsəŋ kuaŋ 针鼻儿　村长 ts'uŋ tsaŋ
　　　　　　端午 taŋ u "端"音"单"

13V　[˨ ˨]　收礼 səu li　　　　丢手 tieu səu 撒手
　　　　　　睁眼 tsəŋ iaŋ

15S　[˩ ˩]　毡片 tsaŋ p'iaŋ　　单裤 taŋ k'u
　　　　　　灯罩 təŋ tsɔ

15V　[˩ ˧]　穿孝 ts'uaŋ ɕiɔ　　烧炭 sɔ t'aŋ
　　　　　　翻案 faŋ aŋ

16	[˩˥]	松树 ɕyŋ su"松"音"胸"	丧事 saŋ sʅ
		装病 tsuaŋ piŋ	
19	[˩ ʔ˥]	车轴 tsʻə tsuaʔ	锅黑 kuə xɑʔ锅底上的黑灰
		修脚 ɕiəu tɕyəʔ	

第一字阳平

21	[˥˩]	茴香 xuei ɕiɑŋ	龙灯 lyŋ təŋ
		回家 xuei tɕia	
22	[˥˩]	胡芹 xu tɕʻiŋ芹菜	蛇鱼 sə y鳝鱼
		熬年 ɔ niɑŋ守岁	
23S	[˩˥]	洋马 iaŋ ma"自行车"旧名	儿马 ər ma公马
		凉粉 liaŋ fəŋ	
23V	[˩˥]	骑马 tɕʻi ma	摇腿 iɔ tɕi tʻuei抖腿
		求雨 tɕʻiəu y	
25S	[˥˩]	银器 iŋ tɕʻi	邮票 iəu pʻiɔ
		鱼刺 y tsʻʅ	
25V	[˥˥]	盘货 pʻaŋ xuə	淘菜 tʻɔ tsʻæ
		提价 tʻi tɕia	
26	[˥˩]	稠饭 tsʻəu faŋ稠稀饭	鞋面 ɕiɛ miɑŋ
		和面 xuə miɑŋ	
29	[˥ ʔ˥]	挠钹 liɔ pʻəʔ音"辽泼"	茶叶 tsʻɑ iəʔ
		迎客 iŋ kʻɑʔ	

第一字上声

31	[˥˩]	草鸡 tsʻɔ tɕi母鸡	水坑 suei kʻəŋ
		点灯 tiaŋ təŋ	
32	[˥˩]	水鞋 suei ɕiɛ雨鞋	顶棚 tiŋ pʻəŋ天花板
		响雷 ɕiaŋ luei打雷	
33S	[˥˩]	母马 mu ma	卯榫 mɔ suŋ卯眼和榫头

　　　　　　软枣 yaŋ tsɔ 黑枣

33V　[ʅˇˉ]　　绞脸 tɕiɔ liaŋ 旧时女子嫁前绞去脸和脖子上的寒毛

　　　　　　数九 suə tɕieu

35S　[ˇˉˊ]　　屎布 sʅ pu 尿布　　　　　柳絮 lieu ɕy

　　　　　　韭菜 tɕieu tsʻæ

35V　[ˇˉˉ]　　扯布 tsʻə pu　　　　　跑步 pʻɔ pu

　　　　　　补课 pu kʻuə

36　[ˇˇ]　　火柱 xuə tsu 通条　　　　紧病 tɕiŋ piŋ 急病

　　　　　　赶会 kaŋ xuei

39　[ˇʔˊ]　　马鳖 ma piəʔ 水蛭　　　耳塞 ər səʔ 耳屎

　　　　　　数伏 suə fəʔ

　　第一字阴去

51　[ˉˋ]　　细丝 ɕi sʅ　　　　　　半天 paŋ tʻiaŋ

　　　　　　放臊 faŋ sɔ 狐狸放臊味

52　[ˉˊ]　　眵糊 tsʻʅ xu 眼屎　　　檀头 ɕyaŋ tʻəu

　　　　　　过年 kuə niaŋ 明年

53S　[ʅˉ]　　冻土 tuŋ tʻu　　　　　气筒 tɕʻi tʻuŋ

　　　　　　菜子 tsʻæ tsʅ

53V　[ʅˇ]　　潲雨 sɔ y　　　　　　放火 faŋ xuə

　　　　　　挂匾 kua piaŋ

55　[ˋˉ]　　臭炭 tsʻəu tʻaŋ 烟儿煤　臭气 tsʻəu tɕʻi

　　　　　　咽气 iaŋ tɕʻi

56　[ˋˇ]　　担杖 taŋ tsaŋ 扁担　　　细面 ɕi miaŋ

　　　　　　送饭 suŋ faŋ

59　[ˉʔˉ]　　教室 tɕiɔ səʔ　　　　　照壁 tsɔ piəʔ 影壁

　　　　　　送客 suŋ kʻaʔ

　　第一字阳去

　　　　　　　　　　— 150 —

61	[ㄣ ㄟ]	树根 su kəŋ		右边 iəu piaŋ
		纫针 iŋ tsəŋ		
62	[ㄟ ㄣ]	棒槌 paŋ tsʻuei 洗衣用的杵		后娘 xəu niaŋ
		下棋 ɕia tɕʻi		
63S	[ㄟ ㄣ]	柿饼 sʅ piŋ		地主 ti tsu
		右手 iəu səu		
63V	[ㄟ ㄟ]	害丑 xæ tsʻəu 害羞		瞪眼 təŋ iaŋ
		上马 saŋ ma		
65	[ㄣ ㄟ]	旧货 tɕiəu xuə		烩菜 xuei tsʻæ
		受气 səu tɕʻi		
66	[ㄟ ㄟ]	大殿 ta tiaŋ		旧饭 tɕiəu faŋ 剩饭
		害病 xæ piŋ		
69	[ㄣ ʔㄣ]	皂荚 tsɔ tɕiaʔ 皂荚树的果实		艾葉 æ iəʔ 艾草的葉子
		上药 saŋ yəʔ		

第一字入声

91	[ʔㄦ ㄅ]	北瓜 pəʔ kua		秃鸠 tʻuəʔ tɕiəu 猫头鹰
		铁锅 tʻiəʔ kuə		
	[ʔㄣ ㄟ]	铁钉 tʻiəʔ tiŋ		铡刀 tsəʔ tɔ
		立秋 liəʔ tɕʻiəu		
92	[ʔㄦ ㄅ]	铁匙 tʻiəʔ sʅ 锅铲儿		历头 liəʔ tʻəu 日历
		劈雷 pʻiəʔ luei		
	[ㄟ ㄣ]	杂粮 tsaʔ liaŋ		脱鞋 tʻuəʔ ɕiɛ
		作乔 tsuəʔ tɕʻiɔ 做作		
93S	[ʔㄣ ㄣ]	恶水 əʔ suei 脏水		铁饼 tʻiəʔ piŋ
		月饼 yəʔ piŋ		
93V	[ʔㄣ ㄟ]	歇晌 ɕiəʔ saŋ		出脸 tsʻuəʔ liaŋ 大方
		拔草 paʔ tsʻɔ		

— 151 —

95S　[ʔ˩ ˧˥]　贼汉 tsɤʔ xaŋ贼　　　　乏炭 faʔ t'aŋ煤核儿
　　　　　　　白菜 piəʔ ts'æ

95V　[ʔ˩ ˧]　切菜 tɕ'iəʔ ts'æ　　　　喝醋 xəʔ ts'u
　　　　　　　择菜 tsɤʔ ts'æ

96　　[ʔ˩ ˥]　铁路 t'iəʔ lu　　　　　石匠 səʔ tɕiaŋ
　　　　　　　发汗 faʔ xaŋ

　　　[˥˩ ˥]　熟路 suəʔ lu　　　　　吃饭 ts'əʔ faŋ
　　　　　　　作梦 tsuəʔ məŋ

99　　[ʔ˩ ʔ˩]　屋脊 uəʔ tɕiəʔ　　　　烙铁 ləʔ t'iəʔ
　　　　　　　捉脉 tsuəʔ miəʔ号脉

　　　[ʔ˩ ʔ˥]　八月 pəʔ yəʔ　　　　　熟铁 suəʔ t'iəʔ
　　　　　　　服药 fəʔ yəʔ

广用式两字组连读变调例外举例：

12　[˥ ˩]新房 ɕiŋ faŋ　　　　　13S [˧˥ ˩]中指 tsuŋ tsʅ

23S [˧˥ ˩]红薯 xuŋ su　　　　　33S [˥˩ ˩]小米 ɕiɔ mi

61　[˥ ˩]大车 ta ts'ə　　　　　62　[˥ ˩]丈人 tsaŋ iŋ

65　[˥ ˩]饭店 faŋ tiaŋ　　　　　92　[ʔ˩ ˩]舌头 səʔ t'əu

　　（二）如表二所示，两字组的声调组合决定两字组的连调行为。
两字组的语法结构有时影响两字组的连调行为。例如：

　　①任何调类在上声前都变[˥]。上声作为后字，S 与 V 两类结
构的后字连调不同。例如：

13S [˥ ˩] 斑点 paŋ tiaŋ　　　　　13V [˥ ˩] 烧纸 sɔ tsʅ

23S [˥ ˩] 牛奶 iəu næ"牛"音"油"　　23V [˥ ˩] 淋雨 liŋ y

33S [˥ ˩] 雨伞 y saŋ　　　　　　33V [˥ ˩] 洗脸 ɕi liaŋ

53S [˥ ˩] 报纸 pɔ tsʅ　　　　　　53V [˥ ˩] 送礼 suŋ li

63S [˥ ˩] 大粉 ta fəŋ　　　　　　63V [˥ ˩] 下雨 ɕia y

93S [ʔ˥ ˩]黑狗 xɑʔ kəu　　　　　93V [ʔ˥ ˩]喝酒 xəʔ tɕiəu

②前字是平、上、入声,后字是阴去的两字组,S 与 V 两类结构的后字连调不同。例如:

15S [ㄥㄣ] 香炭 ɕiaŋ t'ɑŋ 无烟煤　　15V [ㄥㄧ] 抻炕 ts'əŋ k'ɑŋ 铺炕

25S [ㄱㄣ] 回教 xuei tɕiə　　　25V [ㄱㄣ] 抬炭 t'æ t'ɑŋ 抬煤

35S [ㄣㄣ] 女婿 ny suei“婿”　　35V [ㄣㄣ] 买报 mæ pɔ
　　　　　　音“岁”

95S [ʔㄥ ㄣ] 木器 mə? tɕ'i　　95V [ʔㄣ ㄣ] 出气 ts'uə? tɕ'i

(三)阴去、阳去的连读变调　　阴去、阳去的单字调不同,但是作为两字组的前字,阴去、阳去的连调有时相同,有时不同。

①在阴平、阳平、入声前,阴去、阳去的连调不同,阴去读[ㄣ],阳去读[ㄣ]。例如:

51 [ㄣㄣ]	汽车 tɕ'i ts'ə	送终 suŋ tsuŋ
61 [ㄣㄣ]	下车 ɕia ts'ə	豆浆 təu tɕiaŋ
52 [ㄣㄣ]	正房 tsəŋ fɑŋ	进门 tɕiŋ məŋ
62 [ㄣㄣ]	树皮 su p'i	下楼 ɕia ləu
59 [ㄣ ʔㄣ]	鬓角 piŋ tɕiɑ?	化学 xua ɕyə?
69 [ㄣㄣ ʔㄣ]	桦木 xua mə?	闰月 yŋ yə?

②在上声字前,阴去、阳去的连读变调相同,都读[ㄣ]调。例如:

53S [ㄣㄣ]	四九 sɿ tɕiəu	冻土 tuŋ t'u
63S [ㄣㄣ]	院长 yaŋ tsaŋ	地主 ti tsu
53V [ㄣㄣ]	过场 kuə ts'ɑŋ	放手 fɑŋ səu
63V [ㄣㄣ]	下雨 ɕia y	卖米 mæ mi

③在去声字前,阴去读变调[ㄣ],阳去读本调[ㄣ],阴阳去不分,例如:

| 55 [ㄣㄣ] | 疝气 saŋ tɕ'i | 送报 suŋ pɔ |
| 65 [ㄣㄣ] | 饭铺 fɑŋ p'u | 卖炭 mæ t'ɑŋ |

56 [↑↓] 蒜瓣 suaŋ paŋ　　　　卸磨 ɕiɛ mə

66 [↓↑] 大队 ta tuei　　　　锻磨 tuaŋ muə

④作为两字组的后字,阳去读本调[↓]。阴去有时读变调[↑]
(前字非去声的体词结构)与阳去的连调相同。有时读本调[┤](前
字非去声的述宾结构)与阳去的连调不同。例如:

16 [⌐↓] 灯罩 təŋ tsə　　26 [↗↓] 肥皂 fei tsə

36 [⌐↓] 土地 tʼu ti　　96 [ʔↃ ↓] 熟路 suəʔ lu

15S [⌐↓] 香气 ɕiaŋ tɕʼi　　15V [⌐┤] 收账 səu tsaŋ

25S [↗↓] 油菜 iəu tsʼæ　　25V [↗┤] 盘货 pʼaŋ xuə

35S [⌐↓] 老汉 lə xaŋ　　35V [⌐┤] 买报 mæ pə

95S [ʔↃ↓] 福气 fəʔ tɕʼi　　95V [ʔↃ ┤] 出嫁 tsʼuəʔ tɕia

⑤作为后字,前字是去声,阴去读[┤],阳去读[↓]。阴去、阳去
的连调不同。例如:

55 [↑┤] 送信 suŋ ɕiŋ　　　　菜铺 tsʼæ pʼu

56 [↑┤] 送饭 suŋ faŋ　　　　蒜瓣 suaŋ paŋ

65 [↓┤] 上粪 saŋ fəŋ　　　　地契 ti tɕʼi

66 [┤┤] 受骂 səu ma　　　　后路 xəu lu

(四)入声字的连读变调

①入声字在上声字前读[ʔↃ]。例如:

93S [ʔↃ ⌐] 热水 iəʔ suei　　　　白酒 piəʔ tɕiəu

93V [ʔↃ ↓] 插嘴 tsʼəʔ tsuei　　　　截短 tɕiəʔ tuaŋ

②入声字在非上声字前,有时读本调[ʔ↓],有时读变调[ʔↃ]。
例如:

91 [ʔ↓ ↓] 铁钉 tʼiəʔ tiŋ　　　　熄灯 ɕiəʔ təŋ

　　　　石碑 səʔ pei　　　　立秋 liəʔ tɕʼəu

[ʔↃ ┤] 铁锅 tʼiəʔ kuə　　　　北瓜 pəʔ kua

　　　　菊花 tɕyəʔ xua　　　　脚心 tɕyəʔ ɕiŋ

92	[ʔ˧ ˨˩]	客房 k'əʔ faŋ	劈雷 p'iəʔ luei
		说媒 suəʔ mei	作乔 tsuəʔ tɕ'iɔ 做作
	[ʔ˨ ˩˧]	隔墙 tɕeiəʔ tɕ'iaŋ	北房 pəʔ faŋ
		熟人 suəʔ iŋ	发霉 faʔ mei
95	[ʔ˧ ˥]	八卦 paʔ kua	黑酱 xaʔ tɕiaŋ
		白菜 piəʔ ts'æ	鼻涕 piəʔ t'i
	[ʔ˨ ˥]	白线 piəʔ ɕiaŋ	切菜 tɕeiəʔ ts'æ
		喝醋 xəʔ ts'u	杀兔 səʔ t'u
96	[ʔ˧ ˥˩]	黑豆 xɑʔ təu	木匠 məʔ tɕiaŋ
		说话 suəʔ xua	粥饭 tsuəʔ faŋ
	[ʔ˨ ˥˩]	白面 piəʔ miaŋ	熟肉 suəʔ iəu
		得病 tiəʔ piŋ	入座 yəʔ tsuə
99	[ʔ˧ ʔ˧]	腊月 ləʔ yəʔ	杂木 tsɑʔ məʔ
		吃药 ts'əʔ yəʔ	
	[ʔ˨ ʔ˨]	末伏 məʔ fəʔ	木塞 məʔ səʔ
		出血 ts'uəʔ ɕyəʔ	

③入声字作为非入声的后字读本调[ʔ˧]。两个入声字相连读
[ʔ˧ ʔ˧]或[ʔ˨ ʔ˨]。例如:

19 [˨˩ ʔ˧] 猪血 tsu ɕyəʔ   29 [˨˩ ʔ˧] 同学 t'uŋ ɕyəʔ

39 [˥˩ ʔ˧] 扁食 piaŋ səʔ

59 [˩˧ ʔ˧] 臭脚 ts'əu tɕyəʔ   69 [˥˩ ʔ˧] 树葉 su iəʔ

99 [ʔ˧ ʔ˧] 蜜橘 miəʔ tɕyəʔ   99 [ʔ˨ ʔ˨] 黑色 xɑʔ səʔ

1.3　声母　长治老派汉民话有声母十八个,包括零声母[ø]
在内。

p	布避伴北	p'	怕皮瓶迫	m	门木米墨	f	飞房冯福	l	蓝连雷辣
t	帝队豆夺	t'	太同偷铁	n	脑怒女娘				
ts	租知皱浙	ts'	采窗昌插			s	思水声失		

| tɕ | 姐举叫节 | tɕʻ | 前去抢切 | | ɕ | 笑选戏匣 | |
| k | 瓜狗共革 | kʻ | 看葵考哭 | | x | 河湖汉黑 | ø 二人晚月 |

1.4 韵母　韵母有三十五个。

a	爬茶沙洒怕骂	ia	家牙下架价夏	ua	花蛙寡瓦化华	
ə	波婆哥遮社射	iɛ	邪姐借卸谢夜	uə	多梳楚科坐课	yɛ 靴瘸
ɿ	紫支世知时资	i	祭题李被器衣	u	部书鼠主抱某	y 取句女语雨羽
æ	台耐才埋奶晒			uæ	外拐槐歪乖杯	
ɔ	保刀高茅照少	iɔ	交孝轿小刁叫			
ei	杯梅配肺废背			uei	灰碎桂惠锐卫	
əu	头走抽欧宙肘	iəu	救九秋幼幽刘			
aŋ	谈斩犯单山榜	iaŋ	减炎闲延枪匠	uaŋ	唤专串状狂王	yaŋ 员权元玄犬渊
əŋ	深沉根喷登梦	iŋ	金琴贫近蝇幸	uŋ	昏吞轰孔哄中	yŋ 均永穷雄胸用
aʔ	插法达托特刻	iaʔ	甲鸭瞎雀觉角	uaʔ	划刷滑袜	yaʔ 噱爵
əʔ	磕渴勺贼革吃	iəʔ	聂业列切脚积	uəʔ	活脱夺骨落获	yəʔ 月悦血削肃菊

1.5　声母、韵母说明

[n]在洪音前是[n],在细音前是[ȵ]。

[ts tsʻ s]拼[ɿ]韵以外的韵母时发音部位明显偏后。

[tɕ tɕʻ ɕ]的发音部位比北京话偏后。

[ø]在开口呼韵母的前头有不很明显的喉塞音[ʔ]。

上列三十五个韵母中[yɛ yaʔ uaʔ]三个韵母的例字很少。此外,还有一个自成音节的[n̩],只有"人家"[n̩˩ tɕiɛ˩]指某个人或某些人,也用来指"我"("人"音[iŋ˩])你家[n̩˩ tɕiɛ˩]你们两个例子,未列入韵母表。

[a]在[a ia ua]里是[a],在[aŋ iaŋ uaŋ yaŋ]里是[ɑ],在[aʔ iaʔ uaʔ yaʔ]里是[ɐ]。

[ə]拼唇音声母[p pʻ m]时,实际音值近[o]。

[iŋ uŋ yŋ]拼零声母[ø]时,主要元音与鼻音韵尾之间都有过渡音[ə]。

入声韵的喉塞音尾[ʔ]非常清楚。

1.6 儿化韵母 儿化韵母只有八个。

ar (<a ə æ ɔ ɑŋ ɑʔ əʔ)　　　ər (<ʅ ei əu əŋ)

iar (<ia iɛ iɔi iɑŋ iɑʔ iɛʔ)　　　iər (<i iəu iŋ)

uar (<ua uə uæ uɑŋ uɑʔ uəʔ)　　　uər (<u uei uŋ)

yar (<yɑŋ yəʔ)　　　　　　　　　yər (<y yŋ)

括弧里是基本韵母。长治话有韵母三十五个,[yɛ yɑʔ]两个韵母未见儿化例子,所以上面括号里头只列了三十三个韵母。

入声韵儿化后喉塞音[ʔ]尾脱落,读舒声韵。入声字儿化后有的读阴去,有的读阳去。从来历看,古全浊声母字儿化后读阳去调。古清音和次浊声母字儿化后多数读阴去。例如:

围脖儿 uei˩ par˩　　　　树葉儿 su˥ iar˩　　　小碟儿 ɕiɔ˥ tiar˩
  (比较:伴儿 par˥)

凉席儿 liɑŋ˩ ɕiar˩　　　牛犊儿 iəu˩ tuar˩　　墨盒儿 məʔ˥ xar˩
  (比较:馅儿 ɕiar˥)

小格儿 kəʔ˥ kar˩(＝小个儿)　小辛儿 ɕiɔ˥ tsuar˩　　腊八儿 lɑʔ˥ par˩

纸塞儿 tsʅ˥ sar˩(＝纸扇儿)　喜鹊儿 ɕi˥ tɕʻiar˩　　小鹿儿 ɕiɔ˥ luar˩

墙角儿 tɕʻiɔ˥ tɕiar˩　　　小桌儿 ɕiɔ˥ tsuar˩　　小脚儿 ɕiɔ˥ tɕiar˩

1.7 儿化韵母举例

[ar]　刀把儿 tɔ˩ par˥|老婆儿 lɔ˥ pʻar˩|布袋儿 pu˩ tar˥|枣儿 tsar˥|地瓜蛋儿 tiˀ kuaˀ tar˥|马铃薯|办法儿 paŋɑˀ far˥|耳勺儿 ɚ˥ sar˩

[iar]　豆芽儿 təu˩ iar˩|老爷儿 lɔ˥ iar太阳|鸟儿 niar˥|样儿 iar˥|野鹊儿 iɛ˥ tɕʻiar˩|豆角儿 iəu˩ tɕiar˩

[uar]　笑话儿 ɕiɔ˩ xuar˩|填窝儿 tiaŋ˩ uar˩末了儿的男孩,"填"不送气|一块儿 iʔ˥ kʻuar˩|新郎官儿 ɕiŋɑˀ laŋ˩ kuar˩|牙刷儿 ia˩ suar˩|活儿 xuar˩

[yar]　圈儿 tɕʻyar˥|小匣儿 ɕiɔ˥ ɕyar˩("匣"音 ɕyəʔ)

— 157 —

[ər]　　事儿 sər˧˩˧|小辈儿 ɕiɔ˧˩ pər˥˩|小偷儿 ɕiɔ˧˩ tʰər˦˨|板凳板儿
　　　　paŋ˧˩ tər˦˨

[iər]　　扬水皮儿 iaŋ˦ suei˧˩ pʰiər˦˨|蜻蜓 ɕʰiŋ˦ 儿球儿 tɕʰiər˦˨|瓶儿
　　　　piər˦˨

[uər]　　主儿 tsuər˧˩|汽水儿 tɕʰi˦˨ suər˦˨|夜明虫儿 iɛ˥˩ miŋ˦
　　　　tsʰuər˦˨ 萤火虫

[yər]　　小鱼儿 ɕiɔ˧˩ yər˦˨|小俊儿 ɕiɔ˧˩ tɕyər˦˨ 人名

　　青少年的名字都可以儿化。例如：秀琴儿 ɕʰiŋ˦ tɕʰiər˦˨，太顺
儿 tʰæ˦˨ suər˦˨。姓不能儿化，不能说"小张儿，小李儿"。

二　词汇和语法例句

　　本节依据《方言调查词汇手册》条目记录并略有补充。(一)至
(十七)是词和词组，(十八)是语法例句。每条先列汉字后记音，必
要时酌加注解。本地有几种说法的用竖线"|"隔开。"□"表示写
不出来的字。"‿"表示读音特殊。

(一)

老爷儿 lɔ˦ iar˦|日头儿 ʐ˦ tʰəu˦ 太阳

月明儿 yæʔ˥ miər˦ 月亮

响雷 ɕiaŋ˧˩ luei˦

打闪 ta˧˩ saŋ˧˩

下雨 ɕia˦˨ y˦

下雪 ɕia˦˨ ɕyæʔ˥

雪消啦 ɕyæʔ˥ ɕiɔ˦ la˦

上冻 saŋ˦ tuŋ˦

冷子弹 ləŋ˧˩ tsəʔ˥ taŋ˦ 雹子

刮风 kuaʔ˥ fəŋ˦

端午 taŋ˦ u˧˩

八月十五　pəʔˊ　yəʔˊ　səʔˊ　uˑu 中秋节

年三十　niaŋˊ saŋˋ səʔˊ 除夕

阳历年　iaŋˊ lieʔˊ niaŋˊ

（二）

灰　xueiˋ

石灰　səʔˊ xueiˋ

泥　miˊ

冷水　ləŋˊ sueiˇ

热水　ieʔˊ sueiˇ

炭　t'aŋˊ 煤

香炭　ɕiaŋˋ t'aŋˊ 无烟煤

臭炭　ts'əuˋ t'aŋˊ 烟煤

煤油　meiˊ ieuˊ｜洋油　iaŋˊ ieuˊ

锡　ɕieʔˊ

吸铁石　ɕieʔˊ t'ieʔˊ səʔˊ 吸

（三）

村　ts'uŋˋ｜乡下　ɕiaŋˋ ɕiaˇ

赶集　kaŋˇ tɕieʔˊ｜赶会　kaŋˇ xueiˋ

圪浪　kəʔˊ laŋˋ 巷

房子　faŋˊ təʔˊ

正房　tsəŋˋ faŋˊ

窗子　ts'uaŋˋ təʔˊ

门槛子　məŋˊ k'iaŋˇ təʔˊ

茅厕　mɔˊ tɕieiˋ

厨房　ts'uˊ faŋˊ

烟洞　iaŋˋ tuŋˊ 烟囱

（四）

男底 naŋ˦ tiˀ˦ 男的

女底 ny˨ tiˀ˨ 女的

小娃子 ɕiɔˀ˦ uaˀ təʔˀ˦ 小孩子

小子 ɕiɔˀ ˀɕəʔˀ˦ 男孩

女子 ny˨ təʔˀ˦ 女孩

老汉儿 lɔ˨ xaˀ˦

光棍 kuaŋˀ kuəˀ˦

老闺女 lɔ˨ kuei˨˦ ny˨˦

大夫 tæˀ fuˀ 医生

厨子 tsʼuˀ˦ təʔˀ

讨吃底 tʼɔˀ˦ tsʼəʔˀ˦ tiˀ˦ 乞丐

(五)

爸爸 pɑˀ˦ pɑˀ˦ 父亲;叔父

娘 niɑˀ 母亲;叔母｜妈 mɑˀ 新派称母亲

爷爷 iɛˀ iɛˀ˦ 祖父;外祖父

奶奶 næˀ næˀ˦ 祖母

姥姥 lɔˀ lɔˀ˦ 外祖母

哥哥 kəˀ˦ kəˀ

兄弟 ɕyŋ˨ tiˀ 弟

姐姐 tɕiɛ˨ tɕiɛˀ˨

姊妹 tsʅ˨ mei˦ 姊

大爹 taˀ tiɛˀ˦ 伯父,"二伯父"称作"二爹"

大娘 taˀ niaˀ

孩子 xæˀ təʔˀ 儿子

闺女 kueiˀ˨ ny˨˦

女婿儿 ny˨ suəˀ˦

舅舅 tɕiəˀ˦ tɕiəˀ˨

妗子 tɕiŋˈ təʔ˥ 舅母

姑姑 kuˈ kuˈ

姨 iˈ

弟兄 tiˈ ɕyŋˈ

当家的 taŋˈ tɕiaˈ təʔ˩ˈ 男人 naŋˈ iŋˈ 丈夫

老婆 lɔˈ pʻɤˈ 媳妇 ɕiəˈ fuˈ 妻

媳妇子 ɕiəˈ fuˈ təʔ˥ 儿媳

（六）

□脑 tiəʔ˥ nɔuˈ 头

脸 liaŋˈ

囟门子 ɕiŋˈ məŋˈ tɕiˈ 前额

囟口子 ɕiŋˈ kʻɤuˈ ˈ tɕiˈ 头顶前部中央

鼻子 piəʔ˥ təʔ˥

眼 iaŋˈ

眼睛蛋子 iaŋˈ tɕiŋˈ taŋˈ təʔ˥ 眼珠儿

耳朵 ərˈ tuɤˈ

舌头 səʔ˥ tʻəuˈ

脖子 pəʔ˥ tɕiˈ

胳臂 kəʔ˥ piəʔ˥

左手 tsuɤˈ səuˈ

右手 iəuˈ səuˈ

手指头 səuˈ tsəʔ˥ tʻəuˈ "指"与"则"同音

大拇指头 taˈ maˈ tsəʔ˥ tʻəuˈ 大拇指

二拇指头 ərˈ maˈ tsəʔ˥ tʻəuˈ 食指

中指 tsuŋˈ tsʅˈ

四拇指头 sʅˈ maˈ tsəʔ˥ tʻəuˈ 无名指

小拇指头儿 ɕiɔˈ maˈ tsəʔ˥ tʻəuˈ 小拇指

指甲盖儿 tsə˧ʔ˩ tɕia˧ʔ˩ kar˧

腿 tʰuei˧

圪膝盖儿 kə˧ʔ˩ ɕi˩ kar˧

（七）

病啦 piŋ˩ la˩|害歪哩 xæ˧ uæ˩ lei˩

跑茅子 pʰɔ˧ mɔ˩ tə˧ʔ˩ 拉稀

瘸子 tɕʰyɛ˩ tə˧ʔ˩

驼背 tʰuə˩ pei˧|锅子 kuə˩ tə˧ʔ˩

死啦 sʅ˧ la˩

埋葬 mei˩ tsaŋ˧

瞧病 tɕʰiɔ˩ piŋ˩ 有病找大夫诊断

可些儿啦 kʰə˧ ɕiar˩ la˩ 病轻了

（八）

衣裳 i˩ saŋ˩

围嘴子 uei˧ tsuei˧ tə˧ʔ˩ 涎布

兜兜 tu˩ tu˩|单兜兜 taŋ˩ tu˩ tu˩ 兜肚,现少用

屎布子 sʅ˧ pu˩ tə˧ʔ˩ 屎布

手巾 səu˧ tɕiŋ˩

胰子 i˩ tə˧ʔ˩ 肥皂

洗脸水 ɕi˧ liaŋ˧ suei˧

凳子 təŋ˧ tə˧ʔ˩

桌子 tsuə˧ʔ˩ tə˧ʔ˩

抽屉 tsʰəu˩ tʰi˧

戳子 tsʰuə˧ʔ˩ tə˧ʔ˩ 图章

盖戳子 kæ˧ tsʰuə˧ʔ˩ tə˧ʔ˩ 盖图章

糨子 tɕiaŋ˩ tə˧ʔ˩

取灯子 tɕʰyə˧ təŋ˩ tə˧ʔ˩|洋火 iaŋ˩ xu˧|火柴 xu˧ tsʰæ˩

— 162 —

抹布 məʔˈ puˋ 擦炊事用具的布

抹灰片子 məʔˈ xueiˌ ˈ p'iaŋˈ təʔˈ 擦桌布

调羹儿 t'iɔˌ kərˌ

筷子 k'uæˈ təʔˈ

簸箕 pəˌ tɕ'iˌ

筶帚 t'iɔˌ tsuˌ

滚子 kuŋˈ təʔˈ

碓子 tueiˈ təʔˈ

槌子 ts'ueiˌ təʔˋ

绳子 səŋˌ təʔˌ

车子 ts'əˈ təʔˋ

轮子 luŋˌ təʔˋ

伞 saŋˈ

(九)

清早儿饭 tɕ'iŋˌ tsarˈ faŋˈ

晌午饭 saŋˈ uˈ faŋˈ

黑来饭 xaʔˈ læˌ faŋˈ

大米饭 taˈ miˈ faŋˈ

面条子 miaŋˈ t'iɔˌ təʔˋ 面条儿

面 miaŋˈ 白面

蒸馍 tsəŋˌ məˌ｜馍 məˌ

包子 pɔˌ təʔˋ

馄饨 xuŋˌ tuŋˌ

饺子 tɕiɔˌ təʔˈ｜扁食 piaŋˈ səʔˈ

菜 ts'æˈ

醋 ts'uˈ

酱油 tɕiaŋˈ iəuˌ

香油 ɕiaŋ˦ iəu˧

腥油 ɕiŋ˦ iəu˧｜方油 faŋ˦ iəu˧ 猪油

盐 iaŋ˧

白酒 piə˦ʔ˩r tɕiəu˧

黄酒 xuaŋ˧r tɕiəu˧

甜酒 t'iaŋ˧r tɕiəu˧

燂水 ˥˦r suei˥ 开水(水燂了没呐 suei˥ ɔ˦ lɔ˦ mə˦ʔ˦ nə˦ʔ˦ 水开了没有)

泔水 kaŋ˦ suei˥ 刷锅水

恶水 ə˦ʔ˦r suei˥ 脏水

(十)

牙猪 ia˧ tsu˥ 公猪

母猪 mu˥ tsu˧

犍牛 tɕiaŋ˦ iəu˧ 公牛

母牛 mu˥ iəu˧

羯羊 tɕiə˦ʔr iaŋ˧ 公绵羊

母羊 mu˥ iaŋ˧ 母绵羊

(羯)骨□ (tɕiə?˦r) kuə˦ʔ˧ ly˧ 公山羊

母骨□ mu˥ kuə˦ʔ˧ ly˧ 母山羊

儿马 ər˦r ma˧r 公马

骒马 k'uə˥r ma˧r 母马

叫驴 tɕiɔ˧ ly˧ 公驴

草驴 ts'ɔ˥ ly˧ 母驴

牙狗 ia˧r kəu˥ 公狗

母狗 mu˥ kəu˥˥

儿猫儿 ər˧ ma˧r

女猫儿 mi˥ ma˧r

— 164 —

公鸡 kuŋˈ tɕiˌ

草鸡 ts'ɔˈ tɕiˌ

小虫儿 ɕiɔˈ ʐʅ ts'uərˌ

雁 iaŋˋ｜大雁 taˋ iaŋ｜

小燕儿 ɕiɔˋ iaiˌ

黑老乌鸦 xaʔˋ lɔ˥ uˋ iaˋ "乌鸦"合音

老虎 lɔˋ xuˋ

狼 laŋˋ

猴子 xəuˋ tɕʅʔˋ

蛇 səˋ

老耗子 lɔˋ xɔˋ tɕʅʔˋ

蚂蚁 maˋ iˋ "蚁"音"衣"

蝇子 iŋˋ tɕʅʔˋ

蚊子 uŋˋ tɕʅʔˋ

蚊子咬人 uŋˋ tɕʅʔˋ iŋˋ

蟢蛛 ɕiˋ tsuˋ 一种在屋内织网的长腿小蜘蛛

（十一）

麦子 miəʔˋ tɕʅʔˋ

大米 taˋ miˋ

小米子 ɕiɔˋ miˋ tɕʅʔˋ 小米

玉荬子 iˋ tɕiɔˋ tɕʅʔˋ "玉"读阴去,与"意"字同音

荬子 tɕiɔˋ kɕʅʔˋ 高粱

黄豆 xuaŋˋ təuˋ｜白豆 piəʔˋ təuˋ

望月花 uaŋˋ yəʔˋ xuaˋ｜葵花 k'ueiˋ xuaˋ

洋葱 iaŋˋ ts'uŋˋ

蒜 suaŋˋ

菠菜 pəˋ ts'æˋ

洋白菜 iaŋˊ pieʔˋ tsʼæˊ

洋柿子 iaŋˊ sʐˋ təʔˊ 西红柿

茄子 tɕʻiɤˊ təʔˋ

红薯 xuŋˊ suˑˊ 白薯

地瓜蛋儿 tiˋ kuaˋ tarˋ 马铃薯

辣子 ləˋʔˊ təʔˋ

核桃 xəxˊ tʻɔˋ

栗子 liəʔˊ təʔˋ

莲菜 liaŋˊ tsʼæˊ 藕

（十二）

事儿 sərˋ

东西 tuŋˋ ɕiˊ

地场儿 tiˋ tsʼarˊ｜地张儿 tiˋ tsarˊ 地方

时会儿 sʐˋ xuərˊ

缘故 iaŋˊ kuˊ

味道 ueiˋ tɔˋ

味儿 uərˋ

颜色 iaŋˊ səʔˊ

眉眼 miˊ iaŋˊ 相貌｜眉□ miˊ suˊ 有贬意

年纪 niaŋˊ tɕiˋ 年龄

生活 səŋˊ xuəʔˊ

（十三）

我 uəˋ

你 niˋ

他 tʻaˊ

我家 nəˊ tɕɛˋ 我们

咱家 tsaˊ tɕɛˊ 咱们

— 166 —

你家 nʮ tɕieɹ 你们

他家 t'ɑɹ tɕieɹ 他们

大伙儿 tɑɹ xuəɹ

谁来 sueiɹ læɹ 谁呀

甚 səŋˇ|什么 səʔˇ|mɑm

（十四）

一个客人 iəʔˇ kəʔ kəʔ iŋɹ 一

一对鞋 iəʔ tueiˇ ɕieɹ

一领席子 iəʔ liŋɹ ɕiəʔ təʔ 一

一条被子 iəʔ t'ioɹ piˇ təʔ

一挂车 iəʔ kuɑɹ tsʻəɹ

一把刀 iəʔ pɑɹ tɔɹ 一

一杆笔 iəʔ kɑŋɹ piəʔ

一锭墨 iəʔ tiŋɹ miəʔ

一只牛 iəʔ tsəʔ iueiɹ

一头猪 iəʔ t'əuɹ tsuɹ

一只鸡子 iəʔ tsəʔ tɕiɹ təʔ

一条鱼 iəʔ t'ioɹ yɹ

去一趟 tɕʻyɹ iəʔ t'ɑŋɹ iəʔ t'ɑŋɹ 回去、进去的"去"音"器"

打一下 tɑɹ iəʔ ɕiɑɹ

（十五）

今年 tɕiŋɹ niɑŋɹ

过年 kuəɹ niɑŋɹ 明年

年时 niɑŋɹ sʮɹ 去年

□几年 ueiɹ tɕiɹ niɑŋɹ 前几年

今日个 tɕiɹ iɹ kəʔ

明日个 miɹ iɹ kəʔ

后日个 xəuʌ iʌ kə?ʌ

大后天 taʌ xəuʌ t'iaŋʌ˥│大后儿日个 taʌ xəuʌ iʌ kə?ʌ

夜来 iɛʌ læʌ 昨天

前天 tɕiaŋʌ t'iaŋʌ˥│前儿 tɕiaʌ

大前天 taʌ tɕ'iaŋʌ t'iaŋʌ˥│大前儿 taʌ tɕ'iaʌ

前晌 tɕ'iaŋʌ saŋʌ

晚西 uaŋʌ ɕiʌ 下午

晌午 saŋʌ uʌʌ

清早儿 tɕ'iŋʌ tsarʌ│早起 tsɔʌ tɕ'iʌ

白天 piə?ʌ t'iaŋ

傍黑儿 paŋʌ xarʌ 黄昏

黑来 xa?ʌ læʌ 晚上

多会儿 tuaʌ xuərʌ

(十六)

上头 saŋʌ t'əuʌ│上边儿 saŋʌ piarʌ

下头 ɕiaʌ t'əuʌ│下边儿 ɕiaʌ piarʌ

左边儿 tsuaʌ piarʌ

右边儿 iəuʌ piarʌ

当中儿 taŋʌ tsuərʌ

里头 liʌ t'əuʌ│里边儿 liʌ piarʌ

外头 uæʌ t'əuʌ│外边儿 uæʌ piarʌ

前头 tɕ'iaŋʌ t'əuʌ│前边儿 tɕ'iaŋʌ piarʌ

后头 xəuʌ t'əuʌ│后边儿 xəuʌ piarʌ

旁边儿 p'aŋʌ piarʌ

近处 tɕiŋʌ ts'uʌ

(十七)

吃饭 ts'ə?ʌ faŋʌ

— 168 —

喝茶 xəʔ˩ tsʼɑ˩

洗脸 ɕiˇˇ liaŋˇˇ

洗澡 ɕiˇˇ tsɔˇˇ

拉闲话 laˇ ɕiaŋˇ xuaˇˇ

不吭气 pəˀˇˀ kʼəŋˇ tɕiˇˀ

没关系 məʔˇˇ kuaŋˇ ɕiˇ

碰着 pʼəŋˇ tsəˀʼᵈ

掉了 tiɔˇˇ lɔˇ

找着啦 tsɔˇ tsəʔˇˇ laˇ

擦掉 ɕeiˇ tsʼəˀʼˀ tiɔˇ

拾起来 ʃˇˀæˇ tɕiˀ tɕʼiˇˇ læˇˇ

提起 tiˇˇ tɕʼiˇˇ

挑 tʼiɔˇ 选择

该(如该他十块钱) kæˇ

□买卖 tsɹˇ mæˇ mæˇˇ 做买卖

□□ tsɹˇ tsɹˇ 称称,~~这些儿梨有多重哩

拾掇 səʔˇ tuəʔˇ

对(如酒里对水) tueiˇ

丢开手 tiəuˇ kʼæˇˇ səuˇˇ 撒手

搁 kəˀˇ

歇歇 ɕiəʔˇˀ ɕiəʔˇ

打盹儿 taˇˇ tuəˇˇ

跌了一跌 tiəˀˇ lˇˇ iəˀˇ tɕiɔˇ

耍 suaˇˇ

知道 tsɹˇ tɔˇ

懂得啦 tuŋˇˇ tiəʔˇˀ laˇ

操个心 tsʼɔˇ kəʔˀˇ ɕiŋˇˇ|小心 ɕiɔˇˇ ɕiŋˇ

结记 tɕieʔ˥ tɕiʔ˦ 挂念

□ tɕʻiə̯ʔ˥ʅ 指女性美

丑 tsʻəu˦

不歪 pəʔ˦ uæ˦ 不错，这个～

□贵 tɕʻy˦ kuei˦ 指人品格高尚

要紧 io˥ʅ tɕiŋ˦

红活 xuŋ˦ xuəʔ˦ 热闹

结实 tɕia˦ səʔ˦

邋遢 ləʔ˥ tʻəʔ˥ 不洁

味重 uei˦ tsuŋ˦ 咸

味轻 uei˦ tɕʻiŋ˦ 淡

稀 ɕi˦

稠 tsʻəu˦

肥 fei˦ 指动物

胖 pʻɑŋ˦ 指人

瘦 səu˦

舒坦 tsʻu˦ tʻuə˦ʅ 舒服

迟 tsʻʅ˦

安生 ɑŋ˦ səŋ˦ 乖

□ fei˦ |淘力气 tʻɔ˦ liə˦ tɕʻiʔ˦ 顽皮

鼓 ku˦ 凸

凹 uɑ˦

跟 kəŋ˦ 和

被(被贼偷走了) piʅ| 教 tɕie˦

从(从那儿来) tsʻuŋ˦| 打 tɑʅ| □ iʅ

替(替我写封信) tʻiʅ

拿(拿毛笔写字) nɑ˦|用 yŋ˦

— 170 —

故意儿(故意捣乱) kuˠ iəɤ

才刚刚儿 ts‘æˠ tɕiaŋˠ tɕiarˠ 刚

刚(刚合适) tɕiaŋˑ|恰 tɕ‘iaˑ|可 k‘əˠ

亏是 k‘ueiˠ sˠ 幸亏

净(净吃米不吃面) tɕiŋˠ

(三千)左右 tsuaˠ iəuˠ

(十八)

谁来呀? 我来啊。我是老三。　sueiˠ læˠ? uə̆ˠ læˠ。uə̆ˠ k‘ˠ
　　ləˠ saŋˠ。

老四哩呢? 他正跟一个熟人说的话哩。　ləˠ sˠ leiˑ? t‘aˠ
　　tsəŋˠ kəŋˠ iˑ kə̆ʔˠ suə̆ˠ iŋˠ suə̆ˠ tiə̆ˠ xuaˠ leiˑ。

他还没呐说完哩?　t‘aˠ xaˠ mə̆ŋˠ nə̆ˠ suə̆ˠ uaŋˠ leiˑ?

没呐哩,也许再有一会儿就说完哩。　mə̆ʔˠ nə̆ˠ leiˑ, iɛˠ
　　ɕyˠ tsæˠ iəuˠ iˑ xuəˠ tɕiəuˠ suə̆ˠ uaŋˠ leiˑ。

他说当下马上就走,怎呢,这半天了还在家里哩。　t‘aˠ suə̆ˠ
　　taŋˠ ɕiaˠ tɕiəuˠ tsuəˠ, tsəŋˠ niɛˠ, tseiˠ paŋˠ t‘iaŋˠ ləˠ xaˠ
　　tsæˠ tɕiaˠ liˑ leiˑ。

你去哪儿? 我进城。　niˠ tɕ‘yˠ narˠ? uə̆ˠ tɕiŋˠ ts‘ə̆ˠ。

在那儿,不在这儿。　tsæˠ niəɤˠ, pə̆ˠ tsæˠ tsarˠ。

不是那样个□,这样个□哩。　pə̆ʔˠ sˠ niaŋˠ kə̆ʔˠ tsˠ, tɕiaŋˠ
　　kə̆ʔˠ tsˠ leiˑ。

太多啦,用不着威样多,只要这样些儿就够啦。　t‘æˠ tuəˠ laˠ,
　　yŋˠ pə̆ʔˠ tsuə̆ˠ ueiˠ iaŋˠ tuəˠ, tsˠ iˑɕi tsaŋˠ ɕiaˠ tɕiəuˠ
　　kəuˠ laˠ。

喀个大,威个小,喀两哪个好些儿。　tsæˠ kə̆ʔˠ taˠ, ueiˠ kə̆ʔˠ

— 171 —

ɕiɤ˥, tsæ˩ liæ˩ ɳɑ˩ kə˧ xɔ˩ ɕiɤ˩˧˩

哕个比威个好。　tsæ˩ kə˧ pi˩ ueɪ˩ kə˧ xɔ˥。

哕些儿房子没有威些儿房子好。　tsæ˩ ɕiɤ˩ fɑŋ˩ tsə˧
ɪ˩ iəu˩ ueɪ˩ ɕiɑ˩ fɑŋ˩ tsə˧ xɔ˥。

哕话用长治话怎样说？　xua˩ xuɤ˩ yŋ˩ tsʰɑŋ˩ tsɿ˩ xua˩
tɕiɑŋ˩ suə˧？

他今年多大岁数啦？　tʰɑ˥ tɕiŋ˩ niɑŋ˩ tuə˩ ʈɑ˩ sueɪ˩ suə˩
la˥？

大概有三十来岁吧。　ʈɑ˩ kæ˥ iəu˩ sɑŋ˩ ɕəʔ˩ læ˩ sueɪ˩ pa˥。

这个东西有多重？　tsəʔ˩ kə˧ tuŋ˩ ɕiʌ˩ iəu˩ tuə˩ tsuŋ˧？

有五十斤重哩。　iəu˩ u˩ səʔ˩ tɕiŋ˩ tsuŋ˩ lei˥。

拿动了吧？　ɳɑ˩ tuŋ˩ lɔ˩ pa˥？

我拿动了，他拿不动。　uə˩ ɳɑ˩ tuŋ˩ lɔ˩, tʰɑ˩ ɳɑ˩ pəʔ˩ tuŋ˩。

真不轻，重得连我也拿不动啦。　tsəŋ˩ pəʔ˥ tɕʰiŋ˩, tsuŋ˩ tiə˩
liɑŋ˩ uə˩ iɛ˩ ɳɑ˩ pəʔ˩ tuŋ˩ la˥。

你说得好，你还会说些儿甚哩？　ni˩ suə˥ tiə˧ xɔ˩, ni˩
xɑŋ˩ xuei˩ suə˥ ɕiɑ˩ səŋ˩ lei˥。

我嘴笨，我说不过他。　uə˩ tsuei˩ pəŋ˧, uə˩ suə˩ pəʔ˩ kuə˩
tʰɑ˥。

说了一遍，又说了一遍。　suə˥ lɔ˩ iəʔ˩ piɑŋ˩, iəu˩ suə˥
lɔ˩ iəʔ˩ piɑŋ˥。

你再说上一遍。　ni˩ tsæ˩ suə˥ sɑŋ˩ iəʔ˩ piɑŋ˥。

不早啦，快去吧。　pəʔ˩ tsɔ˩ la˥, kʰæ˩ tɕʰy˩ pa˥。

哕会儿还早哩，等会儿再去吧。　tsæ˩ xuɔ˩ xɑŋ˩ tsɔ˩ lei˥,
təŋ˩ xuɔ˩ tsæ˩ tɕʰy˩ pa˥。

吃了饭再去行吧？　tsʰəʔ˩ lɔ˩ fɑŋ˩ tsæ˩ tɕʰy˩ ɕiŋ˩ pa˥？

— 172 —

慢慢底吃,不要急。　maŋˉ maŋˉ tiˉ tsʻəʔˉ, piˑ tɕiəʔˉ。

坐的吃比站的吃好些儿。　tsʻeiˉ tiəˉ tsʻəʔˉ piˉ tsaŋˉ tiəˉ
　tsʻəʔˉ xɔˉ ɕiaŋˉ。

他吃了饭啦,你吃了没呐?　tʻʌˉ tsʻəʔˉ lɔˉ faŋˉ lʌˉ, niˑ
　tsʻəʔˉ lɔˉ məʔˉ nəʔˉ?

他去过上海,我没呐去过。　tʻʌˉ tɕʻyˉ kuɐˉ saŋˉ xæˉ ŋeˑ
　məʔˉ nəʔˉ tɕʻyˑ kuɐˉ。

来闻闻嗞花儿香不香。　læˉ uŋˉ uŋˉ tsæˉ xuaˉ ɕiaŋˉ pəˉ
　ɕiaŋˉ。

给我一本儿书。　keiˉ uɐˉ iəʔˉ pərˉ suˉ。

我实在没呐欸!　uɐˉ səʔˉ tsæˉ məʔˉ nəʔˉ eiˑ!

你告诉他,好好底走,不要跑!　niˑ kɔˉ suˉ tʻʌˉ, xɔˉ xɔˉ
　tiˉ tsəuˉ, piˑ pʻɔˉ!

当心跌下去爬不上来。　taŋˉ ɕiŋˉ tiəˉ ɕiaˉ tɕʻyˉ pʻʌˉ pəˉ
　saŋˉ læˉ。

医生教你多睡睡哩。　iˉ səŋˉ tɕiɔˉ niˑ tuɐˉ sueiˉ sueiˉ
　leiˑ。

吸烟喝酒都不行。　ɕiəʔˉ iaŋˉ xəʔˉ tɕiəuˉ təuˉ pəʔˉ ɕiŋˉ。

烟也好,茶也好,我都不喜欢。　iaŋˉ iɛˉ xɔˉ, tsʻʌˉ iɛˉ xɔˉ,
　uɐˉ təuˉ pəʔˉ ɕiˉ xuaŋˉ。

不管你去不去,反正我是要去哩。　pəʔˉ kuaŋˉ niˑ tɕʻyˉ
　pəʔˉ tɕʻyˉ, faŋˉ tsəˉ uɐˉ sɿˉ iɔˉ tɕʻyˑ leiˑ。

我非去不行。　uɐˉ feiˉ tɕʻyˉ pəʔˉ ɕiŋˉ。

你是哪年来底?　niˑ sɿˉ nɑˉ niaŋˉ læˉ tiˉ?

我是前年来底北京。　uɐˉ sɿˉ tɕʻiaŋˉ niaŋˉ læˉ tiˉ pəʔˉ
　tɕiŋˉ。

今日个开会谁底主席。　tɕiᴎ ʔʅsu kəʔʅ kʷæ˥ xiaux sueiˊ tiᴎ˥
tsuˑ ɕiəʔ˥。

你得请我底客哩。　ɴiᴎ tiəʔ˥tɕʰiŋᴎʅ uəᴎ tiᴎ kʰəʔʅ leiᴎ。

一边走，一边说。　iəᴎ piaŋᴎ tsəuᴎ ʅ，iəᴎ piaŋᴎ suəʔ˥。

越走越远，越说越多。　yəʔᴎᴦ tsəuᴎᴦ yəʔᴎᴦ yaŋᴦ，yəʔᴎ˥ suəʔᴎ
yəʔ˥ tuəᴎ。

把那个东西拿给我。　paᴎ ɴiɛᴦ kə˥ᴎᴦ tuŋᴎ ɕiᴎ naᴎ keiᴎᴎ
uəᴎ。

有些地张儿地方把太阳叫日头。　iəuᴎ ɕiɛᴦ tiᴦᴎᴦ tsɑᴦᴎ paᴎ
tʻuəᴦ iɑŋᴎʅ ʅ tɕʰiᴦ tʻaᴎᴦ。

你贵姓？免贵姓王。　ɴiᴎ kueiᴎᴎᴦ ɕiŋᴦᴎ？miaŋᴎ kueiᴎᴎᴦ ɕiŋᴦᴎ
uaŋᴎ。

你姓王，我也姓王，咱家两人都姓王。　ɴiᴎ ɕiŋᴎ tɕʰiəᴎ uaŋᴎ，uəᴎᴦ
kaᴎ ɕiŋᴎ tɕʰiəᴎ kʷɛᴎᴎ，tsəʔ˥ tɕiɛᴎᴎ liaᴎᴦ iᴎ ɕiŋᴎᴦ uaŋᴎ tɕʰiəᴎ。

你先去吧，我家等一会儿再去。　ɴiᴎ ɕiɛᴎᴎ tɕʰyᴎ paᴎᴎᴦ，nəʔ˥ tɕiɛᴎᴎ
təŋᴎᴦ iəʔʅ xuəᴎᴦ ᴦ tsæᴎᴎ tɕʰyᴦᴎᴦ。

三　长治话的内部差别

3.1 长治市区话在语音上的差别　长治市区话在语音上的
差别见表三。

表　三

	试∶柿∶示		人　软　润
汉老			iŋᴎᴦ yaŋᴎᴎᴦ yᴎᴦ
回老		sʅᴦ≠sʅᴦ=sʅᴦ	
汉新			ʐ̩əŋᴦᴎ ʐ̩uaŋᴦᴎ ʐ̩uᴎᴦ
回新	sʅᴦ		

174

	发:福	夹:接	袜:物	爵:绝
汉老	faʔ˥≠fəʔ˥	tɕiaʔ˥≠tɕieʔ˥	uaʔ˥≠uəʔ˥	tɕyəʔ˥≠tɕyəʔ˥
回老				
汉新	fəʔ˥	tɕieʔ˥	uəʔ˥	tɕyəʔ˥
回新				

表上端是例字。例字分三组,第一组比较阴阳去。第二组比较入声韵。第三组比较"人软润"等一类字的声母。例字同音的只记一个字音。回民话以回民集中居住的铜锅街的话为准。

老派不论回汉,去声分阴阳去两类。入声韵有八个。新派去声不分阴阳,入声韵只有四个。汉民老派无[ʐ]声母,汉民新派和回民读[ʐ]声母的字,汉民老派一律读为零声母[ø]细音。

3.2 汉民话回民话用词差异举例　竖线"|"前头记的是汉民老派的说法,后头是回民老派的说法。少数汉民不说的条目用"——"号表示。音标下加浪线"＿"表示读音特别。

爷爷 iɛ˨ iɛ˥|爷爷 iɤ˨ iɤ˥

爸爸 paʔ˨ paʔ˥|□ taɪ,老□ lɔʔ˥ taɪ　　当面呼唤和对人称述

大爹 taʔ˥ tiɛ˥|大爷 taʔ iɛ˥　伯父

大娘 taʔ˥ niaŋ˨|大大 taʔ˥ taʔ　伯母

二爹 ərʔ˥ tiɛ˥|二大爷 ərʔ taʔ iɛ˥　二伯父

二娘 ərʔ˥ niaŋ˨|二大大 ərʔ taʔ taʔ　二伯母

四爹 sʔ˥ tiɛ˥,四爸爸 sʔ˥ paʔ˨ paʔ˥|四爸 sʔ˥ paʔ˥　四叔

四娘 sʔ˥ niaŋ˨|四婶子 sʔ˥ səŋʔ˥ tsʔ˥　四叔母

小爸爸 ɕiɔʔ˥ paʔ˨ paʔ˥|小爸 ɕiɔʔ paʔ˥　最小的叔叔

新娘 ɕiŋʔ˨ niaŋ˥|新婶子 ɕiŋʔ səŋʔ˥ tsʔ˥　最小的叔母

老祖先 lɔʔ˥ tsuʔ˥ ɕiaŋʔ˥|老先人 lɔʔ ɕiaŋʔ ʐəŋʔ˥　祖先

稠饭 tsʔəuʔ˥ faŋʔ˥|粥饭 tsuʔ faŋʔ˥　用小米或玉米糁煮的稠粥,早饭常吃

扯面 tsʔeʔ˥ miaŋʔ,拉面 laʔ miaŋʔ|掭面 tsuæʔ miaŋʔ　抻面

臊子 sɔˈ təʔˊʅ｜卤 luˇ

饺子 tɕiɔˇ təʔˊʅ｜扁食 piaŋˇ səʔˊ

——｜油献 iəuˇ ɕiaŋ˩ 忌辰用的油炸食品

油 iəuˇ｜漫水儿 maŋˇʅ suəˇʅ 今晌午的菜~太少啦

买 mæ˧｜朝发 tsʼɔˊ fʔˇ 汉民理发行、牙行也说"朝发"。例如：~些儿豆腐

肉 iəuˇ｜锅食 kuɔˇ səʔˊ 多少钱一斤~?

□饭 tsʅˊ faŋˇ｜做饭 tsuɔˇ faŋ˩

□鞋 tsʅˊʅ ɕiɛ˧｜做鞋 tsuɔˇ ɕiɛ˧

棉袄子 miaŋˇ rcˊ təʔˊʅ｜棉腰子 miaŋˇ iɔˊ təʔˇ 棉袄

棉鞋 miaŋˇ ɕiɛ˧｜老鞋 lɔˊ ɕiɛ˧

睡觉 sueiˇ tɕiɔˇ｜卧夜 uɔˇʅ iɛ˩

新女房 ɕiŋˇz rŋˇʅ nyˇʅ faŋ˩, 新房 ɕiŋˇʅ faŋˇʅ｜新人房 ɕiŋˇ zˊ
    faŋ˩

曲筋窝子 tɕʼyɔˊʅ tɕiŋˇ uɔˇ təʔˇ｜曲膝窝子 tɕʼyɔˊʅ tɕiɔˇ uɔˇ
    təʔˇ 膝部的后面，弯曲时形成的一个窝儿，北京话叫"膝膕窝儿"

油懒筋 iəuˇ˩ iaŋˇ tɕiŋˇ｜iəuˇ˩ laŋˇ tɕiŋˇ 踝子骨

尿启 niɔˇʅ tuɔˇʔˊ｜卧片儿 uɔˇʅ piaˊ铺在婴儿屁股底下的棉垫儿

杀羊 saˊʅ iaŋˇ｜宰羊 tsæˇ iaŋˇ

猪 tsuˊ｜黑牲口 xaˇʅ səŋˇʅ kʼuˇʅ, 黑货 xɔˇʅ xuɔˇ, 黑滚滚
    xaˇʅ kuŋˇʅ kuŋˇʅ, 亥 xæˇ

女猫儿 miˇ marˇ｜女猫儿 nyˇ marˇ 母猫

玉茭子 iˇ tɕiɔˇ təʔˇ｜玉茭子 yˇ tɕiɔˇ təʔˇ 玉米

傍黑儿 paŋˇ xarˇ｜挨黑儿 iɛˊ xarˇ

丑 tsʼəuˊ｜瘪 piɛˇ 人貌不俊

结实 tɕiaˊʅ səˊʅ｜结实实 tɕiaˊʅ səˊʅʅ səʔˊ

嚣薄 ɕiɔˊ pəʔˊ｜嚣薄薄 ɕiɔˊ pəʔˊʅ pəʔˊ 形容针织品薄

糟眅 tsɔˇ piaŋˇ｜□□ xaˇ tiˊ 讽刺

今日个 tɕiɹ˥ ʯ˥ kəʔ˥|今儿 tɕieɹ˥

明日个 miŋ˥ ʯ˥ kəʔ˥|明儿 mieɹ˥

后日个 xəuɣ˥ iɣ˥ ɣuex˥|后儿 xəɣ˥

知道 tʂeiɣ˥ ɹuei˥|□得 tɕʰiɹ˥ tiəʔ˥

真好 tsəŋ˥ ɣɣ˥cex˥|真□□ tsəŋ˥ tɕʰiei˥ ɹ˥ɑɹ

串忙 tsʰuaŋ˥ maŋɣ˥|帮忙儿 paŋɣ˥ maɹ˥   帮忙

死啦 sʐ˥ɣ˥ lɑɣ˥|无常啦 uɹ˥ tsʰɑŋ˥ lɑ˥

坟 fəŋɣ˥|埋葬儿 mæɣ˥ tsaɹ˥

上坟 saŋɣ˥ fəŋɣ˥|走坟 tsəuɣ˥ fəŋɣ˥

——|明忌 miŋ˥ tɕiɣ˥   已亡人的生日,明日给老奶奶过~

——|□□ kʰæɣ˥ tɕʰiɹ˥   伙伴

——|□□□ suæɣ˥ tæɣ˥ ɣkæɣ˥   施舍

——|麻宁儿 ɹɑm˥ niəɣ˥   回民自称

——|呆泥 tæɣ˥ mi˥   回民对汉民的不敬称

   3.3   回民话中的阿拉伯语借词   下列借词长治回民的老派、新派都说,汉民不说但也能听得懂。例词中的阿拉伯语用音标转写,外加方括号。借词先写本地同音字,后标音,一律记变调。

埋体 mæɣ˥ tʰiɹ˥ 尸体   [mauwǝtɑ]杀害,弄死,剥夺生命

□梯 nieɣ˥ tʰiɹ˥ 救济,心愿。给些儿~哇|我孩子病好啦大还~。   [nijet]心愿

尼□哈儿 niɹ˥ kʰɑɣ˥ xɑɹɣ˥ 娶亲时诵的一种经。   [niqʼɑːh]婚姻

乃绥布 næɣ˥ sueiɣ˥ puɹ˥ 福气。人家才有~哩。   [næsiːp]福份;运气

利不利斯 liɹ˥ pǝʔ˥ liɣ˥ sʐ˥ɣ˥ 鬼怪。他跟个~一样,妖里妖鬼。   [qifuriːt]

    魔鬼,魔王

主麻儿 tsuɹ˥ maɹɣ˥ 星期五出生者的教名。   [tʃǝmuqah]星期五;聚礼日

河儿瓦泥 xəɣ˥ ɣuɑɣ˥ niɣ˥ 不正派的人。你要喝酒就跟~厮跟(相跟)上啦。

    [hajawan]动物

低鲁汉儿 tiɣ˥ luɣ˥ xɑɹɣ˥ 不顺眼的人。"低鲁汉"中的"鲁汉"是阿语

[ruh]生命借词。

附记　长治市地方志编写办公室李鑫、王怀忠同志为调查提供各种方便,北京语言学院施光亨教授转写阿拉伯语借词,对于他们的热诚帮助,谨致谢忱。

(原载《方言》1983.4)

晋东南地区的子变韵母

提要　晋城市、阳城县、陵川县各有一套子变韵母。子变韵母是指用改变基本韵母的读音来表示北京话的轻读的词尾"·子"。例如：姓"孙"的"孙"，北京音[sun˥]，阳城音[suə̃n˩]。"孙·子"，北京话说[sun˥ tsə˩]，阳城话说[suə̃ː˧ŋ]。[uə̃n]是基本韵母，[uə̃ːŋ]是子变韵母。本文分析了子变韵母的特点。子变韵母与基本韵母有固定的对应关系。有些基本韵母的子变韵母相同。阳城县有四十个基本韵母，子变韵母有十二个。阳城、晋城子变韵母的主要元音都是长元音。

晋东南地区行政区划参考图

晋东南地区东北边与河北省相连,东南一大片与河南省接壤,西南角是本省运城地区,西面是本省临汾地区,北面是本省晋中地区。晋东南地区行政区划见参考图。其中长治市(图里头用"▲"号表示)为省辖市,晋东南地区行政公署驻地,潞城县、长治县为长治市辖县。据1984年《中华人民共和国行政区划简册》,[①]晋东南地区辖一市(晋城市)十三县。

一 总说

1.1 先举例来说明什么是子变韵母。姓"孙"的"孙",北京话读[sun˥],阳城话读[suən˩],姓"金"的"金",北京话读[tɕin˥],阳城话读[ɕiən˩]。"孙·子"北京话说[sun˥tsəɹ],阳城话说[suə̃ː˩ŋ]。"金·子"北京话说[tɕin˥tsəɹ],阳城话说[ɕiːoŋ˩]。阳城话的[uən][iən]是基本韵母,[uə̃ːŋ][iːoŋ]是子变韵母。(下文举例用在汉字的右上角标小"Z"表示)子变韵母的作用相当于北京话的轻读的词尾"·子"。"孝子""莲子"的"子"北京话重读,晋东南地区的方言也不变韵,不在本文讨论的范围之内。

整个晋东南地区有子变韵母的县、市限于与河南省邻界的阳城、晋城和陵川三点,[②]其他各点都没有子变韵母(除注明者外,各点讨论的都是县、市人民政府所在地的语音),北京话的轻读的词尾"·子"在这些地区有下列五种对应的格式。

1.1.1 【təʔ】尾 长治市,长治县城南五华里东和村、长子、襄垣、壶关、武乡、屯留等七点,下面以长治市为例。[③]

桌子　tsuə˧ təʔ˩　　　凳子　　təŋ˧ təʔ˩

荍子　tɕiəɹ təʔ˩ 高粱　　跑茅子　pʰɔˇ mɔˇ təʔ˩ 拉稀

胰子　i˩ təʔ˩ 肥皂　　媳妇子　ɕiəˇ fuˇ təʔ˩ 儿媳

1.1.2 【ləɹ】尾 平顺、沁县、潞城等三点,下面以平顺为例。[④]

— 180 —

桌子　tʂuəʔ˩˥ ləʔ˩　　　　盘子　p'ãŋ˩ ləʔ˩

孙子　ʂuə̃ŋ˦ ˩ləʔ˩　　　帽子　mɔ˥ ˩ləʔ˩

1.1.3　[tʂəʔ˩]尾　　高平一点。[5]例如：

桌子　tʂuəʔ˩˥ tʂəʔ˩　　　梯子　t'i˩ tʂəʔ˩

孙子　ʂuŋ˦ ˩tʂəʔ˩　　　盆子　p'uə˩ tʂəʔ˩

1.1.4　[tsəʔ˩]尾　　沁源一点。[6]例如：

桌子　tsuəʔ˩˥ tsəʔ˩　　　扇子　ʂɑŋ˥ ˩tsəʔ˩

盘子　p'ɑŋ˩ tsəʔ˩　　　胡子　xu˩ tsəʔ˩

1.1.5　不带任何词尾　　沁水、黎城两点，以沁水城关为例。[7]

桌　tʂuɣ˥　　　　椅　i˦ ˩

筷　k'uɛ˦　　　　帽　mɔ˥

1.2　子变韵母的特点　　本节讨论各点子变韵母的共性，各点的特性见下文。

1.2.1　子变韵母与基本韵母有固定的对应关系，阳城的基本韵母有四十个，子变韵母十二个(仅就目前调查到的材料而言，下同)。陵川的基本韵母四十二个，子变韵母十个。晋城的基本韵母四十个，子变韵母七个。子变韵母最多的是阳城，最少的是晋城。子变韵母少，说明有些基本韵母的子变韵母是相同的。阳城[ɑ uɑ uə əʔ ʌʔ uəʔ uʌʔ]等七个基本韵母的子变韵母都是[ɔː]。例如：

基本韵母	子变韵母	基本韵母	子变韵母
耙 pɑɣ	耙ᶻ pɔː˥	褥 zuəʔ˩~单	褥ᶻ cɔː˩
花 xuɑ˥棉~	花ᶻ cxɔː˩鲜~	法 fʌʔ˩办~	法ᶻ fɔː˩
骡 luə˩	骡ᶻ lɔː˩	鸽 kəʔ˩	鸽ᶻ kɔː˩
托 t'uʌʔ˩~人	托ᶻ t'ɔː˩做月饼的模子		

1.2.2　基本韵母是塞音尾入声韵，子变韵母一律读开尾舒声韵。例如：

181

	基本韵母	子变韵母

阳城　裕 tʌʔ˩　　　钱裕ᶻ tɕʰieˤ˩ tɔːˤ˩（比较:花ᶻ xɔːˤ˩）

　　　匣 ɕiʌʔ˩　　　匣ᶻ ɕiˤɔˤ˩（比较:茄ᶻ cʰiːˤ˩）

晋城　虱 ʂəʔ˩　　　虱ᶻ ʂɿːˤ˥˦（= 柿ᶻ ʂɿːˤ˥˦）

　　　鼻 piəʔ˩　　　鼻ᶻ piːˤ˥˦（= 算ᶻ piːˤ˥˦）

陵川　蝎 ɕieʔ˩　　　蝎ᶻ ɕieˤ˩（比较:夜 ieˤ˩）

　　　勺 ɕiəʔ˩　　　勺ᶻ ɕieˤ˩（= 蛇 ɕieˤ˩）

1.2.3　阳城、晋城子变韵母的主要元音都是长元音。例如:

	基本韵母	子变韵母		基本韵母	子变韵母

阳城　房 fãŋ˩　房ᶻ fãːˤŋ˩　阳城　旋 ɕyeˤ˩　旋ᶻ ɕyˤɔˤ˩ 比锣小的一种乐器

　　　鞭 pie˩　鞭ᶻ piːˤɔˤ˩　　　　裂 liʌʔ˩　裂ᶻ liːˤɔˤ˩ 冬天手脚的裂口

晋城　鸡 tɕi˥˧　鸡ᶻ tɕiːˤʁ˥˦　晋城　勺 ɕʌʔ˩~药　勺ᶻ ʂɿːˤ˥˦

　　　狮 ʂɿ˥˧　狮ᶻ ʂɿːˤʁ˥˦　　　　橘 tɕyeʔ˩~梗　橘ᶻ tɕyˤʁ˥˦

1.2.4　入声字的子变韵母一律变读舒声调。舒声字的子变韵母有时读本调,有时读变调。三处的情况不太一样,这里只作简略的说明,详见下文。

A　子变韵母读变调

	基本韵母	子变韵母		基本韵母	子变韵母

阳城　秃 tʰuʌʔ˩　秃ᶻ tʰɔːˤ˩　阳城　板 pẽˤ˩　板ᶻ piːˤɔˤ˩

　　　镯 tʂuʌʔ˩　镯ᶻ tʂɔːˤ˩　　　　嗓 sãŋˤ˩　嗓ᶻ sɛːˤŋ˩

　　　刷 ʂuʌʔ˩　刷ᶻ ʂɔːˤ˩　　　　引 iẽ˩　药引ᶻ yɔˤ˩
　　　　　　　　　　　　　　　　　　　　　iːˤɔŋ˩

晋城　鸽 kʌʔ˩　鸽ᶻ kaːˤʁ˩　晋城　帖 tʰiʌʔ˩　黑头帖ᶻ xeˤx˩
　　　　　　　　　　　　　　　　　　tʰʌʁʁʁtʰ'　tʰiːˤ ɑʁ˩

	蝎 ɕiʌʔ˧	蝎ᶻ ɕiːɑɹ˥		笛 tiəʔ˧	笛ᶻ tiːɹ˩˥
陵川	桌 tʂuʌʔ˧	桌ᶻ tʂoːɹ˥	陵川	橛 cyəʔ˧	橛ᶻ cyeɹ˥
	瞎 ɕiʌʔ˧	瞎ᶻ ɕieɹ˥		襦 yəʔ˧	襦ᶻ yeɹ˥
	匣 çyəʔ˧	匣ᶻ çyeɹ˥		鼻 piəʔ˧	鼻ᶻ pieɹ˥

B 子变韵母读本调

	基本韵母	子变韵母		基本韵母	子变韵母
阳城	梆 pã˩	梆ᶻ pə̃ːŋ˩	阳城	摊 tʰɛ̃˩	摊ᶻ tʰiːɛ̃ŋ˩
	园 yeʌ˩	园ᶻ yːɛ̃ɹ˩		棍 kũɛ̃ŋ˩	棍ᶻ kũːəŋ˩
晋城	柿 ʂi˩	柿ᶻ ʂiːɹ˩˥	晋城	椅 i˩	椅ᶻ iːɹ˩˥
陵川	箱 ɕiɑŋ˧	箱ᶻ ɕiɔ̃ŋ˧	陵川	蝇 iŋ˩	蝇ᶻ iɔ̃ŋ˩
	撢 tʌn˧	撢ᶻ tɔ̃ŋ˧		缎 tuʌn˩	缎ᶻ tuɔ̃ŋ˩

二 阳城话的子变韵母

2.1 阳城话的声母有下列二十八个:

p 布	pʻ 盘	m 门	f 飞	v 围微
t 到	tʻ 太	n 难		l 连
ts 祖	tsʻ 曹		s 散	
tʂ 争	tʂʻ 虫		ʂ 生	ʐ 软
tɕ 精	tɕʻ 齐	ȵ 女	ɕ 修	
c 经	cʻ 旗		ç 虚	
k 贵	kʻ 开	ŋ 硬	x 红	

∅ 岸延武元

零声母合口呼以[u-]介音起头的字都带有明显的浊擦音[v]。"午武"等零声母拼[u]韵的字摩擦不明显。

[ts tsʻ s]、[c cʻ ç]两组声母新派的发音部位都靠前。

2.2 阳城话的单字调及子变韵调 阳城话有下列五个单

字调,轻声在外。

阴平 ˩ 11　高开婚粗天安　　阳平 ˩˧ 13　穷寒鹅娘人龙

上声 ˧˩ 31　古口好纸五老　　去声 ˥˧ 53　是社正唱助树

入声 ʔ˩ 12　笔匠福麦局合

入声字的子变韵母一律变读舒声调。古入声清音声母字和次浊声母字,子变韵母读阴平调。古入声全浊声母字,子变韵母读阳平调。例如:

基本韵母　　　　　子变韵母

脚 ciʌʔ˩ 小~　　　锅脚ᶻ kuəʔ˩ ci：ɔ˩ 铁锅上的爪子(＝痂ᶻ

　　　　　　　　　　　 ci：ɔ˩ 外伤愈后的痂)

袜 vʌʔ˩ ~底　　　袜ᶻ vɔ：˩ (＝娃ᶻ vɔ：˩)

笛 tiʌʔ˩ 警~　　　笛ᶻ ti：u˩ (比较:蹄ᶻ t'i：u˩)

上声字的子变韵母一律变读低降升调[˨˩˧]313。例如:

基本韵母　　子变韵母　　基本韵母　　子变韵母

点 tie˧˩　　点ᶻ ti：ɔ˩　　板 pẽ˧˩　　板ᶻ pi：ɔ˩

嗓 sãŋ˧˩　　嗓ᶻ sẽ：ŋ˩　　等 tõn˧˩　　等ᶻ tẽ：ŋ˩

阴平、阳平、去声字的子变韵母读本调。例如:

基本韵母　　子变韵母　　基本韵母　　子变韵母

窗 ʂuãŋ˩　　窗ᶻ ʂuẽ：ŋ˩　　肠 tsʻãŋ˩˧　　肠ᶻ tsʻẽ：ŋ˩˧

边 pie˩　　边ᶻ pi：ɔ˩　　燕 ie˥˧　　燕ᶻ i：ɔ˥˧

帘 lie˩˧　　帘ᶻ li：ɔ˩˧　　粽 tɤyŋ˥˧　　粽ᶻ tɤy：ŋ˥˧

2.3　阳城话的基本韵母和子变韵母

基本韵母四十个。音标下加横线表示该韵有子变韵母,下同。

　　　　　　i̲ 第　　u̲ 故　　y 雨

a 爬　　i̲a̲ 架　　u̲a̲ 花

o 保　　io 条

ə	河			u̱ə	过	
ɿ̱e	蛇	i̱e	街连			y̱e 靴园
æ	菜倍			u̱æ	怪桂	
u̱ɐ	收	i̱ɐu	流			
ɛ̱̃	胆			u̱ɛ̃	短	
ər	二					
ɛ̱̃n	根庚	i̱ɛ̃n	林灵	u̱ɛ̃n 棍		y̱ɛ̃n 勋
				u̱ɛ̃ŋ 供瓮		y̱ɛ̃ŋ 胸
ã̱ŋ	党	i̱ã̱ŋ	良	u̱ã̱ŋ 光		
ə̱ʔ	木	i̱ə̱ʔ	急	u̱ə̱ʔ 鹿		y̱ə̱ʔ 绿
ʌ̱ʔ	直	i̱ʌ̱ʔ	接	u̱ʌ̱ʔ 郭		y̱ʌ̱ʔ 活
ɿ	资					
ʅ	支			ʮ 处		

[ɿ、ʅ、ʮ]三个韵母只拼[tʂ tʂʻ ʂ ʐ]声母。

入声韵尾[ʔ]喉塞非常明显,与吴语的[ʔ]尾近似。

子变韵母十二个。括弧里头是基本韵母,符号"<"表示由什么韵变来。下文同此。

    ɔː   (< ɑ uɑ uə əʔ ʌʔ uəʔ uʌʔ)

    iːɔ   (< iɑ ie ɛ̃ iəʔ iʌʔ)

    yːɔ   (< ye uɛ̃ yəʔ yʌʔ)

    ɿ̩ɔ   (< ɿ)限拼 ts 组声母

    ʅ̩ɔ   (< ʅ ɛ̃ uʌʔ)限拼 ts 组声母

    iːu   (< i iʌʔ)

    ɛ̃ːə̃   (< ɛ̃n ãŋ)

    iːɛ̃̃   (< iãŋ)

    uɛ̃ːŋ   (< uãŋ uɛ̃n)

ʅːoŋ   (< ə̃n)限拼 tʂ 组声母

iːoŋ   (< iə̃n)

yːoŋ   (< yə̃n yə̃ŋ)

[ʅːoŋ] [iːoŋ] [yːoŋ]中的[o]是个比较含混的过渡音。

上列十二个子变韵母来源于二十七个基本韵母。阳城话的基本韵母有四十个,这就是说还有[u u o i o a ʅ e æ ɐu iɐu ie uei ua uei ie uɐ uɑ uɒ uəŋ ʮ]等十三个基本韵母(韵母表中未划短杠的韵母)眼下还没有子变韵母的例子。

2.4 子变韵母举例,基本韵母不相同的用竖线"|"隔开。

[ɔː]   耙ᶻ pɔːˋ 刀把ᶻ tɔt pɔːˋ 娃ᶻ vɔː˩ 爪ᶻ tʂɔː˩ 髁ᶻ
        lɔːˢ 鸽ᶻ kɔːˍ 法ᶻ fɔˍ 裸ᶻ zɔːˍ 刷ᶻ ʂɔːˍ 镯ᶻ tʂɔːˍ

[iːɔ]   官架ᶻ kuə̃ˍ ciɔˍ|单ᶻ tiˍ~据 担ᶻ tiˍ 篮ᶻ liːɔ
        毯ᶻ t'iːɔˍ|茄ᶻ c'iːɔˢ 鞭ᶻ piːɔˍ 边ᶻ piːɔˍ 钳ᶻ c'iːɔˢ
        碾ᶻ ɳiːɔˍ|媳ᶻ ɕiːɔˍ 媳妇|裂ᶻ liːɔˍ

[yːɔ]   癞ᶻ c'yːɔˍ 园ᶻ yːɔˍ 泉ᶻ tɕ'yːɔˍ 卷ᶻ cyːɔˍ 癣ᶻ
        ɕyːɔˍ 檀ᶻ ɕyːɔˍ|缎ᶻ tyːɔˍ 橛ᶻ cyːɔˍ 坐月ᶻ tsuoˋ
        yːɔˍ|疟ᶻ yːɔˍ 发~子

[ʅːɔ]   菜子ᶻ ts'æˋ tsʅːɔˍ

[ʅːɔ]   狮ᶻ ʂʅːɔˍ|毡ᶻ tsʅːɔˍ 铲ᶻ tsʅːɔˍ|勺ᶻ ʂʅːɔˍ

[iːu]   梯ᶻ t'iːuˍ 蹄ᶻ t'iːuˍ 李ᶻ liːuˍ 被里ᶻ piˋ liːuˍ
        鸡ᶻ tɕiːuˍ 小鸡儿 椅ᶻ iːuˍ|笛ᶻ tiːuˍ

[ə̃ːŋ]   膀ᶻ pə̃ːŋˍ 房ᶻ fə̃ːŋˍ 厂ᶻ tʂ'ə̃ŋˍ|根ᶻ kə̃ːŋ
        ˍ蚊ᶻ və̃ːŋˍ 本ᶻ pə̃ːŋˍ 盆ᶻ p'ə̃ːŋˍ

[iə̃ːŋ] 腔ᶻ c'iə̃ːŋˍ 箱ᶻ ɕiə̃ːŋˍ 秧ᶻ iə̃ːŋˍ 羊ᶻ iə̃ːŋˍ
        样ᶻ iə̃ːŋˍ

[uə̃ːŋ] 桩ᶻ tʂuə̃ːŋˍ|轮ᶻ luə̃ːŋˍ

[ɻ̩:oŋ] 砧ᶻtʂɻ̩:oŋ˩ 绳ᶻʂɻ̩:oŋ˩˩

[i:oŋ] 心ᶻɕiᵊ:oŋ˩ 银ᶻi:oŋ˩ 钉ᶻti:oŋ˩ 蝇ᶻi:oŋ˩
　　　 亭ᶻt'i:oŋ˩

[y:oŋ] 裙ᶻc'y:oŋ˩ 橛ᶻɕy:oŋ˩˩|粽ᶻtɕy:oŋ˩

三　晋城话的子变韵母

3.1 晋城话的声母有下列十九个：

p 步	p' 盘	m 门	f 飞
t 到	t' 太	n 女	l 连
tʂ 糟招	tʂ' 仓昌	ʂ 苏书	ʐ 认
tɕ 经	tɕ' 全	ɕ 修	
k 贵	k' 开	x 话	
ø 岸言危元			

3.2 晋城话的单字调及子变韵调　晋城话有下列四个单字调,轻声在外。

阴平	˧ 33	高开婚商三飞
阳平上声	˩˧ 213	贫寒娘古口老
去声	˥˧ 53	近柱盖抗岸共
入声	ʔ˩ 2	曲出木局合直

从来历讲,阳平上声调包括古平声浊音声母字和古上声清音声母和次浊声母的字。阳平上声调的实际调值为113,这里记作213。

入声字的子变韵母一律变读去声调[˥˧]53。例如：

基本韵母	子变韵母
虱 ʂəʔ˩	虱ᶻʂɻ̩:ɤ˥ (＝柿ᶻʂɻ̩:ɤ˥)
脖 pʌʔ˩	脖ᶻpɑ:˥ (＝耙ᶻpɑ:˥)

阴平、阳平上声调(限于古平声浊音声母的字),子变韵母读变调[ʵ]35。这类例子很少。例如:

基本韵母	子变韵母
鸡 tɕiˤ	鸡ᶻ tɕi:ʵˤ
蹄 t'ɿˤ	蹄ᶻ t'i:ʵˤ

多数例子是韵母不变韵,仍旧读基本韵母,但读变调[ʵ]35,有人把这种现象称为"'子尾'变调"。⑧例如:

钉ᶻ tiə̃nʵ	单ᶻ tæʵ	摊ᶻ t'æʵ	砧ᶻ tʂə̃ʵ
鞍ᶻ æʵ	庄ᶻ tʂuɒ̃ʵ	窗ᶻ tʂ'uɒ̃ʵ	庵ᶻ æʵ 场院看守庄稼的小棚儿
钯ᶻ p'ɑʵ	袍ᶻ poʵ	盆ᶻ p'ə̃ʵ	茄ᶻ tɕ'ieʵ
房ᶻ fɒ̃ʵ	篮ᶻ læʵ	聋ᶻ luoŋʵ	裙ᶻ tɕ'yə̃nʵ
帘ᶻ lieʵ	肠ᶻ tʂ'ɒ̃ʵ	椽ᶻ tʂ'uæʵ	旋ᶻ tɕ'yeʵ 头发~("旋"字声母送气)
绳ᶻ ʂə̃ʵ	瓢ᶻ z̩ɒ̃ʵ	钳ᶻ tɕ'ieʵ	铧ᶻ xuɒʵ

去声调的字,子变韵母读本调[ʵ]53,不变调。基本韵母是阳平上声调(限于古上声清音声母和次浊声母的字)子变韵母读本调[ʵ]213。这两类的例字都很少。⑨除去上文已经举过的"耙ᶻ"pɑ:ʵ,"箆ᶻ"pi:ʵʵ 还有个"椅ᶻ" i:ʵʵ。

3.3 晋城话的基本韵母和子变韵母

基本韵母四十个:

ɿ	资支	i̠	地	u̠	故	y	居
ɑ	爬	iɑ	架野	uɑ	瓜		
ʌ	河			uʌ	过		
ɛ	盖			uɛ	怪		
æ	板	ie	界见	uæ	短	ye	靴院
o	保	io	条				

εe	妹		εε	柜

ʌɤ 收　iʌɤ 流

ər 二

ə̃	根庚	iə̃n	心星	uə̃	温	yə̃n	群
ɒ̃	党	iɒ̃	讲	uɒ̃	光		
oŋ	风			uoŋ	东	yoŋ	穷
ə̠ʔ	不	iə̠ʔ	笔	uə̠ʔ	突	yə̠ʔ	菊
ʌʔ	八	iʌʔ	别	uʌʔ	夺	yʌʔ	绝

[oŋ]限于拼唇音声母。入声韵[ʔ]的喉塞非常明显。

子变韵母七个。

ʅːɤ（< ʅ ə̠ʔ ʌʔ）限拼 tʂ 组声母

iːɤ（< i iə̠ʔ）　　u:ɤ（< u）　　yːɤ（< yə̠ʔ）

ɑ:（< ʌʔ）　　iːɑ（< iʌʔ）　　u:ɑ（< uʌʔ uə̠ʔ）

以上七个子变韵母的基本韵母限于入声韵([yʌʔ]韵缺例)和舒声韵[ʅ][i][u]，与阳城的子变韵母比较，晋城的子变韵母要少得多。

3.4　子变韵母举例

[ʅːɤ] 狮ᶻʂʅ⌐ɤˋ　柿ᶻʂʅːɤˇ|虱ᶻʂʅːɤˋ|勺ᶻʂʅːɤˋ

[iːɤ] 鸡ᶻtɕi⌐ɤˋ　蹄ᶻt'iːɤˇ专指骡蹄　胰ᶻiːɤˇ　椅ᶻiːɤˇ|笛ᶻtiːɤˇ

[u:ɤ] 狐ᶻxuːɤˇ

[y:ɤ] 橘ᶻtɕyːɤˋ　宿ᶻɕyːɤˋ麻雀

[ɑ:] 鸽ᶻkɑ:˥

[iːɑ] 碟ᶻtiːɑˋ　匣ᶻɕiːɑˋ　瞎ᶻɕiːɑˋ　蝎ᶻɕiːɑˋ　鸭ᶻiːɑˋ

[u:ɑ] 刷ᶻʂuːɑˋ|桌ᶻtʂuːɑˋ

四 陵川话的子变韵母

4.1 陵川话的声母有下列二十二个：

p	布	pʻ	怕	m	门	f	飞
t	道	tʻ	太	n	难		l 连人
tʂ	资蒸	tʂʻ	仓楚			ʂ	生诗
tɕ	精	tɕʻ	齐			ɕ	修
c	经	cʻ	旗			ç	休
k	贵	kʻ	哭			x 化	ɣ 硬
Ø	言元午热						

4.2 陵川话的单字调及子变韵母调　　陵川话的单字调有下列六个,轻声在外。

阴平	˧	33	诗高开婚三凤
阳平	˥˧	53	题穷寒鹅人龙
上声	˨˩˧	213	古草口五女老
去声	˨˦	24	近坐盖抗共岸
阴入	ʔ˧	3	急黑职得笔一
阳入	ʔ˨˧	23	局合俗服月麦

入声字的子变韵母一律变读舒声。阴入字子变韵母老派变读
[˨˦]24,与去声的单字调相同。阳入字子变韵母,老派读变调[˥˧]53
与阳平的单字调相同,例如：

基本韵母	子变韵母
瞎 ɕiəʔ˧	瞎ᶻ ɕieˀ（比较：谢 ɕieˀ）
碟 tiʌʔ˧	碟ᶻ tieˀ（比较：谐 ɕieˀ）

新派读音和老派不同,新派的阴入、阳入子变韵母都读变调[˥˧]53。
举例以老派发音为准。

舒声字的子变韵母读本调,不读变调。例如：

基本韵母	子变韵母		基本韵母	子变韵母
秧 lɑŋ˧	瓜秧 ᶻkuɑ˧ lõŋ˧		板 pʌn˨˩	板 ᶻpõŋ˨˩
瓶 pʻiŋ˨˦	瓶 ᶻpʻiõŋ˨˦		镜 ciŋ˨˩	镜 ᶻciõŋ˨˩

4.3 陵川话的基本韵母和子变韵母

基本韵母四十二个：

ɿ 资支	i 地	u 故	y 吕
ɑ 爬	iɑ 架	uɑ 花	
o 波		ɛi 妹	
		uɛi 回	
ə 河	ie 姐蛇	uə 过	ye 靴
æe 筛		uæe 怪	
ɔ 饱	iɔ 条		
əo 收	iəo 流		
ər 二			
ʌn 胆		uʌn 酸	
ən 根	iæn 减紧	uən 魂	yæn 园云
ɑŋ 党	iɑŋ 讲	uɑŋ 床	
əŋ 庚	iŋ 星	uŋ 东	yŋ 胸
əʔ 木	iəʔ 踢	uəʔ 鹿	yəʔ 绿
ʌʔ 各	iʌʔ 百	uʌʔ 活	yʌʔ 月

[o]限拼唇音声母。

[ɑŋ iɑŋ uɑŋ]的主要元音[ɑ]带有轻度的鼻化。

子变韵母有十个：

o （< ʌʔ uʌʔ）　ie （< iəʔ iʌʔ）　ye （< yəʔ yʌʔ）

iæn （< iən）　　uæn（< uən）　　yæn（< yən）

õŋ （< ʌn ɑŋ）　iõŋ （< iɑŋ iŋ）　uõŋ （< uʌn uɑŋ）　yõŋ （< yŋ）

以上十个子变韵母的基本韵母限于塞音尾韵（[əʔ uəʔ]两韵

缺例)和鼻尾韵([ə̃n uə̃n][ə̃ŋ uŋ]缺例)。[o ie ye]三个子变韵母
的基本韵母是塞音尾韵,[iæ̃n uæ̃n yæ̃n][õŋ iõŋ uõŋ yõŋ]的基
本韵母都是鼻尾韵。

4.4 子变韵母举例

[o]　　脖˃ poˀ˧｜桌˃ tʂoˀ˧

[ie]　　鼻˃ pieˀ˧｜勺˃ ɕieˀ˧　碟˃ tieˀ˧　镊˃ nieˀ˧　锅脚˃ kue˧ ɕieˀ˧
　　　　裂˃ lieˀ˧

[ye]　　褥˃ yeˀ˧｜橛˃ ɕyeˀ˧　匣˃ ɕyeˀ˧

[iæ̃n]　帘˃ liæ̃nˀ˥　碾˃ niæ̃nˀ˧

[uæ̃n]　孙˃ ṣuæ̃n˧

[yæ̃n]　卷˃ cyæ̃nˀ˥　园˃ yæ̃nˀ˧

[õŋ]　　篮˃ lõŋˀ˥　攫˃ tõŋˀ˥　毯˃ tʻõŋˀ˥　担˃ tõŋˀ˧｜房˃ fõŋˀ˥　红薯
　　　　秧˃ xuŋˀ˥ ṣuˀ˥ lõŋˀ˥　肠˃ ʂʐ̩ʻõŋˀ˥　掌˃ tʂõŋˀ˧　嗓˃ ṣõŋˀ˥　扇˃
　　　　ṣõŋˀ˧

[iõŋ]　箱˃ ɕiõŋˀ˥｜饼˃ piõŋˀ˥　锭˃ tiõŋˀ˧　亭˃ tʻiõŋˀ˥　领˃ liõŋˀ˥　蝇˃
　　　　iõŋˀ˥

[uõŋ]　缎˃ tuõŋˀ˧｜窗˃ ṣuõŋˀ˧

[yõŋ]　粽˃ tɕyõŋˀ˧

附 注

① 中华人民共和国民政部编,地图出版社,1984。

② 关于河南北部方言的变韵问题,贺巍同志有专文讨论:
　《获嘉方言韵母的分类》,《方言》1982 年第 1 期。
　《获嘉方言的一种变韵》,《中国语言学报》第 1 期,商务印书馆,
　　　1983。
　《济源方言记略》,《方言》1983 年第 4 期。

③ 长治市内汉民老派的单字调除轻声外,有下列六个(见拙著《长治方

言记略》,《方言》1983 年第 4 期):

阴平 ˩ 213 高三汪　　　阳平 ˧ 24 穷陈娘　　　上声 ˩ 535 古展女

阴去 ˥ 44 配菜去　　　阳去 ˥ 53 社父怒　　　入声 ˧ 54 蝎袜拾

④ 平顺县城关的单字调除轻声外有下列六个:

阴平 ˩ 22 高开婚

阳平 ˩ 213 穷寒鹅(实际调值 113,这里记作 213)

上声阴去 ˥ 53 古口好老盖抗送(古上声清声母、次浊声母的字和去声清声母字)

阳去 ˩ 131 厚共害岸　　　阴入 ˧ 2 急缺　　　阳入 ˧ 54 局月

⑤ 高平县城关的单字调除轻声外有下列四个:

平声 ˥ 33 专初三床神人　　　上声 ˩ 535 纸楚手染

去声 ˩ 31 抱父爱怕放病帽　　　入声 ˧ 2 笔百铁白舌麦

⑥ 沁源县城关的单字调除轻声外有下列五个:

阴平 ˩ 11 低天婚　　　　　阳平 ˩ 13 才徐龙

上声 ˥ 535 走草老　　　　去声 ˥ 53 近抗岸

入声 ˧ 23 急黑局合月

⑦ 沁水城关的单字调除轻声外有下列五个:

阴平 ˩ 31 高知竹麦　　阳平 ˩ 13 穷寒局　　上声 ˥ 55 使洗老

阴去 ˩ 22 见细　　　阳去 ˥ 53 共害

⑧ 沈慧云:《晋城方言的"子尾"变调》,《语文研究》1983 年第 4 期。

⑨ 据沈慧云同志调查"上声和去声字没有子尾变调",同上。

(原载《中国语文》1985.2)

垣曲方言用变调表示"子"尾

垣曲县在山西省的南部。因境内群山如垣,且地处黄河九曲之一而得名。

北京话的轻声子尾,垣曲用一种特殊的变调表示,我们暂且称作子变调。例如:

狮(子)	sʅ:˅	狮	sʅ˅
鸽(子)	kə:˅	鸽	kə˅
坐月(子)	tsʻuəˇ yɛ:˅	月	yɛ˅
蹄(子)	tʻi:˄	蹄	˄iˇ
脖(子)	pʻoˇ˄	脖	˄oˇ
领(子)	liɛ:˄	领	liɛ˄
被面(子)	pʻiˇ˄ miɛ:nˇ	面	miɛnˇ
帽(子)	mɔ:˅	帽	˅ɔm

垣曲方言有单字调四个:阴平 ˅31(古清入次浊入归阴平),阳平 ˄13(古全浊入归阳平),上声 ˥55,去声 ˅53。表示"子尾"的变调有三个:阴平、去声的子变调224(阴平、去声子变调相同。"狮(子)"与"柿(子)"同音)。阳平的子变调442。上声的子变调53(与去声的单字调合流)。以上各例韵母的主要元音改读长元音。

垣曲县的东边是阳城县,北界河南。晋东南的阳城、晋城等地有用改变韵母的读音来表示北京话的轻声"子尾"的现象(参看侯精一:《晋东南地区的子变韵母》,中国语文,1985:2)。晋城也有类似垣曲方言的子变调(参看沈慧云:《晋城方言的"子尾"变调》,语文研究,1983:4)。豫北的济源、获嘉等地也有子变韵母现象。上列有子变韵的地区都有入声,属晋语。垣曲方言无入声,属中原官话。垣曲方言的子变调现象是上列晋语区同类现象的"余波"。可以说是一种简化形式。

子变调是名词的标志。动词、量词没有子变调。"瞎(子)、盘(子)"读子变调。"眼瞎"的"瞎","一盘包子"的"盘"都读本调。

(原载《中国语文》1988.4,署名米青)

释 "纠 首"*

1 "纠首"一词见于我国北方一些省区的碑铭和今山西省的方言,未见于词书。写法不一,主要有"紅首""糺首""糺首""斜首""纠首"。本稿除去在引文中照原样书写外,其他地方均写作"纠首"。

"纠首"旧说是"管边户之人"。①近说是"当地驻屯部族军的头儿",②"民间筹办修建寺庙、雕造经像所谓'功德事'的负责人。名'纠首',名'都纠首','副纠首'、'纠司',他们有时与负责同类事业的'会长'、'副会长'、'提点'、'提控'、'助象'、'社长'、'都维那'、'维那'的姓名齐举并列,有时兼而为之"。③或说纠首是"金代通行的名词。碑铭在坊巷街村等地名之下称紅首,而不称街坊的坊正或村社的里正等基层政权组织的头目职称……可见碑铭中紅首与《食货志》(《金史》——引者)的主首相当,当与寨使同为基层政权组织的职事人员,碑铭中不用基层政权组织的坊正或里正为领头捐资人,应是紅首的任务包括有代募佛教寺院经费一项,所谓催督赋役也包含了这种意义,故又可兼为某一佛教社团的职事名称"。④以上各说,或引文献,或举碑铭,但均未指出"纠首"一词还见于当今的口语。

根据我们的初步调查,山西省的太原市、晋中地区的平遥县、忻县地区的定襄县的方言里都有"纠首"的说法。⑤被调查者认为纠首是旧时村里的管事人,经管村里的公益事,诸如修桥、补路、组

---

* 本文曾经在 1981 年 10 月中国语言学会首届年会上宣读。

织传统节日的娱乐活动等。平遥的被调查者说,在民国初年还有"纠首",他认识一个当过"纠首"的人。另一位被调查者说,早年她在街上见两人争吵,其中一人说:"不用说你是'九(纠)首',就是'十首'我也不怕。"我们把调查来的口语资料证之以当地的方志和碑记,被调查者提供的资料是可信的。

2 "纠首"见于山西地区的旧方志和碑记。"纠首"一词见于清光绪八年(1882)续修的《平遥县志》。摘录如下:

> 惠济桥在下东门外,道士刘真贵、郭清宁,纠首刘泽民、安尔邦等六百余人募缘创建……至康熙三十六年六月十九日冲坏沙堤……纠首赵达仕、范涵、监生郭柱础……道士侯冲麓等募化一千余金……再令住持纠首起工重修……纠首张荣显独助石工银叁百两。⑥

> 其余纠首施主工力匠作具列姓名于碑阴。⑦

"纠首"也见于山西地区的碑铭,请看下页的表。关于这个表有如下说明。

(1) 字形相同的碑铭列为一组,组与组之间用线隔开。每一组内的碑铭依碑铭的年代先后为序。

(2) 第一栏所列字形依照碑铭的写法。双林寺舍地碑记(拓片一)、重修清虚观碑记(拓片二)、重修双林寺碑记(拓片三)还选样做了拓片。见本文末了。

(3) 拓片二重修清虚观碑记的两行文字有"斜首""紅首""纠首"等三种写法。这块碑记是清乾隆四十二年(1777)刻的,说明当时三种写法都有。

(4) 浮山寺钟识在山西省平定县。钟的八面有十六段文字,第六段摘录如下:

永安院住持僧善德童行普净纠首都维那张松男张诚妻王氏孙女唤儿孙男□□……⑧

字 形	碑 铭 名 称	碑 铭 年 代
紏首⑨	平遥县冀壁村双林寺舍地碑记 平遥县永城村清凉寺重修清凉禅寺碑记 平遥县郝同村镇国寺重修东廊碑记 平遥县城内清虚观重修清虚观记 平遥县梁家滩村白云寺重修白云寺碑记 平遥县冀壁村双林寺重修双林寺碑记	明嘉靖四十三年(1564) 拓片一 明隆庆五年(1571) 清乾隆十七年(1752) 清乾隆四十二年(1777) 拓片二 清嘉庆十四年(1809) 清道光十五年(1835) 拓片三
紃 首	平定县浮山寺钟识 平遥县城内清虚观第四碑记 交城县玄中寺重修龙山石壁东庙有感记	金大定六年(1166) 据当地文物管理委员会说是元碑 明嘉靖十六年(1537)
紃 首	平遥县城内清虚观重修清虚观碑记	清乾隆四十二年(1777) 拓片二
斜 首	同 上	同 上 拓片二
斜 首	太原市晋祠重修晋祠碑记	明隆庆元年(1567)
紃 首	平遥县冀壁村双林寺天王殿匾额	清道光十年(1830)

3 "糾首"一词也见于山西省以外地区的碑记。例如：

3.1 辽道宗大安七年(1091)泰州修河堤又建塔的一块碑记。碑出土于黑龙江省泰来县塔子城，字形作"紃首"，碑的正文已经佚失，仅存题名断片，转引如下。□表示阙文，下同。

大安七年岁次辛□

紃首西头供奉官泰州河堤□　　同建办塔事弟右班殿直□

　　提点塔事前管内僧政讲经

沙门□　　崔建　　王惟则　　田亨　　张守元　　王□……⑩

3.2 金大定十七年(1177)泰山重修法云寺碑，写作"紃首"，摘录如下：

蒙檀越厚助，俾衣钵有资，既而堂宇功毕，灯公与众斜首共□幸遇，昭代圣□复起……⑪

3.3 永安四年(1199)道士曹道清碑，写作"紃首"。此碑见于《吉林通志》，又见于《满洲金石志》，转录如下：

永安四年夏五月初五日太虚崇道邑紃首提点郭颜温等立石。

碑阴　紃首郭静　金源杨士才刊　提点郭颜温　玄菟进士赵元明书　邑长李敬夫　安东进士刘杰遗文⑫

按:《吉林通志》的"永安四年"为"承安四年"之误。从按语来看,此碑为金代之物,金无"永安"年号,当据《满洲金石志·外编》作"承安"。

3.4 金代重修呼和浩特万部华严经塔(俗称"白塔")写作"纠首",摘录如下:

……神山东西二村纠首李元刘仙……刘家庄纠首刘公才……(一号碑铭拓本)

……永兴庄纠首进义校尉罗斌勇松和……郎君庄纠首□□……(三号碑铭拓本)

……海□巷纠首高善显……(四号碑铭拓本)⑬

3.5 元世祖至元三十年(1293)三月义勇武安王庙碑,写作"纠首"。碑记见于辽宁《义县志》,又见于《满洲金石志》。碑阴文字据《满洲金石志·外编》,现转录如下:

义勇武安王邑众

都纠首李肃容	副纠首张国卿	邑长李德昭
副邑长王资成	二官康闰□	副提点张鹏鸾
都邑证高峦	副邑证桑君璋	都邑录薄仲谦
副邑录韩□□	钱帛魏伯杰	副钱帛王著林
邑判李荣	邑崔刘澄	看庙主刘荣
知州李武略	蒙古教授王政	监纳朱暹⑭

4 以上引用的材料可以说明以下几点:

4.1 一个村或镇可以有纠首多人。例如:太原晋祠的重修晋祠碑记落款有"本镇斜首"多人的名字。平遥县重修双林寺碑记有"阖村紅首耆宾王尔模,监生梁都晋,吏员曹景曾"等十几人的名字,见文末拓片三。众纠首之中,为首的称作"总理紅首",例如平遥县郝同村镇国寺的重修东廊记有"总理紅首郝之才"的名字。

4.2 糾首指旧时村镇里的管事人。下列引文中的纠首都有这个意思。

> 庚寅春，有一野衲云游，偶见荒墟，心甚悯恻，劝化四方糺首施主义官房贵辈，发己囊，庀良材，敦匠鸠工……⑮

> 遂与门徒正海商确起工之由，……爰会众纠首叩祈云，此寺千门香火，忍使风雨不除，务虔心募建，勿俾佛境化乌……⑯

又如交城县玄中寺重修龙山石壁东庙有感记的碑阴有"功德主糺首宋文通双氏宋文立杨氏"等多人的名字，这里的"糺首"也是村镇里管事人的头衔。

4.3 糾首可兼某项公益事业的经管人。例如平遥县城内清虚观重修清虚观碑记提到"修观纠首"，碑阴还刻有"督工斜首张天成"的名字。

4.4 糾首一词最早见于辽道宗大安七年（1091），写作"糺首"，最晚见于清道光十年（1830），写作"纠首"。这是就本文所见碑铭的年代而言。就地区而言，上面引的材料有山西、内蒙、黑龙江、吉林、辽宁、山东等地，以山西所见最多。

5 辽金两史上有所谓"糺军""糺军"，⑰辽史有"糺户""糺辖""糺将""糺官"，⑱金史还有"糺人""糺贼"⑲的记载。但是辽金史上却未见"糺首""糾首"。自从钱大昕在《十驾斋养新录·余录》中提出"糺"字问题以来，"纠军"问题一直为中外学者所关注。这里有必要简单地介绍一下对于"糺"字的字音与字形的意见。

有人认为："'糺'即'纠'字，非不见字书，《辽史》作'糺'，而《金史》则作'糺'，不知孰是"。⑳王国维在《致藤田博士书·二》中说："辽金元三史中之'糺'字绝非误字，其或作'糺'者，乃'糺'字之省，其音当读居黝反，其或与主竹敌迪等字相通用者乃其讹变之音……。"㉑

有人认为："至于黑龙江省泰来县塔城子（系塔子城之误——

引者)出土的辽代大安七年的汉文题名残刻上有'糺首西头供奉官'字样,说明早在辽代,契丹大字'糺'就已混入了汉字。"②

"在金代在元代,糺军的糺字和糺首的糺字又读作'主因',作'主亦',作'主'……"②

意见之所以分歧,是有些人认为"糺"不是汉字,是"契丹字",②是"契丹字和女真字的混合体",②是"参照汉字'幼'或'幺'而创制的一个读音为'幼'的契丹大字"。②

说"糺首"的"糺"读作"主"似欠妥。今太原、平遥、定襄等地的方言"糺"字读上声,"糺首"的"糺"字也读作上声,平遥音[tɕiəu⁷]。平遥等地读上声与来历一致。《广韵》上声黝韵居黝切:"糺……俗作'糺'。"《集韵》上声黝韵吉酉切:"'糺'或作'糺'。"据此,我们认为碑铭中"糺首"的"糺"应读作"九"。这和来历一致,也和今山西方言的读音一致。至于"糺军"的"糺"字也应读作"九"的音。王国维"其音当读居黝反"的意见是可取的。

至于"糺"的字形,争论集中在"糺"字的写法。从本文第二节所引山西地区的材料来看,这些材料中也有金代的,但未见"糺"的写法。第二节所引山西以外地区的材料有五处:辽1金3元1。其中,只是金有一处作"糺",其他处作"糺""糺"。我们或可认为"糺"字乃"糺"字之省,从王国维的主张。

晋方言中的"糺首"一词很可能与我国北方少数民族有关系。上引碑铭所见的地区与碑铭的年代可以说明这一点。东北是辽金两代的发祥之地,自不必说。就以山西而论,在历史上有许多关于少数民族活动的记载。②例如:早在公元386年拓跋鲜卑部的代国改国号魏迁都山西北部的平城,即今山西省大同市。拿平遥县的名称来说,"平遥古陶地,尧初封于陶,即此。春秋时属晋,战国时属赵,秦汉始称平陶……后魏以太武帝名焘,改平陶为平遥。"②

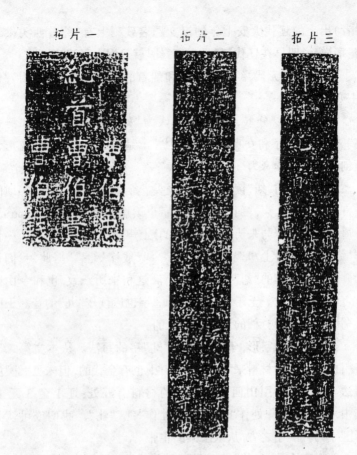

拓片一　　　　拓片二　　　　拓片三

附　注

① 《吉林通志·金石门》一二〇卷 33 页下。光绪十七年(1891)刊本。

② 谓士：《跋黑龙江省泰来县塔子城出土的辽大安残刻》，《考古》1960
年 8 期 41 页。

③ 贾敬颜：《纠军问题刍议》，《中央民族学院学报》1980 年 1 期 7 页。

④ 李逸友：《呼和浩特市万部华严经塔的金代碑铭》，《考古》1979 年 4
期 366 页。

⑤　会说这个词的多半是老年人。太原市找的是太原市通志编辑委员会的刘永德同志,六十九岁。平遥县找的是南政公社刘家庄的社员梁天润同志,八十岁;平遥县城内退休小学校长雷春兰同志,七十二岁。定襄县找的是山西省社会科学研究所的贾大武同志,三十三岁。

⑥　《平遥县志·建置志》卷二,10 页上、下。光绪八年(1882)刊本,下同。

⑦　《平遥县志·艺文志》[明]张廉:《清虚观重修玉皇楼记》卷十一,85页。

⑧　[清]胡聘之:《山右石刻丛编》卷二十,34 页上。光绪己亥年(1899)刊。

⑨　"糺"是"紃"的别体。如:隋开皇十三年的诸葛子恒造象碑"紃糺之心",有"紃""糺"两种写法。参看[清]陆增祥:《八琼室金石补正》25.14 上,1925 年刘氏刊本。[清]汪鋆:《十二砚斋金石过眼录》8.6 上,光绪元年(1875)刊本。

⑩　同②,39 页。

⑪　张金吾:《金文最》卷七十一,18 页下。光绪八年(1882)粤雅堂本。

⑫　同①。又,罗福颐校录《满洲金石志·外编》39—40 页。

⑬　同④367 页,369 页,370 页。

⑭　《义县志·艺文志中》中卷之十四,8 页上,1927 年编修。《满洲金石志·外编》53 页下。

⑮　同⑦,84 页。

⑯　同⑦,[明]魏云中《寿圣寺碑记》,卷十一,87 页。

⑰　《辽史·百官志》741 页。《金史·兵志》996 页。中华书局。

⑱　《辽史·营卫志中》377 页。《辽史·兵卫志》396 页。《辽史·百官志》745 页。《辽史·食货志上》926 页。中华书局。

⑲　《金史·襄传》2087 页。《金史·宣宗上》307 页。中华书局。

⑳　罗继祖:《辽史校勘记》,愿学斋丛刊第 2 集。后作者在 1958 年上海人民出版社出版的该书平装本 147 页提出了新的看法:"'糺'乃'糾'之别体,字书非无此字,实则其字乃'糹乚'而非'糺'……窃疑'糹乚'为契丹字之'军',辽

亡,契丹字仍得通行,故'纠'亦沿袭未废,汉人不解其故,遂多作'纠'又有作'纠'者。"

㉑ 《海宁王静安先生遗书》卷十六,16 页下。

㉒ 刘凤翥:《关于混入汉字中的契丹大字"纠"的读音》,《民族语文》1979 年 4 期 264 页。

㉓ 同③,8 页。

㉔ 羽田亨:《读"再论辽金时代之纠军"》,日本《史学杂志》第 27 编第 1 号,1916 年 1 月。转引自刘凤翥文,267 页注⑥。

㉕ 同②,41 页。

㉖ 同㉒,266 页。

㉗ 谭其骧:《山西在国史上的地位》,《晋阳学刊》1981 年 2 期。

㉘ 《平遥县志·地舆志》卷一,1 页下。

(原载《中国语文》1982.3)

文中的拓片制版后印出来不清楚，这次又把拓片一·拓片三重新制版，附于文末。

一九八八年十二月补记

释“一头拾来”

《醒世姻缘传》第九十五回描写素姐撒泼有这么一句话：

> 寄姐不曾提防，被素姐照着胸前一头拾来，磕了个仰拍叉……。

从上下文看，“一头拾来”是“一头撞来”的意思。“拾”作“（用头）碰撞”解。近日翻看《徐州方言志》(李申著，语文出版社，1985)找到了两条例证，转录如下：

[ʂʅ⁵⁵实] 碰撞：一头～到南墙上喻认死理

[ʂʅ⁵⁵ tʻou⁵⁵实头] 气恼或悲痛时把头往硬处撞(190 页)

徐州方言古入声全浊声母字今读阳平[ㄱ]55 调，“实”“拾”同音。徐州“实头”的“实”与《醒世姻缘传》的“一头拾来”的“拾”在音义上正好相合。晋语也有此种用例，山西中部的平遥方言把妇女生气时用头撞人说成“拾得老”[ʂʌʔˠ tʌʔˠ lɤʔ]，“拾”读阳入调。“得老”是“头”的意思。平遥方言把成事无望还要去做以求侥幸说成“黑拾冒碰”[xʌʔˠ ʂʌʔˠ mɤˠ pʻɤŋ]，举例如下：

(1) 兀块那个老婆婆不说理，朝住他老汉就拾了一得老。

(2) 火车票不好买，兀家他黑拾冒碰去了₂。

据白维国同志告知，《金瓶梅词话》和《红楼梦》两书中均有“拾”的此项用例。转录如下：

> 从早辰在后边打了个棍儿，一头拾到屋里直睡到日沉西。(金瓶梅词话，26 回，15 页)

> 他虽不敢还言还手，便大撒泼性，拾头打滚，寻死觅活。(红楼

梦,80 回,人民文学出版社,1982 年,1157 页)
"拾"字大概是个俗字,本字不明。

（原载《中国语文》1986.6,署名米青）

关于"谁们"的说法

赵元任先生在 A Grammar of Spoken Chinese 一书中指出："跟代名词合用时，词尾'们'只有把代名词变成复数的作用，例如：'我们''咱们'……但没有'谁们'，因为'谁'字可以指单数也可以指复数"（丁邦新中译本 132 页）。"虽然'谁'可以指一个人，也可以指几个人，但是指多数时要用'些谁'，就更清楚。……例如：叫些谁来帮忙呐？"（同上，327 页）。就北京话及汉语一些方言来说，情形的确如此。但从近年来出版的山西方言的调查材料上多处见到表复数的"谁们"。山西中部的文水话表复数的"谁们"，"们"读[məʔɹ]（胡双宝《文水方言志》，山西省方言志丛书，1984）。此外，山西中部的太原、清徐、平遥等地也都有表复数的"谁们"。太原话"谁[suei˩]唤门子嘞？ 谁叫门啊?"，"谁"指单数。"他们班今年考上大学的都有谁们[suei˩ mɣ˩]嘞？"，"谁们"指复数（温端政《太原方言词汇》，《方言》，1981.4）。山西南部的洪洞，单数说"谁呢"[fu˧˩ no˩]，复数说"谁家呢"[fu˧˩ tɕiə˧ no˩]（乔全生《洪洞方言志》，1983）。还有另外一种情况，例如山西北部的忻州市，"谁"[suei˩]（又读[sei˩]）是新起的说法。"谁们"[suei˩ məŋ˥]既可表复数，也可表单数（温端政《忻州方言志》，1983）。山西北部的山阴县也有类似情况，虽然也有"谁们"[ʂuei˩ məm˥]（或读[ʂei˩ məʔɹ]）的说法，但它却不一定表复数。也就是说，"谁"加"们"既可表单数，也可表复数。例如：那是谁们？ 供销社的王会计。谁们来了？ 小王（或小王和他的同学）。

（原载《中国语文》1986.5，署名米青）

"'敢'犹可也"补例

"敢"有"可"义,旧诗词曲中用例很多。张相《诗词曲语词汇释》说"'敢',犹可也"(上册,33 页)。转录张书两例如下:

《㑳梅香》剧三:"白敏中云:'小生敢去也不敢去?'正旦云:'先生,你去不妨。'"此犹云可去不可去也。

《罗李郎》剧三:"正末云:'我待舍些饭与他每吃,哥哥,可是敢么?'甲头云:'那里不积福处,则(只)管舍,不妨事。'"此敢么之敢,即可否之可。

山西中部一些方言,"敢"有"可"义。平遥话助动词"敢"['kaŋ],即有"可"的意思。例如:

(1) 不敢叫卖鸡蛋的进院子儿。

(2) 小心些儿,不敢快走,路路路不好走。

(3) 敢是兀家他来了。

上例的"不敢"是"不可","敢是"即"可是"。"敢"作"可"解甚为贴切。

(原载《中国语文》1987.3,署名梁洁)

指示代词三分说补

日本学者小川环树前几年著文讨论汉语方言指示代词三分的问题(见《苏州方言的指示代词》,载《方言》1981年第4期)。文中说到"指示词的三分法不仅是汉语方言和日文所有,东南亚的几个语言也有这种分法"。据了解,汉语方言里头指示代词三分法的地点除去该文提到的苏州等少数地区以外,晋语的阳曲县、寿阳县(见赵秉璇《山西省方言志丛书·寿阳方言志》)、和顺县(田希诚同志告知)及阳城县也有。前三个县属晋中地区,后一个县属晋东南地区。下面以阳曲方言为例。

阳曲县在太原市北约三十公里。近指代词"这儿"[tsˑɿ ˌɿ ɛˑɿ],中指代词"那儿"[nɔˌ ˌɿ ɛˑɿ],远指代词"兀儿"[uˌ ˌɿ ɛˑɿ]。例如:

(1) 你把碟碟小碟儿放到这儿。

(2) 是这儿还是那儿?

(3) 不是放到那儿,是兀儿。(指更远)

阳曲县城东三十公里的东凌井乡,近指是"这里"[tsəʔˌ ˌɿ ləʔˑɿ],中指是"那里"[nəˌ ˌɿ ləʔˑɿ],远指是"兀里"[vəʔˌ ˌɿ ləʔˑɿ]。

(原载《中国语文》1986.1,署名米青)

平遥方言的连读变调

提要 平遥方言两字组可以根据变调行为分成三类。A类是述宾式、主谓式。B类是偏正式、并列式、谓补式,名词叠字、儿尾名词也属于B类。C类是动词叠字。平声单字调不分阴阳。作为两字组的前一字,B类分阴阳平,A类C类不分阴阳平。分辨阴阳平要把连读变调和语法结构结合起来看。平声字作为两字组的后一字不分阴阳平。"上声、阳入+平声、阴入、去声"六种声调组合,不论A类B类一律不变调。本文分四节:(一)平遥方言的声韵调,(二)阴平与阳平,(三)两字组的连读变调,(四)叠字、儿尾名词的连读变调。

平遥县在山西省的中部,太原市望南约一百公里。本文根据的是平遥城内的方言,讨论的内容限于两字组。

一 平遥方言的声韵调

1.1 平遥方言有二十六个声母,包括零声母在内。例字下加单线表示白话音。

p	饱病八盆	p'	配盘怕	m	门木米				
t	店刀读甜	t'	偷土逃	n	脑怒内			l	路懒辣
ts	支在捉慈	ts'	采楚出	nz	暖腻女	s	松嫂时杀	z	如润入
tʂ	照职张迟	tʂ'	池陈尺	ɳ	扭碾镊~子	ʂ	手闪十寿	ʐ	染惹日
tɕ	加酒剧拳	tɕ'	轻抢去	n̠	牛年捏	ɕ	笑宣陷		
k	古官格櫃	k'	靠肯哭	ŋ	藕安鹅	x	厚黄飞		
Ø	耳衣闻玉								

1.2 平遥方言有三十五个韵母。

ɑ	爬马榨	iɑ	架佳牙	uɑ	抓话瓦	yɑ	哕
ʅE	遮扯蛇	iE	写田渐			yE	靴泉

— 211 —

				uə	左祸黄	yə 墙像羊
æ	败开梅			uæ	坏拐罪	
ɔ	桃哥跑	iɔ	条巧妖			
ɿ	知致治	i	米弟明	u	富图枯	y 举去兄
ʅ	紫次师			ʮ	住如锄	
ər	儿而二					
ei	坡美妻			uei	追唾吕	
əu	头沟路	iəu	流秋			
ɑŋ	邦山占	iɑŋ	颜江碱	uɑŋ	广船范	
əŋ	能臻深	iŋ	林请进	uŋ	同滚顺	yŋ 云荣穷
ʌʔ	合八木	iʌʔ	跌结墨	uʌʔ	法術屋	yʌʔ 血局角

以上所列韵母不包括儿化韵及自成音节的[n̩],[n̩]韵只有"你"一个字音。

1.3 平遥方言有五个单字调。平声字单说不分阴阳平,但作为两字组的前字,在多数情况下可以分阴阳平,所以阴阳平各有代码。

代码	调类	例字	调值
0	平声	刀汤皮盆	˧˩ 13
1	阴平	刀汤	˧˩ 13
2	阳平	皮盆	˧˩ 13
3	上声	小打雨纸	˥˧ 53
4	去声	四看舅丈	˧˥ 35
5	阴入	不发踢曲	ʔ˨˧ 23 短调;为调号醒目起见,记作 ʔ˩˧ 13
6	阳入	毒熟入烈	ʔ˥˦ 54 短调;为调号醒目起见,记作 ʔ˥˧ 53

连读变调有九个:[˩˧]13,[˥˧]53,[˧˥]35,[ʔ˥˦]54(记作[ʔ˥˧]53),[˧˩]31,[˥˩˧]423(记作[˥˩˧]513),[ʔ˧˨]32(记作[ʔ˧˩]31),[ʔ˥˩˧]423(记作[ʔ˥˩˧]513),[ʔ˧˩˥]45(记作[ʔ˧˥]35)。前四个连读变调与单字调相同,

后五个是连读后新出现的调值。单字调的竖线在右边,连读变调的竖线在左边。带喉塞音[ʔ]的字调都是短调。

二 阴平与阳平

平遥方言两字组的连读调和语法结构关系密切。请看表一。

表 一

A 述宾式 开车 kʻæʌ tʂʻˈʌ	B 偏正式 开车 kʻæʌʌ tʂʻʌʌʌ 旧时的木轮车	
主谓式 跌高 xuʌ kɔʌ 脚面高	并列式 装穿 tsuaʌʌ tsʻuaŋʌ 给死人穿戴	
	谓补式 开开 kʻæʌʌ kʻæʌʌ 打得开:门～唠	
C 动叠式 开开 kʻæʌʌ kʻæʌʌ 开一开:～大门	名叠式 开开 kʻæʌʌ kʻæʌʌ 主意:谋下～啦	
	名儿式 开儿 kʻæʌʌ ʐʌʔʌʌ 主意:谋下～啦	

两字组可以根据变调行为分成三类。A 类是述宾式、主谓式。B 类是偏正式、并列式、谓补式,名叠式(名词叠字、量词叠字、数词叠字)、名儿式(儿尾名词)也属于 B 类。C 类是动叠式(动词叠字)。但是"上声、阳入 + 平声、阴入、去声"六种组合无论什么格式都不变调。

平遥方言的单字调平声不分阴平、阳平。例如:

妻＝齐[tsʻeiʌ] 荒＝黄[xuəʌ] 刀＝桃[kcʌ] 升＝城[ʂʅʌ]

平声字作为两字组的前一字,A 类不分阴阳平;B 类分阴阳平,名词叠字、儿尾名词属于 B 类,也分阴阳平;C 类动词叠字不分阴阳平。名词叠字前后字相同,前字分阴阳平,后字也分阴阳平。例字见表二。

形容词叠字地道的本地话不说,学生腔可以说。形容词叠字也分阴阳平。下列八组例字线条左边是阴平,右边是阳平。

稀稀 ɕiʌʌ ɕiʌʌ	甜甜 tieʌ tieʌ
高高 kɔʌʌ kɔʌʌ	长长 tsuʌʌ tsuʌʌ
香香 ɕiaŋʌ ɕiaŋʌ	稠稠 tʂʅuʌ tʂʅuʌ
酸酸 suaŋʌ suaŋʌ	园园 yɛʌ yɛʌ

形容词叠字的连读变调和名词叠字的连读变调一致。

高高＝哥哥 kɔɑˀ˦ kɔˀ˦˥ ｜ 长长＝肠肠肠子 tsʰuaˀ˦ tsʰuaˀ˦˥

副词叠字不分阴阳平。以下六组例字，连调相同。

刚刚 tɕiaŋˀ˦˥ tɕiaŋˀ˦˥ 偏偏 pʰiɛˀ˦˥ pʰiɛˀ˦˥ 常常 tʂʰaŋˀ˦˥ tʂʰaŋˀ˦˥
轻轻 tɕʰiŋˀ˦˥ tɕʰiŋˀ˦˥ 光光 kuaŋˀ˦˥ kuaŋˀ˦˥ 明明 miŋˀ˦˥ miŋˀ˦˥

副词叠字的连调与其他词类叠字不同。例如"光光"作副词，连调跟作形容词不同。"轻轻"跟"亲亲"同音，连调也不同。

光光副词 [ˀ˦˥ ˀ˦] ：～来了块你　　光光形容词 [ˀ˦˥ ˀ˥]：～底颗头
轻轻副词 [ˀ˦˥ ˀ˥] ：～地挪过来　　亲亲动词 [ˀ˥˦ ˀ˥]：～我

分别阴平、阳平要把连读变调和语法结构结合起来看。请看表二，A 类的连调和 B₂ 类的连调完全一致。单纯就调值看，A 类不分阴阳平，B₂ 类也不能分。从语法构造看，还是可以把 A 类和 B₂ 类分别开来。拿 B₁ 类同 B₂ 类比，语法构造相同，连调不同，这就分出两字组前一字的阴阳平来了。

表　　二

B₁	蹬开开始蹬 təŋˀ˦˥ kʰæˀ˥	轻银铝 tɕʰiŋˀ˦˥ niŋˀ˦˥	铅笔 tɕʰiaŋˀ˦˥ piˀˀ˥
	东虹 tuŋˀ˥ tɕyəˀ˨	升起 s̩ˀ˥ tɕʰiˀ˥	风盒风箱 xuŋˀ˦˥ xʌˀˀ˥
B₂	腾开开始腾 təŋˀ˥ kʰæˀ˥	勤劳 tɕʰiŋˀ˥ lɔˀ˥	墙壁 tɕʰiaŋˀ˥ piˀˀ˥
	铜匠 tuŋˀ˦˥ tɕyəˀ˨	盛起 s̩ˀ˥ tɕʰiˀ˥	红活热闹、兴旺 xuŋˀ˦˥ xuˀˀ˥ xʌˀˀ˥
B₁	丝丝一点儿 s̩ˀ˦˥ s̩ˀ˥		
B₂		匙匙调羹 s̩ˀ˥ s̩ˀ˥	

A₀　翻车　　　　　　　　分粮　　　　　　　　修脚
　　fã˧˥ tʂʅˇ˧˥　　　　fəŋ˧˥ luəi˩　　　　ɕiəu˧˥ tɕyʌˀ˧˥

　　掏粪　　　　　　　　搅水　　　　　　　　诊脉
　　tʰɔˀ˧˥ xuŋˇ˧˥　　　　tsʰaŋˀˇ sueiˇ,ˀˇ　　　　tʂəŋˇˀˇ miʌˀˀˇ

A₀　还车　　　　　　　　缝鞋　　　　　　　　缠脚
　　xuaŋˇ˧˥ tʂʅˇ˧˥　　　　xuŋˇ xæˇ　　　　　　tʂaŋˇ˧˥ tɕyʌˀ˧˥

　　逃难　　　　　　　　搀粉　　　　　　　　留学
　　tʰɔˀˇ naŋˇ˧˥　　　　tsaˀˇ xuŋˀˇ　　　　liəuˇ ɕiʌˀˀˇ

C₀　分分分一下　　　　　缝缝
　　xuŋˇˀˇ xuŋˇˀˇ　　　　xuŋˇˀˇ xuŋˇˀˇ

　　平声字作为两字组的后字，ABC 三类结构都不能区别阴阳平（名词叠字除外）。例如：

A 类 浇花 ˧˥˧˥　　移花 ˧˥˧˥　　掐花 ˀ˥˧˥　　卖花 ˥˩˧˥　　买花 ˥ˇ˧˥　　拔花 ˧˥ˀ˥
　　tɕiɔ xua　　　i xua　　tɕʰiʌˀ xua　　mæ xua　　mæ xua　　pʌˀ xua

　　开门 ˧˥˧˥　　回门 ˧˥˧˥　　拍门 ˀ˥˧˥　　认门 ˥˩˧˥　　揭门 ˥ˇ˧˥　　砸门 ˧˥ˀ˥
　　kʰæ məŋ　　xuæ məŋ　　pʰiʌˀ məŋ　　ʐəŋ məŋ　　tɕ məŋ　　tsʌˀ məŋ

B 类 葱花 ˧˥ˇ˥　　梅花 ˧˥˩˧　　菊花 ˀˇˀˇ˧˥　　桂花 ˧˥˥　　纸花 ˥ˇ˧˥　　白花 ˀˇ˧˥
　　tsʰuŋ xua　　mæ xua　　tɕyʌˀ xua　　kuei xua　　tsʅ xua　　piʌˀ xua

　　风门 ˧˥ˇ˥　　城门 ˧˥˩˧　　铁门 ˀˇˀˇ˥　　大门 ˧˥ˀˇ˥　　小门 ˥ˇ˧˥　　阀门 ˀˇ˧˥
　　fəŋ məŋ　　tʂʰ məŋ　　tʰiʌˀ məŋ　　tei məŋ　　ɕiɔ məŋ　　xuʌˀ məŋ

　　花花花 ˧˥ˇ˥ˀˇ˥　　门门门 ˧˥˧˥˧˥
　　xua xua　　　məŋ məŋ

C 类 夸夸 ˀˇ˥ˀˇ˥　　蹬蹬 ˀˇ˥ˀˇ˥
　　kʰua kʰua　　təŋ təŋ

　　注意，B 类前字分阴阳平，后字调值随前字而定，不分阴阳平。"葱花[ˇ˥]"的"花[˥]"与"风门[ˇ˥]"的"门[˥]"同调。"梅花[˩˧]"的"花[˧]"与"城门[˩˧]"的"门[˧]"同调。

根据上述标准,两字组有些格式可以分别阴阳平,这种格式我们叫做区别式;有些格式不能分别阴阳平,这种格式叫做合并式。下文分别举例。举例先用代码标明调类,后标调值。"10"表示这种格式可以鉴别前字是阴平,后字不能分阴阳平。"20"表示这种格式可以鉴别前字是阳平,后字不能分阴阳平。"00"表示这种格式前字、后字都不能分阴阳平。"11"表示这种格式是叠字结构,可以鉴别前后字都是阴平。"22"表示这种格式是叠字结构,可以鉴别前后字都是阳平。叠字前后字声韵相同,下文举例有时只标一个字音。各种组合的例外字集中放在区别式的末尾。

区别式举例(均为 B 类)

10　　[˦˩ 　˦˩]

肮脏	ŋɑ	tsa	摊开	tʻɑŋ	kʻæ
庄稼	tsuə	tɕia	枯干	kʻu	kɑŋ
悲伤	pei	ʂɑŋ	阴天	iŋ	tʻiɛ
饥荒	tɕi	xuɑŋ	西瓜	sei	kua
番瓜	xuɑŋ	kua	鲜姜	ɕiɛ	tɕiaŋ
灰渣	xuæ	tsa	冬瓜	tuŋ	kua
金针	tɕiŋ	tʂəŋ	秋天	tɕʻieu	tʻiɛ
中锋	tsuŋ	xuŋ	衣冠	i	kuɑŋ
分开	xuŋ	kʻæ	生猪	səŋ	tsʯ
猪鬃	tsʯ	tsuŋ	春天	tsʻuŋ	tʻiɛ
腥荤	sei	xuŋ	公鸡	kuŋ	tɕi
今天	tɕiŋ	tʻiɛ	香椿	ɕiɑŋ	tsʻuŋ
秧歌	iɑŋ	kɔ	冰山	piŋ	sɑŋ
蓑衣	suə	i	三天	sɑŋ	tʻiɛ
郊区	tɕiɔ	tɕʻy	苏州	sou	tʂəu
餐车	tsʻɑŋ	tʂʅ	荆州	tɕiŋ	tsəu

朱砂	tsʮ	ṣa	偷听	tʼəu	tʼi
欧洲	ŋəu	tʂəu	诗歌	sʮ	kɔ
先生	ɕiɛ	səŋ	乡村	ɕiaŋ	tsʼuŋ
芭蕉	pa	tɕiɔ	秋千	tɕiəu	tɕʼiɛ
声音	ʂəŋ	iŋ	乌鸦	u	ia
鸳鸯	yɛ	iaŋ	江山	tɕiaŋ	saŋ
慌张	xuaŋ	tʂaŋ	听开	tʼi	kʼæ
烧开	ʂɔ	kʼæ	镈开	xa	kʼæ
稀开	ɕi	kʼæ	精明	tsei	mi
恓惶	sei	xuə	糟房	tsɔ	xuə
花栏	xua	laŋ	羘羊	ti	yə
师婆	sʮ	pei	书房	sʮ	xuə
腮牙	sæ	ȵia	商量	suə	luə
沙罗	sa	lei	清明	tɕʼiŋ	miŋ
樱桃	iŋ	tʼɔ	厢房	ɕiaŋ	xuə
轻闲	tɕʼiŋ	xaŋ	跟随	kəŋ	ɕy
棺材	kuaŋ	tsæ	砖窑	tsuaŋ	iɔ
锅头	kuei	təu	车头	tʂʼʮɛ	təu
丫环	ia	xuaŋ	山羊	saŋ	iaŋ
伤亡	ʂaŋ	uaŋ	缰绳	tɕyə	ʂʮ
灯笼音楼	təŋ	ləu	输赢	sʮ	i
工人	kuŋ	zʮ	佳人	tɕia	zʮ
森林	səŋ	liŋ	千年	tɕʼiɛ	ȵiɛ
私人	sʮ	zʮ	犀牛	ɕi	ȵiəu
专门	tsuə	məŋ	羔皮	kɔ	pʼi
鲨鱼	sa	ȵy	东城	tuŋ	tʂʼəŋ

归还	kuei	xuaŋ		坚强	tɕiE tɕ'iaŋ
忧愁	iəu	tʂ'uɣ		穿成	ts'uaŋ ʂʅ
遮瞒	tʂʅE	maŋ			

饥荒:债务。 番瓜:倭瓜。 灰渣:垃圾。 金针:黄花菜。 衣冠:穿戴。 生猪:未劁的猪。 腥荤:肉食。 听开:开始听。 烧开:开始烧。 稀开:开始化。 栖惶:可怜。 糟房:酒坊。 花栏:院中摆花盆的矮墙。 羝羊:配种的公羊。 师婆:巫婆。 书房:学校。 沙罗:网眼最大的罗。 锅头:灶。 穿成:可以穿。 遮瞒:掩盖。

15 [ʌꜜ ʔʌꜛ] 名词尾"子"字读[tsʌʔʌꜜ],阴入,和"则"字同音,本地人就写作"则"字。"子孙、子蝗蝗虫、棉子、莲子"的"子"读[tsʅꜛ]上声。

贞节	tʂəŋ	tɕiʌʔ		晶珀	tɕiŋ p'iʌʔ
干骨	kaŋ	kuʌʔ		狮子	sʅ tsʌʔ
仓猝	ts'aŋ	ts'uʌʔ		钢铁	kaŋ t'iʌʔ
凶恶	ɕyŋ	ŋʌʔ		冤屈	yE tɕ'yʌʔ
撕掐	sʅ	tɕ'iʌʔ		抠剥	k'əu pʌʔ
消失	ɕiɔ	ʂʌʔ		催促	ts'uei ts'uʌʔ
雕刻	tiɔ	k'ʌʔ		丢失	tiəu ʂʌʔ
香杀	ɕiaŋ	sʌʔ		伸缩	ʂəŋ suʌʔ
亲戚	tɕ'iŋ tɕ'iʌʔ				

晶珀:琥珀。 干骨:骨殖。 抠剥:抠抢。 香杀:香极。

14 [ꜛ ꜜ]

单裤	taŋ	k'u		豇豆	tɕyə təu
鞭炮	piE	p'ɔ		丝线	sʅ ɕiE
麬面	xu	miE		机器	tɕi tɕ'i
青菜	ts'ei	ts'æ		天气	t'iE tɕ'i
耽误	taŋ	u		背棍	pæ kuŋ
孤冈	ku	məŋ		斤秤	tɕiŋ tʂ'əŋ

兄弟	ɕy	ti	光棍	kuə	kuŋ
豌豆	uaŋ	təu	丧事	saŋ	sʅ
家具	tɕia	tɕy	糕面	kɔ	miɛ
军队	tɕyŋ	tuæ	膘肉	piɔ	zəu
新旧	ɕiŋ	tɕieu	推刨	t'uæ	pɔ
妖怪	iɔ	kuæ	针线	tʂəŋ	ɕiɛ
妻夫	ts'ei	xu	枪炮	tɕ'iaŋ	p'ɔ
呜叫	u	tɕiɔ	招待	tʂɔ	tæ
捎带	sɔ	tæ	妆扮	tsuə	paŋ
颁布	paŋ	pu	更替	kəŋ	t'i
遭下	tsɔ	xa	屙下	ŋiɛ	xɑ
鸪住	tɕ'iaŋ	tsʅ			

麸面:麦麸子。　背棍:春节时的文娱活动。　膘肉:肥肉。　推刨:刨子。　妻夫:夫妻。　呜叫:招唤。　遭下:遭到。　鸪住:啄住。

13 [ʮ ʮ]

凶手	ɕyŋ	ʂəu	仙女	ɕiɛ	ȵy
闺女	tɕy	nzʮ	区长	tɕ'y	tʂaŋ
针颗	tʂəŋ	k'uei	牲口	səŋ	k'əu
瓜子	kua	tsʅ	烧酒	ʂɔ	tɕieu
歌本	kɔ	pəŋ	莴苣	uei	suŋ
资本	tsʅ	pəŋ	斑点	paŋ	tiɛ
僵死	tɕiaŋ	sʅ	剜眼	uaŋ	ȵiaŋ
蒸饼	tʂʅ	pi	粗粉	ts'uə	xuŋ
鹦鹉	iŋ	u	胭脂	iɛ	tsʅ
魁首	k'uæ	ʂəu	颠倒	tiɛ	tɔ
思忖	sʅ	ts'uŋ	舒畅	sʮ	tʂ'aŋ
羞耻	ɕieu	tʂʅ	俘虏	xu	ləu

梳洗	sʮ	sei	基础	tɕi	tsʻʮ
州府	tʂəu	xu	蚯蚓	tɕʻiəu	iŋ
钟表	tsuŋ	piɔ	珍宝	tʂəŋ	pɔ
宽敞	kʻuaŋ	tʂʻaŋ	深浅	ʂəŋ	tɕiɛ
真假	tʂəŋ	tɕia	辛苦	ɕiŋ	kʻu
丰广	xuŋ	kuə	多少	tei	ʂɔ
肢解	tsʮ	tɕiɛ	加减	tɕia	tɕiəŋ
驱赶	tɕʻy	kaŋ	追撵	tsuei	ȵiɛ
亏损	kʻuei	suŋ	包裹	pɔ	kuei
骚挠	sɔ	zɔ	交往	tɕiɔ	uə
扳倒	paŋ	tɔ	飞起	xuei	tɕʻi
搬起	paŋ	tɕʻi			

"仙女、闺女"两"女"字音不同。　针颗:针脚。　剜眼:不满的眼神。　思忖:思量。

丰广:充足。　追撵:追。

16　[ㄐㄥ ？ㄥ]

汤药	tʻuə	yʌʔ	松木	suŋ	mʌʔ
正月	tʂəŋ	yʌʔ	葱白	tsʻuŋ	piʌʔ
樟木	tʂaŋ	mʌʔ	蜂蜜	xuŋ	miʌʔ
威力	uei	liʌʔ	赃物	tsaŋ	uʌʔ
碑石	pei	ʂʌʔ	音乐	iŋ	iʌʔ
纲目	kaŋ	mʌʔ	衰弱	suæ	zʌʔ
兵卒	piŋ	tɕyʌʔ	收拾	ʂəu	ʂʌʔ
翻译	xuaŋ	iʌʔ	呵着	xei	tsuʌʔ
烟突	iɛ	tʻuʌʔ	筋络	tɕiŋ	lʌʔ
苍术	tsʻaŋ	tsuʌʔ			

呵着:蒸气嘘着。　烟突:烟囱。　苍术:中药名。

11　名叠　[ㄐㄥ ㄐㄥ]

— 220 —

灯灯 təŋ	孙孙 suŋ	刀刀 tɔ
坑坑 k'əŋ	盅盅 tsuŋ	公公 kuŋ
缸缸 kɑŋ	箱箱 ɕiɑŋ	窗窗 <u>suə</u>
筐筐 k'uɑŋ	梯梯 t'i	沟沟 kəu
渣渣 tsɑ	根根 kəŋ	心心 ɕiŋ
哥哥 kɔ	蝦蝦 ɕia	籼籼 səŋ
竿竿 kɑŋ	弯弯 uɑŋ	闩闩 suɑŋ
钉钉 ti	驹驹 tɕy	坡坡 p'ei
钩钩 kəu	星星 ɕiŋ	麀麀 k'ɑŋ
鸡鸡 tɕi	靴靴 ɕyɛ	双双 <u>ts'uə</u>
杯杯 pei	尖尖 tɕiɛ	爹爹 tiɛ
堆堆 tuæ	枝枝 tsɿ	

15 名儿 [ʌ ʔʌ] 关于儿尾和儿化,参看本文第四节。

村儿 ts'uŋ zʌʔ	胎儿 t'æ zʌʔ
蛆儿 tɕ'y zʌʔ	疮儿 <u>suə</u> zʌʔ
锥儿 tsuei zʌʔ	肝儿 kɑŋ zʌʔ

20 [ʌ ʌ]

皮车 p'i tʂʅɛ	农村 nəŋ ts'uŋ
茶盅 ts'ɑ tsuŋ	邻家 liŋ tɕia
重孙 tsuŋ suŋ	晴天 tɕ'iŋ t'iɛ
闲书 ɕiɑŋ sʮ	泥包 ȵi pɔ
行家 <u>xuə</u> tɕia	油糕 iəu kɔ
洋烟 iɑŋ iɛ	桅灯 uei təŋ
元宵 yɛ ɕiɔ	人中 zəŋ tsuŋ
床单 ts'uɑŋ tɑŋ	燦支 liɔ tsɿ
疲茶 p'i ts'ɑ	麻毯 mɑ <u>tɕiəu</u>
荷花 xei xua	棉花 miɛ xua

匀开	yŋ	k'æ	炉穿	ləu	ts'uaŋ
来开	læ	k'æ	蔓菁	maŋ	tsei
甜瓜	tiᴇ	kuɑ	抬筐	t'æ	k'uaŋ
盟兄	məŋ	ɕyŋ	连襟	liᴇ	tɕiŋ
捞挖	lɔ	ua	揉搓	z̺əu	tɕ'iᴇ
茴香	xuæ	ɕiaŋ	毛衣	mɔ	i
昙花	t'aŋ	xuɑ	钳工	tɕiᴇ	kuŋ
脓眵	nəŋ	ts'ɹ	元朝	yᴇ	tʂ'ɔ
甜茶	tiᴇ	ts'ɑ	留谈	liəu	t'aŋ
年成	n̺iᴇ	tʂ'əŋ	牙羊	n̺ia	yə
瞒藏	maŋ	ts'aŋ	前年	tɕiᴇ	n̺iᴇ
蛔虫	xuæ	tsuŋ	房檐	xuə	iᴇ
牛郎	n̺iɛu	laŋ	银钱	n̺iŋ	tɕiᴇ
详情	ɕiaŋ	tɕ'iŋ	年时	n̺iᴇ	sɹ
含糊	xaŋ	xu	胡芹	xu	tɕiŋ
游民	iəu	miŋ	羊皮	yə	p'i
常年	tʂ'aŋ	n̺iᴇ	鲇鱼	ŋaŋ	n̺y
柔和	z̺əu	xuei	红尘	xuŋ	tʂ'əŋ
盘缠	paŋ	tʂaŋ	煤油	mæ	iəu
绵羊	miᴇ	yə	葡萄	pu	tɔ
婆姨	pei	i	调停	tiɔ	t'iŋ
棱条	ləŋ	t'iɔ	笼床	luŋ	suə
长柴	tsuə	sæ	城墙	tʂ'əŋ	tɕyə
拳头	tɕyᴇ	təu	谁们	suei	məŋ
衙门	n̺ia	məŋ	蛇皮	tʂ'ɻᴇ	p'i
祠堂	sɹ	t'aŋ	淮河	xuæ	xɔ

媒人	mæ	z̩əŋ		零钱	liŋ	<u>tɕiɛ</u>
痰盂	t'ɑŋ	y		羚羊	liŋ	iɑŋ
旁人	p'ɑŋ	z̩əŋ		桐油	t'uŋ	iəu
棋盘	tɕ'i	p'ɑŋ		狼皮	lɑŋ	p'i
贤能	ɕiɛ	nəŋ		黄连	xuə	<u>liɛ</u>
咸盐	ɕiaŋ	iɛ		玲珑	liŋ	luŋ
嫦娥	tʂ'ɑŋ	ŋiɛ		琉璃	liəu	li
繁荣	xuɑŋ	z̩ŋ		便宜	p'iɛ	i
豺狼	ts'æ	lɑŋ		慈祥	ts'ɿ	ɕiɑŋ
源泉	yɛ	tɕ'yɛ		顽皮	uɑŋ	p'i
蚊蝇	uŋ	iŋ		团圆	t'uɑŋ	yɛ

皮车:胶轮儿车。 闲书:旧小说。 泥包:盖房时装沙子灰的布兜。 洋烟:鸦片烟。 桅灯:手提式油灯。 燎支:炉条。 疲茶:不热的茶。 麻毯:女阴。 炉穿:火通条。 来开:开始来往。 捞挖:捞。 揉搓:揉。 脓眵:眼屎。 甜茶:带糖的油炒面。 留谈:长时间闲谈。 年成:年景。 牙羊:公羊。 瞒藏:瞒。 年时:去年。 胡芹:芹菜。 红尘:儿女。 婆姨:妻;已婚妇女。 棱条:鞋底的缘条儿。 笼床:蒸笼。 长柴:高粱稭。

25 [ʌ˩ ʔʌ˩]

牛骨	ȵiəu	kuʌʔ		痕迹	xəŋ	tɕiʌʔ
颧骨	tɕ'yɛ	kuʌʔ		头发	<u>təu</u>	xuʌʔ
城廓	tʂ'əŋ	kuʌʔ		神拍	ʂəŋ	p'iʌʔ
菱角	liŋ	tɕyʌʔ		如适	z̩u	ʂʌʔ
胡失	xu	ʂʌʔ		严格	ȵiɛ	tɕ'iʌʔ
缝撮	xuŋ	ts'uʌʔ		淋湿	liŋ	ʂʌʔ
缭擦	liɔ	ts'ʌʔ		粘擦	ŋɑŋ	ts'ʌʔ
扬拍	<u>yɔ</u>	p'iʌʔ		藏拍	<u>tɕyɔ</u>	p'iʌʔ
连接	liɛ	tɕiʌʔ		常客	tʂ'ɑŋ	k'ʌʔ
储蓄	ts'ɿ	ɕyʌʔ		纯洁	ts'uŋ	tɕiʌʔ

— 223 —

除法	tsʻʅ	xuʌʔ		蓝色	laŋ	sʌʔ
俄国	ŋɔ̝	kuʌʔ		颜色	ȵiaŋ	sʌʔ
瘊子	xəu	tsʌʔ		茬子	<u>sa</u>	tsʌʔ
狐子	xu	tsʌʔ		胡子	xu	tsʌʔ
茄子	<u>tɕiɛ</u>	tsʌʔ		铧子	xua	tsʌʔ
裙子	tɕʻy	tsʌʔ		骡子	lei	tsʌʔ
肠子	<u>tsuə</u>	tsʌʔ		疤子	pɑ	tsʌʔ
脯子	pu	tsʌʔ		袍子	pʻɔ	tsʌʔ
瘤子	liəu	tsʌʔ		聋子	luŋ	tsʌʔ
糜子	mi	tsʌʔ		蹄子	ti	tsʌʔ

神拍:神吹。 如适:合适。 胡失:粗疏。 缝撮:大针脚缝住。 缭擦:用针粗粗地斜着缝。"擦"是动词词尾,表示动作不认真。 扬拍:宣扬。 藏拍:随意藏起来。狐子:狐狸。 疤子:麻子。

24 [ㅓㅗ ㄱ]

停站	tʻiŋ	tsaŋ		讹骗	ȵiɛ	pʻiɛ
鹅雁	ŋiɛ	ȵiaŋ		荞面	tɕiɔ	miɛ
强盗	<u>tɕyə</u>	tɔ		和道	xuə	tɔ
营幹	iŋ	kaŋ		茎地	y	ti
圆辩	yɛ	piɛ		浮躁	xu	tsʻɔ
贻误	i	u		存站	tsʻuŋ	tsaŋ
时分	sʅ	xuŋ		陪衬	pʻæ	tsʻəŋ
条案	tʻiɔ	ŋaŋ		拦住	laŋ	tsʅ
蓝炭	laŋ	tʻaŋ		难意	naŋ	i
痨病	lɔ	pi		铜器	<u>tuŋ</u>	tɕʻi
徒弟	tʻu	ti		图案	tʻu	ŋaŋ
祁县	tɕʻi	ɕiɛ		槐树	xuæ	sʅ
邮票	iəu	pʻɔ		原样	yɛ	iaŋ

缘分	iɛ	xuŋ	词汇	sʮ	xuæ
邪气	ɕiɛ	tɕʻi	榆树	y	sʮ
帆布	xuɑŋ	pu	陵墓	liŋ	mu
形状	ɕiŋ	tsuɑŋ	迟钝	tʂʻʅ	tuŋ
愚笨	y	pəŋ	劳动	lɔ	tuŋ
残废	tsʻɑŋ	xuei	研究	ȵiɛ	tɕiəu
贫贱	pʻiŋ	tɕiɛ	勤奋	tɕʻiŋ	xuŋ
奴隶	nəu	li	螃蟹	pʻɑŋ	ɕiɛ
禽兽	tɕʻiŋ	ʂəu	容易	yŋ	i
荣誉	yŋ	y	材料	tsʻæ	liɔ
憔悴	tɕʻiɔ	tsʻuei	蛮横	mɑŋ	xəŋ
绸缎	tʂʻəu	tuɑŋ	烦闷	xuɑŋ	məŋ
权利	tɕʻyɛ	li	文字	uŋ	tsʮ
沉重	tʂʻəŋ	tsuŋ	洪亮	xuŋ	liɑŋ
明亮	<u>mi</u>	<u>luə</u>	嫌弃	ɕiɛ	tɕʻi
谋划	mu	xuɑ	疼痛	<u>təŋ</u>	tʻuŋ
悬挂	ɕyɛ	kuɑ	泥住	ȵi	tsʮ
糊住	xu	tsʮ	颜料	ȵiɑŋ	liɔ
离转	li	tsuɑŋ	移转	i	tsuɑŋ
锄转	sʮ	tsuɑŋ			

停站:停或站。　鹅雁:大雁。　和道:和气。　营干:活计。　圆辩:开脱。　浮躁。
不细致。　贻误:耽误。　时分:时候。　陪衬:陪伴。　蓝炭:焦炭。　难意:为难。
谋划:谋算。　泥住:用泥抹住。　离转:离开。　移转:移开。　锄转:锄完。

23　[ʌʮ　ʮʌ]

寻揣	ɕiŋ	suæ	云彩	yŋ	tsʻæ
燃搅	zɑŋ	tɕiɔ	柔倒	zəu	tɔ
平整	pʻiŋ	tʂəŋ	赔补	pʻæ	pu

牌九 p'æ tɕieu 　　　 弹腿 taŋ t'suæ

腾倒 təŋ tɔ 　　　　 凉粉 luə xuŋ

眉眼 mi ȵiaŋ 　　　 笤帚 tiɔ tsʅ

莲子 liE tsʅ 　　　　 犁耳 li ər

玩耍 uaŋ sua 　　　　 长短 tʂ'aŋ tuaŋ

旋转 ɕyE tsuaŋ 　　 齐楚 ts'ei ts'ʅ

熊掌 ɕyŋ tʂaŋ 　　　 芦苇 ləu uei

茅草 mɔ ts'ɔ 　　　　 筹码 tʂ'əu ma

斜眼 ɕiE ȵiaŋ 　　　 穷鬼 tɕyŋ kuei

馋嘴 ts'aŋ tsuei 　 尘土 tʂ'əŋ t'u

言语 ȵiE ȵy 　　　　 锣鼓 lei ku

男女 naŋ ȵy 　　　　 褴褛 laŋ luei

寒冷 xaŋ ləŋ 　　　　 朋友 p'əŋ iəu

寻揎：找寻。　燃搅：化费。　柔倒：软磨。　赔补：赔。　弹腿：抬腿。　腾倒：倒腾。

眉眼：容貌。　齐楚：整齐。

26 　[ʌˠ ʔˠʌ]

梅笛 mæ tiʌʔ 　　　 粮食 luə ʂʌʔ

萝蔔 lei pʌʔ 　　　　 桃榭 tɔ k'uʌʔ

岩石 ȵiE ʂʌʔ 　　　 檀木 t'aŋ mʌʔ

横木 xəŋ mʌʔ 　　　 垄实 tsʅ ʂʌʔ

铙钹 nɔ pʌʔ 　　　　 巢穴 ts'ɔ ɕyʌʔ

垂直 ts'uei tʂʌʔ 　 忙碌 maŋ luʌʔ

辞别 ts'ʅ piʌʔ

梅笛：笛子。　铙钹：比"镲儿"大，小的本地叫"水镲镲"。

22 　名叠 [ˊ ˊ]

苗苗 miɔ 　　　　 球球 tɕ'iəu 　　　　 船船 ts'uaŋ

泉泉 tɕyE 　　　 瓶瓶 p'iŋ 　　　　 畦畦 tɕ'i

铃铃 li	姨姨 i	槌槌 tsuei
池池 tʂʻʅ	盆盆 pəŋ	匙匙 sʅ
环环 xuaŋ	芽芽 n̡ia	旗旗 tɕʻi
篮篮 laŋ	头头 təu	槽槽 tsɔ
蛾蛾 ŋiE	爷爷 iE	轮轮 luŋ
娘娘 n̡iaŋ	墙墙 tɕʻyə	绳绳 ʂʅ
亭亭 tʻiŋ	虫虫 tsuŋ	瓢瓢 zua
壕壕 xɔ	群群 tɕʻyŋ	层层 tsʻəŋ
厘厘 li		

25 名儿 [ㄥ ʔㄥ]

耙儿 pa	zˌʌʔ	瓢儿 pʻiɔ	zˌʌʔ
钱儿 tɕiE	zˌʌʔ	蝉儿 tsʻaŋ	zˌʌʔ
猴儿 xəu	zˌʌʔ	猫儿 mɔ	zˌʌʔ

区别式例外——根据区别式分辨出来的阴阳平,阴平大致相当于古清平_{古平声清音声母字},今其他方言阴平,阳平大致相当于古浊平_{古平声浊音声母字},今其他方言阳平。但是有些例外,现在列举如下。

(一)古清平今区别式读为阳平——(1)两清平相连读[ㄥㄥ]:肩窝 tɕiaŋ uei|赊耽_{耽误} ʂʅE taŋ|脏沙_{雀斑} tsaŋ sa|砒霜 pʻi ɕiaŋ|痂疤 tɕia pa|芬芳 xuŋ xuaŋ|蜘蛛 tʂʅ tsʅ|跷蹊_{奇怪} tɕʻiɔ tɕʻi ‖ (2)清平加阴入读[ㄥ ʔㄥ]:浇足 tɕiɔ tɕʌʔ ‖ (3)清平加去声读[ㄥ ㄥ]:荒地 xuaŋ ti|娇气 tɕiɔ tɕʻi|枯燥 kʻu tsɔ|希望 ɕi uaŋ|灾难 tsæ naŋ ‖ (4)清平名词叠字读[ㄥ ㄥ]:猩猩 ɕiŋ ɕiŋ。

(二)古浊平今区别式读为阴平——(5)浊平加清平读[ㄥ ㄥ]:搭开 tsa kʻæ ‖ (6)浊平加上声读[ㄥ ㄥ]:屠宰 tʻu tsæ|宏伟 xuŋ uei|培养 pʻæ iaŋ ‖ (7)浊平加阳入读[ㄥ ʔㄥ]:提拔 ti paʔ|娱乐 y

1ʌʔ|传达 tsʻuaŋ tʌʔ ‖ (8)浊平名词叠字读[ʎ ɣ]:馒馒馒头 mei mei。

合并式举例(均为 A 类)

00　　[ʎ ʎ]

牵心 tɕʻiɛ ɕiŋ　　　　　　　通车 tuŋ tʂʻʅɛ

登高 təŋ kɔ　　　　　　　　超车 tʂʻɔ tʂʻʅɛ

操心 tsʻɔ ɕiŋ　　　　　　　温书 uŋ sʅ

晕车 yŋ tʂʻʅɛ　　　　　　　抽签 tʂʻəu tɕʻiɛ

拴车 suaŋ tʂʻʅɛ　　　　　　贪污 tʻaŋ u

趺高 xu kɔ　　　　　　　　该钱 kæ tɕiɛ

关门 kuaŋ məŋ　　　　　　披红 pʻi xuŋ

龇牙 tsʻʅ ȵia　　　　　　　磨刀 mei tɔ

吟诗 iŋ sʅ　　　　　　　　爬山 pa sɑŋ

填房 tiɛ xuaŋ

牵心:挂记。　趺高:脚面高。

05　　[ʎ ʔʌ]

亡国 uaŋ kuʌʔ　　　　　　挖墅 ua tɕiʌʔ 打坯

04　　[ʎʎ ɣ]

拼命 pʻiŋ miŋ　　　　　　搓背 tsʻuə pæ

签字 tɕʻiɛ tsʅ　　　　　　抽空 tʂʻəu kʻuŋ

耕地 tɕiɛ ti　　　　　　　租地 tsəu ti

燉菜 ŋ͡tsʻæ　　　　　　　家败 tɕia pæ

孵蛋 pu taŋ　　　　　　　掏粪 tʻɔ xuŋ

驮炭 tei tʻaŋ　　　　　　　饶命 zɔ mi

朝道 tʂʻɔ tɔ　　　　　　　刨地 pɔ ti

谈话 tʻaŋ xua

家败:倒霉。　朝道:走正路;几时你就～啦。

228

03　　[ɹ ɹ]

睁眼 tʂɛ ȵiaŋ　　　　　增产 tsəŋ tsʻaŋ

关饷 kuaŋ ɕiaŋ　　　　　舂米 tsʻuŋ mi

心短 ɕiŋ tuaŋ　　　　　逢五 xuŋ u

河涨 xei tsuə　　　　　骑马 tɕi ma

06　　[ɹ ʔɹ]

煎药 tɕiɛ yaʔ　　　　　诊脉 tʂəŋ miaʔ

瞑目 miŋ maʔ　　　　　还俗 xuaŋ ɕyaʔ

三　两字组的连读变调

　　本节讨论的两字组不包括叠字式和儿尾名词,这两项在下节讨论。两字组连调如表三所示,表左标明前一字的调类,表头标明后一字的调类,表右标明 A 类 B 类。如上文所述,平声作为两字组的前一字,在大多数情况下分阴阳平,作为后一字不分阴阳平(名词叠字式除外)。因此,表里前字分七类:平声、阴平、阳平、阴入、去声、上声、阳入;后字分为五类:平声、阴入、去声、上声、阳入。平声和阴入的单字调都是[ɹ]13 调,上声和阳入都是[ɥ]53 调,变调行为分别大体一致,不同的是阴入、阳入是带喉塞音[ʔ]的短调。全表再依前后字的变调行为分成"可变两字组"和"不变两字组",后者包括"上声、阳入 + 平声、阴入、去声"六种声调组合,其余是"可变两字组"。"不变两字组"无论 A 类 B 类前后字都不变调,表里用粗线把两组分开。

表　三

	0 平声 ɹ	5 阴入 ʔɹ	4 去声 ɹ	3 上声 ɥ	6 阳入 ʔɥ	
0 平声 ɹ	拴车　该钱 爬山　财迷	修脚 流血	耕地 盛饭 ɹ	睁眼 河涨 ɹɥ	心毒　ɹ ʔɥ 还俗	A

	0 平声	5 阴入	4 去声	3 上声	6 阳入	
1 阴平	偷听 新人	乾骨 丢失	豇豆 翻转	伤损 搀起	三十 收拾	B
2 阳平	洋鸡 桃红	痕迹 蓝色	迟钝 锄转	穷鬼 和起	荞麦 鞋袜	B
5 阴入	熄灯 刷牙	出血 剔骨	切菜 脚大	揭瓦 割纸	积食 割麦	A
	脚心 铁壶	摘掐 叔伯	窄布 捉住	搕打 夹剪	失落 吃着	A
4 去声	纫针 进城	送客 降雪	受气 害病	运土 瞪眼	上学 面熟	A
	旧鞋 睡开	睡说 烂铁	素淡 盖住	露水 住起	二十 碰着	B
3 上声	打更 手疼	洗脚 口涩	喘气 火旺	数九 耳软	数伏 省力	A
	死灰 走成	洗刷 走彻	扁担 拐转	小米 理睬	纸活 抢夺	B
6 阳入	读书 拔河	捏脚 鼻塞	立夏 食细	灭口 入耳	夺食 物博	A
	铡刀 活灵	择剥 熟吃	集镇 白布	木偶 月饼	集合 末伏	B

河涨:山洪。　乾骨:骨殖。　翻转:翻个儿。　锄转:锄完。　和起:和完(面、泥)。
割纸:裁纸。　夹剪:夹煤用的夹子。　吃着:吃伤。　睡开:睡得下。　睡说:说梦
话。　住起:住得起。　碰着:碰伤。　死灰:捅炉子扬起的灰。　走成:应该走了。
走彻:走到尽头。　拐转:拐过去。　纸活:冥器。　食细:挑食。　活灵:灵活。

　　可变两字组在多数情况下 A 类、B 类连调不同,举例对比如
下。每一行先列调类代码,再列 AB 两类连调差别,然后举例。因
为 AB 两类例字虽然有同有异,但是前后字声韵母都相同,所以声
韵母只标一次。

00　A [↗↗]≠10 B [↘↗] 推车 A≠推车 B独轮车　　　　[t'uæ tʂ'ɤ]

00　A [↗↗]≠10 B [↘↗] 装窑 A≠砖窑 B　　　　[tsuaŋ iɔ]

04　A [↘↗]≠14 B [↗↘] 分菜 A≠荤菜 B　　　　[xuŋ ts'æ]

03　A [↗↘]≠13 B [↘↘] 装瓦 A≠砖瓦 B　　　　[tsuaŋ ua]

50	A [ʔɿ ɿ]≠B [ʔɿ ɿ]	踢球 A≠铁球 B铅球	[t'iɿ ʔ tɕʰiəu]
55	A [ʔɿʔɿ]≠B [ʔɿʔɿ]	剔骨 A≠铁刮 B平地农具	[t'iɿʔ kuɿʔ]
53	A [ɿ ʋ]≠B [ɿ ʋ]	失脸 A丢面子≠湿脸 B	[ʂʌʔ liɛ]
40	A [ʋ ɿ]≠B [ɿ ɿ]	上坡 A往坡上走≠上坡 B坡的高处	[suə pʰei]
45	A [ʋ ɿʔɿ]≠B [ɿ ʔɿ]	唱曲 A唱歌≠唱曲 B唱本儿	[tʂʰɑŋ tɕʰyʌʔ]
43	A [ɿ ʋ]≠B [ɿ ʋ]	动手 A≠冻手 B	[tuŋ ʂəu]
33	A [ɿ ʋ]≠B [ʋ ʋ]	滚水 A烧水≠滚水 B开的水	[kuŋ suei]

可变两字组有时 AB 两类连调相同。(1)A 类 0X 和 B 类 2X 的前后字都同调。[X 是任何调类的代号。](2)63 的 A 类 B 类前字同调。(3)50 阴入 + 平声本地有两种读法:甲种读法 AB 两类连调不同,如表三所列。乙种读法 AB 两类变调相同。例如:A"喝汤"[xʌɿ ɿ t'ɿuɿ]和 B"黑青碰撞后皮肤上留下的紫斑"[xʌɿ ɿ tsʰeiɿ]连调相同。在前后字声母、韵母相同时,AB 完全同音。例如:A"怯针怕扎针",B"七针"都读作[tɕʰiɿ ɿ tʂəŋɿ]。这一类字的后字从来历和方言比较看是阴平,要是用于区别式的第一字也是阴平。本文依照甲种读法。乙种读法只在这里交代一下。

不变两字组 AB 两类都不变调。下列第一对例子连调相同,第二对例子完全同音。

35 A=B [ɿ ʔɿ]　　A 洗脚[sei ɿ tɕyɿʔiɿ] B 洗涮[sei ɿ suʌɿ]

64 A=B [ʋ ɿ]　　A 赎地　　=B 熟地中药名[suʌɿ tiɿ]

两字组根据声调组合和结构(A 类 B 类),分为五十五组。前字、后字都不变调的有二十三组,前字变调后字不变调的有十一组,前字不变调后字变调的有七组,前字、后字都变调的有十四组。下面分项举例。

前字后字都不变调的二十三组

00 A [ɿ ɿ]　　丢跤 tiəu tɕiɿ　　添油 t'iɛ iəu

　　　　　　弹琴 t̲a̲ŋ tɕ'iŋ　　财迷 tsʰæ mi

05 A [˩ ˀ˩]　　修脚 ɕiəu tɕʏʌʔ　　　留客 liəu kʻʌʔ

　　　　　　　　流血 liəu ɕʏʌʔ　　　缠脚 tʂʻaŋ tɕʏʌʔ

20 B [˩ ˩]　　　平安 pʻiŋ ŋaŋ　　　龙灯 luŋ təŋ

　　　　　　　　桃红 tɔ xuŋ　　　　裁成 tsʻæ ʂɿ

25 B [˩ ˀ˩]　　　洋铁 iaŋ tʻiʌʔ　　　牛角 ȵiəu tɕʏʌʔ

　　　　　　　　撩拨 liɔ pʌʔ　　　　缝擦 xuŋ tsʻʌʔ

50 A [ˀ˩ ˩]　　　脱丝 tʻuʌʔ sɿ　　　缉书 tɕʻiʌʔ sʮ

　　　　　　　　刷牙 suʌʔ ȵia　　　托人 tʻʌʔ zəŋ

55 A [ˀ˩ˀ˩]　　　捉鳖 tsuʌʔ piʌʔ　　　发湿 xuʌʔ ʂʌʔ

　　　　　　　　摸黑 mʌʔ xʌʔ　　　　出血 tsʻuʌʔ ɕʏʌʔ

43 B [˥ ˩˥]　　　正手 tʂʅ ʂəu　　　　背损 pæ suŋ

　　　　　　　　面屎 miɛ sɿ　　　　道起 tɔ tɕʻi

46 B [˥ ˀ˩˥]　　　细活 sei xuʌʔ　　　菜绿 tsʻæ luʌʔ

　　　　　　　　挂着 kua tsuʌʔ　　　面饽 miɛ pʌʔ

30 A [˩˥ ˩]　　　展腰 tʂaŋ iɔ　　　　走星 tsəu sei

　　　　　　　　撵人 ȵiɛ zəŋ　　　　口甜 kʻəu tiɛ

30 B [˩˥ ˩]　　　马蜂 ma pʻəŋ　　　米黄 mi xuə

　　　　　　　　口唇 kʻəu suŋ　　　子蝗 tsɿ xuə

35 A [˩˥ ˀ˩]　　　走血 tsəu ɕʏʌʔ　　　洗脚 sei tɕʏʌʔ

　　　　　　　　绞脚 tɕiɔ tɕʏʌʔ　　　口涩 kʻəu sʌʔ

35 B [˩˥ ˀ˩]　　　井索 tsei sʌʔ　　　　拐尺 kuæ tʂʻʌʔ

　　　　　　　　整肃 tʂʅ suʌʔ　　　　洗刮 sei kuʌʔ

34 A [˩˥ ˥]　　　喘气 suaŋ tɕʻi　　　顶事 ti sɿ

　　　　　　　　涨价 tsuə tɕia　　　砍地 kʻaŋ ti

34 B [˩˥ ˥]　　　扁担 paŋ taŋ　　　　吼叫 xəu tɕiɔ

　　　　　　　　起座 tɕʻi tɕʏɛ　　　数话 sʮ xua

33 B [ɤ ɤ]	小米 ɕiɔ mi	火纸 <u>xuei</u> tsʅ
	卯榫 mɔ suŋ	打起 tɑ tɕʻi
36 B [ɤ ʔɤ]	捧盒 pʻəŋ xʌʔ	摆落 pæ lʌʔ
	草绿 tsʻɔ luʌʔ	捣着 tɔ tsuʌʔ
60 A [ʔɤ ɤ]	读书 tuʌʔ sʮ	食粗 ʂʌʔ tsʻəu
	砸牙 tsʌʔ ȵia	月明 yʌʔ <u>mi</u>
60 B [ʔɤ ɤ]	铡刀 sʌʔ tɔ	月蓝 yʌʔ lɑŋ
	脖脐 pʌʔ <u>tsei</u>	拾开 ʂʌʔ kʻæ
65 A [ʔɤʔɤ]	捏脚 ȵiʌʔ tɕyʌʔ	鼻塞 piʌʔ sʌʔ
	殨血 tuʌʔ ɕyʌʔ	
65 B [ʔɤʔɤ]	十一 ʂʌʔ iʌʔ	熟吃 suʌʔ tʂʻʌʔ
	活作 xuʌʔ tsuʌʔ	择剥 tʂʌʔ pʌʔ
64 A [ʔɤ ɤ]	读报 tuʌʔ pɔ	择铺 tʂʌʔ pʻu
	凿洞 tsʌʔ tuŋ	择菜 tʂʌʔ tsʻæ
64 B [ʔɤ ɤ]	直正 tʂʌʔ <u>tʂʅ</u>	实受 ʂʌʔ ʂəu
	学扮 ɕiʌʔ paŋ	熟惯 suʌʔ kuaŋ
66 B [ʔɤ ʔɤ]	日蚀 zʌʔ ʂʌʔ	集合 tɕiʌʔ xʌʔ
	忤逆 uʌʔ ȵiʌʔ	砸着 tsʌʔ tsuʌʔ

丢跤:摔跤。 栽成:可以栽。 撩拨:逗弄。 缝擦:粗粗地缝。 脱丝:脱扣。 缂书:用针线装订书本。 捉鳖:哄骗。 背损:背地说坏话。 面屎:作糨糊用的面糊。 道起:传话。 挂胀:挂伤。 面饽:饽面。 走星:流星。 撑人:给人分派活儿。 口唇:嘴唇。 子蟥:蝗虫。 走血:妇科病。 绞脚:缠脚。 井索:井绳。 拐尺:角尺。 整肃:整理。 洗刮:洗衣物。 吼叫:召唤。 起座:交际,来往。 数话:申斥。 火纸:点水烟用的纸媒子。捧盒:装送食品的盒子。 摆落:陈设。 捣着:捣伤。 砸牙:吃食塞牙缝。 食粗:不挑食。 脐脐:肚脐。 拾开:开始拾。 殨血:小产出血。 鼻塞:鼻子不通气。 活作:把生菜切好后放开水里过一下。 砸着:砸伤。

前字变调后字不变调的十一组

04 A [˦ ˥]　烧炭 ʂɔ t'ɑŋ　　教坏 tɕiɔ xuæ
　　　　　烟呛 iɛ tɕ'yɛ　　粮贱 liaŋ tɕiɛ

13 B [˦ ˥]　孤拐 ku kuæ　　亲友 tɕ'iŋ iɐu
　　　　　沙土 sɑ t'u　　　鸡腿 tɕi t'uæ

16 B [˦ ʔ˥]　青石 ts'ei ʂʌʔ　单薄 taŋ pʌʔ
　　　　　生熟 ʂʅɛ suʌʔ　吹着 ts'uei tsuʌʔ

24 B [˦ ˥]　茶饭 tsɑ xuɑŋ　存站 ts'uŋ tsɑŋ
　　　　　名字 mi tsʅ　　停住 t'iŋ tsʮ

54 A [ʔ˦ ˥]　脱帽 t'ʌʔ mɔ　　削价 ɕyʌʔ tɕiɑ
　　　　　脚大 tɕyʌʔ tei　作醋 tsuʌʔ ts'əu

53 B [ʔ˦ ˥]　扎绑 tsʌʔ pɔ　　豁挑 xuʌʔ t'iɔ
　　　　　刹口 sʌʔ k'əu　　哭起 k'uʌʔ tɕ'i

56 B [ʔ˦ ʔ˥]　吃食 tʂ'ʌʔ ʂʌʔ　熄灭 ɕiʌʔ miʌʔ
　　　　　湿毒 ʂʌʔ tuʌʔ　戳着 ts'uʌʔ tsuʌʔ

40 A [˨ ˥]　退班 t'uæ paŋ　下锅 xɑ kuei
　　　　　压琴 n̩ia tɕ'iŋ　院深 yɛ ʂəŋ

45 A [˨ ʔ˥]　忘八 uə pʌʔ　　向北 ɕiaŋ pʌʔ
　　　　　间谷 tɕiaŋ kuʌʔ　冻脚 tuŋ tɕyʌʔ

44 A [˦ ˥]　败兴 pæ ɕiŋ　　刺菜 ts'ʅ ts'æ
　　　　　受治 ʂəu tʂʅ　　过唱 kuei tʂ'ɑŋ

63 B [ʔ˥ ˥]　密虎 miʌʔ xu　　立火 liʌʔ xuei
　　　　　烙斧 lʌʔ xu　　　衲起 nʌʔ tɕ'i

孤拐:踝子骨。　吹着:受风。　茶饭:饭食。　存站:住。　扎绑:捆绑。　豁挑:搅和。　刹口:牲口嘴里的铁嚼子。　湿毒:受潮气得的病。　戳着:戳伤。　退班:留级。　压琴:弹琴。　败兴:丢人;晦气。　刺菜:切菜。　受治:受憋屈。　过唱:夏收后村里演戏。　密虎:蚂蚁。　立火:室外烧的灶。　烙斧:点焊药的小烙铁。　衲起:衲好(鞋底)。

前字不变调后字变调的七组

14 B [˩ ˩˩]	青带 tsʻei tæ	天地 tʻiɛ ti
	包办 pɔ paŋ	穿扮 tsʻuaŋ paŋ
54 B [ʔ˩ ˩˩]	结滞 tɕiʌʔ tʂ	鸭蛋 ŋʌʔ taŋ
	瞎话 xʌʔ xua	削面 ɕyʌʔ miɛ
40 B [˩ ˥]	大刀 tei tɔ	扣开 kʻɤu kʻæ
	怪奇 kuæ tɕʻi	杏黄 ɕiɛ xuə
45 B [˩ ʔ˥]	配搭 pʻæ tʌʔ	大雪 ta ɕyʌʔ
	训斥 ɕyŋ tʂʻʌʔ	饿杀 ŋiɛ sʌʔ
44 B [˩ ˥]	病痛 pi tʻuŋ	癞破 læ pʻei
	问讯 uŋ ɕiŋ	慢待 maŋ tæ
43 A [˩ ˩˥]	下雨 xɑ y	动火 tuŋ xuei
	戏眼 ɕi ȵiaŋ	上喏 suə ʐ̩ɿɛ
46 A [˩ ʔ˩˥]	退学 tʻuæ ɕiʌʔ	就业 tɕiɤu ȵiʌʔ
	上学 suə ɕiʌʔ	面熟 miɛ suʌʔ

青带:海带。 结滞:积食。 怪奇:奇怪。 饿杀:饿极。 癞破:花柳病。 戏眼:
费眼。 上喏:作揖。

前字后字都变调的十四组

03 A [˥ ˩˥]	丢顶 tiɤu tiŋ	伸手 tsʻ ʂɤu
	屙屎 ŋiɛ sɿ	弹腿 tʻaŋ tʻuæ
06 A [˥ ʔ˩˥]	开学 kʻæ ɕiʌʔ	推麦 tʻuæ miʌʔ
	分药 xuŋ yʌʔ	心毒 ɕiŋ tuʌʔ
10 B [˩˥ ˥]	枯乾 kʻu kaŋ	秧歌 iaŋ kɔ
	衣胞 i pɔ	天蓝 tʻiɛ laŋ
15 B [˩˥ ʔ˥]	阴湿 iŋ ʂʌʔ	吹拍 tsʻuei pʻiʌʔ
	丢失 tiɤu ʂʌʔ	温擦 uŋ tsʻʌʔ
23 B [˥ ˩˥]	红鬶 xuŋ iɛ	黄米 xuə mi

	牛马 ȵiəu mɑ	重起 tsuŋ tɕ‘i
26 B [ɤ ʔʌ]	鱼白 ȵy piʌʔ	鞋袜 xæ uʌʔ
	朋合 p‘əŋ xʌʔ	烦俗 xuɑŋ ɕyʌʔ
50 B [ʔʌ ɤ]	八哥 pʌʔ kiɛ	黑青 xeiʔ ts‘ei
	决开 tɕyʌʔ k‘æ	杀房 sʌʔ xuə
55 B [ʔʌ ʔɤ]	黑铁 xʌʔ t‘iʌʔ	七百 tɕ‘iɛʔ piʌ
	屄子 tuʌʔ tsʌʔ	摘掐 tʂʌʔ tɕ‘iʌʔ
53 A [ʔɤ ʌ]	酌酒 tʂʌʔ tɕiəu	出火 ts‘uʌʔ xuei
	得喜 tʌʔ ɕi	脚小 tɕyʌʔ ɕiɔ
56 A [ʔɤ ʔʌ]	吃席 tʂ‘ʌʔ ɕiʌʔ	啄食 tsuʌʔ ʂʌʔ
	割麦 kʌʔ miʌʔ	得力 tʌʔ liʌʔ
33 A [ɤ ʌ]	打顶 tɑ tiŋ	买喜 mæ ɕi
	起草 tɕ‘i ts‘ɔ	耳软 ər nzuɑŋ
36 A [ɤ ʔʌ]	数伏 sʅ xuʌʔ	创业 ts‘uɑŋ ȵiʌʔ
	省力 səŋ liʌʔ	采药 ts‘æ yʌʔ
63 A [ʔɤ ʌ]	捩水 liʌʔ suei	将草 lyʌʔ ts‘ɔ
	拔水 pʌʔ suei	折本 ʂʌʔ pəŋ
66 A [ʔɤ ʔʌ]	拾麦 ʂʌʔ miʌʔ	服药 xuʌʔ yʌʔ
	夺食 tuʌʔ ʂʌʔ	服役 xuʌʔ iʌʔ

丢顶:打盹。 弹腿:抬腿。 衣胞:胎盘。 温擦:好歹热一下。 红鼹:红痣。 重起:撂起。 朋合:合伙。 烦俗:絮叨。 杀房:屠宰猪羊处。 屄子:屁股。《广韵》入声屋韵"屄,尾下窍也。"丁木切,俗作屄。本地印行的《方言杂字》"屄",用"笃"字直音,注:"出粪门也"。 摘掐:摘。 酌酒:斟酒。 打顶:打盹。 买喜:被人好言奉承,和"戴高帽子"的意思相仿。 起草:母畜发情。 捩水:拧水。 将草:将草叶子。

四　叠字、儿尾名词的连读变调

　　本节讨论的叠字包括名词叠字和动词叠字。量词叠字和数词叠字的连读调和名词叠字一致，这里从略。叠字、儿尾名词的连读变调见表四。

表　　四

名　　　叠	名　　　儿	动　　　叠
		[ʌ˨ ʌ˩] xuŋ xuŋ 分分缝缝
[ʌ˨ ɤ˩] ci ci 腰腰背心儿	[ʌ˥ʔʌ˩] ci zʌ˥ʔ 腰儿	
[ɤ˩ ci ci] ci ci 窑窑窑洞	[ɤ˩ ci ci] ci zʌ˥ʔ 窑儿	
[ʌ˥ʔʌ˥ʔ] xuʌ˥ʔxuʌ˥ʔ 豁豁小豁口	[ʌ˥ʔʌ˥ʔ] kuʌ˥ʔzʌ˥ʔ 谷儿	[ʌ˥ʔʌ˥ʔ] suʌ˥ʔ suʌ˥ʔ 说说
[ʌ˩ ʌ˨] sʮ sʮ 树树小树	[ʌ˩ ʌ˨] sʮ zʌ˥ʔ 树儿	[ʌ˩ ʌ˩] uŋ uŋ 问问
[ʌ˩ ʌ˨] ʂəu ʂəu 手手	[ʌ˨ʔʌ˩] ʂəu zʌ˥ʔ 手儿	[ʌ˩ ʌ˨] ɕiŋ ɕiŋ 醒醒
[ʌ˥ʔʌ˥ʔ] ʌ˥ʔ ʌ˥ʔ 盒盒	[ʌ˥ʔʌ˥ʔ] luʌ˥ʔ zʌ˥ʔ 鹿儿	[ʌ˥ʔʌ˥ʔ] ɲiʌ˥ʔ ɲiʌ˥ʔ 捏捏

　　4.1　平遥名词的儿尾自成音节，读作[zʌ˥ʔʌ˩]，阴入。与"热"字同音。儿尾在急读时往往成为前一字的卷舌成分，和前字合成一个音节。这就是说："儿尾"急读，变成"儿化"。关于平遥的"儿化"准备另文讨论，这里只举几个例子。举例时儿化用小"ㄦ"字，与"儿"尾的大"儿"字区别开来。例如：

　　　腰儿[iə˨ʔ zʌ˥ʔʌ˩]　　→　　腰ㄦ[iəɻʌ˨]

　　　窑儿[iə˩ ci zʌ˥ʔʌ˩]　　→　　窑ㄦ[iəɻ˩]

　　　树儿[sʮ˨ʔ zʌ˥ʔʌ˨ʔ]　　→　　树ㄦ[sʮɻʌ˨]

　　　手儿[ʂəu˨ʔ zʌ˥ʔʌ˨ʔ]　　→　　手ㄦ[ʂəuɻʌ˨]

　　入声韵母儿化时失去喉塞音[ʔ]韵尾，阴入[ʌ˥ʔ]13短调读作平声[ʌ˩]13调。阳入[ʌ˨ʔ]53短调读作上声[ʌ˨]53调。请比较下列例字，由于入声韵母与舒声韵母儿化后的主要元音不同，只能找音近的字比较。

角儿饺子[tɕyʌʔˑ zʅˑʔˑ] →　角儿[tɕyʌˑʌɣˑ]

墙儿[tɕyəˑ zʌʔˑ] 　　　→　墙儿[tɕyɣʌˑ]

轴儿[tsuʌʔˑ zʅˑʔˑ] 　→　轴儿[tsuʌˑɣˑ]

主儿[tsuˠˑ zʌʔˑ] 　　→　主儿[tsyɣˑ]

4.2　名词叠字、儿尾名词与偏正式、并列式、谓补式的连调相同。举例对比如下。

名叠	偏正
鸡鸡 ʌˑɣˑ tɕi	鸡心 ʌˑɣˑ tɕi ɕiŋ
牛牛 ˑˑ n̠iəu	牛皮 ˑˑ n̠iəu pʻi
路路 ˑˑ ləu	路费 ˑˑ ləu xuei
贴贴 ʔʌˑ ʔɣˑ tʻiʌʔ	铁擦 ʔʌˑ ʔɣˑ tʻiʌʔ tsʻʌʔ

名儿	偏正
鸡儿 ʌˑ ʔɣˑ tɕi ə zʌʔ	鸡血 ʌˑ ʔɣˑ tɕi ɕyʌʔ
牛儿 ˑˑ n̠iəu ˑ zʌʔ	牛骨 ˑˑ n̠iəu kuʌʔ
字儿 ˑ ʔʌˑ tsʅ ˑ zʌʔ	字帖 ˑ ʔʌˑ tsʅ tʻiʌʔ
脊儿 ʔʌˑ ʔɣˑ tɕiʌʔ ˑ zʌʔ	脊骨 ʔʌˑ ʔɣˑ tɕiʌʔ kuʌʔ

鸡鸡:赤子阴。　贴贴:过年贴的字纸。　铁擦:锉。　脊儿:房脊。

　　上列例字只有第四行,前字是阴入的"名儿"和名叠、偏正的连调不同。

4.3　平遥方言名词叠字与动词叠字连读变调不同,从表四可以看出来,现在再举例对比如表五。同一横行的例字,无论用字是否相同,声韵母都是相同的,所以声韵母只标一次。

表　五

	名　叠	动　叠
11 sæ　sæ	筛筛[ʌˑɣˑ]筛子:把～挂起哇	筛筛[ɣˑʌˑ]筛一下:去把面～
22 xu　xu	糊糊[ʌˑˑ]糊状面食:今晌午吃～	糊糊[ɣˑʌˑ]糊一下:把窗子～
55 tsʻʌʔ tsʻʌʔ	擦擦[ʔʌˑʔɣˑ]板擦儿:～寻不见啦	擦擦[ʔɣˑʔʌˑ]擦一下:把碗～

	名　　叠	动　　叠
44 uŋ　uŋ	瓮瓮[˥˩]瓮:新买的块~	问问[˥˩]问一下:解不下~人
33 ts'ɿ　ts'ɿ	草草[˥˩]草:院儿长了些~	炒炒[˩˥]炒一下:~再吃
66 ɕiʌ̃　ɕiʌ̃	席席[ʔ˥˩]席子:~也烂啦	学学[ʔ˩˥]学一下:向人家~

4.4　叠字、儿尾名词连读变调举例

上面比较了名叠式与动叠式的连读变调,下面再把这两种结构与"名儿"式比较,例字排列依代码 0 1 2 5 4 3 6 的次序。

00 动叠 [˩　　˥] 飞飞 xuei xuei　　　　添添 t'iɛ t'iɛ

挑挑 t'iɔ t'iɔ　　　　寻寻 ɕiŋ ɕiŋ

11 名叠 [˥　　˩] 盔盔 k'uæ k'uæ　　　衫衫 saŋ saŋ

瓯瓯 ŋuei ŋuei　　　三三 saŋ saŋ

15 名儿 [˥　ʔ˩˥] 锅儿 kuei zʌʔ　　　沟儿 kəu zʌʔ

猪儿 tsʅ zʌʔ　　　瓜瓜 kua zʌʔ

22 名叠 [˩　　˩] 裙裙 tɕ'yŋ tɕ'yŋ　　　河河 xei xei

渠渠 tɕy tɕy　　　橡橡 tsuaŋ tsuaŋ

25 名儿 [˩　ʔ˩] 梨儿 li zʌʔ　　　蚕儿 tsaŋ zʌʔ

鱼儿 ȵy zʌʔ　　　虫儿 tsuŋ zʌʔ

55 名叠 [ʔ˥　ʔ˥] 索索 sʌʔ sʌʔ　　　兀兀 uʌʔ uʌʔ

踏踏 ʂʌʔ ʂʌʔ　　　桌桌 tsuʌʔ tsuʌʔ

55 名儿 [ʔ˩　ʔ˥] 鳖儿 piʌʔ zʌʔ　　　粥儿 tsuʌʔ zʌʔ

塔儿 t'ʌʔ zʌʔ　　　毂儿 kuʌʔ zʌʔ

55 动叠 [ʔ˥　ʔ˥] 切切 tɕ'iʌʔ tɕ'iʌʔ　　搭搭 tʌʔ tʌʔ

戳戳 ts'uʌʔ ts'uʌʔ　　擦擦 ts'ʌʔ ts'ʌʔ

44 名叠 [˥　　˩] 棒棒 pɔ pɔ　　　巷巷 xuə xuə

弹弹 t'aŋ t'aŋ　　　四四 sʅ sʅ

45 名儿 [˥　ʔ˩] 锯儿 tɕy zʌʔ　　　棍儿 kuŋ zʌʔ

杏儿 ɕiɛ zʌʔ　　　镜儿 tɕi zʌʔ

44 动叠 [˦ ˦]探探	tʻɑŋ tʻɑŋ		抱抱	pu pu	

44 动叠 [˦ ˦]探探 tʻɑŋ tʻɑŋ　　　　抱抱 pu pu

倒倒 tɔ tɔ　　　　串串 tsʻuɑŋ tsʻuɑŋ

33 名叠 [˧ ˧]穄穄 mæ mæ　　　　主主 tsʮ tsʮ

女女 nzʮ nzʮ　　　　锁锁 ɕyɛ ɕyɛ

35 名儿 [˧ ʔ˧]伞儿 sɑŋ zʅʌʔ　　　狗儿 kəu zʅʌʔ

女儿 nzʮ zʅʌʔ　　　眼儿 ȵiɑŋ zʅʌʔ

33 动叠 [˧ ˧]吼吼 xəu xəu　　　品品 pʻiŋ pʻiŋ

撵撵 ȵiɛ ȵiɛ　　　躲躲 <u>tuei tuei</u>

66 名叠 [ʔ˥ ˧]食食 ʂʌʔ ʂʌʔ　　　脖脖 pʌʔ pʌʔ

盒盒 xʌʔ xʌʔ　　　药药 yʌʔ yʌʔ

65 名儿 [ʔ˥ ʔ˥]鹿儿 luʌʔ zʅʌʔ　　活儿 xuʌʔ zʅʌʔ

轴儿 tsuʌʔ zʅʌʔ　　凿儿 tsʌʔ zʅʌʔ

66 动叠 [ʔ˥ ʔ˥]犁犁 lʌʔ lʌʔ　　　薚薚 ɕyʌʔ ɕyʌʔ

截截 tɕiʌʔ tɕiʌʔ　　捏捏 ȵiʌʔ ȵiʌʔ

盉盉:口大肚小的陶瓷器。　衫衫:单上衣。　瓯瓯:小碗儿。　三三:第三个儿子。
渠渠:渠。　河河:河。　索索:小绳儿。　碴碴:碾碎的豆。　兀兀:方凳。　戳戳:图章。　搭搭:往上搭(衣物)。　棒棒:小棍儿。　弹弹:圆球儿。　巷巷:巷。　探探:往上够。　穄穄:高粱受病长的黑穗。《广韵》上声海韵:"穄,禾伤雨",莫亥切。主主:财物的所有者。　女女:女孩儿。　吼吼:叫。　撵撵:驱、赶。　食食:饲料。脖脖:脖子。　犁犁:以磨破豆。《广韵》入声曷韵:"犁,研破",卢达切。本地《方言杂志》"犁,研破也"。　薚薚:物色。

附　记

　　平遥方言[nz][ŋ]两个声母要说明一下。[nz]是舌尖前的鼻擦音,[ŋ]是舌尖后的鼻音。这两个声母的字都很少。下面列举这两个声母的字,有的字后面还列出声母相近的字,放在圆括号里,以资比较。

　　[nzʅ˧]⸴□细磨:把盐~烂些儿　[nzʅ˦]腻

　　[nzʮ˥]女(比较:[zʮ˥]入:不敢把手~过来)

[nzaŋˀ] 喃嚼：口里[zˌʌʔˌ]～的是些甚(比较：[naŋˌ] 男南难～易)

[nzaŋˀ] □ˀ陷：把脚～进泥合里[xʌʔˀ leiˀ]里头啦(比较：[naŋˀ] 难～民)

[nzuaŋˀ] 暖软

[ŋyuɤˀ] 扭(比较：[ɲyəuˀ] 纽，[ŋuɤŋ] 偶)

[ŋaŋˀ] 黏鮎拈　[ŋaŋˀ] 碾～米　[ŋaŋˀ] 碾～子

[ŋʌʔˀ] 镟～子　□ˀ玩闹：不敢可炕～不要在炕上打着玩

雷春兰老师和王文杰老师是本文的发音合作人,作者对他们表示谢意。

（原载《方言》1980.1）

平遥方言三字组的连读变调

提要 本文是《平遥方言的连读变调》(《方言》1980 年第 1 期)的续稿。本文讨论专用式的四种三字组的连读变调:前叠式三字组,后叠式三字组,形容词三字组,副词三字组。三字组广用式的连调另行讨论。第四节跟第五节曾经在一九八一年十一月汉语方言学会第一届学术讨论会上宣读。

一 总说

平遥有五个单字调,三长两短;有十个连读变调,五长五短,其中五个(三长两短)跟单字调相同,五个(两长三短)是连调后新出现的调值。平声跟阴入,上声跟阳入,调值虽有舒入之别(阴入阳入都带喉塞音,是短调),连调行为完全相同。现在不分舒声入声,只论调值的高低升降,喉塞音一律省去;不分本调变调,调值一律记在竖线的右边,就是说都用变调调号。十个调值可以归并成五种调型,对比如下。平遥单字调平声不分阴阳,连调有时可以分阴阳平,所以阴阳平各有代码。

本调调值及代码			连调调值	调型
0 平声 [˩]	1 阴平 [˩]	2 阳平 [˩]	[˩˨] [ʔ˩˨]	[˩˨] 低升
5 阴入 [ʔ˥]			[˥˩] [ʔ˥˩]	[˥˩] 高降
4 去声 [˥]			[˨˥] [ʔ˨˥]	[˨˥] 高升
3 上声 [˨]			[˩˩] [ʔ˩˩]	[˩˩] 低降
6 阳入 [ʔ˨]			[˨˦] [ʔ˨˦]	[˨˦] 曲折

就五种调型出现的位置而论,升调[˩˨ ˨˥]和降调[˥˩ ˩˩]的出现位置没有限制,曲折调[˨˦]不用于三字组的首字。

就五种调型出现的次第而论,曲折调[ʌ]的前字是高升调[ʅ],后字是高降调[ʄ];高升调的后字是降调[ʅ ʄ]或曲折调[ʌ];高降调的后字没有限制,但是没有曲折调[ʌ]。

多数两字组的连调与语法结构关系密切。声调组合相同时,语法结构不同,连读变调可能不同。例如:

封门动宾[xuŋ˨ məŋ˩] ≠ 风门偏正[xuŋ˧˥ məŋ˧˥]夏天用的纱门

下坡动宾[xɑ˥˩ p'ei˩] ≠ 下坡偏正[xɑ˨ p'ei˧˥]坡的低处:我在~等你

前叠式三字组,后叠式三字组也是这样。例如:

温温水动宾[uŋ˧˥ uŋ˧˥ suei˥˩]热一热水 ≠ 温温水偏正[uŋ˧˥ uŋ˧˥ suei˥˩]温水

推车车动宾[t'uæ˧˥ tʂ'ʅɛ˧˥ tʂ'ʅɛ˥˩]推车子 ≠ 推车车偏正[t'uæ˧˥ tʂ'ʅɛ˧˥ tʂ'ʅɛ˥˩]部首"辶"

因此讨论平遥方言的连调要同时说明结构。前篇用 AB 分别表示影响连调的两类不同结构。本篇不用 AB,直接写出结构的名称。并列式的连调行为与偏正式完全一致,例子又很少,归入偏正式内一并讨论,不另立名称。专用式三字组没有动补式。

二 前叠式三字组

前叠式三字组指前两字相同的三字组,如"人人书小人儿书,穗穗湿穗儿湿,传传忙帮忙"等。这类三字组的连调可以用表一跟表二来说明。

表一左边标明前两字(首字和中字)的调类,上头标明第三字(末字)的调类,右边标明三字组的结构是动宾、主谓还是偏正。表心罗列全部调类组合的连调,不变调的记本调调值,变调的记变调调值。

表　一

	0 ˧	5 ʔˀ˧	4 ˩	3 ˥	6 ʔˀ˥	
00 ˧ ˧						动宾
						主谓
22 ˧ ˧						偏正
11 ˧ ˧						偏正
55 ʔˀ˧ ʔˀ˧						动宾
						主谓
						偏正
44 ˩ ˩						动宾
						主谓
						偏正
33 ˥ ˥						动宾
						主谓
						偏正
66 ʔˀ˥ ʔˀ˥						动宾
						主谓
						偏正

表　二

		0˧ 5ʔˀ˧	4 ˩	3˥ 6ʔˀ˥	
00 ˧ ˧	55 ʔˀ˧ ʔˀ˧				动宾
44 ˩ ˩					主谓
33 ˥ ˥	66 ʔˀ˥ ʔˀ˥				动宾
00 ˧ ˧	55 ʔˀ˧ ʔˀ˧				主谓
22 ˧ ˧					偏正
11 ˧ ˧	55 ʔˀ˧ ʔˀ˧				偏正
44 ˩ ˩					动宾
					偏正
33 ˥ ˥	66 ʔˀ˥ ʔˀ˥				主谓
					偏正

— 244 —

表一分舒声入声,分本调变调,从表一可以看出各个调类组合总的连调情况。表二不分舒入,不分本调变调,比表一要简单明白一点。从表二可以看出偏正式有八种连调型,主谓式有七种连调型,动宾式有三种连调型,减去相同的六种连调型,前叠式三字组共有十二种连调型。现在先给每个连调型举一两个例子。

[˩ ˥ ˩]偏正　　　刀刀心 [tɔ - ɕiŋ]刀子心

　　　　　　　　角角皮 [tɕyʌʔ - pʻi]豆壳儿

[˥ ˧ ˩]偏正　　　料料客 [liɔ - kʻʌʔ]吸毒者

　　　　　　　　岁岁钱 [suei - tɕiɛ]压岁钱

[˥ ˧ ˩]偏正　　　对对眼 [tuæ - ȵiaŋ]对眼儿

　　　　　　　　面面药 [miɛ - yʌʔ]药面儿

[˩ ˥ ˩]偏正　　　水水眼 [suei - ȵiaŋ]泪眼(眼疾)

　　　　　　　　橛橛眼 [tɕyʌʔ - ȵiaŋ]针眼(眼疾)

[˪ ˩ ˥]偏正　　　皮皮匠 [pʻi - tɕyə]皮匠

　　　 主谓　　　绳绳细 [ʂɻ - sei]绳儿细

[˥ ˩ ˥]偏正　　　颗颗盐 [kʻuei - iɛ]粒儿盐

　　　 主谓　　　底底厚 [ti - xəu]底儿厚

[˪ ˪ ˪]偏正　　　牛牛车 [ȵiəu - tʂʻɻɛ]牛车

　　　 主谓　　　索索粗 [sʌʔ - tsʻəu]绳子粗

　　　 偏正　　　婆婆嘴 [pei - tsuei]嘴碎

[˪ ˥ ˎ]主谓　　　皮皮薄 [pʻi - pʌʔ]皮薄

　　　 动宾　　　蒸蒸米 [tʂɻ - mi]蒸饭

[˩ ˎ ˎ]主谓　　　齿齿宽 [sɻ - kʻuaŋ](锯)齿儿稀

　　　　　　　　颗颗湿 [kʻuei - ʂʌʔ]子粒儿不干

[˩ ˥ ˎ]主谓　　　本本薄 [pəŋ - pʌʔ]本子薄

　　　　　　　　药药苦 [yʌʔ - kʻu]药苦

[˥ ˩ ˩]主谓　　　穗穗湿 [ɕy - ʂʌʔ]穗儿不干

　　　 动宾　　　打打醋 [tɑ - tsʻəu]打醋

[↑ ↘ ↘]动宾

透透气 [təu - tɕ'i]通风

刺刺柴 [tsʅ - sæ]铡秫秸

以下依前叠式三字组的调类组合举例，和表一的次序相同。举例时先写三字组的调类和结构。例子的第二字声韵与第一字相同，用连字号"-"表示。注释放在末了。下节同。

000动宾↘↘↘	操操心	ts'ɔ	-	ɕiŋ
	添添油	t'iɛ	-	iəu
	抬抬花	t'æ	-	xuɑ
	缝缝鞋	xuŋ	-	xæ
000主谓↗↗↗	身身宽	ʂəŋ	-	k'uɑŋ
	花花红	xuɑ	-	xuŋ
	皮皮粗	p'i	-	ts'əu
	苗苗稠	miɔ	-	tʂəu
005动宾↘↘?↗	挖挖脚	ua	-	tɕyʌ?
	抬抬脚	t'æ	-	tɕyʌ?
005主谓↗↗?↗	身身窄	ʂəŋ	-	tʂʌ?
	皮皮涩	p'i	-	sʌ?
004动宾↘↘↘	挑挑刺	t'iɔ	-	ts'ʅ
	和和面	xuei	-	miɛ
004主谓↗↗↗	尖尖细	tɕiɛ	-	sei
	墙墙厚	tɕyə	-	xəu
003动宾↗↘↘	烧烧火	ʂɔ	-	xuei
	揉揉眼	zəuʅ	-	ȵiaŋ
003主谓↗↘↘	钉钉短	ti	-	tuɑŋ
	濠濠浅	xɔ	-	tɕ'iɛ
006动宾↗↘?↘	抓抓药	tsua	-	yʌ?
	熬熬药	ŋɔ	-	yʌ?

— 246 —

主谓		坡坡立	pʻei	-	liʌʔ
		皮皮薄	pʻi	-	pʌʔ
220 偏正 ˊ ˊ ˊ		蛾蛾花	ŋiᴇ	-	xuɑ
		驴驴皮	luei	-	pʻi
224 偏正 ˊ ˋ ˊ		娘娘庙	n̠iɑŋ	-	miɔ
223 偏正 ˊ ˋ ˇ		铃铃枣	li	-	tsɔ
226 偏正 ˊ ˋ ʔˇ		瓶瓶药	pʻiŋ	-	yʌʔ
110 偏正 ˋ ˋ ˋ		蛛蛛窝	tsʅ	-	uei
		花花鞋	xuɑ	-	xæ
115 偏正 ˋ ˋ ʔˋ		灰灰色	xuæ	-	sʌʔ
114 偏正 ˋ ˋ ˋ		汤汤饭	tʻuə	-	xuɑŋ
113 偏正 ˋ ˋ ˇ		鸡鸡眼	tɕi	-	n̠iaŋ
116 偏正 ˋ ˋ ʔˇ		包包药	pɔ	-	yʌʔ
550 动宾 ʔˇ ˇ ˋ ˊ		吃吃烟	tʂʻʌʔ	-	iᴇ
550 动宾 ʔˇ ˇ ˋ ˊ		喝喝茶	xʌʔ	-	tsʻɑ
550 主谓 ʔˊ ʔˊ ˊ		谿谿深	xuʌʔ	-	ʂəŋ
		摺摺匀	tʂʌʔ	-	yŋ
550 偏正 ʔˋ ʔˇ ˊ		楔楔书	ɕiʌʔ	-	sʅ
		角角皮	tɕyʌʔ	-	pʻi
555 动宾 ʔˋʔˇʔˊ		出出血	tsʻuʌʔ	-	ɕyʌʔ
555 主谓 ʔˊʔˇʔˊ		桌桌窄	tsuʌʔ	-	tʂʌʔ
554 动宾 ʔˋʔˇ ˅		说说话	suʌʔ	-	xuɑ
554 主谓 ʔˊ ʔˋ ˊ		角角麦	tɕyʌʔ	-	tsa
554 偏正 ʔˋ ʔˇ ˊ		壳壳菜	kʻʌʔ	-	tsʻæ
553 动宾 ʔˊ ʔˋ ˇ		割割纸	kʌʔ	-	tsʅ
主谓		格格小	kʌʔ	-	ɕiɔ
553 偏正 ʔˋ ʔˇ ˋ		谿谿碗	xuʌʔ	-	uɑŋ

556 动宾 ʔˤ ʔˤ ʔˤ 主谓	出出毒 ts'uʌʔ	-	tuʌʔ	
	壳壳薄 k'ʌʔ	-	pʌʔ	
440 动宾	倒倒灰 cɔ	-	xuæ	
	替替鞋 t'i	-	xæ	
440 主谓	穗穗轻 ɕy	-	tɕ'iŋ	
	袖袖长 ɕiəu	-	tʂ'aŋ	
440 偏正	锭锭烟 tiŋ	-	iɛ	
	袋袋茶 tæ	-	ts'a	
445 动宾	倒倒雪 cɔ	-	ɕyʌʔ	
445 主谓	穗穗湿 ɕy	-	ʂʌʔ	
445 偏正	料料客 liɔ	-	k'ʌʔ	
444 动宾	过过秤 kuei	-	tʂ'əŋ	
444 主谓	带带细 tæ	-	sei	
444 偏正	豆豆菜 təu	-	ts'æ	
443 动宾 主谓	换换水 xuaŋ	-	suei	
	炕炕暖 k'uə	-	nzuaŋ	
443 偏正	绽绽碗 tsaŋ	-	uaŋ	
446 动宾 主谓	灌灌药 kuaŋ	-	yʌʔ	
	被被薄 pi	-	pʌʔ	
446 偏正	面面药 miɛ	-	yʌʔ	
330 动宾	点点灯 tiɛ	-	təŋ	
	品品茶 p'iŋ	-	ts'a	
330 主谓	颗颗干 k'uei	-	kaŋ	
	爪爪长 tsua	-	tʂ'aŋ	
330 偏正	把把香 pa	-	ɕiaŋ	
	桶桶茶 t'uŋ	-	ts'a	
335 动宾	洗洗脚 sei	-	tɕyʌʔ	

335	主谓 ˥˧ ꜖꜔ ʔ˩˨	板板窄	pɑŋ	-	tʂʌʔ
335	偏正 ˥˧ ꜔꜖ ʔ꜔꜒	伙伙吃	xuei	-	tʂʻʌʔ
334	动宾 ꜔꜒ ˥˧ ꜖꜔	写写信	ɕiᴇ	-	ɕiŋ
334	主谓 ˥˧ ꜔꜖ ˥	火火快	xuei	-	kʻuæ
	偏正	块块炭	kʻuæ	-	tʻɑŋ
333	动宾 ꜖꜔ ꜒ ˧˩˧	滚滚水	kʻuŋ	-	suei
333	主谓 ˥˧ ꜔꜒ ˧˩˧	胆胆小	tɑŋ	-	ɕiɔ
333	偏正 ˥˧ ꜔꜖ ˥˧	狗狗眼	kəu	-	ȵiɑŋ
336	动宾 ꜖꜔ ꜔꜒ ʔ˧˩˧	紧紧闸	tɕiŋ	-	tsʌʔ
336	主谓 ˥˧ ꜔꜒ ʔ˧˩˧	本本薄	pəŋ	-	pʌʔ
336	偏正 ˥˧ ꜔꜖ ʔ˥˧	水水药	suei	-	yʌʔ
660	动宾 ʔ꜔꜒ ʔ˥˧ ˩˨	煠煠糕	tsʌʔ	-	kɔ
		拾拾柴	ʂʌʔ	-	sæ
660	主谓 ʔ˥˧ ʔ꜖꜔ ˩˨	轴轴粗	tsuʌʔ	-	tsʻəu
		脖脖长	pʌʔ	-	tʂʻɑŋ
660	偏正 ʔ˥˧ ʔ꜔꜖ ꜔꜒	月月鞋	yʌʔ	-	xæ
665	主谓 ʔ˥˧ʔ꜖꜔ʔ˩˨	鼻鼻泼	piʌʔ	-	pʻʌʔ
664	动宾 ʔ꜔꜒ ʔ˥˧ ꜖꜔	续续假	ɕyʌʔ	-	tɕiɑ
664	主谓 ʔ˥˧ ʔ꜔꜖ ˥	叶叶嫩	iʌʔ	-	nəŋ
	偏正	袜袜线	uʌʔ	-	ɕiᴇ
663	动宾 ʔ꜖꜔ ʔ꜔꜒ ˧˩˧	砸砸鼓	tsʌʔ	-	ku
663	主谓 ʔ˥˧ ʔ꜔꜒ ˧˩˧	药药苦	yʌʔ	-	kʻu
663	偏正 ʔ˥˧ ʔ꜔꜖ ˥˧	橛橛眼	tɕyʌʔ	-	ȵiɑŋ
666	主谓 ʔ˥˧ʔ꜔꜒ʔ˧˩˧	袜袜薄	uʌʔ	-	pʌʔ

身身宽:肩宽。　苗苗稠:苗密。　濠濠浅:濠沟浅。　坡坡立:坡陡。　蛾蛾花:纸或丝绢制成的花。　铃铃枣:一种圆形的枣。　瓶瓶药:瓶装药。　汤汤饭:汤饭。　鸡鸡眼:病愈后失神的眼睛。　楔楔书:闲书。楔楔,闲话。　出出血:放血。　角角爹:

角儿不平。　壳壳菜:有帮儿无心的菜。　割割纸:裁纸。　豁豁碗:边上有豁口的碗。　出出毒:排除有病部位的毒气。　壳壳薄:(饺子等的)皮儿薄。　替替鞋:换一下鞋。　锭锭烟:做成块状的烟丝。　袋袋茶:袋儿茶。　豆豆菜:有豆儿的熟菜。炕炕暖:炕热。　绽绽碗:有璺的碗。　颗颗干:子粒干。　把把香:论把儿的香。桶桶茶:桶儿茶。　火火快:(炉)火急。　块块炭:块儿煤。　滚滚水:烧一下水。狗狗眼:指小孩的眼小。　水水药:药水儿。　脖脖长:器皿的颈部长。　月月鞋:只能穿一个月的鞋,形容人穿鞋费。　鼻鼻泼:(鞋)鼻儿宽。　袜袜线:袜子线。　砸砸鼓:捶一捶鼓。

以上所举偏正式三字组全是名词性的,动词性的偏正式例子不多,连调型也一样。

224 ⌐⌐⌐　排排睡　p'æ － suei　一个挨着一个睡

横横睡　ɕyɛ － suei　横着睡

223 ⌐⌐⌐　头头起　<u>təu</u> － tɕ'i　前头

三　后叠式三字组

后叠式三字组指后两字相同的三字组,如"蜜爷爷小儿喜欢的老头儿,磕头头磕头"。这类三字组的连调可以用表三跟表四来说明。

表　三

	22	11	55	44	33	66	
0							动宾
2							偏正
1							偏正
5							动宾
							偏正
4							动宾
							偏正
3							动宾
							偏正

	22 ˩ ˩	11 ˩ ˩	55 ʔ˩ ʔ˩	44 ˥ ˥	33 ˦ ˦	66 ʔ˥ ʔ˥	
6 ʔ˥	ʔ˥ ˩ ˩	ʔ˥ ˩ ˩	ʔ˥ ʔ˩ ʔ˩	ʔ˥ ˥ ˥	ʔ˥ ˦ ˦	ʔ˥ ʔ˥ ʔ˥	动宾
	ʔ˥ ˦ ˦	ʔ˥ ˦ ˦	ʔ˥ ʔ˥ ʔ˥	ʔ˥ ˦ ˦	ʔ˥ ˦ ˦	ʔ˥ ʔ˥ ʔ˥	偏正

表　四

		22 ˩ ˩	11˩˩ 55ʔ˩ ˩	44 ˥ ˥	33˦˦ 66ʔ˥ ʔ˥	
0˩ 4˥ 5ʔ˩		˦ ˦ ˦	˦	˦ ˦	˦ ˦	动宾
2˩						偏正
1˩ 5ʔ˩		˥ ˦ ˦*		˦ ˦ ˦	˦	偏正
4˥			˦ ˦		˥	偏正
3˦ 6ʔ˥		˥ ˦ ˦		˥ ˥ ˦	˦ ˦	动宾
6ʔ˥ 6ʔ˥		˥ ˦ ˦		˦ ˦ ˥	˦ ˥	偏正

*511 偏正式与动宾式连调型相同

　关于表三的排列，表三与表四的关系，请参看上节表一与表二前头的说明。从表四可以看出后叠式三字组的动宾式有七种连调型，偏正式有九种连调型。减去两种格式都用的五种连调型，后叠式三字组共有十一种连调型。表四有一处要特别说明一下。表三里头，阴入 5[ʔ˩]开头的偏正式，连调型多数跟动宾式不同，只有 511 偏正式的连调型跟动宾式相同。如："竹筛筛竹筛子"与"切丝丝切丝儿"连调相同。表四是表三的简化，但是限于篇幅，无法表示 511 偏正式的连调型。所以在这里交代 511 偏正式的连调型不是[˥ ˦ ˥]而是[˦ ˥ ˦]。

　现在先给每个连调型举一两个例子：

[˦ ˥ ˦]偏正　　砖缝缝[tsuaŋ xuŋˀ　-]砖缝儿

　　　　　　　脚蹬蹬[tɕyʌʔ təŋ　-]脚蹬子

[˥ ˦ ˦]偏正　　花袄袄[xua nuˀ　cŋ　-]花褂儿

　　　　　　　葱白白[ts'uŋ piʌʔ　-]葱白

[˦ ˥ ˦]偏正　　树枝枝[sʮ　tsʮ　-]树枝儿

		菜角角	[tsʻæ	tɕyʌʔ	-]素馅儿饼
[ˊˋˋ]偏正		小剪剪	[ɕiɔ	tɕiɛ	-]小剪子
		死叶叶	[sɿ	iʌʔ	-]枯叶儿
[ˇˇˇ]	偏正 动宾	骡槽槽	[<u>lei</u>	tsɔ	-]骡槽子
		跳房房	[tʻiɔ	xuə	-]儿童游戏
[ˇˋˊ]	偏正 动宾	茶佘佘	[tsʻa	tsʻuaŋ	-]茶佘
		塞塞塞	[sʌʔ	sʌʔ	-]塞木塞儿
[ˋˊˋ]	偏正 动宾	灯笼笼	[təŋ	ləu	-]灯笼
		缠蛋蛋	[tʂaŋ	taŋ	-]缠线
[ˊˋˋ]	偏正 动宾	水虱虱	[suei	ʂʌʔ	-]鱼虫儿
		摆摊摊	[pæ	tʻaŋ	-]摆摊儿
[ˊˋˇ]	偏正 动宾	活土土	[xuʌʔ	tʻu	-]喧土
		蒸卷卷	[tʂɿ	tɕyɛ	-]蒸花卷儿
[ˊˇˇ]动宾		起头头	[tɕʻi	təu	-]起头儿
		择苗苗	[tʂʌʔ	miɔ	-]间苗儿
[ˊˇˊ]动宾		挂棍棍	[tsɿ	kuŋ	-]挂棍子
		拾豆豆	[ʂʌʔ	təu	-]拣豆粒儿

以下依三字组的调类组合举例:

022动宾 ˊ ˊ ˊ	浇园园 tɕiɔ	yɛ	-
	游回回 iəu	xuæ	-
011动宾 ˊ ˋ ˇ	开方方 kʻæ	xuə	-
	盛汤汤 ʂɿ	tʻuə	-
055动宾 ˊ ʔˋ ʔˇ	修桌桌 ɕiəu	tsuʌʔ	-
	量尺尺 <u>luə</u>	tʂʻʌʔ	-
044动宾 ˋ ˊ ˋ	梳辫辫 sɿ	piɛ	-
	糊盖盖 xu	kæ	-
033动宾 ˇ ˋ ˊ	收口口 ʂəu	kʻəu	-

			流水水 liəu	suei	-
066	动宾 ˧ ˥˧ ˥˩	搭药药 <u>tsa</u>	yʌʔ	-
222	偏正 ˧ ˧ ˧	门环环 məŋ	xuaŋ	-
211	偏正 ˧ ˩ ˧	横枝枝 ɕyɛ	tsʅ	-
255	偏正 ˧ ˨˩ ˨˧	牙刷刷 n̠ia	suʌʔ	-
244	偏正 ˩ ˧ ˧	咸菜菜 xaŋ	tsʻæ	-
233	偏正 ˧ ˥ ˩	洋锁锁 iaŋ	ɕyɛ	-
266	偏正 ˧ ˨˧ ˨˩	红袜袜 xuŋ	uʌʔ	-
122	偏正 ˩ ˧ ˩	猪蹄蹄 tsʮ	<u>ti</u>	-
111	偏正 ˩ ˧ ˩	灰仓仓 xuæ	tɕʻyə	-
155	偏正 ˩ ˨˧ ˨˧	烟色色 iɛ	sʌʔ	-
144	偏正 ˧ ˧ ˩	花裤裤 xuɑ	kʻu	-
133	偏正 ˩ ˥ ˩	烟嘴嘴 iɛ	tsuei	-
166	偏正 ˩ ˨˧ ˨˧	灰勺勺 xuæ	suʌʔ	-
522	动宾 ˨˩ ˧ ˧	剥皮皮 pʌʔ	pʻi	-
522	偏正 ˨˩ ˩ ˧	铁环环 tʻiʌʔ	xuaŋ	-
511	动宾 ˨˩ ˩ ˧	测音音 tsʻʌʔ	i	-
511	偏正 ˨˩ ˩ ˧	侧刀刀 tsʌʔ	tɔ	-
555	动宾 ˨˩ ˨˧ ˨˧	摘角角 tʂʌʔ	tɕyʌʔ	-
	偏正 ˨˩ ˨˧ ˨˩	脚束束 tɕyʌʔ	suʌʔ	-
544	动宾 ˨˩ ˧ ˩	结袖袖 tɕiʌʔ	ɕiəu	-
544	偏正 ˨˩ ˩ ˩	脚线线 tɕyʌʔ	ɕiɛ	-
533	动宾 ˨˩ ˥ ˩	缉口口 tɕʻiʌʔ	kʻəu	-
533	偏正 ˨˩ ˥ ˩	窄板板 tʂʌʔ	paŋ	-
566	动宾 ˨˩ ˨˧ ˨˩	摘叶叶 tʂʌʔ	iʌʔ	-
566	偏正 ˨˩ ˨˧ ˨˧	竹叶叶 tsuʌʔ	iʌʔ	-
422	动宾 ˩ ˧ ˩	过河河 kuei	xei	-

		调型			词例	音读1	音读2	
422	偏正	↑	↓	↘	杏仁仁	ɕiɐ	zʐ ŋ	-
411	动宾	↘	↓	↘	钉锅锅	<u>ti</u>	kuei	-
411	偏正	↑	↓	↘	菜摊摊	ts'æ	t'ɑŋ	-
455	动宾	↘	ʔ↘	ʔ↘	压戳戳	ȵia	ts'uʌʔ	-
455	偏正	↑	ʔ↘	ʔ↘	炕桌桌	k'uə	tsuʌʔ	-
444	动宾	↘	↑	↗	算数数	suaŋ	sʅ	-
444	偏正	↑	↓	↘	孝褂褂	xɔ	kua	-
433	动宾	↑	↘	↓	滤子子	ly	tsɿ	-
433	偏正	↑	↘	↘	哨马马	sɔ	ma	-
466	动宾	↑	ʔ↘	ʔ↘	絮褥褥	ɕy	zuʌʔ	-
466	偏正	↑	ʔ↘	↘	慢食食	maŋ	ʂʌʔ	-
322	动宾	↘	↗	↗	买绳绳	mæ	ʂʅ	-
322	偏正	↘	↘	↑	纸条条	tsɿ	t'iɔ	-
311	动宾	↘	↘	↘	摆摊摊	pæ	t'ɑŋ	-
	偏正				手巾巾	ʂəu	tɕiŋ	-
355	动宾	↘	ʔ↘	ʔ↘	撺桌桌	tɑŋ	tsuʌʔ	-
355	偏正	↘	ʔ↘	ʔ↘	手束束	ʂəu	suʌʔ	-
344	动宾	↘	↑	↗	拣大大	tɕiɑŋ	tei	-
344	偏正	↘	↘	↑	老汉汉	lɔ	xɑŋ	-
333	动宾	↘	↘	↓	剪锁锁	tɕiɔ	ɕyɐ	-
333	偏正	↘	↘	↘	好主主	xɔ	tsʮ	-
366	动宾	↘	ʔ↘	ʔ↓	打袜袜	ta	uʌʔ	-
366	偏正	↘	ʔ↘	ʔ↘	影活活	<u>i</u>	xuʌʔ	-
622	动宾	ʔ↘	↗	↗	择苗苗	tʂʌʔ	miɔ	-
622	偏正	ʔ↘	↘	↑	麦鱼鱼	miʌʔ	ȵy	-
611	动宾	ʔ↘	↘	↘	捏糜糜	ȵiʌʔ	mei	-
611	偏正	ʔ↘	↘	↘	别针针	piʌʔ	tʂəŋ	-

655	动宾	˥˩ʔ˥˩ʔ˨˩ʔ	叠摺摺	tiˌʌʔ	tʂʌʔ	-
	偏正		白色色	piˌʌʔ	sʌʔ	-
644	动宾	˥˩ʔ˧˩˧˩	拾豆豆	ʂʌʔ	təu	-
644	偏正	ʔ˥˩ ˧˩ ˧˩	药面面	yʌʔ	miɛ	-
633	动宾	ʔ˥˩ ˧˩ ˩	砸火火	tsʌʔ	xuei	-
633	偏正	˥˩ ʔ˧˩ ˩	袜底底	uʌʔ	ti	-
666	动宾	ʔ˥˩ ʔ˥˩ ʔ˩	拔概概	pʌʔ	tɕyʌʔ	-
666	偏正	˥˩ʔ ˥˩ʔ ˩	活食食	xuʌʔ	ʂʌʔ	-

浇园园:浇菜园子。 游回回:抱着婴儿来回踱步。 开方方:开方子。 量尺尺:量尺寸。 收口口:收针。 流水水:流汤儿。 横枝枝:横长出来的枝杈儿。 牙刷刷:牙刷儿。 咸菜菜:咸菜。 洋锁锁:新式锁。 红袜袜:红色的袜子。 猪蹄蹄:猪蹄儿。 灰仓仓:(用矮墙圈起的)倒炉灰的地方。 烟色色:烟色。 烟嘴嘴:烟嘴儿。 灰勺勺:掏炉灰的铁勺儿。 测音音:随声附和。 侧刀刀:部首"刂"。 摘角角:摘豆角。 脚束束:脚镯。 结袖袖:织袖子。 脚线线:盯梢的人。 压戳戳:盖图章。 算数数:算数儿。 孝褂褂:孝衫。 滤子子:滗去洗瓜子儿的水。 哨马马:褡裢。 絮褥褥:絮褥子。 慢食食:不思饮食的人。 手束束:手镯。 拣大大:挑大个儿的。 剪锁锁:剪刘海儿(一种发型)。 好主主:好主顾。 打袜袜:织袜子。 影活活:影子。 麦鱼鱼:麦壳儿。 捏馍馍:揉馒头。 叠摺摺:摺个印儿。 白色色:白色。 砸火火:修灶。 活食食:喂家禽的小虫儿。

以下十四个例子的连调型跟偏正式的三字组相同。"兄弟弟"等七例是由并列两字组扩展而成的。"喷壶壶"等七例也是偏正式,但首字是动词。

144	˩ ˧˩ ˧˩	兄弟弟	ɕy	ti	-
		披挂挂	pʻi	kuɑ	-
133	˧˩ ˩ ˩	沙土土	sɑ	tʻu	-
544	ʔ˥˩ ˧˩ ˧˩	媳妇妇	ɕiʌʔ	xu	-
444	˧˩ ˧˩ ˧˩	孝顺顺	xɔ	suŋ	-
355	˩ ʔ˥˩ ʔ˥˩	椅兀兀	i	uʌʔ	-

644	?ㄥ ㄟ ㄱ	服侍侍 xuʌ?	sɿ	-
122	ㄟ ㄟ ㄱ	喷壶壶 p'əŋ	xu	
111	ㄟ ㄟ ㄱ	推车车 t'uæ	tʂ'ɿɛ	-
522	?ㄟ ㄟ ㄱ	发糊糊 xuʌ?	xu	
		吸壶壶 ɕiʌ?	xu	
533	?ㄟ ㄟ ㄟ	握'片'片 uʌ?	p'ɪɛ	
433	ㄱ ㄟ ㄟ	蘸水水 tsaŋ	suei	-
333	ㄟ ㄟ ㄟ	走水水 tsəu	suei	-

兄弟弟:弟弟。 披挂挂:部首"厂"。 沙土土:沙土。 媳妇妇:媳妇。 孝顺顺:孝子。 椅兀兀:长方矮凳儿。 服侍侍:纸人。 喷壶壶:喷壶。 发糊糊:面肥,有的方言叫"酵头"。 吸壶壶:旧时随身带的一种扁形的小酒壶。 握片片:一种面食。 蘸水水:吃饺子等的调料。 走水水:旧时的行商。

四 形容词三字组

本节讨论的形容词三字组,首字是单音形容词,连调型就由它决定;中字常常来历不明;末字是上声[tiᵥ],写成底下的"底"。只有"通香底"单音形容词居中是例外,但是连调型仍由第一字决定。这种形容词三字组共有三种连调型。第一字是平声、阴入、去声时读[ㄟㄟㄱ],第一字是平声时有的又读[ᴝㄟㄱ],意思用法都没有区别。第一字是上声、阳入时读[ㄟㄟㄱ]。以下举例,以首字调类0 5 4 3 6为序,先记三字组连调型,再举例子。然后在方括弧里记音,第一字记声韵及本调;中字来历不明时只记声韵不记调,知道来历的也记本调;末字都是[tiᵥ],用连字号"-"表示。

[ㄟㄟㄱ]　光单底[kuaᵥ taŋ　-　]　宽傻底[k'uaŋᵥ ʂa　-　]

通香底[t'uŋᵥ ɕiaŋᵥ -　]　红当底[xuŋᵥ taŋ　-　]

蓝蔚底[laŋᵥ yᵥ　-　]　甜熏底[tiɛᵥ ɕyŋ　-　]

黑油底[xʌ?ᵥ iəuᵥ -　]　窄留底[tʂʌ?ᵥ lieu　-　]

硬巴底[n̩iŋˊ pɑ ⸺] 臭洞底[tʂʻəuˊ tuŋ ⸺]

肉囊底[ʐəuˊ naŋ ⸺]胖呼呼的

[ˋˊˋ] 苦巴底[kʻuˇ pɑ ⸺] 软留底[nzuaŋˊ liəu ⸺]

绿油底[luʌʔˊ iəu ⸺] 白洞底[piʌʔˊ tuŋ ⸺]

五 前叠式副词三字组

本节讨论的前叠式三字组都是副词,与上文第二节说的前叠式三字组不同。这类三字组的末字读[tiˋ]或[tiˊ],现在写作土地的"地"。这种三字组共有四种连调型。每个三字组都有两种连调型,由首字的本调决定,意思和用法都没有区别。首字的本调与连调型的关系如下。

				[ˋˇˋ]	[ˋˊˋ]	[ˇˊˋ]	[ˊˋˋ]
00 地	高高地	低低地		+	+		
	松松地						
	迟迟地	常常地					
55 地	黑黑地			+	+		
44 地	快快地	重重地		+		+	
	硬硬地						
33 地	满满地	美美地			+		+
	款款地						
	浅浅地	早早地					
66 地	密密地				+		+

现在列举上列十五个三字组首字的音:

高[kɔˋ] 低[tiˋ] 松[suŋˊ] 迟[tʂʅˊ] 常[tʂʻɑŋˊ]

黑[xʌʔɹ]　快[kʼuæɹ]　重[tsuŋɹ]　硬[n̩iŋɹ]　满[maŋɹ]

美[meiɹ]　款[kʼuaŋɹ]　浅[tɕʼiɛɹ]　早[tsɔɹ]　密[miʌʔɹ]

（原载《方言》1982.1）

平遥方言广用式三字组的
连读变调

提要　本篇是《平遥方言的连读变调》(《方言》1980 年第 1 期)跟《平遥方言三字组的连读变调》(《方言》1982 年第 1 期)的续稿。前两篇分别讨论两字组的连读变调跟三字组四种专用式(前叠式、后叠式、形容词三字组、副词三字组)的连调。本篇讨论广用式三字组(一般简称三字组)的连调。所用调类的代码和前两篇同。

一　连调跟语法结构的关系

　　平遥方言三字组的连调跟两字组的连调有共同之处。两字组连调可以依据语法结构分成 ABC 三类。动宾式、主谓式属 A 类,偏正式、动补式、并列式属 B 类,动词重叠式属 C 类。三字组的动宾式属 A 类,动补式、并列式属 B 类,都跟两字组相同。三字组的并列式是"一加一加一",动宾式和动补式多是"一加二"。三字组偏正式和主谓式有"前一后二"和"前二后一"之分。前一后二的主谓式跟两字组主谓式相同,属于 A 类,前二后一的主谓式跟两字组主谓式不同,属于 D 类。前一后二的偏正式跟两字组偏正式相同,属于 B 类。前二后一的偏正式连调属 A 属 B 视前两字的结构而定,前两字是动宾、主谓式的三字组偏正式属于 A 类,前两字是并列、偏正式或其他格式的三字组偏正式属于 B 类。三字组里没有跟两字组动词重叠式相当的格式,两字组里没有跟三字组前二后一主谓式相当的格式。请对比表一的两字组跟三字组。

表 一

两 字 组			三 字 组				
动词重叠式	拨拨 点点	C	—			—	
并列式	打扫 厚薄		并列式			甲乙丙 福禄寿	
动补式	饿杀 吃足	B	动补式	前一后二 前二后一		走过来 收拾起	B
—				前一后二		香腰子 铁扫帚	
偏正式	酸菜 铡刀		偏正式	前二后一	前二是并列、偏正	是非人 杂货铺	
—		—			前二是动宾、主谓	牵牛花 手勤人	A
动宾式	流血 吃席	A	动宾式	前一后二 前二后一		嫁闺女 掏挖火	
主谓式	心毒 脚疼		主谓式	前一后二		病深厚 口不稳	
—				前二后一		用项大 心量窄	D

下列五对三字组用字分别相同，连调不同，最足以看出连调和语法结构关系之密切。

　　　　　　　　　动宾式　　　　　　　　　　偏正式

[tʂʅ tɕiɛ tsʌʔ]　蒸茄子[ㄥ ㄥ ʔㄥ]　　≠　蒸茄子[ㄣㄥ ㄥㄥ ㄥㄥ]

[ʂʅɛ təu ɲia]　生豆芽[ㄥㄣ ㄥ ㄥㄣ]发豆芽 ≠　生豆芽[ㄥ ㄣㄥ ㄥㄣ]

[ɕy i suə]　絮衣裳[ㄥㄣ ㄥ ㄥ]给衣服絮棉花 ≠　絮衣裳[ㄣ ㄥㄣ ㄥㄣ]

[tuŋ təu xu]　冻豆腐[ㄥㄣ ㄥ ㄥ]　　≠　冻豆腐[ㄣ ㄥㄣ ㄥ]

[nzuɑŋ mi t'uə]　暖米汤[ㄥㄣ ㄥ ㄥ]　　≠　暖米汤[ㄥ ㄥ ㄥㄣ]热的稀饭

上文说过，并列式的连调属于 B 类，与 A 类不同，请对比下列两组例子。

B　心肝肺[ɕiɲㄣ kɑŋㄣㄣ xueiㄣ]　　B　一二三[iʌʔㄥ əɻㄥㄣ sɑŋㄣㄣ]

B　芭蕉扇[pɑㄣ tɕieiㄥㄣ ʂɑŋㄥ]　　B　北路家[piʌㄣ ㄥㄥ ləuㄥㄣ tɕiaㄥㄣ]晋北人

A　称青菜[tʂʅㄥ tɕiɲㄣ ts'eiㄣ]　　A　吃旱烟[tʂʅ ʌʔㄥㄣ xɑɲㄣ iɛㄣ]

并列式的例子不多，除上面列举的以外，还有下列一些。下文举例就不用并列式了。

114工青妇[kuŋ ㄣ tɕ'iŋ ㄣㄣ xu ㄣ]　　513杀关管[sʌㄣ ㄣ kuɑŋ ㄣㄣ kuɑŋ ㄣㄥ]

414上中下[suəㄣ ㄣ tsuŋ ㄣㄥ xɑ ㄣㄥ]　　310老中青[lɔ ㄥ tsuŋ ㄥㄥ tɕ'iŋ ㄥㄣ]

二　连调跟调类组合的关系

从两字组的连调可以看出,上声、阳入(都是高降调)两个调类在连调上有特点。

两字组中,首字为上声、阳入,末字为非上声、阳入的属于不变两字组,其他为可变两字组。例如:

34AB 　[ʵ ˥] 　捣炭[tɔ t'aŋ]砸煤块 　火旺[xuei uə]

　　　　　　　扁担[paŋ taŋ]

33A 　[ˇ ˎ] 　数九[sʅ tɕieu] 　耍水[sua suei]游泳

　　　　　　　手紧[ʂəu tɕiŋ]

B 　[ˇ ˊ] 　卯榫[mɔ suŋ] 　捆绑[k'uŋ pɔ]

　　　　　　　软米[nzuaŋ mi]

三字组中,首字为上声、阳入,中字为非上声、阳入(前两字为不变两字组),末字的调类不拘,首字一律不变调。首字为上声、阳入,中字为上声、阳入,末字非上声、阳入,中字一律不变调。例如:

323A 　[ʵ ʵ ˎ] 　起红薯[tɕ'i xuŋ sʅ]

323B 　[ʵ ʵ ˊ] 　老朋友[lɔ p'əŋ ieu]

340A 　[ʵ ˥ ˥] 　打嚏喷[ta t'i p'əŋ]

340B 　[ʵ ˥ ˥] 　老世交[lɔ ʂʅ tɕiɔ]

354D 　[ʵ ʔʵ ˥] 　底子瘦[ti tsʌʔ səu]

354B 　[ʵ ʔʵ ˎ] 　粉笔字[xuŋ piʌʔ tsʅ]

614A 　[ʔʵ ʵ ˎ] 　叠干面[tiʌʔ kaŋ miɛ]

614B 　[ʔʵ ʵ ˎ] 　熟鸡蛋[suʌʔ tɕi taŋ]

640A 　[ʔʵ ˥ ˥] 　赎当头[suʌʔ taŋ təu]

640B 　[ʔʵ ˥ ˥] 　食字旁[ʂʌʔ tsʅ p'aŋ]

654D 　[ʔʵ ʔʵ ˥] 　脖子细[pʌʔ tsʌʔ sei]

654B 　[ʔʵ ʔʵ ˥] 　杂佮菜[tsʌʔ kʌʔ ts'æ]

334A	[ʴ ˥ ˩]	手把电 [ʂəu pɑ tiɛ]
334B	[˩ ˥ ˥]	米口袋 [mi kʻəu tæ]
334D	[ʴ ˥ ˩]	嘴脸赖 [tsuei liɛ læ]
334B	[˩ ˥ ˥]	古董铺 [ku tuŋ pʻu]
360A	[ʴ ʔʴ ˩]	拣麦根 [tɕiaŋ miʌʔ kŋ]
360B	[˩ ʔʴ ˥]	柳木柁 [liəu mʌʔ t'ei]
634A	[ʔʴ ˥ ˩]	学买卖 [ɕiʌʔ mæ mæ]
634B	[ʔʴ ˥ ˩]	十锦缎 [ʂʌʔ tɕiŋ tuaŋ]
634D	[ʔʴ ˥ ˩]	石板厚 [ʂʌʔ pɑŋ xəu]
634B	[ʔʴ ˥ ˩]	白小豆 [piʌʔ ɕiɔ təu]
660A	[ʴ ʔʴ ˩]	没钥匙 [mʌʔ yʌʔ sʅ]
660B	[ʔʴ ʔʴ ˩]	独活槽 [tuʌʔ xuʌʔ tsʻɔ]

起红薯:刨白薯。底子瘦:名词尾"子"读阴入,与"则"字同音。叠干面:(为使面有劲儿)揉面时往里头揉干面粉。杂伙菜:杂烩菜。手把电:手电筒。嘴脸赖:(因生气)脸色难看。独活槽:吃独食。

　　三字组的连调可以用表二和表三来说明。表二左边标明首字和中字的调类代码,上头标明末字的调类代码,右边用 ABD 标明三字组的结构。表心罗列全部调类组合的连调,不变调的记本调调值,变调的记变调调值。从表二可以看出各个调类组合总的连调情况。

　　表三不分舒入,不分本调变调,比表二要简单明白。从表三可以看出来,三字组的偏正式有十五种连调型,动宾式有十三种连调型,主谓式有八种连调型。减去三种格式相同的二十种连调型,三字组总共有十六种连调型。从表三还可以看出来,三字组连调型的第一字调型只有低升(1—8 行)、高升(9—12 行)、低降(13—15行)、高降(16—23 行)四种。读低调[˩][˥]的限于上声、阳入以外的调类。读高降调[˥]的限于上声、阳入调类。读高升调[ʴ]的多为上声、阳入以外的调类。

限于篇幅,有些调类组合的连调在表格里无法表示,用加注的方式说明。连调上的角码表示注文的次第。表三是表二的简化,表二的注表三不重复。

　　现将三字组的十六种连调型举例如下:

[ˎ ˊ ˋ] B　　鸡嘴怪[tɕi tsuei kuæ]嘴长得尖的人

　　　　　　　七月菊[tɕʻiʌʔ yʌʔ tɕʻyʌʔ]

[ˊ ˋ ˋ] B　　自乐班[tsʅ lʌʔ paŋ]业余演唱的班子

　　　　　　　大肚病[tei tu pi̱]

[ˋ ˊ ˋ] B　　稳实人[uŋ ʂʌʔ ʐʅ,ən]稳当人

　　　　　　　纸活铺[tsʅ xuʌʔ pʻu]

[ˎ ˊ ˊ] BA　　川贝母[tsʻuaŋ pæ mu]

　　　　　　　 挂山药[kua saŋ iʌʔ]大量地购买马铃薯

[ˊ ˋ ˊ] BA　　油纸伞[iəu tsʅ saŋ]

　　　　　　　 煮扁食[tsʅ piɛ ʂʌʔ]煮饺子

[ˎ ˊ ˊ] BA　　黑国语[xʌʔ kuʌʔ y]谚语、歇后语

　　　　　　　 记墓石[tɕi mu ʂʌʔ]墓碑石

[ˋ ˋ ˊ] BA　　熟吃食[suʌʔ tʂʻʌʔ ʂʌʔ]熟食

　　　　　　　 炸山药[tsʌʔ saŋ iʌʔ]

[ˋ ˊ ˊ] BA　　白红薯[piʌʔ xuŋ sʯ]白瓤儿白薯

　　　　　　　 炸豆腐[tsʌʔ təu xu]

[ˎ ˎ ˎ] BA　　牙茌骨[n̠ia sa kuʌʔ]牙床

　　　　　　　 操闲心[tsʻɔ ɕian ɕiŋ]

　　　　　D　　锅台低[kuei tʻæ ti]灶矮

　　　　　　　 客人多[tɕʻiʌʔ ʐʅ,ən tei]

[ˎ ˊ ˋ] BA　　棉仁饼[miɛ ʐʅ,ən piŋ]棉子饼

　　　　　　　 掏挖火[tʻɔ ua xuei]掏炉灰

　　　　　D　　帽子小[mɔʔ tsʌʔ ɕiɔ]

　　　　　　　　　　　　　　　　　　　　　— 263 —

		做₂料少[tsuʌʔ liɔ ʂɔ]
[ㄥㄟㄟ]	BA	前家儿[tɕiɛ tɕia ər]前妻的子女
		说闲话[suʌʔ ɕiaŋ xua]搬弄是非
	D	身子笨[ʂəŋ tsʌʔ pəŋ]
		寿数大[ʂəu sʅ tei]长寿
[ㄟㄟㄟ]	BA	小舅子[ɕiə tɕiəu tsʌʔ]
		没骨头[mʌʔ kuʌʔ təu]没活计
	D	力气大[liʌʔ tɕ'i tei]
		水气重[suei tɕ'i tsuŋ]
[ㄟㄥㄥ]	BA	活人妻[xuʌʔ z̩əŋ ts'ei]旧称离婚妇女,贬意
		拾蔓菁[ʂʌʔ maŋ tsei]
	D	老婆流[lɔ pei liəu]一种很软的甜瓜
		舌头长[ʂʌʔ təu tʂ'aŋ]
[ㄟㄟㄟ]	BA	核桃木[kʌʔ tɔ mʌʔ]
		顶门拐[ti məŋ kuæ]顶门的木棍儿
	D	底襟满[ti tɕiŋ maŋ]
		井绳短[tsei ʂʅ tuaŋ]
[ㄟㄟㄥ]	BA	脓水子[nuŋ suei tsʌʔ]窝囊废
		割纸刀[kʌʔ tsʅ tɔ]
	D	出手快[ts'uʌʔ ʂəu k'uæ]手快
		井口大[tsei k'əu tei]
[ㄥㄟㄥ]	AD	坐月子[tɕyɛ yʌʔ tsʌʔ]
		气性大[tɕ'i sei tei]气儿大,指人爱生气

表二上

	0	5	4	3	6	
01						A
						D
02						A D
05	①					A
						D
04						A
						D
03				②	③	A D
06						A D
21			④			
22						
25	⑤					
24						B
23						
26						
11			⑥			
12						
15						
14						B
13						
16						
51						A B
						D
52						A D
						B

	0	5	4	3	6	
55	˨˩˨˥˩ˠ ⑦	˨˩˨˥˨˥	˨˩˨˩˨ˌ	˨˥˥ˠ ˩	˨˩˨˥˨˥	A
	˨˥˥ˠ ˥	˨˥˥ˠ˨˥	˨˥˥ˠ ˥	˨˥˥ˠ ˩	˨˥˥ˠ˨˥	B
	˨˩˨˥˩ ˌ		˨˩˨˥ ˥	˨˩˨˥ ˘		D
54	˨˥ ˥ ˥	˨˥ ˥˨˥	˨˥ ˥ ˥	˨˥ ˥ ˩	˨˥ ˥˨˥	A
	˨˩˥ˠ ˥	˨˩˥ˠ˨˥	˨˩˥ˠ ˌ	˨˩˥ˠ ˩	˨˩˥ˠ ˩	B
	˨˩˥ ˘	˨˩˥ ˘	˨˩˥ˠ ˥	˨˩˥ ˥ ˩	˨˩˥ ˥˨˘	D
53	˨˥ˠ ˩ ˩	˨˥ˠ ˩˨˥	˨˥ˠ ˩ ˌ	˨˥ˠ ˩ ˩ ⑧	˨˥ˠ ˩˨˥	A D
	˨˥ˠ ˩ ˥	˨˥ˠ ˩˨˥	˨˥ˠ ˩ ˥	˨˥ˠ ˩ˠ ˩		B
56	˨˥ˠ˨˥ ˩	˨˥ˠ˨˥˨˥	˨˥ˠ˨˥ ˌ	˨˥ˠ˨˥ ˩ ⑨		A D
	˨˥ˠ˨˥ˠ	˨˥ˠ˨˥˨˥	˨˥ˠ˨˥ ˥	˨˥ˠ˨˥ ˩		B

①051A的连调不读[˩ ˨˥ ˠ],而读[˩ ˨˥ ˩],与050D的连调相同。②033D的连调读[˩ ˠ ˘]与033A不同。033A读[ˠ ˩ ˥]。③036D的连调读[˩ ˠ ˨˥]与036A不同,036A读[ˠ ˩ ˩]。④214B还有读[˩ ˥ˠ ˥]的。⑤215B的连调不读[˩ ˨˥ ˠ],而读[˩ ˨˥ ˩]。⑥114B还有读[˩ ˥ˠ ˥]的。⑦551A不读[˨˥ ˨˥ ˠ],而读[˨˥ ˩˨˥ ˩],与550D的连调相同。⑧533D不读[˨˥ˠ ˩ ˩],而读[˨˥ ˠ ˥]。⑨563D的连调不读[˨˥ˠ ˨˥ ˩],而读[˨˥ ˩ ˨˥ ˘]。

表二下

	0 ˩	5 ˨˥	4 ˥	3 ˩	6 ˨˥	
41	˘ ˥ˠ ˠ ⑩	˘ ˥ˠ ˨˥	˘ ˥ ˥	˘ ˥ˠ ˩	˘ ˥ˠ ˨˥	A
	˘ ˥ ˩	˘ ˥ ˩˨˥	˘ ˥ˠ ˥	˘ ˠ ˘		D
	˥ ˘ ˥ˠ	˥ ˘ ˨˥	˥ ˘ ˥ˠ	˥ ˘ ˩	˥ ˘ ˨˥	B
42	˘ ˥ ˩	˘ ˥ ˨˥	˘ ˥ˠ ˥	˘ ˥ ˘	˘ ˥ ˨˘	A
	˥ ˘ ˥ˠ	˥ ˘ ˨˥	˥ ˘ ˥ˠ	˥ ˘ ˩	˥ ˘ ˨˥	B
45	˘ ˨˥ˠ ˠ ⑪	˘ ˨˥ˠ ˨˥	˘ ˨˥˥ ˥		˘ ˨˥ˠ ˨˥	A
	˘ ˨˥˥ ˩	˘ ˨˥˨˥	˘ ˨˥ˠ ˥	˘ ˨˥ˠ ˩	˘ ˨˥ˠ ˥	D
	˥ ˨˥ˠ ˥	˥ ˨˥ˠ˨˥	˥ ˨˥ˠ ˥	˥ ˨˥ˠ ˩	˥ ˨˥ˠ ˨˥	B
44	˥ˠ ˥ ˥	˥ˠ ˥˨˥	˥ˠ ˥ ˥	˥ˠ ˥ ˩	˥ˠ ˥˨˥	A
	˘ ˥ ˩	˘ ˥ ˨˥	˘ ˥ˠ ˥	˘ ˥ ˩˘	˘ ˥ ˨˘	D
	˥ ˘ ˥ˠ	˥ ˘ ˨˥	˥ ˘ ˥ˠ	˥ ˘ ˩	˥ ˘ ˨˥	B

	0 ˧	5 ʔ˥	4 ˦	3 ˨	6 ʔ˨	
43 ˧ ˨	˩˨ ˧˨ ˦	˩˨ ˧˨ ʔ˦	˩˨ ˧˨ ˩	˩˨ ˧˨ ˥ ⑫	˩˨ ˧˨ ʔ˥ ⑫	A D
	˩ ˧˨ ˩	˩ ˧˨ ʔ˦	˩ ˧˨ ˩	˩ ˧˨ ˥	˩ ˧˨ ʔ˥	B
46 ˧ ʔ˨	˩˨ ʔ˧˨ ˦	˩˨ ʔ˧˨ ʔ˦	˩˨ ʔ˧˨ ˩	˩˨ ʔ˧˨ ˥ ⑬	˩˨ ʔ˧˨ ʔ˥ ⑬	A D
	˩ ʔ˧˨ ˩	˩ ʔ˧˨ ʔ˦	˩ ʔ˧˨ ˩	˩ ʔ˧˨ ˥	˩ ʔ˧˨ ʔ˥	B
31 ˥ ˧	˥ ˩ ˥	˥ ˩ ʔ˦	˥ ˩ ˩	˥ ˩ ˥	˥ ˩ ʔ˥	A B
	˥ ˩ ˩		˩ ˥ ˩	˥ ˩ ˥	˥ ˩ ʔ˥	D
32 ˥ ˨	˥ ˩ ˩	˥ ˩ ʔ˧˨	˥ ˩ ˩	˥ ˩ ˥ ⑭	˥ ˩ ʔ˥ ⑭	A B D
	˥ ˩ ˥	˥ ˩ ʔ˥	˥ ˩ ˩			B
	˥ ˨ ˩	˥ ˨ ʔ˦	˥ ˨ ˩	˥ ˨ ˥	˥ ˨ ʔ˥	B
35 ˥ ʔ˧	˥ ʔ˥ ˥ ⑮	˥ ʔ˥ ʔ˦	˥ ʔ˧ ˩	˥ ʔ˥ ˥	˥ ʔ˥ ʔ˥	A B
	˥ ʔ˧ ˩	˥ ʔ˧˨ ʔ˦	˥ ʔ˧ ˩	˥ ʔ˥ ˩		D
34 ˥ ˧	˥ ˩ ˥	˥ ˩ ʔ˦	˥ ˩ ˥	˥ ˩ ˩ ⑯	˥ ˩ ʔ˥ ⑯	A B
	˥ ˩ ˩	˥ ˩ ʔ˦	˥ ˩ ˩	˥ ˩ ˥		D
	˥ ˩ ˥	˥ ˩ ʔ˦	˥ ˩ ˩ ⑰	˥ ˩ ˥	˥ ˩ ʔ˥	B
33 ˧ ˧	˧ ˩ ˩	˧ ˩ ʔ˦	˧ ˩ ˩	˧ ˩ ˥ ⑱	˧ ˩ ʔ˥	A D
	˥ ˩ ˩	˥ ˩ ʔ˦	˥ ˩ ˩	˥ ˩ ˥	˥ ˩ ʔ˥	B
36 ˧ ʔ˨	˧ ʔ˧˨ ˩	˧ ʔ˧˨ ʔ˦	˧ ʔ˧˨ ˩			A D
	˥ ʔ˧˨ ˩	˥ ʔ˧˨ ʔ˦	˥ ʔ˧˨ ˩	˥ ʔ˧˨ ˥		B
61 ʔ˥ ˧	ʔ˥ ˩ ˥	ʔ˥ ˩ ʔ˦	ʔ˥ ˩ ˩	ʔ˥ ˩ ˥	ʔ˥ ˩ ʔ˥	A B
	ʔ˥ ˩ ˩	ʔ˥ ˩ ʔ˦	ʔ˥ ˩ ˩	ʔ˥ ˩ ˥		D
62 ʔ˥ ˨	ʔ˥ ˩ ˩	ʔ˥ ˩ ʔ˦	ʔ˥ ˩ ˩	ʔ˥ ˩ ˥	ʔ˥ ˨ ʔ˥	A B D
	ʔ˥ ˨ ˩	ʔ˥ ˨ ʔ˦	ʔ˥ ˨ ˩	ʔ˥ ˨ ˥	ʔ˥ ˨ ʔ˥	B
65 ʔ˥ ʔ˧	ʔ˥ ʔ˥ ˥ ⑲	ʔ˥ ʔ˥ ʔ˦	ʔ˥ ʔ˥ ˩	ʔ˥ ʔ˥ ˥	ʔ˥ ʔ˥ ʔ˥	A B
	ʔ˥ ʔ˧ ˩	ʔ˥ ʔ˧˨ ʔ˦	ʔ˥ ʔ˥ ˩		ʔ˥ ʔ˧ ʔ˥	D
64 ʔ˥ ˧	ʔ˥ ˩ ˥	ʔ˥ ˩ ʔ˦	ʔ˥ ˩ ˥	ʔ˥ ˩ ˩	ʔ˥ ˩ ʔ˥	A B
	ʔ˥ ˩ ˩	ʔ˥ ˩ ʔ˦	ʔ˥ ˩ ˩	ʔ˥ ˩ ˥	ʔ˥ ˩ ʔ˥	D
63 ʔ˥ ˧	ʔ˥ ˩ ˩	ʔ˥ ˩ ʔ˦	ʔ˥ ˩ ˩	ʔ˥ ˩ ˥ ⑳	ʔ˥ ˩ ʔ˥	A B D
66 ʔ˥ ʔ˨	ʔ˥ ʔ˧˨ ˩	ʔ˥ ʔ˧˨ ʔ˦	ʔ˥ ʔ˧˨ ˩	ʔ˥ ʔ˧˨ ˥		A B D

⑩410A还有读[˩˨ ˧ ˩]的。⑪451A 不读[˩˨ ʔ˧˨ ˥],而读[˩˨ ʔ˧˨ ˩],与451D 的连调相

同。⑫433A读[˩ ˥ ˩]。436A读[˥ ˧ ˨˩]。⑬463A读[˥ ˧ ˨˩]。466A读[˥ ˧ ˨˩]。
⑭323B读[˥ ˩ ˥]。326B读[˥ ˩ ˨˩]。⑮351A与351B的连调不读[˥ ˨˩ ˩],而读[˨˩ ˥ ˩],与351D的连调相同。⑯343B读[˥ ˩ ˥]。346B读[˥ ˩ ˨˩]。⑰344B还有读[˥ ˩ ˥]的。⑱333D的连调不读[˩ ˥ ˩]而读[˩ ˥ ˩]。⑲651A与651B不读[˨˩ ˨˩ ˥],而读[˨˩ ˨˩ ˩],与651D的连调相同。⑳633D的连调读[˨˩ ˥ ˩]。636D读[˨˩ ˥ ˨˩]。

表 三

	0/5	4	3/6	
01 05 51 55 41 45	˩ ˥ ˩	˩ ˩ ˩	˩ ˥ ˩ ①	A
21 25 54				B
14		˩ ˥ ˩		B
14	˩ ˥ ˩			B
01 05 04 51 55 54 41 45 44				D
22	˩ ˩ ˩	˩ ˥ ˩	˩ ˥ ˩	B
02 52 42				A D
43 46	˩ ˥ ˩			A D
03 06 53 56 63 66				A D
23 26 63 66	˥ ˩ ˥		˥ ˩ ˥ ②	B
33 36				A D
41 42 45 44 43 46	˥ ˩ ˥			B
04 54 44		˩ ˥ ˩		A
24 11 12 15 52 55				B
13 16 53 56		˩ ˥ ˩	˩ ˥ ˩	B
31 35 34 61 65 64	˩ ˩ ˩	˩ ˥ ˩	˩ ˥ ˩	D
32 62				A B D
31 35 61 65			˩ ˥ ˩	A B
34	˩ ˥ ˩	˩ ˩ ˩		B
32				B
32 62		˥ ˥ ˥		B
34 64				A B
33 36		˥ ˥ ˥	˥ ˥ ˩	B

①053A 553A 253B的连调型不读[˩ ˥ ˩],而读[˥ ˩ ˩]。②D类的连调型读[˩ ˥ ˩]。

三　三字组连调举例

以下依三字组的调类组合举例,和表二的次序相同。举例时先列三字组的调类和结构,每种调类组合和语法结构一般只举一例。＊号表示例外。

010A	˧ ˩ ˨	分东西	xuŋ tuŋ sei
		穿新鞋	tsʻuaŋ ɕiŋ xæ
		迎春花	iŋ tsʻuŋ xua
D	˧ ˧ ˧	腰身宽	iɔ ɕi kʻuaŋ
		浮襟宽	xu tɕiŋ kʻuaŋ
		人中长	zˎəŋ tsuŋ tʂʻaŋ
015A	˧ ˩ ʔ˨	推车子	tʻuæ tʂʻʅE tsʌʔ
		糊窗子	xu suə tsʌʔ
D	˧ ˧ ʔ˧	腰身窄	iɔ ɕiŋ tʂʌʔ
		窑坡窄	iɔ pʻei tʂʌʔ
014A	˧ ˧ ˨	搬铺盖	paŋ pʻu kæ
		连刀货	liE tɔ xuei
＊	˧ ˩ ˥	传开会	tsʻuaŋ kʻæ xuæ
D	˧ ˩ ˥	灰渣厚	xuæ tsa xəu
		熬心大	ŋ ɕiŋ tei
013A	˧ ˩ ˩	摊煎饼	tʻaŋ tɕiE pi
		磨推剪	mei tʻuæ tɕiE
D	˧ ˨ ˨	花椒少	xua tɕiɔ ʂɔ
		人中短	zˎəŋ tsuŋ tuaŋ
016A	˧ ˩ ʔ˨	浇山药	tɕiɔ saŋ iʌʔ
		刨山药	pɔ saŋ iʌʔ

020A ˩ ˩ ˩   挖茅根 ua mɔ kəŋ

推平头 t'uæ p'iŋ t'əu

填牙关 tiɛ n̠ia kuaŋ

缝门帘 xuŋ məŋ liɛ

D   交情深 tɕiɔ tɕ'iŋ ʂəŋ

开怀迟 k'æ xuæ tʂʅ

红尘多 xuŋ tʂ'əŋ tei

门牙长 məŋ n̠ia tʂ'aŋ

025A ˩ ˩ ʔˠ˩   开条子 k'æ t'iɔ tsʌʔ

移房子 i xuə tsʌʔ

024A ˩ ˠ ˥   翻闲话 xuaŋ ɕiaŋ xua

还魂觉 xuaŋ xuŋ tɕiɔ

D   交情厚 tɕiɔ tɕ'iŋ xəu

眉毛重 mi mɔ tsuŋ

023A ˩ ˠ ˥˩   烧柴火 ʂɔ sæ xuei

刨红薯 pɔ xuŋ sʅ

D   生人少 səŋ ʐəʔ ʂɔ

缝头浅 xuŋ təu tɕ'iɛ

026A ˩ ˠ ʔˠ˩   梳头盒 sʅ təu xʌʔ

锄荞麦 sʅ tɕiɔ miʌʔ

051A ˩ ʔˠ˩ ˩   听说书 t'i suʌʔ sʅ

移菊花 i tɕ'yʌʔ xua

D   铅笔尖 tɕ'iaŋ piʌʔ tɕiɛ

颧骨高 tɕ'yɛ kuʌʔ kɔ

052A ˩ ʔˠ˩ ˠ   修铁门 ɕiəu t'iʌʔ məŋ

寻铁匙 ɕiŋ t'iʌʔ sʅ

D	ˊ	ʔˊ	ˋ	头发黄	təu xuʌʔ xuə
055A	ˊ	ʔʌ	ʔˇ	修脚的	ɕiəu tɕyʌʔ tiʌʔ
				盘钵子	paŋ pʌʔ tsʌʔ
D	ˊ	ʔˊ	ʔˊ	颜色黑	ȵiaŋ sʌʔ xʌʔ
054A	ˊ	ʔə	ˋ	刀拨面	tɔ pʌʔ miɛ
				量黑豆	luə xʌʔ təu
D	ˊ	ʔˊ	ˊ	身子笨	ʂəŋ tsʌʔ pəŋ
				头发重	təu xuʌʔ tsuŋ
053A	ˋ	ʔˇ	ˇ	修铁桶	ɕiəu t'iʌʔ t'uŋ
				寻黑纸	ɕiŋ xʌʔ tsʅ
D	ˊ	ʔˇ	ˇ	成色好	tʂ'əŋ sʌʔ xɔ
056A	ˊ	ʔˊ	ʔˇ	烧锡箔	ʂɔ ɕiʌʔ pʌʔ
				鞋结实	xæ tɕiʌʔ ʂʌʔ
D	ˊ	ʔˇ	ʔˊ	针脚密	tʂəŋ tɕyʌʔ miʌʔ
				颜色绿	ȵiaŋ sʌʔ luʌʔ
040A	ˋ	ˊ	ˊ	开汽车	k'æ tɕ'i tʂʅɛ
				穿旧鞋	ts'uaŋ tɕiəu xæ
				抬嫁妆	t'æ tɕia tsuaŋ
				人细详	zəŋ sei ɕiaŋ
D	ˊ	ˋ	ˊ	销路宽	ɕiɔ ləu k'uaŋ
				家教严	tɕia tɕiɔ ȵiɛ
				门路宽	məŋ ləu k'uaŋ
045A	ˋ	ˊ	ʔˊ	推胰子	t'uæ i tsʌʔ
				抬柜桌	t'æ kuei tsuʌʔ
045D	ˊ	ˋ	ʔˊ	心量窄	ɕiŋ liaŋ tʂʌʔ
				羊粪缺	yə xuŋ tɕ'yʌʔ
044A	ˋ	ˊ	ˊ	收烂货	ʂəu laŋ xuei

				尝味气	suə uei tɕ'i
D	ꜙ	ꜗ	꜒	家运顺	tɕia yŋ suŋ
				羊肉贵	yə zɹəu kuei
043A	ꜗ	꜒	꜖	烧大火	ʂɔ tei xuei
				箩面雨	lei miɛ y
D	ꜙ	꜒	꜔	家道好	tɕia tɔ xɔ
				来路远	læ ləu yɛ
046A	ꜗ	꜒	ʔ꜖	通气药	t'uŋ tɕ'i yʌʔ
				人壮实	zəŋ tsuaŋ ʂʌʔ
030A	꜕	꜖	ꜙ	翻眼猴	xuaŋ n̠iaŋ xəu
				熬米汤	ŋɔ mi t'uə
D				肩膀宽	tɕiaŋ paŋ k'uaŋ
				儿女多	ər nzʮ tei
035A	꜕	꜖	ʔꜙ	担水的	taŋ suei tiʌʔ
034A	꜕	꜖	꜕	栽柳树	tsæ liəu sʮ
				和起面	xuei tɕ'i miɛ
034D	꜕	꜖	꜕	干屎臭	kaŋ sʅ tʂ'əu
				财礼重	ts'æ li tsuŋ
033A	꜕	꜖	꜖	担好水	taŋ xɔ suei
				挨打虎	ŋæ ta xu
D	ꜙ	꜕	꜔	音水好	iŋ suei xɔ
				牙口好	n̠ia k'əu xɔ
036A	꜕	꜖	ʔ꜖	开伙食	k'æ xuei ʂʌʔ
				寻眼药	ɕiŋ n̠iaŋ yʌʔ
D	ꜙ	꜕	ʔ꜔	针颗密	tʂəŋ k'uei miʌʔ
060A	꜕	ʔ꜖	ꜙ	抠木梳	k'əu mʌʔ sʮ
				分杂粮	xuŋ tsʌʔ liaŋ

磨铡刀 mei sʌʔ tɔ

D

065A　ʅ　ʔʅ　ʔʅ　穿袜子 tsʼuaŋ uʌʔ tsʌʔ

抬石桌 tʼæ ʂʌʔ tsuʌʔ

D

064A　ʅ　ʔʅ　ʔʅ　ʅ　山药缺 saŋ iʌʔ tɕʼyʌʔ

开药铺 kʼæ yʌʔ pʼu

求学问 tɕʼiəu ɕiʌʔ uŋ

D

心术懒 ɕiŋ suʌʔ læ

浮襟(宽):中式上衣、袍子的大襟儿。窑坡(窄):去窑顶的通道。连刀货:指菜、肉等没有切开。灰渣(厚):炉灰。熬心大:忍耐性大。(磨)推剪:推子。挖茅根:清理粪坑的底层。填牙关:塞牙缝。开怀迟:生孩子晚。红尘多:儿女多。移房子:搬家。翻闲话:搬弄是非。还魂觉:清早醒后复入睡。眉毛重:眉毛粗密。烧柴火:以柴为燃料的灶。梳头盒:放梳头用品的木匣儿。(寻)铁匙:铁铲儿。盘钵子:拔火罐儿。刀拨面:一种面食。头发重:头发厚。人细详:人细心。推腿子:擦肥皂。(抬)柜桌:一种老式的桌子。收烂货:收购废品。箩面雨:小雨。来路远:物品等从远处运来。翻眼猴:不知感恩的人。(和)起面:发面。干屎臭:做作。(担)好水:甜水。挨打虎:因淘气经常挨打的孩子。音水好:嗓音悦耳。开伙食:起伙。针颗(密):针脚。

210B　ʌ　ʌ˥　ʅ　连阴天 liɛ iŋ tʼiɛ

铜氽壶 tuŋ tsʼuaŋ xu

215B　ʌ　ʌ˥　ʔʅ　牙关血 nʲia kuaŋ ɕyʌʔ

214B　ʌ　ʌ˥　ʅ　羊腥气 yə sei tɕʼi

ʌ　ʌ˥　˧　甜根菜 tiɛ kəŋ tsʼæ

213B　ʌ　ʌ˥　˥　罗圈腿 lei tɕʼyɛ tʼæ

*　ʌ　ʅ　˧　洋烟鬼 iaŋ iɛ kuei

216B　ʌ　ʌ˥　ʔʅ　捶敲石 tsuei tɕʼi ʂʌʔ

220B　ʌ　ʌ˥　ʌ　油麻花 iəu ma xua

长眉毛 tsuə mi mɔ

225B　ʌ　ʌ˥　ʔʅ　眉棱骨 mi luŋ kuʌʔ

224B	˧˩	˥˩	˧˥	榆皮面 y pʻi miɛ
223B	˧˩	˥	˨˩	重荏碗 tsuŋ sa uaŋ
226B	˧˩	˥	ʔ˨˩	胡萝卜 xu <u>lei</u> pʌʔ
251B	˧˩	ʔ˥	˧˩	毛哔叽 mɔ piʌʔ tɕi
252B	˧˩	ʔ˥	˥	穷骨头 tɕyŋ kuʌʔ ueu
255B	˧˩	ʔ˥	ʔ˥	牙刷子 n̩ia suʌʔ tsʌʔ
254B	˧˩	ʔ˧˩	˨˩	团桌面 tʻuaŋ tsuʌʔ miɛ
253B	˥	ʔ˥	˥	黏谷草 ŋaŋ kuʌʔ tsʻɔ
256B	˧˩	ʔ˥	ʔ˧˥	黄锡箔 xuə ɕiʌʔ pʌʔ
240B	˥	˧˥	˧˥	南路家 naŋ leu tɕia
				黄豆芽 euɤ teu n̩ia
*	˧˩	˨˩	˧˩	人字呢 ʐəʔ tsʅ n̩i
245B	˥	˧˥	ʔ˥	头号脚 teu xɔ tɕyʌʔ
244B	˥	˧˥	˧˥	牛碎肉 n̩ueu suæ ʐuʔ
*	˧˩	˨˩	˨˩	平面柜 pʻiŋ miɛ tɕy
243B	˥	˧˥	˥	黄豆饼 euɤ teu <u>pi</u>
*	˧˩	˧˥	˨	长命锁 tsuɤ mi ɕyɛ
246B	˥	˧˥	ʔ˥	前半月 tɕiɛ paŋ yʌʔ
230B	˥	˥	˧˩	牛尾巴 n̩ueu i pa
B				牛马皮 n̩ueu ma pʻi
235B	˥	˥	ʔ˧˥	银手束 n̩iŋ ʂəu suʌʔ
234B	˥	˥	˨	红小豆 xuŋ ɕiɔ teu
233B	˥	˥	˥	凉滚水 luɤ kuŋ suei
236B	˥	˥	ʔ˧˥	红板石 xuŋ paŋ ʂʌʔ
260B	˥	ʔ˥	˧˩	油炸糕 ieu tsʌʔ kɔ
				牛舌头 n̩ieu ʂʌʔ <u>teu</u>

265B ˇ ʔˊ ʔˋ　皮褥子 pʻi zuʌʔ tsʌʔ

264B ˇ ʔˊ ˋ　茶叶铺 tsʻa iʌʔ pʻu

263B ˇ ʔˊ ˉ　茶叶水 tsʻa iʌʔ suei

* ˋ ʔˊ ˉ　圆石板 yε ʂʌʔ paŋ

铜籴壶：铜籴子。牙关血：牙龈处的血。甜根菜：根部可榨糖，叶可食用的一种菜。羊腥气：羊膻味。捶敲石：捶布的垫石。油麻花：麻花。眉棱骨：眉毛下的骨头。重茬碗：用过的碗。团桌面：方桌子面。黏谷草：野草，子粒可食用。南路家：晋南人。牛碎肉：熟的碎牛肉。平面柜：一种旧式的柜子。凉滚水：冷开水。

110B ˉ ˇ ˊ　金针花 tɕiŋ tʂʂŋ xua

　　　　　　西厢房 ɕi ɕiaŋ xuə

* ˋ ˋ ˋ　清蒸鸡 tɕʻiŋ tʂʂŋ tɕi

　　　　　　灯心绒 təŋ ɕiŋ zuŋ

115B ˉ ˇ ʔˊ　朱砂笔 tsʮ sa piʌʔ

* ˋ ˋ ʔˋ　关东插 kuaŋ tuŋ tsʻʌʔ

114B ˉ ˇ ˊ　山坡地 saŋ pʻei ti

B ˋ ˉ ˊ　家机布 tɕia tɕi pu

113B ˉ ˇ ˉ　粗干粉 tsʻəu kaŋ xuŋ

* ˋ ˇ ˉ　花椒水 xua tɕiɔ suei

116B ˉ ˇ ʔˊ　新山药 ɕiŋ saŋ iʌʔ

120B ˉ ˇ ˊ　三轮车 saŋ luŋ tʂʻʐε

　　　　　　山羊皮 saŋ iaŋ pʻi

125B ˉ ˇ ʔˊ　葱胡子 tsʻuŋ xu tsʌʔ

124B ˉ ˇ ˊ　山梨树 saŋ li sʮ

* ˋ ˉ ˊ　金钱豹 tɕiŋ tɕʻiε pɔ

123B ˉ ˇ ˋ　千层底 tɕʻiε tsʻəŋ ti

* ˋ ˇ ˉ　仙人掌 ɕiε zəŋ tʂaŋ

126B ˉ ˇ ʔˊ　新萝卜 ɕiŋ lei pʌʔ

— 275 —

150B	ʟ	ʔ˥	˥˥	娇骨头	tɕiɔ˙ kuʌʔ təu
155B	ʟ	ʔ˥	ʔ˥˥	腰脊骨	iɔ tɕiʌʔ kuʌʔ
154B	ʟ	ʔ˥	˥	阴湿病	iŋ ʂʌʔ pi
153B	ʟ	ʔ˥	˥	单搭耳	taŋ tʌʔ ər
156B	ʟ	ʔ˥	ʔ˥˥	灰骨殖	xuæ kuʌʔ ʂʌʔ
140B	⅃	ʟ	˥	姑舅亲	ku tɕiəu tɕʰiŋ
				精细人	tɕiŋ sei zəŋ
B	⅃	ʟ	˥˥	新汽车	ɕiŋ tɕʰi tʂʰʅ
145B	⅃	ʟ	ʔ˥˥	刀背子	tɔ pæ tsʌʔ
B	⅃	ʟ	ʔ˥˥	花被子	xɔ pi tsʌʔ
144B	⅃	ʟ	˥	光棍汉	kuə kuŋ xaŋ
B	⅃	ʟ	˥˥	双挂号	tsʰuə kua xɔ
*	ʟ	⅃	˥˥	豌豆面	uaŋ təu miɛ
143B	⅃	ʟ	˥	川贝母	tsʰuaŋ pæ mu
146B	⅃	ʟ	ʔ˥˥	新大麦	ɕiŋ tei miʌʔ
130B	ʟ	˥	ʟ	酥火烧	səu xuei ʂɔ
				灰鼠皮	xuæ sʅ pʰi
135B	ʟ	˥	ʔʟ	蒸饺子	tʂʅ tɕiɔ tsʌʔ
134B	ʟ	˥	ʟ	酸枣树	suaŋ tsɔ sʅ
133B	ʟ	˥	˥	烧饼佬	ʂɔ piŋ lɔ
136B	ʟ	˥	ʔ˥˥	酸枣楹	suaŋ tsɔ kʰuʌʔ
160B	ʟ	ʔ˥˥	ʟ	新聉篩	ɕiŋ ɕyʌʔ sæ
				双立人	tsʰuə liʔ liʌʔ zəŋ
165B	ʟ	ʔ˥˥	ʔʟ	粗脖子	tsʰuə pʌʔ tsʌʔ
164B	ʟ	ʔ˥˥	ʟ	中药铺	tsuŋ yʌʔ pʰu
163B	ʟ	ʔ˥˥	˥	风盒火	xuŋ xʌʔ xuei

金针(花):黄花菜。关东插:旧时男子系于腰际的布制钱包。粗干粉:粗粉条。葱胡

— 276 —

子:葱根部的须须。腰脊骨:脊梁骨。阴湿病:湿气。单搭耳:部首"门"。灰骨殖:骂小孩语。骨殖:干骨。川贝母:中药名。烧饼佬:死气沉沉不爱动的人。(新)箆筛:簸粮食的筛子。粗脖子:甲状腺肿。

510A	?ㄐ ㄥ ㄣ			刮西风 kuʌʔ sei xuŋ
B				北方人 pʌʔ ˙xuaŋ z̥əŋ
510D	?ㄐ ㄐ ㄐ			贴边宽 t'iʌʔ piɛ kuaŋ
				脚心平 tɕyʌʔ ɕiŋ p'iŋ
515A	?ㄐ ㄥ ?ㄣ			揭锅拍 tɕiʌʔ kuei p'iʌʔ
B				夹生子 tɕiʌʔ ʂʅɛ tsʌʔ
D	?ㄐ ㄐ ?ㄐ			贴边窄 t'iʌʔ piɛ tʂʌʔ
514A	?ㄐ ㄐ ㄥ			杀猪汉 sʌʔ tsʅ xaŋ
B				血心话 ɕyʌʔ ɕiŋ xua
*	?ㄥ ㄣ ㄥ			湿铺盖 ʂʌʔ p'u kæ
D	?ㄐ ㄥ ㄣ			脚心凹 tɕyʌʔ ɕiŋ ua
513A	?ㄐ ㄥ ㄥ			喝烧酒 xʌʔ ʂɔ tɕieu
B				壁君眼 piʌʔ tɕyŋ n̠iaŋ
D	?ㄐ ㄣ ㄥ			贴边浅 tiʌʔ piɛ tɕ'iɛ
516A	?ㄐ ㄥ ?ㄣ			喝汤药 xʌʔ t'uə yʌʔ
B				黑膏药 xʌʔ kɔ yʌʔ
D	?ㄐ ㄣ ?ㄥ			铁纱密 t'iʌʔ sa miʌʔ
520A	?ㄐ ㄐ ㄐ			结毛衣 tɕiʌʔ mɔ i
				出门人 ts'uʌʔ məŋ z̥əŋ
D				客人多 tɕ'iʌʔ z̥əŋ tei
B	?ㄥ ㄥ ㄣ			黑毛衣 xʌʔ mɔ i
				铁茶壶 t'iʌʔ ts'a xu
*	?ㄐ ㄐ ㄐ			一人班 iʌʔ z̥əŋ paŋ
				一团挠 iʌʔ tuaŋ cn

525A	ˀ˥	˩	ˀ˥	刮头发 kuʌʔ təu xuʌʔ
B	ˀ˥	˦	ˀ˥	脊梁骨 tɕiʌʔ luə kuʌʔ
*	ˀ˥	˩	ˀ˥	脚脯子 tɕyʌʔ pu tsʌʔ
524A	ˀ˥	˦	˩	捉人货 tsuʌʔ ʐəŋ xuei
D				急才大 tɕiʌʔ tsʻæ tei
B	ˀ˥	˦	˩	羯羊肉 tɕiʌʔ yə ʐuє
523A	ˀ˥	˦	˩	缉鞋口 tɕʻiʌʔ xɑi kʻəu
D				脚程远 tɕyʌʔ tʂʻəŋ yɛ
B	ˀ˥	˦	˩	黑糖水 xʌʔ tʻɑŋ suei
526A	ˀ˥	˦	ˀ˩	切萝卜 tɕʻiʌʔ lei pʌʔ
551A	ˀ˥	ˀ˥	˩	泼汁汤 pʻʌʔ tʂʌʔ tʻuə
552A	ˀ˥	ˀ˥	˦	做ₒ客人 tsuʌʔ tɕʻiʌʔ ʐəŋ
550B	ˀ˥	ˀ˥	˩	拍子灯 pʻiʌʔ tsʌʔ təŋ
				八尺椽 pʌʔ tʂʻʌʔ tsuɑŋ
D	ˀ˥	ˀ˥	˩	壁虱多 piʌʔ ʂʌʔ tei
555A	ˀ˥	ˀ˥	ˀ˦	跌壳子 tiʌʔ kʻʌʔ tsʌʔ
B	ˀ˥	ˀ˥	ˀ˥	说客子 suʌʔ kʻʌʔ tsʌʔ
554A	ˀ˥	ˀ˥	∟	课ₒ八字 kʻʌʔ pʌʔ tsʅ
B	ˀ˥	ˀ˥	˦	角子汉 tɕyʌʔ tsʌʔ xɑŋ
554D	ˀ˥	ˀ˥	˩	脱失大 tʻuʌʔ ʂʌʔ tei
553A	ˀ˥	ˀ˥	˦	接骨草 tɕiʌʔ kuʌʔ tsʻɔ
B				虱子鬼 ʂʌʔ tsʌʔ kuei
D	ˀ˥	ˀ˥	˩	壁虱少 piʌʔ ʂʌʔ ʂɔ
556A	ˀ˥	ˀ˥	ˀ˥	擦脚石 tsʻʌʔ tɕyʌʔ ʂʌʔ
B	ˀ˥	ˀ˥	ˀ˥	吃不着 tʂʻʌʔ pʌʔ tsuʌʔ
540A	ˀ˥	˩	˥	发睡遮 xuʌʔ suei tʂʅ ɛ
				跌屁头 tiʌʔ pʻi təu

B	ʔ˩	˥	˩	脚后跟 tɕyʌʔ xɐu kəŋ
				黑豆芽 xʌʔ təu n̠ia
*	ʔ˩	˩	˩	八字胡 pʌʔ tsʅ xu
D	ʔ˩	˩	˩	色气轻 sʌʔ tɕʻi tɕʻiŋ
545A	ʔ˥	˥	ʔ˥	植树节 tʂʌʔ sʯ tɕiʌʔ
B	ʔ˩	˥	ʔ˩	急性子 tɕiʌʔ sei tsʌʔ
D	ʔ˩	˩	ʔ˩	隔扇窄 tɕiʌʔ ʂaŋ tʂʌʔ
544A	ʔ˥	˥	˩	削价货 ɕyʌʔ tɕia xuei
B	ʔ˩	˩	˩	剔沙ʼ货 tiʌʔ sa xuei
*	ʔ˩	˥	˩	黑裤带 xʌʔ kʻu tæ
D	ʔ˩	˥	˥	色气艳 sʌʔ tɕʻi n̠iɛ
543A	ʔ˥	˥	˥	割豆腐 kʌʔ təu xu
B	ʔ˩	˥	˥	一刃斧 iʌʔ z̩ɐŋ xu
D	ʔ˩	˥	˩	识字浅 ʂʌʔ tsʅ tɕʻiɛ
546A	ʔ˥	˥	ʔ˥	压菜石 ŋʌʔ tsʻæ ʂʌʔ
B	ʔ˩	˥	ʔ˥	黑夜日 xʌʔ iɛ z̩ʌʔ
D	ʔ˩	˥	ʔ˩	脚面薄 tɕyʌʔ miɛ pʌʔ
530A	ʔ˥	˩	˩	割纸刀 kʌʔ tsʅ cɔ
				磕响头 kʻʌʔ ɕiaŋ təu
D				托爪多 tʻʌ tsua tei
B	ʔ˥	˩	˥	一掌金 iʌʔ tʂaŋ tɕiŋ
				郭举人 kuʌʔ tɕy z̩ɐŋ
*	ʔ˥	˩	˩	柏子仁 piʌʔ tsʅ z̩ɐŋ
535A	ʔ˥	˩	ʔ˩	缉本子 tɕʻiʌʔ pəŋ tsʌʔ
B	ʔ˥	˩	ʔ˥	墼母子 tɕiʌʔ mu tsʌʔ
534A	ʔ˥	˩	˩	出火菜 tsʻuʌʔ xuei tsʻæ
*	ʔ˥	˩	˥	擦屎布 tsʻʌʔ sʅ pu

— 279 —

D	˧˩	˦	˥	杀手重	sʌʔ ʂəu tsuŋ
B	˧˥	˦	˦	秃宝盖	tʰuʌʔ pɔ kæ
533A	˧˥	˦	˦	拨口奶	pʌʔ kʰəu næ
B	˧˥	˦	˦	屈死鬼	tɕyʌ sʅ kuei
533D	˧˩	˦	˧˩	尺码小	tʂʰʌ ma ɕiɔ
536A	˧˥	˦	˧˥	吃死食	tʂʰʌʔ sʅ sʌʔ
560A	˧˥	˧˥	˦	擦铡刀	tsʰʌʔ sʌʔ tɔ
				割木头	kʌʔ mʌʔ təu
D				吃食多	tʂʰʌʔ ʂʌʔ tei
B	˧˥	˧˥	˦	割截帮	kʌʔ tɕiʌʔ paŋ
				柏木材	piʌʔ mʌʔ sæ
565A	˧˥	˧˥	˧˥	克食的	kʰʌʔ ʂʌʔ tiʌʔ
565B	˧˥	˧˥	˧˥	铁脖子	tʰiʌʔ pʌʔ tsʌʔ
564A	˧˥	˧˥	˦	摘绿豆	tʂʌʔ luʌʔ təu
B	˧˥	˧˥	˦	恶极骂	ŋʌʔ tɕiʌʔ ma
563A	˧˥	˧˥	˦	吸墨纸	ɕiʌʔ miʌʔ tsʅ
*	˧˥	˧˥	˦	切月饼	tɕʰiʌʔ yʌʔ piŋ
B	˧˥	˧˥	˦	雀目眼	tɕyʌʔ mʌʔ nʲiaŋ
D	˧˩	˧˥	˥	吃食广	tʂʰʌʔ ʂʌʔ kuə

揭锅拍:揭锅盖儿。夹生子:(饭)夹生。杀猪汉:人相貌凶。血心话:心里话。壁君眼:又小又瘪的眼睛。壁君:蚂蚱。铁纱(密):铁丝织的窗纱。结毛衣:织毛衣。一人班:单人耍木偶。一团挠:指面食软成一堆儿。刮头发:头发去薄。脚脯子:脚掌。捉人货:质劣价高的商品。急才大:随机应变的能力强。羯羊肉:公羊肉。脚程远:路远。泼汁汤:沏葱花汤。拍子灯:汽灯。壁虱(多):臭虫。跌壳子:发吸声[t]。说客子:说客。课(阴入)八字:算八字。角子汉:年纪大未娶亲的男人。脱失大:因失水而明显缺斤短两。接骨草:野草名。虮子鬼:吝啬人。吃不着:吃不伤。"着"表结果的补语。发睡遮:睡梦中的言语和动作。跌屁头:说风凉话。色气轻:颜色浅。剔沙(去声)货:挑选后剩余的物品。割豆腐:买豆腐。一刃斧:木匠用的一种斧子。黑夜日:晚上。托

爪多:门路多。一掌金:相面术语。柏子仁:去皮的柏树籽儿。缉本子:订本子。墼母子:制土坯的木模。墼:土坯。出火菜:炒菜。杀手重:给人办事索取的报酬太高。拨口奶:婴儿的头口奶。吃死食:贪吃没够。割截帮:姘头。割截:搞不正当的男女关系。克食的:消食的。铁脖子:形容脖子脏。恶极骂:狠骂。雀目眼:夜间视力极弱的眼睛。

410A	∟	∧	ˠ	唱秧歌 tʂʻɑŋ iɑi kɔ
				剃光头 tʻi kuə təu
A	∟	⅃	⅃	放风筝 xuə xuŋ tsʻəŋ
B	⌐	⌐	˪	大兄哥 tei ɕy kiɛ
				后天爷 xəu tʻiɛ ɛ
D	∟	⅃	⅃	裤腰深 kʻu iɔ ʂəŋ
415A	∟	˪	?ˠ	坐冬雪 tɕyɛ tuŋ ɕyʌʔ
B	⌐	⌐	?˪	二标子 ər piɔ tsʌʔ
D	∟	⅃	?⅃	院心窄 yɛ ɕiŋ tsʌʔ
414A	∟	⅃	∟	卖青菜 mɑ tsʻei tsʻæ
B	⌐	⌐	˪	印花布 iŋ xua pu
*	∟	˪	⌐	供销社 kuŋ ɕiɔ ʂɛ
D	∟	⅃	⌐	靠山大 kɔ sɑŋ tei
413A	∟	˪	⅄	倒脏土 tɔ tsɔ tʻu
B	⌐	⌐	⅄	亲家母 tɕʻiŋ tɕiɑ mu
*	∟	ˠ	⅄	太师椅 tʻæ ʂ i
D	∟	ˠ	⅄	病斑少 piŋ pɑŋ ʂɔ
416A	∟	˪	?ˠ	上中学 suə tsuŋ ɕiʌʔ
B	⌐	⌐	?ˠ	大车轴 tei tʂʻ ɪɛ tsuʌʔ
420A	∟	⅃	⅃	剃头刀 tʻi tʻəu tɔ
				挂人缘 kua ẓŋ iɛ
B	⌐	⌐	˪	半长针 pɑŋ tsuə tʂəŋ
420B	⌐	⌐	˪	骆驼蹄 lɔ tei ti

*	˪	˦	˦	自行车	tsʅ ɕiŋ tʂʻʐɛ
425A	˪	˦	ʔˌ	卖柴的	mæ sæ tiʌʔ
B	˧	˨	ʔʌ	醋罈子	tsʻəu tʻɑŋ tsʌʔ
*	˪	˦	ʔˌ	袖头子	ɕiəu təu tsʌʔ
424A	˪	˦	˧	剁羊肉	tuei yə z̩əu
B	˧	˨	˨	豆茬地	təu sa ti
423A	˪	˅	˄	照羊狗	tʂɔ yə kəu
B	˧	˨	˅	二镰韭	ər liɛ tɕiəu
426A	˪	˅	˄	闹红活	nɔ xuŋ xuʌ
B	˧	˨	ʔˌ	太阳穴	tʻæ iɑŋ ɕyʌʔ
451A	˪	ʔˌ	˦	煺剥鸡	tʻuæ pʌʔ tɕi
D	˪	ʔˌ	˦	捻子粗	ȵiɛ tsʌʔ tsʻəu
B	˧	ʔˌ	˄	太谷家	tʻæ kuʌʔ tɕia
*	˪	ʔˌ	˦	裤子腰	kʻu tsʌʔ iɔ
452A	˪	ʔˌ	˅	道客人	tɔ tɕʻiʌʔ z̩ən
B	˧	ʔˌ	˄	外国人	uæ kuʌʔ z̩ən
D	˪	ʔˌ	˦	货色全	xuei sʌʔ tɕʻyɛ
455A	˪	ʔˌ	ʔˌ	唱黑的	tʂʻɑŋ xʌʔ tiʌʔ
B	˧	ʔˌ	ʔˌ	细吃的	sei tʂʻʌʔ tiʌʔ
D	˪	ʔˌ	ʔˌ	面子窄	miɛ tsʌʔ tʂʌʔ
454A	˪	ʔˌ	˪	闹湿气	nɔ ʂʌʔ tɕʻi
454B	˧	ʔˌ	˄	皂角树	tsɔ tɕyʌʔ sʅ
D	˪	ʔˌ	˦	釉子重	iəu tsʌʔ tsuŋ
453B	˧	ʔˌ	˅	夜宿眼	iɛ ɕyʌʔ ȵiɑŋ
D	˪	ʔˌ	˦	芯子紧	ɕiŋ tsʌʔ tɕiŋ
456A	˪	ʔˌ	ʔˌ	绊脚石	pɑŋ tɕyʌʔ ʂʌʔ
B	˧	ʔˌ	ʔˌ	旧吃食	tɕiəu tʂʻʌʔ ʂʌʔ

D	ˎ	ʔˊ	ʔˋ	性子直 ɕiŋ tsʌʔ tʂʌʔ
440A	ˋ	ˊ	ˊ	住地方 tsʅ ti <u>xuə</u>
				住栈房 tsʅ tsaŋ <u>xuə</u>
B	ˊ	ˋ	ˋ	二套车 ər t'ɔ ˌtʂʅ
				旧笊篱 tɕieiu tsɔ li
D	ˎ	ˎ	ˋ	院舍宽 yɛ ʂʅɛ k'uaŋ
				路道长 ləu tɔ tʂ'ɑŋ
445A	ˋ	ˊ	ʔˊ	下大雪 xa tei ɕyʌʔ
B	ˊ	ˋ	ʔˋ	赵字帖 tsɔ tsʅ t'iʌʔ
D	ˎ	ˎ	ʔˊ	路道窄 ləu tɔ tʂʌʔ
444A	ˋ	ˊ	ˊ	闹世务 nɔ ʂʅ u
B	ˊ	ˋ	ˋ	地道货 ti tɔ xuei
D	ˎ	ˋ	ˊ	用项大 yŋ ɕiaŋ tei
443A	ˋ	ˊ	ˎ	磨豆腐 mei təu xu
B	ˊ	ˋ	ˎ	大砚瓦 tei n̠iɛ ua
D	ˎ	ˊ	ˎ	坐事稳 tɕyɛ sʅ uŋ
446A	ˋ	ˊ	ʔˎ	记墓石 tɕi mu ʂʌʔ
B	ˊ	ˋ	ʔˎ	下半截 xa paŋ tɕiʌʔ
D	ˎ	ˊ	ʔˎ	寿器薄 ʂəu tɕ'i pʌʔ
430A	ˎ	ˎ	ˎ	卖火烧 mæ <u>xuei</u> ʂɔ
				聚宝盆 tɕy pɔ p'əŋ
D				炕垄高 k'uə luŋ kɔ
				后腿长 xəu t'æ tʂ'ɑŋ
430B	ˊ	ˎ	ˋ	夏景天 xa tɕiŋ t'iɛ
				后老人 xəu lɔ zʅŋ
435A	ˎ	ˎ	ʔˋ	闹伙的 nɔ xuei tiʌʔ
D				菜'蔬缺 ts'æ ʂʅ tɕ'yʌʔ

B	˧	˥	ʔˋ	玉'手束	y ʂəu suʌʔ
434A	˩	˥	˩	过水面 <u>kuei</u> suei miɛ	
D	˧			分两重 xuŋ lia tsuŋ	
B	˧	˥	ˋ	大脸架 tei liɛ tɕia	
*	˩	˥	˩	睡虎蛋 suei xu taŋ	
433A	˧	˥	˥	跳井鬼 tɕ‘iɔ <u>tsei</u> kuei	
B	˧			二五眼 ər u n̠iaŋ	
D	˩	˦	ˋ	外礼少 uæ li ʂɔ	
436A	˧	˥	ʔˋ	下马石 xɑ mɑ ʂʌʔ	
B	˧			柱底石 tsʯ ti ʂʌʔ	
D	˩	˦	ʔˋ	大米白 tɑ mi pʌʔ	
460A	˩	ʔˋ	ˋ	配钥匙 p‘æ yʌʔ sʮ	
B	˧	ʔˋ	ˋ	电石灯 tiɛ ʂʌʔ təŋ	
*	˩	ʔˋ	ˋ	二截鞭 ər tɕiʌʔ piɛ	
465A	˩	ʔˋ	ʔˋ	扣麦子 k‘əu miʌʔ tsʌʔ	
D				教席缺 tɕiɔ ɕiʌʔ tɕ‘yʌʔ	
B	˧	ʔˋ	ʔˋ	下脖子 xɑ pʌʔ tsʌʔ	
464A	˩	ʔˋ	˩	卖杂货 mæ tsʌʔ <u>xuei</u>	
B	˧	ʔˋ	ˋ	锯末面 tɕy mʌʔ miɛ	
463A	˧	ʔˋ	˥	放十指 xuə ʂʌʔ tsʮ	
B				半截枣 paŋ tɕiʌʔ tsɔ	
D	˩	ʔˋ	˦	枕席小 tʂəŋ ɕiʌʔ ɕiɔ	
466A	˧	ʔˋ	ʔˋ	败毒药 pæ tuʌʔ yʌʔ	
B				旧日历 tɕiəu zʌʔ liʌʔ	
D	˩	ʔˋ	ʔˋ	寿木薄 ʂəu mʌʔ pʌʔ	

大兄哥:内兄。后天爷:月亮。坐冬雪:冬季前后下的雪。二标子:鲁莽的年轻人。挂
人缘:指人长相顺眼。半长针:中号针。骆驼蹄:指人脚大。太谷家:太谷县人。道客

— 284 —

人:请客人。唱黑的:山西梆子中花脸的一种。细吃的:点心一类食品。闹湿气:长湿疹、手癣、脚癣等。夜宿眼:指喜早睡的人。住地方:旧指在外地当伙计。住栈房:同上。路道长:路远。闹世务:经营家业。坐事稳:遇事沉得住气。记墓石:墓碑。炕垄高:炕沿儿高。夏景天:夏天。后老人:后父或后母。闹伙的:暗娼。菜蔬(缺):蔬菜。睡虎蛋:好睡的人。二五眼:指做客吃的不好(只一热一冷两个菜)。外礼少:外财少。扣麦子:铡麦穗儿。教席缺:教师缺。下脖子:下巴。放十指:放指血。

310A	ㄚ	ㄥ	ㄥˊ	顶新亲	tiŋ ɕiŋ tɕ'iŋ
B				水师婆	suei sʅ pei
D	ㄚ	ㄥ	ㄥ	斗盔多	təu k'uæ tei
				耳朵聋	ər tuei luŋ
315A	ㄚ	ㄥ	ʔㄚ	起干骨	tɕ'i kaŋ kuʌʔ
B				火锅子	xuei kuei tsʌʔ
314A	ㄚ	ㄥ	ㄥˇ	炒鸡蛋	ts'ɔ tɕi taŋ
B				老花镜	lɔ xua tɕei
314D	ㄚ	ㄥ	ㄥˊ	养心大	iɔ ɕiŋ tei
313A	ㄚ	ㄥ	ㄚ	滚开水	kuŋ k'æ suei
B				老家雀	lɔ tɕia tɕ'iɔ
D	ㄚ	ㄥ	ᴎ	嗓音好	saŋ iŋ cɔ
316A	ㄚ	ㄥ	ʔㄚ	起山药	tɕ'i saŋ iʌʔ
B				枣花蜜	tsɔ xua miʌʔ
D	ㄚ	ㄥ	ʔㄥᴎ	手心薄	ʂəu ɕiŋ pʌʔ
320A	ㄚ	ㄥ	ㄥ	耍龙灯	sua luŋ təŋ
				揽婆姨	laŋ pei i
B				美人蕉	mei zʅəŋ tɕiɔ
				老羊皮	lɔ iaŋ p'i
D				底荏多	ti sa tei
				奶头长	næ təu tʂ'aŋ
B	ㄚ	ㄥ	ㄥˊ	老时衣	lɔ sʅ i

				屎爬牛 ṣʅ mɑ ȵŋ̍
B	ˋ	ˊ	ˋ	马莲花 mɑ ʌɪ xuɑ
				小婆姨 ɕiɔ pei i
325A	ˋ	ˊ	ʔˊˋ	炒茄子 tsʻɔ tɕiɛ tsʌʔ
B				水牛角 suei ȵiɛu tɕɣʌʔ
B	ˋ	ˋ	ʔˋˋ	腿蹄骨 tʻuæ ti kuʌʔ
B	ˋ	ˊ	ʔˋˋ	米黄色 mi xuə sʌʔ
324A	ˋ	ˋ	ˋ	哄人货 xuŋ ẓəŋ̍ ̩ ̍ iuex
B				老和尚 lɔ xuei suə
D				脑油重 nɔ iəu tsuŋ
B	ˋ	ˋ	ˋ	早晨饭 tsɔ ṣʅ xuɑŋ
B	ˋ	ˋ	ˋ	母羊肉 mu yə ẓ̍əu
323A	ˋ	ˋ	ˋ	顶门拐 ti məŋ kuæ
D				好人少 xɔ ẓəŋ̍ ̩ ̍ ṣʅ
B	ˋ	ˋ	ˋ	狗皮癣 kəu pʻi ɕiɛ
326A	ˋ	ˋ	ʔˋˋ	数头伏 ṣuʌ təu xuʌʔ
D				口唇薄 kʻəu suŋ pʌʔ
B	ˋ	ˋ	ʔˋˋ	水萝卜 suei lei pʌʔ
351A	ˋ	ʔˋˋ	ˋ	走雪山 tsəu ɕyʌʔ sɑŋ
B				野鹊花 iɛ tɕiʌʔ xuɑ
D				嗓子粗 sɑŋ tsʌʔ tsʻue
352A	ˋ	ʔˋˋ	ˋ	打竹帘 tɑ tsuʌʔ liɛ
*	ˋ	ʔˋˋ	ˋ	响忽雷 ɕiɑŋ xuʌʔ luæ
B	ˋ	ʔˋˋ	ˋ	眼睫毛 ȵiɑŋ tsʌʔ mu
D	ˋ	ʔˋˋ	ˋ	绞脚难 tɕiɔ tɕyʌʔ nɑŋ
355A	ˋ	ʔˋˋ	ʔˋˋ	讨吃的 tʻɔ tṣʻʌʔ tiʌʔ

B					小叔子 ɕiɔ suʌʔ tsʌʔ
D	˥	ʔʌˊ	ʔˋ	ʌˊ	井索泼 <u>tsei</u> sʌʔ pʼʌʔ
354A	˥	ʔʌˊ	ˎ		点黑豆 tiE xʌʔ təu
B					粉笔字 xuŋ piʌʔ tsɿ
D	˥	ʔʌ̌	˩		嗓子硬 saŋ tsʌʔ n̠iŋ
353A	˥	ʔʌ̌	˥		打启板 ta tuʌʔ paŋ
B					好漆水 xɔ tɕʼiʌʔ suei
D	˥	˥	ʌˇ	˩̌	水色好 suei sʌʔ xɔ
356A	˥	ʔʌ̌	ʔʌˊ		洗脚石 sei tɕyʌʔ ʂʌʔ
B					假骨殖 tɕia kuʌʔ ʂʌʔ
340A	˥	ˊ	˥		扯大风 tʂʼ1E tei xuŋ
					砍檀头 kʼaŋ ɕyE təu
B					老会员 lɔ xuæ yE
					老秀才 lɔ ɕieu tsʼæ
B	˥	ʌˇ	˥		扁担花 paŋ taŋ xua
					暖炕头 nzuaŋ <u>kʼuə</u> təu
*	˥	˩	ʌˇ		口岔窝 kʼəu sa <u>uei</u>
D	˥	˩	ʌˇ		颗数多 <u>kʼuei</u> sɿ <u>tei</u>
345A	˥	ˊ	ʔʌˊ		砍墓角 kʼaŋ mu tɕyʌʔ
B					老妗子 lɔ tɕiŋ tsʌʔ
B	˥	ʌˇ	ʔʌˊ		小字贴 iɔ tsɿ tʼiʌʔ
D	˥	˩	ʔʌˊ		走道窄 tsɔ tɔ tʂʌʔ
344A	˥	ˊ	ʌˊ		打散棍 ta saŋ kuŋ
B	˥	˩	˩		韭菜气 tɕieu tsʼæ tɕʼi
B	˥	ʌˇ	ʌˊ		野大夫’ iE tæ xu
D	˥	ʌˇ	ˊ		忍耐大 zʅəŋ næ tei
343A	˥	ˊ	˥		炒豆腐 tsʼɔ təu xu

B	ヽ	㇏	ヽ	板凳狗	paŋ təŋ kəu
D	ヽ	↗	㇅	奶性好	næ ɕiŋ cx
346A	ヽ	↗	ʔ㇅	碾大麦	ȵiɛ ta miʌʔ
B	ヽ	㇏	ʔ㇅	草大麦	tsʻɔ ta miʌʔ
330A	㇔	ヽ	㇓	数九天	sʅ tɕiəi tʻiɛ
				洗澡塘	sei tsɔ tʻaŋ
D				小腿粗	ɕiɔ tʻæ tsʻuɛ
B	ヽ	ヽ	㇏	卤煮鸡	ləu tsʅ tɕi
				朽扁头	ɕiəu paŋ təu
*	㇔	ヽ	㇓	老母猪	lɔ mu tsʅ
335A	㇔	ヽ	ʔ㇅	剪指甲	tɕiɔ tsʅ tɕiʌʔ
335D	㇔	ヽ	ʔ㇅	碗盏缺	uaŋ tsaŋ tɕʻyʌʔ
B	㇔	ヽ	ʔ㇅	米等尺	mi təŋ tʂʻʌʔ
334A	㇔	ヽ	↙	耍手艺	sua ʂəu i
D				嘴码大	tsuei ma tei
B	ヽ	ヽ	㇏	懒老病	laŋ lɔ p̱i
333A	㇔	ヽ	ヽ	打火纸	ta x̲u̲e̲i̲ tsʅ
B	ヽ	㇔	ヽ	母老虎	mu lɔ xu
D	↙	㇔	㇅	腿胯好	tʻuæ kʻau cx
336A	㇔	ヽ	ʔ㇅	打火石	ta x̲u̲e̲i̲ ʂʌʔ
B	㇔	㇔	ʔ㇅	小鬼日	ɕiɔ kuei zʌʔ
360A	㇔	ʔ㇅	㇓	数伏天	sʅ xuʌʔ tʻiɛ
				捣石头	tɔ ʂʌʔ təu
360D	㇔	ʔ㇅	㇓	柳木轻	liəu mʌʔ tɕʻiŋ
B	ヽ	ʔ㇅	㇏	广木香	kuaŋ mʌʔ ɕiaŋ
				伙立墙	x̲u̲e̲i̲ liʌʔ t̲ɕ̲y̲ə̲
*	㇔	ʔ㇅	㇓	礼服呢	li xuʌʔ ȵi

365A　⌐　?⌐　?⌐　?⌐　　打袼褙 tɑ kʌʔ piʌʔ

　　D　　　　　　　枣木缺 tsɔ mʌʔ tɕʻyʌʔ

　　B　⌐　?⌐　?⌐　?⌐　　九月菊 tɕieu yʌʔ tɕʻyʌʔ

364A　⌐　?⌐　?⌐　⌐　　洗鼻涕 sei pʌʔ tʻi

　　D　　　　　　　拣择大 tɕiaŋ tsʌʔ tei

　　B　⌐　?⌐　?⌐　⌐　　纸活铺 tsɿ xuʌʔ pʻu

363B　⌐　?⌐　?⌐　⌐　　九月九 tɕieu yʌʔ tɕieu

顶新亲:给亲家吊唁。水师婆:蜻蜓。斗盔(多):像瓦盆而略深的器皿。(起)干骨:骨殖。养心大:有涵养性。滚开水:烧开水。揽婆姨:年纪大的男人娶妻。老时衣:为死后准备的衣服,也叫"装裹衣"。屎爬牛:屎克郎。小婆姨:妾。腿蹄骨:大腿骨、小腿骨的总称。脑油重:头皮好出油。野鹊花:野花名。绞脚(难):缠脚。讨吃的:要饭的。井索泼:井绳粗。打尻板:打屁股板儿。好漆水:油漆漆得好。扯大风:刮大风。扁担花:野花名。暖炕头:炕近火的一端。口岔窝:嘴角。砍墓角:耕地时侵蚀坟墓四周的土地。打散棍:促使事情办不成。韭菜气:韭菜味。忍耐大:能忍耐。板凳狗:身体长腿短的狗。奶性好:奶水好。朽扁头:笨脑袋瓜儿。米等尺:米尺。嘴码大:话多。懒老病:懒病。腿胯好:腰腿灵便。小鬼日:清明的前一日或后一日。广木香:中药名。拣择大:蔬菜瓜果不能食用的部分多。

610A　?⌐　⌐　⌐　　闸鸡窝 tsʌʔ tɕi uei

　　　　　　　　　　没交情 mʌʔ tɕiɔ tɕʻiŋ

　　B　　　　　　　月薪工 yʌʔ ɕiŋ kuŋ

　　　　　　　　　　白包皮 piʌʔ pɔ pʻi

　　D　?⌐　⌐　⌐　　立春迟 liʌʔ tsʻuŋ tʂɿ

615A　?⌐　⌐　?⌐　　拾干骨 ʂʌʔ kaŋ kuʌʔ

　　B　　　　　　　实身子 ʂʌʔ ʂəŋ tsʌʔ

　　D　?⌐　⌐　?⌐　　石灰缺 suʌʔ xuæ tɕʻyʌʔ

614A　?⌐　⌐　⌐　　学生意 ɕiʌʔ səŋ i

　　B　　　　　　　熟鸡蛋 suʌʔ tɕi taŋ

　　D　?⌐　⌐　⌐　　铡刀快 sʌʔ tɔ kʻuæ

613A				鼻通眼	piʌʔ tʼuŋ ȵiaŋ
B				白瓜子	piʌʔ kua tsɿ
D				石灰少	suʌʔ xuæ ʂɔ
616A				合婚席	xʌʔ xuŋ ɕiʌʔ
B				学生服	ɕiʌʔ səŋ xuʌʔ
620A				没陪随	mʌʔ pæ ɕy
B				石榴花	ʂʌʔ lieu xua
				十来年	ʂʌʔ læ ȵiɛ
D				熟人多	suʌʔ zʅəŋ tei
620B				独门星	tuʌʔ məŋ ɕiŋ
				熟麻油	suʌʔ ma ieu
625A				赎房子	suʌʔ xuə tsʌʔ
B				白头发	piʌʔ təu xuʌʔ
B				鼻梁骨	piʌʔ luə kuʌʔ
624A				没营干	mʌʔ iŋ kaŋ
B				活咸菜	xuʌʔ xaŋ tsʼæ
D				麦茬重	miʌʔ sa tsuŋ
B				麦茬地	miʌʔ sa ti
623A				没油水	mʌʔ ieu suei
B				蛤蟆口	kʌʔ ma kʼueu
D				舌头短	ʂʌʔ təu tuaŋ
B				白云彩	piʌʔ yŋ tsʼæ
626A				拔萝卜	pʌʔ lei pʌʔ
B				核桃木	kʌʔ tɔ mʌʔ
D				钥匙薄	yʌʔ sɿ pʌʔ
B				白萝卜	piʌʔ lei pʌʔ

651A	ʔʏ	ʔʌ	ʅ	没足哥	mʌʔ tɕyʌʔ kiɛ
B				白菊花	piʌʔ tɕʻyʌʔ xua
D				脖子粗	pʌʔ tsʌʔ tsʻəu
652A	ʔʏ	ʔʌ	ʅ	没急才	mʌʔ tɕiʌʔ tsʻæ
B				白靸鞋	piʌʔ sʌʔ xæ
655A	ʔʏ	ʔʌ	ʔʌ	没割杀	mʌʔ kʌʔ sʌʔ
B				活拍子	xuʌʔ pʻiʌʔ tsʌʔ
D	ʔʏ	ʔʌ	ʔʌ	脖子黑	pʌʔ tsʌʔ xʌʔ
654A	ʔʏ	ʔʌ	↙	没做ɔ项	mʌʔ tsuʌʔ ɕyə
B				栗子树	liʌʔ tsʌʔ sʅ
*	ʔʏ	ʔʌ	↗	合作社	xʌʔ tsʌʔ ʂʅɛ
D	ʔʏ	ʔʌ	↗	脖子细	pʌʔ tsʌʔ sei
653A	ʔʏ	ʔʌ	↘	没质品	mʌʔ tʂʌʔ pʻiŋ
B				白铁嘴	piʌʔ tʻiʌʔ tsuei
656A	ʔʏ	ʔʌ	ʔʏ	活血药	xuʌʔ ɕyʌʔ yʌʔ
B				独一席	tuʌʔ iʌʔ ɕiʌʔ
D	ʔʏ	ʔʏ	ʔʌ	褥子薄	zuʌʔ tsʌʔ pʌʔ
640A	ʔʏ	↗	↗	没病斑	mʌʔ piŋ paŋ
				赎当头	suʌʔ taŋ tʻəu
B				独自家	tuʌʔ tsʅ tɕia
				食字旁	ʂʌʔ tsʅ pʻaŋ
*	ʔʏ	↙	↘	绿豆芽	luʌʔ təu n̻ia
D	ʔʏ	↙	↗	入步深	zuʌʔ pu ʂəŋ
645A	ʔʏ	↗	ʔʏ	合线子	xʌʔ ɕiɛ tsʌʔ
					kʌʔ ɕiɛ tsʌʔ
B				席囤子	ɕiʌʔ tuŋ tsʌʔ
D	ʔʏ	↙	ʔʌ	绿豆缺	luʌʔ təu tɕʻyʌʔ

644A	?ʌ	˧	˧	没正经	mʌʔ tʂəŋ tɕiŋ
B				实大瓮	ʂʌʔ tei uŋ
D	?ʌ	˩	˧	力气大	liʌʔ tɕʻi tei
643A	?ʌ	˧	˩	截后尾	tɕiʌʔ xɤu i
B				实受手	ʂʌʔ ʂuɤ ʂuɤ
643D	?ʌ	˧	˩	入步浅	zuʌʔ pu tɕʻiɛ
646A	?ʌ	˧	?ʌ	叠面饽	tiʌʔ miɛ pʌʔ
B				活壮药	xuʌʔ tsuaŋ yʌʔ
D	?ʌ	˧	?ʌ	木料薄	mʌʔ liɔ pʌʔ
630A	?ʌ	˩	˩	没养心	mʌʔ iaŋ ɕiŋ
B				实拣砖	ʂʌʔ tɕiaŋ tsuaŋ
				白府绸	piʌʔ xu tʂʻɤu
*	?ʌ	˩	˩ ˩	立表砖	liʌʔ piɔ tsuaŋ
D	?ʌ	˩	˩	妯娌多	tsuʌʔ li tei
635A	?ʌ	˩	?ʌ	没攒杀	mʌʔ tsaŋ sʌʔ
B				活子子	xuʌʔ tsɿ tsʌʔ
D				石板窄	ʂʌʔ paŋ tʂʌʔ
634A	?ʌ	˩	˪	合伙计	kʌʔ xuei tɕi
B				什锦缎	ʂʌʔ tɕiŋ tuan
D				石板厚	ʂʌʔ paŋ xɤu
633A	?ʌ	˩	˩	没嘴码	mʌʔ tsuei ma
B				白领纸	piʌʔ liŋ tsɿ
D	?ʟ	˩	˪	妯娌少	tsuʌʔ li ʂɔ
636A	?ʟ	˩	?ʌ	没眼药	mʌʔ n̩iaŋ yʌʔ
D	?ʟ	˩	?ʌ	石板薄	ʂʌʔ paŋ pʌʔ
660A	?ʟ	˩	?ʌ ˩	没铡刀	mʌʔ sʌʔ tɔ
B				独立墙	tuʌʔ liʌʔ tɕyə

D				学习差	ɕiʌʔ ɕiʌʔ tsʻɑ
665A	ʔʌˊ	ʔʌˊ	ʔʌˋ	拾麦子	ʂʌʔ miʌʔ tsʌʔ
B				薄袜子	pʌʔ uʌʔ tsʌʔ
664A	ʔʌˊ	ʔʌˊ	ˋ	拾绿豆	ʂʌʔ luʌʔ təu
B				独角兽	tuʌʔ tɕyʌʔ ʂəu
663B	ʔʌˊ	ʔʌˊ	ˋ	薄劣子	pʌʔ liʌʔ tsɿ

闸鸡窝:垒鸡窝。实身子:不生育的妇女。鼻通眼:鼻孔。(没)陪随:嫁妆。独门星:不合群的人。(没)营干:营生。活咸菜:暴腌咸菜。麦茬重:麦茬多。没足哥:没够的人。(没)割杀:了结。活拍子:能吹善拍的人。(没)做₃项:活儿。没质品:品质不好。白铁嘴:瓷茶壶后配的白铁嘴子。独一席:独食。合线子:把多股线并为一股。实大瓮:装满东西的大瓮。截后尾:扒车。实受手:受累的人。叠面饽:(为使面有劲儿)揉面时往里头揉干面粉。活壮药:壮阳的药。(没)养心:耐心。实拣砖:全部用砖(的墙)。立表砖:砌墙时砖立着摆放。北京叫"立砖"。没攒杀:没计划。活子子:活泼过分的人。(没)嘴码:是非,口舌。薄劣子:二流子。

(原载《方言》1982.2)

平遥方言的文白异读

　　文白异读是指同一个字在不同的语言环境中读音不同说的。例如：平遥话"茶叶"的"茶"读[tsʻʌɤ][①]，"茶盅"的"茶"读[tsɑɤ]。两个"茶"字，声母不同。一个送气，一个不送气。又如："人强马壮"的"强"读[tɕʻiɑŋɤ]，"强盗"的"强"读[kɤyɤ]。两个"强"字的声母、韵母不同。又例如："苇"的单字音[ueiɤ]。但"苇子地"的"苇"读[yɤ]，与单字音的韵母不同。我们把近于北京语音的一种读音叫文读，把远于北京语音的一种读音叫白读。有的字有文读，也有白读，但多数字只有文读。如"图"[tʻuɤ]，下文举例从略。极少数字，只有白读，如："刨"[pɔɤ]。（有些青年人受普通话影响把"刨"读[pʻɔɤ]，暂不宜算）根据共时和历时的比较，我们可以分辨出"图"[tuɤ]是文读，"刨"[pɔɤ]是白读。

　　文白异读不能简单地看作是"读书音"和"说话音"的差别。有的文白异读是"词汇层次的差别"（张盛裕，1979）。"文白异读和词的历史层次也有关系，白读反映较早的层次，文读反映较晚的层次。"（温端政 1985）平遥方言的白读往往保存在一些使用年代比较久的常用词语里头。例如："盘缠"[pɑŋɤ tsɑŋɤ]两个字都读白读，声母都不送气。

　　科学术语、外来事物的名称及一些使用年代比较久的书面语词多保留文读音。例如："核潜艇"的"核"[xʌʔɤ]（比较：核桃的"核"[kʌʔɤ]），"能工巧匠"的"匠"[tɕiɑŋɤ]（比较：木匠的"匠"读[tɕɤyɤ]）都用文读音。大致可以说，白读音保留早期本地方言的读音，也就是说反映深一个层次的读音。

一、平遥方言文白异读的主要类型有以下五种：

(一)文读送气声母,白读不送气声母

例字	文读	白读
婆	p'ɔ˄ 苦口~心	pei˄ 姨:已婚妇女
脯	p'u˄ 胸~	pu˄ ~子:胸脯
菩	——	pu˄ 萨
牌	p'æ˄ 打~	pæ˄ ~~:围嘴
陪	p'æ˄ ~伴	pæ˄ 随:嫁妆
赔	p'æ˄ ~礼道歉	pæ˄ 了:商业亏损
疲	p'i˄ ~倦	pi˄ 茶水:温的茶水
皮	p'i˄ ~科	pi˄ ~~,如:饺子~~
刨	——	pɔ˄ ~地
盘	p'ɑŋ˄ ~山公路	paŋ˄ ~~:盘子;~缠
盆	p'əŋ˄ ~地	pəŋ˄ ~~:~子;洗脸~
棚	p'əŋ˄ 工~	piɛ˄ ~子

———————— 以上古並母字

驼	t'uɘ˄ 骆~(新)	tei˄ 骆~(老):~炭
台	t'æ˄ ~湾	tæ˄ 圪~~:台阶
桃	t'ɔ˄ ~花扇	tɔ˄ ~儿;~核
调	t'iɔ˄ ~解	tiɔ˄ ~和:作料
条	t'iɔ˄ ~块块	tiɔ˄ ~帚
头	t'əu˄ 带~	təu˄ ~发
甜	t'iɛ˄ ~言蜜语	tiɛ˄ ~的;~茶
弹	t'ɑŋ˄ ~簧	tɑŋ˄ ~风琴
田	t'iɛ˄ ~地	tiɛ˄ ~家铺:地名
填	t'iɛ˄ ~空	tiɛ˄ ~住
团	t'uɑŋ˄ ~长	tuɑŋ˄ 圪~:住;轻轻~到一起

糖	t'ɑŋˈ~果	tɑŋˈ黑~:红糖
疼	t'əŋˈ	təŋˈ头~
誊	t'əŋˈ~写	təŋˈ~下底底:留底儿
腾	t'əŋˈ~空	təŋˈ~房子
铜	t'uŋˈ~铁	tuŋˈ~的

———————————— 以上古定母字

财	ts'æˈ~政	tsæˈ~主
脐	tɕ'iˈ~带	tseiˈ肚脐~:肚脐
瓷	ts'ɿˈ	tsɿˈ~器
槽	ts'ɔˈ水~	tsɔˈ驴~~
樵	tɕ'iɔˈ刘海砍~	tɕiɔˈ~夫
蚕	ts'ɑŋˈ春~	tsɑŋˈ~儿
钱	tɕ'iɛˈ向~看	tɕiɛˈ~儿
前	tɕ'iɛˈ向~看	tɕiɛˈ~头
泉	tɕ'yɛˈ~水	tɕyɛˈ东~镇
藏	ts'ɑŋˈ~书	tɕyəˈ~到门后头
墙	tɕ'iɑŋˈ铜~铁壁	tɕyəˈ~~:墙
晴	tɕ'iŋˈ天	tseiˈ天~了₂

———————————— 以上古从母字

搽	ts'ɑˈ	tsɑˈ~抹;~粉
茶	ts'ɑˈ~叶	tsɑˈ~盅
除	ts'ʮˈ~法	tsʮˈ年~下:除夕
储	ts'ʮˈ~蓄(新)	tsʮˈ~蓄(老)
厨	ts'ʮˈ~房(新)	tsʮˈ~房(老)
迟	tʂʅˈ~到	tʂʅˈ~了₂
槌	ts'ueiˈ铁~	tsueiˈ~头子:拳头
稠	——	tʂɻuˈ~的

缠	tʂʻɑŋˇ~住	tʂáŋˇ~住
橡	——	tsuɑŋˇ~儿
尘	tʂʻəŋˇ~土，灰~	tʂəŋˇ刮风扬~
长	tʂʻɑŋˇ~方形	tsuəˇ~的
肠	tʂʻɑŋˇ香~	tsuəˇ~子
场	tʂʻɑŋˇ操~	tsuəˇ~~：场院
虫	tsʻuŋˇ蛔~	tsuŋˇ~~：小虫儿
重	tsʻuŋˇ~复	tsuŋˇ~起来
		以上古澄母字

渠	tɕʻyˇ水~	tɕøyˇ瞿：姓
骑	tɕʻiˇ~兵	tɕiøˇ~马
棋	tɕʻiˇ下~	tɕiøˇ斜~~：一种菱形面片
荞	——	tɕiɔˇ~麦
钳	tɕʻiɛˇ~工	tɕiøɛˇ~子
芹	tɕʻiŋˇ小~：用于名字	tseiˇ胡~：芹菜
强	tɕʻiɑŋˇ人~马壮	tɕiøəˇ~盗
穷	tɕʻyŋˇ一~二白	tɕøyŋˇ~的利害
		以上古群母字

(二)文读韵母是鼻尾韵，白读韵母是开尾韵

例字	文读	白读
忙	mɑŋˇ帮~	mɔˇ~的利害
芒	mɑŋˇ~种	uɛˇ麦~
当	tɑŋˇ~中(新)	tuɛˇ~中(老)
汤	tʻɑŋˇ姓	tʻuɛˇ清~寡水
躺	tʻɑˇˇ~倒不干了	tʻuɛˇ~下哇
烫	tʻɑŋˇˇ~伤	tʻəuˇ~人咧
仓	tsʻɑŋˇ~库	tɕʻyøˇ炭~：围起来堆放煤的地方

桑	saŋ˩ 姓	ɕyə˥～葚树
糠	k'aŋ˩ 吃～咽菜	k'uə˥～疹:麻疹
炕	k'aŋ˩(新)	k'uə˩ 暖～头
量	liaŋ˩ 重～	luə˩～～:量一量
亮	liaŋ˩ 灯～了₂	luə˩～白日:白天
浆	tɕiaŋ˩ 纸～	tɕyə˥～衣裳
酱	tɕiaŋ˩～油	tɕyə˩ 黑～
抢	tɕ'iaŋ˥～劫	tɕ'yə˥～东西
匠	tɕiaŋ˩ 能工巧～	tɕyə˩～木～
厢	ɕiaiŋ˩ 西～记	ɕyə˥ 住两家～:住两间房
想	ɕiaŋ˥ 思～	ɕyə˥～吃甚咧
像	ɕiaiŋ˩……一样	ɕyə˩ 斯～
丈	tsaŋ˩ 两～	tsuə˩～人
张	tʂaŋ˩ 姓	tsuə˥～村
疮	——	suɔ˥ 孤儿～:脖子上的疮
晌	ʂaŋ˥～午(新)	suɔ˥～午(老)
尝	ts'aŋ˩～试	suə˩～～
上	ʂaŋ˩～级	suə˩～头
瓤	z̩aŋ˩	zuə˩ 瓜～
缰	——	tɕyə˩～绳
秧	iaŋ˩ 扭～歌	yə˩～～:秧儿
羊	iaŋ˩～膻气	yə˩～子:羊
养	iaŋ˥ 疗～	yə˥～孩儿
样	iaŋ˩ 榜～	yə˩～～:样子
光	kuaŋ˩～明	kuə˩ 溜溜底
广	kuaŋ˥～东	kuə˥ 丰～:丰富
黄	xuaŋ˩ 姓	xuə˩～的

晃	xuaŋˏ 摇~	xuɤˏ~的利害
王	uaŋˊ 姓	uɤˊ~子:蜂王
房	xuaŋˊ~管会	xuɤˊ~子
放	xuaŋˎ 解放军	xuɤˎ~下
忘	uaŋˎ~想	uɤˎ~了₂
旺	uaŋˎ 兴~	uɤˎ 火~不~

———————————— 以上宕摄

棒	paŋˊ 哨~	pɔˊ~~:小木条
窗	tsʻuaŋˏ~户	suɤˏ~子
双	suaŋˏ~林寺	tsʻuɤˏ~~对对
缸		tɕyɤˏ~豆
巷	ɕiaŋˊ~战	xuɤˊ~~:胡同

———————————— 以上江摄

凌	liŋˊ~空	liˊ 冻~:冰
蒸	tʂəŋˊ 水~气	tʂˏˊ~饺子
秤	tʂʻəŋˏ 弹簧~	ʂˏˏ 大~;小~
绳	ʂəŋˊ 钢丝~	ʂˏˊ 井~;缰~
升	ʂəŋˏ 太阳~	ʂˏˊ~起
剩	ʂəŋˏ~余	ʂˏˏ~下
蝇	iŋˊ 苍~	iˊ~子
应	iŋˏ 响~	iˏ~答~

———————————— 以上曾摄

猛	məŋˏ 勇~	mɔˏ~力
打		tɑˏ
冷	ləŋˏ~冻	liɑˏ~水
生	səŋˏ 学~	ʂᴇˊ~日
甥		ʂᴇˊ 外~子

硬	ȵiŋˊ~木	ȵiɛˊ~黄米
杏	ɕiŋˊ~花村	ɕiɛˊ~儿
行	ɕiŋˋ~为	ɕiɑˋ不~
棚	p'əŋˋ牛~;喜~	piɛˋ~~:棚子
迸	piŋˊ~裂	piɛˊ~开
睁	tʂəŋˋ	tʂʅɛˋ~眼
耕	kəŋˋ刀~火耩	tɕiɤˋ~地
病	piŋˊ~号	piˊ寒~
明	miŋˋ光~	miˋ第~:明天
镜	tɕiŋˊ~子	tɕiˊ~儿
影	iŋˇ电~	iˇ~活活:皮影
映	iŋˊ反~	iˊ~镜儿;照镜子
饼	piŋˇ月~	pɕiˇ~~:小饼子
并	piŋˊ~吞	piˊ合~
名	miŋˋ~人	miˋ~~:名字。
领	liŋˇ~导	liˇ~子
精	tɕiŋˋ~神	tseiˋ~明
井	tɕiŋˇ~水	tseiˇ~儿;井里头。
睛	tɕiŋˋ火眼金~	tseiˋ眼~仁仁
清	tɕ'iŋˋ~明	ts'eiˋ~寡水
性	ɕiŋˊ~别	seiˊ急~子
正	tʂəŋˋ~大光明	tʂʅˋ~面面
整	tʂəŋˇ~数	tʂʅˇ~束:教训。
声	ʂəŋˋ~音	ʂʅˋ不作~:不吱声
成	tʂ'əŋˋ年~;灾	ʂʅˋ穿~:可以穿。
城	tʂ'əŋˋ~门	ʂʅˋ石~:村名。
赢	——	iˋ输~

钉	tiŋˣ 碰~子	tiˣ~~:小钉子
听	t'iŋˣ~差	t'iˣ~见
铃	liŋˣ 人名中用字	liˣ~~:小铃儿
青	tɕ'iŋˣ~年人	ts'eiˣ~颜色
星	ɕiŋˣ 织女~	seiˣ~宿
腥	ɕiŋˣ 血~	seiˣ 鱼~气
横	xəŋˣ~行霸道	ɕyɛˣ~~:放:横放下
兄	ɕyŋˣ~长	ɕyˣ 大~哥:妻兄
永	yŋˇ~久	yˇ 城村:村名
莹	——	yˣ~地

———————————————— 以上梗摄

(三)文读[uei]韵母,白读[y]韵母

例字	文读	白读
闺	kueiˣ~房	tɕyˣ~女

———————————————— 以上蟹摄

髓	sueiˣ 精~	ɕyˣ 牛骨~
喂	ueiˇ~养	yˣ~吃的
柜	kueiˇ 大衣~	tɕyˇ~~:柜子
穗	sueiˇ 广州别称	ɕyˇ~~:穗儿
慰	ueiˇ~问信(新)	yˇ~问(老)

———————————————— 以上止摄

(四)文读[i]白读[ei]韵母,文读[uə]、[ɔ]韵母,白读[ei]、[uei]韵母

例字	文读	白读
挤	tɕiˇ	tseiˣ~住
剂	tɕiˣ	tseiˣ —~药

妻	tɕ'iˊ	ts'eiˊ ~夫
砌	tɕ'iˋ	ts'eiˋ ~墙墙
西	ɕiˊ	seiˊ ~门
洗	ɕiˇ	seiˇ 涮
细	ɕiˋ	seiˋ ~的
婿	——	seiˊ 女~子

———————— 以上蟹摄(开口四等齐韵)

拖	t'uəˊ	t'eiˊ~住
驼	t'uəˊ	teiˊ 骆~
挪	nuəˊ	neiˊ~动
箩	luəˊ	leiˊ卜
簸	puəˇ	peiˇˇ(动叠)
坡	p'əˊ	p'eiˊ上~
破	p'ɔˋ	p'eiˋ~五
磨	——	meiˊ~面
躲	tuəˇ~避	tueiˇ~开
剁	——	tueiˋ~肉
唾	——	t'ueiˋ~痰
骡	luəˊ	lueiˊ~子
锅	kuəˊ大~饭	kueiˊ~儿
过	kuəˋ蒙混~关	kueiˋ~生日
果	kuəˇ苹~	kueiˇ~子沟:地名
颗	——	k'ueiˇ一~
火	xuəˇ打~机	xueiˇ烧~
货	xuəˋ百~	xueiˋ杂~铺

———————— 以上果摄开合口

(五)文读[uə]或[ɔ]韵母,白读[iɛ]或[yɛ]韵母

例字	文读	白读
搓	tsʻuəˀ˩	tɕʻiɛˀ˩ 把手~~
左	tsuəˀ˩~右	tɕiɛˀ˩~手
坐	tsuəˀ˩	tɕyɛˀ˩~下
锁	suəˀ˩	ɕyɛˀ˩~门
哥	kɔˀ˩~~:兄	kiɛˀ˩后~:继父
可	kʻɔˀ˩~以	kʻiɛˀ˩~些儿:轻些
鹅	ŋɔˀ˩白天~	ŋiɛˀ˩~养~
饿	ŋɔˀ˩~饥~	ŋiɛˀ˩~不~

以上果摄开合口

此外还有一些零星的文白异读现象,其中值得注意的有"毛"效开一文读[mɔˀ˩],白读[muˀ˩];(如:把身上的线~~捏下来)"抱"效开一文读[pɔˀ˩],白读[puˀ˩](如:~住些儿)。

二、文白异读与古音的关系

(一)上文列出了平遥方言文白异读的五种主要类型。这五种类型的文白异读与古音的关系如下表一。

表 一

	文 白 异 读 类 型	与 古 音 的 关 系
Ⅰ	文读声母送气,白读声母不送气	古平声全浊声母今读塞音、塞擦音
Ⅱ	文读韵母是鼻尾韵,白读韵母是开尾韵	宕江曾梗四摄舒声字
Ⅲ	文读韵母[uei],白读韵母是[y],	蟹四等止两摄合口
Ⅳ	文读韵母[i]、白读韵母[ei];文读韵母[uə]、[ɔ]白读韵母[ei][uei]	蟹四等开口、果摄开合口
Ⅴ	文读韵母[uə][ɔ],白读韵母[iɛ][yɛ]	果摄开合口

从表一可以看出,就韵母而言,有文白异读的韵摄仅限于果、蟹、止、宕、江、曾、梗等七个摄。加上上文还讨论到的效摄少数唇音字也有文白异读,这样,也只有八个摄有文白异读。从表二可以

看出，Ⅰ型白读限于[p t ts tʂ tɕ]，没有舌根的[k]。这是因为群母洪音平声字很少的缘故。

还应该说明，以上所说的文白异读与古音的关系只是对上文所列的五种类型的例字从来历上所做的解释。不能逆推，即不能说某类古声韵的字今都有某种类型的文白异读。平遥方言文白读声韵母的对应关系见下表二。

(二)梗摄舒声二等与三、四等白读今韵母不同。二等韵的主要元音往往比三、四等主要元音的舌位低些，开口度也大些。二等韵多是复合元音，三、四等韵多是单元音。梗摄今白读韵母见下表三。

表　二

文　读	白　读		型
pʻ tʻ	p t	盆~~铜~壶	Ⅰ
tsʻ tʂʻ tɕʻ	ts tʂ tɕ	瓷~器迟~早钱~儿	
ɑŋ	uə	芒麦~肠~子	
	yə	藏~起	
iɑŋ	uə	亮~白日:白天	
	yə	豇~豆	
uɑŋ	uə	光~的双一~庄~子	
ɑŋ	ɭ	蒸~饺子	Ⅱ
	iɑ	冷~的	
	ɭᴇ	生~日甥外~子	
	iᴇ	耕~地	
	yᴇ	横~~放	
iŋ	iᴇ	杏~儿	
	i	凌冻~饼~子	
	ei	青~的	
yŋ	y	兄~弟茔~地	

文读		白读		型
uei	y	闺	~女	III
uei	y	髓	牛骨~穗~~	III
i		挤	~住	IV
uə	ei	拖	~开	IV
ɔ		坡	土~~	IV
uə	uei	躲	~开	
uə	iɛ	搓	~抹;~手	V
	yɛ	坐	~下	V
ɔ	iɛ	蛾	扑灯~	V

表　三

	梗　摄							
	开二庚	开二耕	开三庚	开三清	开四青	合二庚	合二耕	合三庚	合三清	合四青
帮组		iɛ 棚	i 病	i 饼					
端泥组	iɑ 冷			i 领	i 铃				
精组				ei 井	ei 青				
知系	ʅ 生	ʅ 睁		ɿ 城					
见系	iɛ 杏	iɛ 耕	i 镜	i 赢		yɛ 横		y 兄	y 茔

以上所举例字出现的语言环境:

开口：冷~的|生~的|杏~核|棚~子|睁~眼|耕~地|病生~|镜~儿|
　　　饼烧~|领~口儿|井~儿|城~墙儿|赢~家|铃~~;铃儿|青~颜色

合口：横~~放|兄~弟|茔~地

　　(三)宕江曾梗通五个收舌根鼻音韵尾[-ŋ]的摄,宕江两摄舒声白读合流,丢失鼻音韵尾(如:"放巷"都读[xuəɣ])。曾梗两摄舒声白读合流,也丢失鼻音韵尾如:"蝇、赢"都读[iʌ]。唯独一个通摄,还没有见到白读丢失鼻音韵尾的例子。晋中地区的多数县市也是这样。有的学者认为,汉语方言中鼻音韵尾的消失"最保守的是这组后高（圆唇）元音后附舌根鼻音韵尾的韵母：*oŋ *ioŋ"（张琨 1983，38 页）。平遥及晋中多数地区通摄字未见丢失鼻音韵尾的白读现象是支持这种看法的。

通摄字未见白读（丢失鼻音韵尾型）现象还可以从其他方面得到解释。台湾学者龚煌城先生的《十二世纪末汉语的西北方音（韵尾问题）》一文，在论及鼻音韵尾的消失问题时，注意到通摄字不同于其他收[-ŋ]尾韵摄。他指出："经过上面的解释，对音上的问题（指利用《番汉合时掌中珠》里的汉夏对音资料——引者）应该都已解决，可是由此达成的结论（即认为[-ŋ]韵尾已消失，而元音并不鼻化），却仍然有无法克服的困难，因为依我们的假设，像汉语 tuŋ（东）、xuŋ（红）、tsung（宗）这样的音节，应该已经变成[tu、xu、tsu]了，可是很奇怪的是西夏韵书平声九十六韵（即综合韵 R104，此韵无相对的上声韵）只含三个字，而且正是东、红、宗三字的汉语借词……

此事之所以不寻常是因为：一、西夏韵书《文海》竟然为了三个汉语借词而专设一韵。二、依我们的看法，[-ŋ]韵尾已经消失了，已变成极普通的[u]或[o]元音了，应该并入相当的西夏韵里才对，不该单独成立一韵。但这也不是孤立的现象，与此相关的是《掌中珠》里有七个这一类型的汉字，特别用西夏反切来注音。如：（引文只列七个汉字，其余从略——引者）通、统、桶、同、铜、动、葱。

值得注意的是：一、这一现象所牵涉到的汉字'冬、东、宗、红、虹、洪、通、统、桶、同、铜、动、葱、松、送'等都是通摄的字……

我们原先的假设是，所有的[-ŋ]韵尾都消失，而前面的元音都不鼻化，所以才能够用于注各种西夏语的韵母。现在修改为除了通摄字以外的元音都不鼻化，而通摄字是例外。"（龚煌城 1986，32—33 页）龚文的"通摄字是例外"的结论，说明通摄字没有与开尾韵合流，通摄字的这种不同于宕江曾梗四摄字的特点为现代晋语通摄字几乎没有白读(丢失鼻音韵尾型)找到一些历史依据。

(四)咸深山臻四个摄没有成系统的文白异读现象。

(五)入声韵的文白异读很少,而且不成系统。如,"北"文读[piʌʔˀ]~京堡:巷名。白读[pʌʔˀ]~门。

三、少数字声母的文白异读

(一)文读送气塞擦音,白读擦音。或个别文读擦音,白读送气塞擦音。

例字	文 读	白 读
窗初	tsʻuɑŋˀ~户	suəˀ~子
疮初	tsʻuɑŋˀ	suəˀ孤儿~:脖颈上的疮
床崇	tsʻuɑŋˀ沙发~	suəˀ~~:小板凳。笼~:蒸笼
秤昌	tʂʻəŋˀ弹簧~	ʂˀ钩子~
城禅	tʂʻəŋˀ~门	ʂˀ~壕儿
双生	suɑŋˀ	tsʻuəˀ一~筷子

这些字是庄章组的字,知组字未见这种类型的文白异读。

(二)文读舌根擦音[x],白读舌根塞音[k kʻ]。

例字	文 读	白 读
核	xʌʔˀ~潜艇	kʻʌʔˀ审~ kʌʔˀ~桃
(榍)		kʻuʌʔˀ桃~
合	xʌʔˀ~作	kʌʔˀ~葬。杂~:羊杂碎汤。~拍地:板结了的耕地。~线子的"合"文白读均可
护	xuˀ~理	kʻuˀ~子:嵌木板、玻璃用的细条木
喉	xəuˀ咽~	kuʌʔˀ~咙
蛤	xʌʔˀ	kʌʔˀ~蟆。~铺:蛤蟆

这类字都是匣母字,此类现象晋中的一些县市也都有。匣母读舌根塞音的例子,闽语比较多。厦门话"喉寒"文读[h],白读[k]。(周长楫1983)福州话"猴寒厚糊怀含舷悬行下滑合"文读[h],白

— 307 —

读[k]。(梁玉璋 1984)北方话很少有这种情况。河北省秦皇岛市"螃蟹"的"蟹"读[kʻ]声母("虾兵蟹将"的"蟹"读[ɕ]声母)。大概可算作一个例子。可惜是个孤证。

四、"帮、棒、忙"的白读音

"帮"文读[paŋ˧],白读[pɔ˧](鞋～子)。"棒"文读[paŋ˧],白读[pɔ˧](～～:小木棍)。"忙"文读[maŋ˧],白读[mɔ˧](～啊不～?)。"帮忙"是宕摄字,"棒"是江摄字。宕江两摄的字舒声今白读为[ə̃](例如:房 xuə̃ 羊 yə̃)而"帮、棒、忙"白读[ɔ]韵,比较特殊。平遥话效摄字今读[iɔ]。"帮、棒、忙"白读[ɔ]则与效摄合流。(平遥方言除去这三个字以外,还有"梆"文读[paŋ˧]白读[pɔ˧]～骨碌:梆子。"膀"文读[paŋ]白读[pɔ˧]翅～。考虑到这两个字是后起的,只在这里顺便说一下,做个旁证。)王洪君在《山西闻喜方言的白读层与宋西北方音》一文指出"据黄文(指黄振华《〈文海〉反切系统的初步研究》——引者)收集的材料……江摄舒、入声字与效摄及宕摄的庄组及明母字同注一韵。"[②]平遥话"帮、棒、忙"白读[ɔ]韵与效摄合流,似与此一致。很可能是早期读法的残存。下面引黄文第五十韵为例。

"第五十韵(汉字注音:角)——共七纽,各纽所切西夏字的汉字注音如下:

一、豹(效摄效韵)　　二、藐(效摄效韵)

三、角(江摄角韵)　　四、——

五、浊(江摄觉韵)　窗(江摄江韵)　床(宕摄阳韵)　疮(宕摄唐韵)

六、朔(江摄觉韵)　霜(宕摄阳韵)　　七、——

上列一至七纽的反切下字有系联关系(见第三节第五十韵),所切西夏字的汉字注音主要属于效摄效韵,江摄觉韵和宕摄唐阳韵"。[③]对照以上材料,今平遥方言"帮、棒、忙"读[ɔ]韵,同效摄合流,也许可溯源于此。这里还可再补一旁证。平遥境内有"三狼村"[sɑŋ˩ lɔɛ˩ tsʻuŋ˩],"狼"读[lɔɛ]。值得注意的是,"帮、棒、忙"三个字都是唇音字,从本地音韵来看,唇音字不拼合口(以[u]做韵母的除外)、撮口。这可能是"帮、棒、忙"三个唇音字保留同效摄字合流读法的原因。(而不像唇音字以外的声母,白读韵母为[uə ɤy],与果摄一些字合流)顺便提一下,据白滨说:(《文海》)对"羊的种类区分则更细,有绵羊、山羊、羖䍩、一岁大的羊、守羊等畜名"[4]现代晋语方言关于羊的方言词很多,不同种类的羊都有不同的叫名,分别也很细。这种社会背景的一致性也是不可忽视的。

五、说"打"字音

"打"字平遥只有[tɑɛ]一种读音。"打"梗摄开口二等端母今读[tɑɛ],的确很特别。但就韵母来看,"打"读[ɑ]在梗摄庚韵并非只此一例。平遥还有"冷、行"两个字。"冷"梗摄开口二等庚韵来母字,平遥方言白读[liɑɛ]。例如:我觉见冷[liɑɛ]咧? 你不冷[liɑɛ]? "行"梗摄开口二等庚韵匣母字,平遥方言白读[ɕiɑɛ]。例如:炉子上₂ 蒸的黄儿(发糕)行[ɕiɑɛ]了₂ 没啦? 不行[ɕiɑɛ]咧。(行了₂ 没啦:熟了没有。不行咧:没熟呢)"打"的读音与"冷行"的白读韵相同,说明"打"[tɑɛ]也可能是白读音。是早期白读音的保留。值得注意的是,"打、冷、行"都是极常用的口语词,也许正是这个原因,白读音的地位至今仍旧很稳定。梗摄开口二等舒声白读主要元音是[ɑ]的在山西南部方言还有,现举万荣、临猗两地的读音为证。这两地"生"读[ʂɑ],"冷"读[liɑ],"杏"读[xɑ]。万荣"棚"读[pʻiɑ]。(王洪君 1987)

附　注

① 平遥方言的单字调有五个:(为印刷方便,入声记作长调。)

平声[˩]13　上声[˥]53　去声[˥]35　阴入[ʔ˩]13　阳入[ʔ˥]53

② 史金波、白滨、黄振华:《文海研究》,中国社会科学出版社,1983。

"《文海》大约成书于十二世纪中期,即西夏中期的乾顺至仁孝时代。"(《文海研究》32 页)

③ 同上书,108 页。

④ 同上书,34 页《〈文海〉所反映的西夏社会》。

参考文献

温端政　1985　忻州方言志,语文出版社,北京。

张盛裕　1979　潮阳方言的文白异读,《方言》第 4 期。

张　琨　1983　汉语方言中鼻音韵尾的消失,《历史语言研究所集刊》第五十四本第一分册,台湾。

周长楫　1983　厦门话文白异读的类型,《中国语文》第 5-6 期。

梁玉璋　1984　福州话的文白异读,《中国语文》第 6 期。

王洪君　1987　山西闻喜方言的白读层与宋西北方音,《中国语文》第 1 期。

龚煌城　1986　十二世纪末汉语的西北方音(韵尾问题),第二次汉学会议论文,台北。

（原载《语文研究》1988.2）

平遥音韵与中古音韵的比较

　　本文说的中古音是指以《切韵》《广韵》一系韵书所代表的中古语音。中古声母、韵母的分类据《汉语音韵讲义》。(丁声树撰文，李荣制表，上海教育出版社，1984 年)

　　(一)古声母、韵母的分类

　　古声母、韵母分类见表一、表二。

　　(二)古声母与平遥声母的对应关系

　　帮母　今读[p]。例如:包 pɔʌˋ。

　　滂母　今读[pʻ]。例如:飘 pʻiɔʌˋ。

　　並母　平声今读[pʻ]。例如:朋 pʻəŋʌˋ。平声白读及仄声今读[p]。例如:刨 pɔʌ~地｜逼 piʌʔʌˋ。例外:佩 pʻæˋ。

　　明母　今读[m]。例如:门 məŋʌˋ。例外:埋 pæʃ专指埋葬死人。

　　非敷奉母　今读[x]声母的合口呼。例如:府 xuʌˋ 飞 xueiˋ 福 xuʌx以上非母｜俘 xuʌˋ 妃 xueiˋ 蜂 xuŋʌˋ以上敷母 肥 xueiˋ 坟 xuŋ˥ 服 xuʌʔˋ以上奉母

　　微母　今读[0]声母的合口呼。例如:<u>忘</u> uʌˋ 晚 uaŋʌˋ 务 uˋ。

　　端母　今读[t]。例如:多 teiˋ。例外:鸟 ɳieiˋ。

　　透母　今读[tʻ]。例如:偷 tʻəuˋ。

　　定母　平声文读[tʻ]。例如:团 tʻuaŋʌ~长。平声白读及仄声今读[t]。例如:<u>头</u> təuʌ~发｜道 tɔˋ。

　　泥母　今洪音读[n],个别字读[ŋ]。例如:难 naŋʌ~过｜碾 ŋaŋʌˋ。例外:哪 laʌˋ。今细音读[ɲ],个别字读[nz]。例如:尼 ɲiʌˋ｜腻 nzɿˋ。

表一　古声母分类

旧　　名		系	组	清			全　浊		次　浊
唇	重唇	帮系	帮组	帮	滂		并		明
唇	轻唇	帮系	非组	非	敷		奉		微
舌　头		端系	端组	端	透		定		
舌　上		端系	泥组						泥（娘）
半　舌		端系							来
齿　头		端系	精组	精	清	心	从	邪	
舌　上		知系	知组	知	彻		澄		
正　齿		知系	庄组	庄	初	生	崇		
正　齿		知系	章组	章	昌	书	船	禅	
半　齿		知系	日组						日
牙		见系	见组	见	溪		群		疑
喉		见系	晓组			晓	匣		
喉		见系	影组	影					云以

表二　古韵母分类

摄		开　　口						合　　口					
		一等	二等	三等	三等	三等	四等	一等	二等	三等	三等	三等	四等
果	舒	歌		戈				戈		戈			
假	舒		麻	麻					麻				
遇	舒							模		鱼虞			
蟹	舒	咍泰	皆佳夬	废		祭	齐	灰泰	皆佳夬	废		祭	齐
止	舒			微	之	支脂				微		支脂	
效	舒	豪	肴			宵	萧						
流	舒	侯			尤幽								
咸	舒入　舒入	覃合谈盍	咸洽衔狎	严业		盐葉	添帖			凡乏			
深	舒入					侵缉							
山	舒入　舒入	寒曷	删鎋山黠	元月		仙薛	先屑	桓末	删鎋山黠	元月		仙薛	先屑

摄		开　口						合　口					
		一等	二等	三等	三等	三等	四等	一等	二等	三等	三等	三等	四等
臻	舒入	痕没		殷迄		**真臻质栉**		魂没		文物			谆術
宕	舒入	唐铎			阳药			唐铎			阳药		
江	舒入		江觉										
曾	舒入	登德			蒸职			登德			职		
梗	舒入 舒入		庚陌耕麦	庚陌	清昔		青锡		庚陌耕麦	庚陌	清昔		青锡
通	舒入 舒入							东屋冬沃		东屋钟烛			

来母　今读[l]。例如:兰 lɑŋˊ 李 liˇ。

精母　今洪音读[ts],细音读[tɕ]。例如:遭 tsɑˊ <u>精</u> tseiˉ|津 tɕiŋˉ。例外:躁 tsˈɔˇ。

清母　今洪音读[tsˈ],细音读[tɕˈ]。例如:擦 tsˈʌʔˋ 清 tsˈeiˉ ~汤寡水|枪 tɕˈiɑŋˉ。例外:撮 tsuʌʔˋ 糙 tsˈɔˋ~米。

从母　今洪音平声文读[tsˈ],平声白读及仄声今读[ts]。例如:<u>雌</u> tsˈʅˊ|<u>瓷</u> tsʅˊ 皂 tsɔˇ。例外:造 tsˈɔˇ。

心母　今洪音读[s],细音读[ɕ]。例如:司 sʅˊ <u>星</u> seiˉ|姓

ɕiŋ˧。

邪母　今洪音读[s],细音读[ɕ]。例如:辞 sɿ˨|详 ɕiaŋ˨ 囚
ɕiəu˨。

知母　开口二等今读[ts]。例如:罩 tsɔ˥。开口三等今读
[tʂ]。例如:贞 tʂəŋ˨。例外:爹 tiɛ˨。今合口呼前读[ts]。例如:
追 tsuei˨ 桌 tsuʌʔ˨。

彻母　开口二等今读[tsʻ]。例如:撑 tsʻəŋ˨。开口三等今读
[tʂʻ]。例如:畅 tʂʻaŋ˥。今合口呼前读[tsʻ]。例如:畜 tsʻuʌʔ˨。

澄母　开口二等平声今文读[tsʻ]。例如:搽 tsʻɑ˨。开口二等
平声白读,今读[ts]。例如:搽 tsɑ˨。开口二等仄声今读[ts]。例
如:站 tsaŋ˥。

开口三等平声今文读[tʂʻ]。例如:尘 tʂʻəŋ˨ 缠 tʂʻaŋ˨。开口
三等平声今白读[tʂ]。例如:尘 tʂəŋ˨ 刮风扬~ 缠 tʂaŋ˨ 盘~。开口
三等仄声今读[tʂ]。例如:丈 tʂaŋ˥。

今合口呼平声白读及仄声读[ts]。例如:重 tsuŋ˨ ~算一遍 轴
tsuʌʔ˨。今合口呼平声文读[tsʻ]。例如:橡 tsʻuaŋ˨。

庄母　今读[ts]。例如:皱 tsəu˥。

初母　今读[tsʻ]。例如:擦 tsʻʌʔ˨。

崇母　平声今文读[tsʻ],白读[s]。例如:崇 tsʻuŋ˨|愁 səu˨ 发
~ 床 suə˨~~:小板凳 柴 sæ˨~火:烧柴的灶。仄声今读[ts]。例如:
栈 tsaŋ˥ 镯 tsuʌʔ˥。

生母　今读[s]。例如:司思 sɿ˨。例外:傻 ʂɑ˥。

章母　今开口(止摄除外)读[tʂ]。例如:证 tʂəŋ˥ 占 tʂaŋ˥。
今合口及止摄字读[ts]。例如:锥 tsuei˨|纸 tsɿ˥。

昌母　今开口(止摄除外)读[tʂʻ]。例如:称 tʂʻəŋ˨ 尺
tʂʻʌʔ˨。今合口及止摄字读[tsʻ]。例如:充 tsʻuŋ˨|侈 tsʻɿ˥ 奢~ 例
外:喘 suaŋ˥ 齿 sɿ˥ 平~磨。

船母 今开口(止摄除外)读[ʂ]。例如:绳 ʂəŋˊ 神 ʂəŋˊ 食 ʂʌʔˋ。今合口及止摄字读[s]。例如:赎 suʌʔˊ 示 sʅˋ。部分平声字读送气塞擦音。开口读[tʂʻ],例如:蛇 tʂʻɿˊ 乘 tʂʻəŋˊ ~法。合口读[tsʻ]。例如:船 tsʻuaŋˊ。

书母 今开口(止摄除外)读[ʂ]。例如:声 ʂəŋˉ 胜 ʂəŋˋ。今合口及止摄字读[s]。例如:熟 suʌʔˋ 施 sʅ。例外:慎 tʂʻəŋˋ 娠 tʂʻəŋˊ。

禅母 今开口(止摄除外)平声读[tʂʻ]。例如:成诚 tʂʻəŋˊ 常 tʂʻaŋˊ。例外:盛 ʂʅˋ~饭 偿 ʂaŋˋ 佘 ʂɛˊ姓 tsɿˊ。今开口(止摄除外)仄声读[ʂ]。例如:盛 ʂəŋˋ兴~ 善 ʂaŋˋ 石 ʂʌʔˋ。例外:售 tʂʻəuˊ。今合口呼及止摄字读[s]。例如:睡瑞 sueiˊ 勺 suʌʔˊ~子|时 sʅˊ。例外:醇 tsʻuŋˊ。

日母 今开口读[z̞],也有读[∅]的(限止摄开口)。例如:然 z̞aŋˊ 任 z̞əŋˊ|耳 ərˇ|而 z̞əˊ。今合口读[z],个别字读[nz]。例如:辱 zuʌʔˋ 闰 zuŋˋ|软 nzuanˋ。例外:仍 zəŋˊ。

见母 今洪音读[k],今细音读[tɕ]。例如:宫 kuŋˉ 滚 kuŋˇ|减 tɕiaŋˇ 脚 tɕyʌʔˋ。例外:矿 kʻuaŋˋ 举 tsʅˇ 虮 tseiˇ。见母读[ts]仅此两例,疑受本县东南片语音的影响。

溪母 今洪音读[kʻ],今细音读[tɕʻ]。例如:坤 kʻuŋˉ 款 kʻuaŋˇ|丘 tɕʻiəuˉ 敲 tɕʻɛiˉ。

群母 今洪音平声读[kʻ],仄声读[k]。例如:狂 kʻuaŋˊ 葵 kʻueiˊ|共 kuŋˋ。今细音平声文读[tɕʻ]。例如:群 tɕʻynˊ 权 tɕʻyɛˊ。细音平声白读及仄声读[tɕ],例如:穷 tɕyŋˊ 拳 tɕyɛˊ|倦 tɕyɛˋ 旧 tɕiəuˋ。

疑母 今洪音开口读[ŋ],合口读零声母[∅]的合口呼。例如:偶 ŋəuˇ 鄂 ŋʌʔˋ|卧 uoˋ 吴 uˊ。今细音读[ȵ、∅]。例如:疑 ȵiˊ 鱼 ȵyˊ|迎 iŋˊ 雅 iaˇ 玉狱 yˋ。但 iɛ 韵有例外:蛾鹅冏 ȵiɛˊ 鹅

ȵiɛ˥。

晓母 今洪音读[x]，今细音读[ɕ]。例如：轰 xuŋ˧ 汉 xɑŋ˧|
熙 ɕi˧ 楦 ɕyɛ˥。

匣母 今洪音读[x]，今细音读[ɕ]。例如：寒 xɑŋ˧ 后 xɤu˧|
贤 ɕiɛ˧ 幸 ɕiŋ˧ 洽 ɕiʌʔʌ˥。有少数匣母字平遥白读[k k']。例
如：合葬的"合"音[kʌʔʌ]。

影母 今开口洪音读[ŋ]，其他读[ø]。例如：安 ŋɑŋ˧ 鸭
ŋʌʔʌ|英 iŋ˧ 鹗 iɑi 窝 uə˧ 污 u˧ 拥 yŋ˧ 郁 yʌʔʌ˥。例外：翁
kuŋ˧ 轧 ȵiɑi˧ 秽 xuæi˥。

云母 今读[ø]。例如：友 iəu˥ 炎 iɛ˧ 位胃 uei˧ 雨 y˥ 远
yɛ˥。例外：熊雄 ɕyŋ˧。

以母 今读[ø]。例如：引 iŋ˥ 盐 iɛ˧ 维 uei˧ 唯 uei˧ 容荣
yŋ˧。例外：铅 tɕ'iɑŋ˧ 捐 tɕyɛ˧ 锐 zuei˥。

(三)古韵母与平遥韵母的对应关系

果摄

开口一等端泥组今文读[uə]，白读[ei]。例如(斜线以前是文
读，斜线以后是白读)：多 tuə˧/tei˧ 箩 luə˧/lei˧。例外：他 t'ʌ˧。
精组今文读[uə]，白读[iɛ]。例如：左 tsuə˥/tɕiɛ˥~手。见组今文
读[ɔ]，白读[iɛ ei]。例如：蛾 ŋɔ˧/ȵiŋ˧~~:蛾子。河 xɔ˧/xei˧。

果摄一等字今白读细音的字有：

搓 tɕiɛ˧~抹　　　　左 tɕiɛ˥~手

哥 kiɛ˧后~:继父　　蛾 ȵiŋ˧扑灯~

我 ŋiɛ˥　　　　　　饿 ȵiŋ˧

鹅 ȵiɛ˧　　　　　　俄 ȵiɛ˧

开口三等见组今读[iɛ]。例如：茄 tɕiɛ˧。

合口一等帮组文读[ɔ]，白读[ei]。例如：婆 p'ɔ˧/pei˧。端组，
见系文读[uə]，白读[uei]。例如：过 kuə˧/kuei˧~十五。剁 tuə˧/

— 317 —

tuei˩ ~肉。例外：骡 lei˩。精组文读[uə]，白读[yɛ]。例如：坐 tsuə˩/tɕyɛ˩。

合口三等见系今读[yɛ]。例如：靴 ɕyɛ˩。

假摄

开口二等帮组、泥组、知系今读[ɑ]。见系今读[ia]。如：骂 mɑ˩ 拿 nɑ˩ 沙 sɑ˩|牙 ȵiɑ˩。例外：哑 ŋɑ˩。

开口三等精组、影组今读[iɛ]。如：姐 tɕiɛ˩ 爷 iɛ˩。例外：耶也 i˩ʔ˩。知系今读[ɣ]，例如：遮 tʂɣ˩。例外：爹 tiɛ˩ 蔗 tsɣ˩。

合口二等今读[uɑ]。例如：瓜 kuɑ˩。例外：傻 ʂɑ˩。

遇摄

合口一等帮组、端组、见系今读[u]。例如：部 pu˩ 图 t'u˩ 姑 ku˩。例外：胡涂 xuʌ˩ɣ/tuʌ˩ɣ。泥组、精组今读[əu]。例如：奴 nəu˩。

合口三等帮系今读[u]。例如：务 u˩。泥组今读[uei]。例如：虑 luei˩ 缕 luei˩。例外：女 nzɣ˩ɣ 卢 ləu˩。精组、见系今读[y]。例如：徐 ɕy˩ 趣 tɕ'y˩ʔ 居拘 tɕy˩。例外：绪 suei˩ 聚 tsuei˩ 娶 ts'ʌ˩ʔ˩ 续 suʌ˩。知系今读[ʮ]。例如：猪 tʂʮ˩ 初 ts'ʮ˩ 主 tʂʮ˩。

蟹摄

开口一二等帮端知系今读[æ]。例如：排 p'æ˩ 代 tæ˩ 灾 tsæ˩ 债 tsæ˩ 寨 sæ˩。见系今读[æ iɛ]。例如：该 kæ˩ 界 tɕiɛ˩ 矮 ŋæ˩ 涯 iɛ˩。

开口三四等帮系、见系，端组、泥组今读[i]。例如：迷 mi˩ 帝 ti˩ 鸡 tɕi˩。

知系今读[ɣ]。例如：制 tʂɣ˩ 世 ʂɣ˩。精组今文读[i]，白读[ei]。例如：妻 tɕ'i˩/ts'ei˩。

合口一二等帮组今读[æ]。例如：梅 mæ˩。例外：杯 pei˩。

端系、知系、见系今读[uæ]。例如:堆 tuæˇ 盔 kʻuæˊ 乖 kuæˉ。例外:画话 xuɑˋ 蛙 uaˉ。

合口三四等今读[uei]。例如:肺 xueiˋ 税 sueiˋ 卫 ueiˋ。个别的字白读[y]。例如:"闺女"的"闺"白读 tɕyˊ。

止摄

开口三等帮组、端泥组、见系今读[i]。例如:被备 piˋ 梨 liˊ 奇祁 tɕʻiˊ 希 ɕiˊ。例外:悲碑 peiˉ 腻 nzʅˋ。精组、庄、章组读[ʅ]。例如:刺次 tsʻʅˋ 支脂 tsʅˉ。例外:徙玺 ɕiˇ。知组今读[ʅ]。例如:知 tʂʅˉ 迟 tʂʻʅˊ/tʂʅˊ。日组今读[ɹe]。例如:尔 əɹˇ 二 əɹˋ。

合口三等除庄组外今读[uei]。例如:嘴 tsueiˇ 水 sueiˇ 飞 xueiˉ 鬼 kueiˇ。精组见系有些字有文白异读。文读[uei],白读[y]。列举如下:

随 sueiˊ/ɕyˊ~带上2　　　髓 sueiˇ/ɕyˇ牛骨~

喂 ueiˉ/yˉ~饭　　　　　穗 sueiˊ/ɕyˊ~~:穗儿

柜 kueiˊ/tɕyˊ~儿　　　 蔚 ueiˊ/yˊ蓝~底:蔚蓝的

苇 ueiˇ/yˇ~子　　　　　慰 ueiˊ/yˉ~问

合口三等的庄组字今读[uæ]。例如:揣 suæˇ 帅 suæˋ 衰 tsʻuæˋ老的~了2。声母读塞擦音。

效摄

开口一二等除见系二等读[ɑ̃ci]外,均读[ɔ]。例如:保宝 pɔˇ 糟 tsɔˉ 炒 tsʻ ɔˇ 高 kɔˉ 交郊 tɕiɔ̃ˉ。例外:抓 tsuɑˉ。此外,帮组有少数字有文白异读,例如:毛 mɔˊ/muˊ~~:毛儿。抱 pɔˋ/puˊ~住。孢 pɔˊ/puˊ~小鸡儿 堡 pɔˇ/puˇ。

开口三四等除知系今读[ɔ]以外,均读[ci]。例如:赵 tʂɔˋ|表[piɔ̃ˇ] 燎聊[liɔ̃ˊ] 消萧[ɕiɔ̃ˉ] 骄浇[tɕiɔ̃ˉ]。

流摄

                                        — 319 —

开口一等除帮组今读[u]以外,均读[əu]。例如:某亩 muɤ˩|偷 tʻouˑ 勾 kəuˑ。

开口三等帮系今读[u]。例如:否 fuˑ。例外:复 xuʌʔˑ~兴。端系、见系今读 ieu。例如:流 lieuˑ 秋 tɕʻeuˑ 冰 ʔ纠 tɕieuˑ。例外:彪 pieuˑ。知系今读[ue],例如:兽 ʂueʂ 手 ʂueˑ。

咸摄

舒声开口一二等,除二等见系读[iaŋ]外,均读[aŋ]。如:贪 tʻaŋˑ 蚕 tsʻaŋˑ/tsaŋˑ 感 kaŋɤˑ|减 tɕiaŋˑ。例外:咸 xaŋˑ~菜。

舒声开口三四等,除三等知系读[aŋ]外,均读[iɛ],与山摄舒声开口三等合流。如:占 tʂaŋˑ|贬 pieˑ 潜 tɕʻiɛˑ 腌 ieˑ。例外:敛 lyeˑ 粘 ŋaŋˑ。

舒声合口三等今读[uaŋ]。如:凡 xuaŋˑ。

入声开口一等字,二、三等知系字今均读[ʌʔ]。如:塔 tʻʌʔˑ 插 tsʻʌʔˑ 涉 ʂʌʔˑ。例外:眨 tsaŋˑ。知系以外的二、三等字及四等字今读[iʌʔ]。如:夹 tɕiʌʔˑ 接 tɕiʌʔˑ 跌 tiʌʔˑ。

入声合口三等今读[uʌʔ]。如:法 xuʌʔˑ。

深摄

舒声今读[əŋ iŋ]。知系读[əŋ]。如:沉 tʂʻəŋˑ。例外:簪 tsanˑ。帮端见系读[iŋ],如:品 pʻiŋɤ 林 liŋˑ 今 tɕiŋˑ。

入声今读[ʌʔ iʌʔ]。知系读[ʌʔ]。如:涩 sʌʔˑ。端见系读[iʌʔ]。如:立 liʌʔˑ 急 tɕiʌʔˑ。

山摄

舒声开口一、二等,除二等见系读[iaŋ]外,其他均读[aŋ]。如:办 paŋˑ 炭 tʻaŋˑ|颜 ȵiaŋˑ。山摄舒声开口一、二等与咸摄开口一、二等合流。例外:疝 suaŋˑ~气。

舒声开口三、四等,除三等知系读[aŋ]外,其他读[iɛ],与咸摄开口三、四等合流。如:鞭 pieˑ 线 ɕiɛˑ 建 tɕiɛˑ|展 tʂaŋɤ。例

— 320 —

外:联 lyɛ˩ 掀 ɕyɛ˩。

舒声合口一、二等,除一等帮组今读[aŋ]外,其他均读[uaŋ]。如:般 paŋ˩˧|端 tuaŋ˩ 幻 xuaŋ˥。例外:拼 pʻiŋ˩。

舒声合口三、四等,除三等非组、知系今读[uaŋ]与咸摄合口三等(只有非组字)合流外,其他系组字今读[yɛ]。如:饭 xuaŋ˥ 船 tsʻuaŋ˩|全 tɕʻyɛ˩ 犬 tɕʻyɛ˥。例外:恋 luaŋ˥ 宛 uaŋ˥ 铅 tɕʻiaŋ˩。

入声合口一、二等,除一等帮组读开口[ʌʔ]外,其他系组读合口[uʌʔ]。如:泼 pʻʌʔ˩|脱 tʻuʌʔ˩ 刷 suʌʔ˩。

入声合口三、四等,除三等非组、知系今读[uʌʔ]与咸摄入声合口三等合流外,其他系组均读[yʌʔ]。如:发 xuʌʔ˩ 说 suʌʔ˩|绝 tɕyʌʔ˩ 血 ɕyʌʔ˥。例外:劣 liʌʔ˩。

臻摄

舒声开口一等及三等知系字今读[əŋ]。如:根 kəŋ˩ 珍 tʂəŋ˩。例外:啃 kʻuŋˤ。

舒声开口三等今读[iŋ]。如:贫 pʻiŋ˩ 津 tɕiŋ˩ 斤 tɕiŋ˩。例外:秦 tsʻəŋ˩~桧,~始皇。

舒声合口一等,除帮组字今读[əŋ]外,其他系组今读[uŋ]。如:奔 pəŋ˩|敦 tuŋ˩ 昆 kʻuŋ˩。例外:逊 ɕyŋˤ。

舒声合口三等非组、泥组、知系今读[uŋ],精组、见系今读[yŋ]。如:粉 xuŋ˥ 伦 luŋ˩|春 tsʻuŋ˩|循 ɕyŋ˩ 尹 yŋ˥ 军 tɕyŋ˩。例外:榫 suŋˤ~头 迅 ɕiŋˤ。

入声开口三等,除知系字今读[ʌʔ]外,其他系组今读[iʌʔ]。如:笔 piʌʔ˩ 七 tɕʻiʌʔ˩ 乞 tɕʻiʌʔ˩|质 tʂʌʔ˩。

入声合口一等,除帮组读[ʌʔ]外,其他系组今读[uʌʔ]。如:勃 pʌʔ˩|突 tʻuʌʔ˩ 骨 kuʌʔ˥。例外:卒 tɕyʌʔ˥。

入声合口三等精组、见系今读[yʌʔ],其他系组今读[uʌʔ]。

如:恤 ɕyʌʔ˩ 屈 tɕʼyʌʔ˩│佛 xuʌʔˉ 律 luʌʔˉ 出 tsʼuʌʔ˩。

宕摄

开口一等帮组、端泥组、见系文读[ɑŋ],白读[uə]。精组文读[ɑ̃],白读[yə]。如:芒 mɑŋˊ/uəˊ 麦~ 汤 tʼɑŋˊ/tʼuəˊ 喝~ 糠 kʼɑŋˊ/kʼuəˊ~疮:疹子。│仓 tsʼɑŋˊ/tɕʼyəˊ 炭~。例外:脏 tsɑŋˊ/tsɑˊ 肮 ŋɑŋˊ/ŋɑˊ。"帮忙"文读[ɑŋ]白读[ɔ]韵。关于这个问题,笔者在另一篇文章——《平遥方言的文白异读》(《语文研究》1988.2:太原。)有专门的讨论。

舒声开口三等精组、见组今文读[iɑŋ],白读[yə]。知、章组今文读[ɑŋ],白读[uə]。泥组今文读[iɑŋ],白读[uə]。如:羊 iɑŋˊ/yəˊ 想 ɕiɑŋˇ/ɕyəˇ│肠 tʂʼɑŋˊ/tsʼuəˊ│亮 liɑŋˇ/luəˇ~白日:白天。例外:两 liɑŋˇ/ʎiɑˇ

舒声合口一等、三等今文读[uɑŋ],白读[uə]。如:光 kuɑŋˊ~亮/kuəˊ~溜溜底 王 uɑŋˊ 姓/uəˊ~子:蜂王。

入声开口一等今读[ʌʔ]。如:博 pʌʔ˩ 落 lʌʔˊ。

入声开口三等知系字多数读[ʌʔ],少数读[uʌʔ]。其他系组有读[iʌʔ]也有读[yʌʔ]的。如:酌 tʂʌʔ˩│勺 suʌʔˊ│略 liʌʔ˩│脚 tɕyʌʔ˩。

江摄

舒声字知系文读[uɑŋ],白读[uə]。见系字今文读[iɑŋ],白读[yə]。帮、泥组字今读[ɑŋ]。如:窗 tsʼuɑŋˊ/uəˊ~子│豇 tɕiɑŋˊ/tɕyəˊ~豆个别字,如:"棒"白读[pɔˇ]。

入声字帮组今读[ʌʔ],知系今读[uʌʔ],见系今读[iʌʔ yʌʔ]。如:朴 pʼʌʔ˩│桌 tsuʌʔ˩│乐 iʌʔ˩音~│角 tɕyʌʔ˩。

曾摄

舒声开口一等今读[əŋ]。如:朋 pʼəŋˊ 赠 tsəŋˇ 肯 kʼəŋˇ。

舒声开口三等知系文读[əŋ],白读[ɿ]。其他系组文读[iŋ],白读[i]。如:蒸 tʂəŋˌ~气/tʂʅˌ~山药。蝇 iŋˌ~苍~/iˌ~子。

舒声合口一等今读[uŋ]。如:弘 xuŋˌ。

入声开口一等帮组读[iʌʔ],细音。其他系组读[ʌʔ],洪音。如:墨默 miʌˀ ˥ 北 piʌʔˌ~京堡;巷名。|德 tʌˀ ˥ 黑 xʌˀˌ。例外:北 pʌˀ ˥~门 塞 sæˈ~~;瓶塞。限于名词重叠式。

入声开口三等知系今读[ʌʔ],其他系组今读[iʌʔ]。如:直 tʂʌˀ ˥|逼 piʌˀ ˥ 极 tɕiʌʔˌ。例外:翼 iˌ。

入声合口一等今读[uʌʔ]。如:国 kuʌʔˌ。

入声合口三等今读[yʌʔ]。如:域 yʌˀ ˥。

梗摄

舒声开口二等见系文读[əŋ]或[iŋ],白读[iɛ]。其他系组文读[əŋ],白读[ɣɛ]或[ai]。如:杏 ɕiŋˌ/ɕiɛˌ~儿|生 səŋˌ~命/ʂɣˌ~日|彭 pʌˀ ˥ŋ 坑 kʰəŋˌ。例外:猛 məŋˌ/mɔˌ~力。此例"~力"的[mɔˌ],本字是否为"猛",还值得研究。暂作例外列出。此外,"打"音 taˌ,疑为白读。这个问题笔者在《平遥方言的文白异读》一文中作了讨论。

开口三、四等精组文读[iŋ],白读[ei]。知系(无四等)文读[əŋ],白读[ʅ]。其他系组文读[iŋ],白读[i]。如:清 tɕʰiŋˌ~白/tsʰeiˌ~早起 青 tɕʰiˀ ˥ŋ/tsʰeiˌ~汤寡水|正 tʂəŋˋ/tʂʅˌ~面面:正面|饼 piŋˌ铁~/piˌ~子 赢 iŋˌ/iˌ输 钉 tiŋˌ/tiˌ~~;钉子。

合口二等今读[uŋ]。有些字文读[əŋ],白读[yɛ]。如:轰 xuŋˌ|横 xəŋˌ/ɕyɛˌ~放。

合口三、四等文读[yŋ]。有些字文读[yŋ],白读[y]。如:荣 yŋˌ|兄 ɕyŋˌ/ɕyˌ~弟。例外:倾 tɕʰiˀ ˥ŋ。

入声开口二等,除帮组今读[iʌʔ]外,其他系组读[ʌʔ]。如:麦 miʌˀ ˥|窄 tʂʌʔˌ 革 kʌʔˌ。例外:核(棚) kʰuʌˀ ˥果子~。

入声开口三、四等,除三等知系今读[ʌʔ]外,其他系组读[iʌʔ]。

如:吃 tʂʻʌʔ˥|碧 piʌʔ˥ 激 tɕiʌʔ˥。例外:剧 tɕʮ˧ 易 i˧ 液腋 iɛ˧。

入声合口二等今读[uʌʔ]。如:虢~镇:地名。

入声合口三等今读[yʌʔ]。如:役 yeʔ。

通摄

舒声合口一等,除帮组今读[əŋ]外,其他系组今读[uŋ]。如:蒙 məŋ˧|宋 suŋ˧ 公 kuŋ˧。例外:烱 tʻʮ˧ 农脓 nəŋ˧ 粽 tɕyŋ˧。

舒声合口三等,除见系字有的读[yŋ]外,其他今读[uŋ]。如:穷 tɕʻyŋ˧|宫 kuŋ˧ 中 tsuŋ˧。例外:捧 pʻəŋ˧ 农 nəŋ˧。

入声合口一等,除帮组今读[ʌʔ]外,其他系组今读[uʌʔ]。如:木 muʌʔ˥|秃 tʻuʌ ʌʔ˥ 沃 uʌʔ˥。例外:族 tɕyʌʔ˥ 速 ɕyʔ˥。

入声合口三等精组、见系今读[yʌʔ],其他系组今读[uʌʔ]。如:肃 ɕyʌʔ˥|局 tɕyʌʔ˥|福 xuʌʔ˥ 绿 luʌʔ˥。例外:肉 zue˧ 牧 mu˧ 六 lieu˧。

(四)古声调与平遥声调的对应关系

古声调与今平遥声调的关系如表三所示。古平声字今读平声。古上声清、次浊声母字,今读上声。古上声全浊声母、古去声清、浊声母字,今读去声。古入声清声母字,今读阴入,古入声浊声母字,今读阳入。例外字在表三里头用小号字体表示。古入声次浊声母字有一部分今读阴入,除表里头所列出的几个例外字以外还有以下一些字。

略掠岳嶽勒越狱欲慾额恶鸭育镊~子热

(五)平遥声、韵母与古声、韵母的对应关系

本节不逐一列出平遥声、韵与古声、韵的对应关系,只酌选其中一些对应关系比较复杂的讨论如下。前四项讨论声母的对应关系。后十二项讨论韵母的对应关系。

表三　古声调与平遥声调的对应关系

古声调	声母	平　声	上　声	去　声	阴　入	阳　入
平	清	高专低边开粗婚三安诗方天衣衫关封	恢尸膏篙招篇	抛坤		
	次浊	鹅娘人龙难麻文云羊王蝇灵荣农罗乌				耶(~稣)
	全浊	穷陈床才唐平铜帆神徐扶寒台槌头条	持			
上	清		古展纸走短比碗口	阻	娶子(后缀)	滓
	次浊	哪	五女染老暖买有网			也
	全浊		稻舵	近柱是坐厚社舅父		
去	清	糙效	较片(电影~子)	盖正醉对变汉世送		
	次浊	焰玩(古~)		岸让漏怒帽望用闷		
	全浊			共害阵助大病饭谢		复(~兴)
入	清				急竹曲出黑锡福铁	
	次浊	拉曰		幕液腋易玉	溺摸悦粤机勿鄂	月麦袜药辣落列入
	全浊			划	卒	局合食俗舌服读杂

325

1.平遥的[ts ts' s]声母主要是从古精组;古知组二等、庄组;章组止摄字和古知章组今拼合口呼来的。例如:

字tsๅ˧ 擦ts'ʌʔ˨ 丧sɑŋ˧   (精组)

罩tsɔ˧ 绽tsɑŋ˧ 撑ts'əŋ˨   (知组二等)

债tsæ˩ 察ts'ʌʔ˨ 拴suɑŋ˨   (庄组)

壮tsuɑŋ˧ 船ts'uɑŋ˧ 属suʌʔ˨   (知章组)

2.平遥的[tʂ tʂ' ʂ]声母是从古知组开口三等和古章组开口非止摄字来的。例如:

展tʂɑŋ˥ 长tʂ'ɑŋ˧   (知组开口三等)

证tʂəŋ˧ 尺tʂ'ʌʔ˨ 身ʂəŋ˨ (章组开口非止摄)

有些庄组字的白读也读[tʂ tʂ' ʂ]。例如:

睁tʂʮɛ˨~开   (文读 tsəŋ˨)

生ʂʮɛ˨~日   (文读 səŋ˨)

甥ʂʮɛ˨外~   (文读 səŋ˨)

3.平遥的[x]声母是从古非敷奉和晓匣母来的。例如:

富xu˧ 肥xuei˨ 附ru˧   (非敷奉母)

寒xɑŋ˨ 瞎xʌʔ˨ 欢xuɑŋ˨   (晓匣母)

4.平遥的[ȵ]声母与古声母的对应关系。

平遥的[ȵ]声母是从古泥母、疑母来的。例如:

年ȵiɛ˨ 宁ȵiŋ˨ 匿ȵiʔ˨ 聂ȵiʔ˨   (泥母)

鱼ȵy˨ 疑ȵi˨ 咬ȵiɔ˨ 牛ȵiəu˨   (疑母)

5.平遥的[uə]韵母是从果摄文读、宕摄舒声白读、江摄舒声白读来的。例如:

拖t'uə˨ 舵tuə˨ 锅kuə˨ 课k'uə˨ (果摄文读)

躺t'uə˨~下 炕k'uə˨~上₂   双tsuə˨~~对对

巷xuə˨~~:胡同

                (宕、江摄舒声白读)

6.平遥的[yə]韵母是从宕摄、江摄舒声白读来的。例如:

— 326 —

抢tɕʰyɤ˩ 身yɤ˩ 墙tɕyɤ˥ （宕摄舒声白读）

虹tɕyɤ˥ 项ɕyɤ˥ 没活~ː没收入 （江摄舒声白读）

7. 平遥的[iɛ]韵母是从果摄白读、假摄、咸摄舒声、山摄舒声来的。例如：

我ŋiɛ˩ 饿ŋiɛ˥ 了两天 可kʰiɛ˩ ~炕上₂ː满炕上（果摄白读）

姐tɕiɛ˩ 谢ɕiɛ˥ 夜iɛ˥ （假摄）

尖tɕiɛ˩ 渐tɕiɛ˥ 炎iɛ˩ （咸摄舒声）

棉miɛ˩ 贱tɕiɛ˥ 见tɕiɛ˥ （山摄舒声）

8. 平遥的[yɤ]韵母是从果摄、山摄合口来的。例如：

靴ɕyɤ˩ 瘸tɕʰyɤ˩ 坐tɕyɤ˥ （果摄）

泉tɕyɤ˩ 袁yɤ˩ 犬tɕʰyɤ˩ （山摄）

9. 平遥的[ʐɛ]韵母多是从假开三来的，少数字是从梗摄舒声二等来的。例如：

蛇tʂʰʐɛ˩ 舍ʂʐɛ˥ 惹zʐɛ˩ （假摄）

眵tʂʐɛ˩ 生ʂʐɛ˩ （梗摄）

10. 平遥的[ʐ]韵母主要是从止摄、梗曾二摄舒声白读、蟹摄开口来的。例如：

池tʂʰʐ˩ 知tʂʐ˩ 耻tʂʰʐ˥ （止摄）

城tʂʐ˩ ~壕儿 盛ʂʐ˩ ~饭 整tʂʐ˥ ~束ː管教 （梗摄舒声白读）

蒸tʂʐ˩ ~饭 升ʂʐ˩ ~起 绳ʂʐ˩ 缰~ （曾摄舒声白读）

制tʂʐ˥ 世ʂʐ˥ 誓ʂʐ˩ （蟹摄开口）

11. 平遥的[i]韵母主要是从蟹摄开口四等、止摄和梗摄舒声白读来的。如：

闭pi˥ 妻tɕʰi˩ 鸡tɕi˩ （蟹摄）

李li˩ 奇tɕʰi˩ 尼ni˩ （止摄）

铃li˩ ~~ː铃儿 影i˩ 背~~ː背影 应i˩ 答~ （梗摄白读）

12. 平遥的[y]韵母主要是从遇摄来的，也有少数止蟹摄的白

— 327 —

读。如：

居 tɕy˦ 虚 ɕy˦ 羽 y˩ （遇摄）

髓 ɕy˥ 牛骨~ 柜 tɕy˦˩~~:柜子 苇 y˥~子地 （止摄）

13.平遥的[ei]韵主要来自果摄、蟹摄开口、梗摄的白读字。例如：

河 xei˦~~:小河   锣 lei˦ 籔~

萝 lei˦~卜   坡 pʻei˩ 土~ （果摄白读）

细 sei˥~小   齐 tsʻei˦ 整~

孩 xei˩毛~:婴儿   挤 tsei˥~住 （蟹摄白读）

精 tsei˦~明   性 sei˥ 慢~子 （梗摄白读）

星 sei˦   腥 sei˩鱼~气

少数止摄字今读[ei]。例如：理 lei˩ 美 mei˩ 碑 pei˩。

14.平遥的[uei]韵主要来自果摄白读、遇摄、止摄蟹摄合口。例如：

朵 tuei˥   跺 uei˦~了₁脚了₂ 裹 kuei˥~住 （果摄合口白读）

旅 luei˥   绪 suei˦   吕 luei˥ （遇摄合口）

贵 kuei˦   味 uei˦   嘴 tsuei˥ （止摄合口）

累 luei˦   最 tsuei˦   桂 kuei˦ （蟹摄合口）

15.平遥的[ɑŋ]韵母主要是从咸摄、山摄、宕摄的舒声来的。例如：

担 tɑŋ˦ 动词   篮 lɑŋ˦   惨 tsʻɑŋ˥ （咸摄舒声）

满 mɑŋ˥   班 pɑŋ˦   炭 tʻɑŋ˦ （山摄合口）

葬 tsɑŋ˦   浪 lɑŋ˦   章 tʂɑŋ˦ （宕摄舒声）

16.平遥的[ǝŋ]韵母主要是从臻摄、曾摄、梗摄、通摄的舒声来的。例如：

本 pǝŋ˥   趁 tʂʻǝŋ˦   珍 tʂǝŋ˦ （臻摄舒声）

邓 tǝŋ˦   证 tʂǝŋ˦   恒 xǝŋ˦ （曾摄舒声）

彭 pʻəŋˇ　孟 məŋˊ　程 tʂʻəŋˇ　（梗摄舒声）

蒙 məŋˊ　农 nəŋˇ　蓬 pʻəŋˇ　（通摄舒声）

（原载《晋语研究》1989）

分音词与合音词

一、分音词①

在平遥方言里头有一批分音词。所谓分音词,是把一个字分成两个音节来说。假如本字的声韵是 CV,构成分音词的公式就是:

本　字		分　音　词
CV	＝	C＋ʌʔ　L＋V
		(前音节) (后音节)

例如:

本　字		分　音　词
杆 kɑŋ	＝	圪 kʌʔ　懒 lɑŋ
		(前音节) (后音节)

拌 pɑŋ	＝	薄 pʌʔ　浪 lɑŋ
		(前音节) (后音节)

以上例子,平遥只说分音词。请看例句:

① 烧上些玉荵圪懒哇　(烧点儿玉米稭吧)

＊烧上些玉荵杆哇

② 把兀些菜薄浪起哇　(把那些菜拌起来吧)

＊把兀些菜拌起哇

具体地讲,分音词的构造有如下规律:

1. 前音节的声母(C)是本字的声母。通常是塞音[p t k;pʻ

t' k']。由于古今声母的演变,前音节声母是[k k']的,本字声母有的是腭化的[tɕ tɕ']。

2. 前音节的韵母是入声韵母[ʌʔ iʌʔ uʌʔ]。

3. 后音节的声母是[l]。因此有人称分音词为"嵌 l 词"。②

4. 后音节的韵母(v)和声调是本字的韵母和声调。

平遥方言的分音词与南宋洪迈《容斋随笔》记载的以"蓬"为"勃笼",以"盘"为"勃阑",以"团"为"突栾"的诸多切脚词是一回事。其中,如:以"团"为"突栾"的说法,今天的平遥方言里头还说。平遥方言不说"把纸团[tuɑɿ˩]住",而说"把纸突栾[tuʌʔ˥ luɑɿ˩]住"。晋语地区多有分音词,构造的方式大致相同,只是分音词的数量多少各地不同。

平遥方言的分音词举例如下:(横杠前是分音词,横杠后头是本字)

pʌʔ˥ lɑɿ˩ 薄拉——扒[pɑɿ˩]。如:把苗根根上₂的土~开些儿。

pʌʔ˥ læɤ˩ 薄来——摆[pæɤ˩]。如:叫风吹的来回~咧。

pʌʔ˥ læɤ˩ læɤ˩ 薄来来,子孓。"子孓"游动总是摆身子,由此引申成词。

ɕiŋ˩ pʌʔ˥ læɤ˩ 心薄来。心动过速。

pʌʔ˥ li˩ tsʌʔ˥ 薄离子——秕子[piɿ˩ tsʌʔ˥]。如:麦子~、稻黍~。

pʌʔ˥ lɑŋ˩ lɑŋ˩ ku˥ 薄懒懒鼓——扁鼓[pɑŋ˥ ku˥]

pʌʔ˥ lɑŋ˩ 薄浪——绊[pɑŋ˩]。如:叫兀块事情~住了没拉走了。

pʌʔ˥ lɑŋ˩ 薄浪——拌[pɑŋ˩]。如:把鸡食~起哇。

pʌʔ˥ ləŋ˩ 薄楞——蹦[pəŋ˩]。(多指动物死前挣扎,有时可用以指人行走,有贬义)如:你往哪儿~咧。

pʌʔɤ ləŋɿ tsʌʔɿ ᴀ 薄楞子——[pʌʔɤ ləŋɿ]是象声词"嘣"
[pəŋɤ]的拟声。"嘣子"是剃头挑子招来顾客的唤头,因拨
动后其声"嘣嘣"而得名。

tsʻeiɿ tʌʔɤ laŋɿ tiɤ 清达烂底。形容水至清,又可说成
[tsʻeiɿ taŋɿ tiɤ]清胆底。由又读可证[tʌʔɤ laŋɿ]是"胆"
[taŋɤ]的分音词。此条本字不明,暂写个同音字。

tʌʔɤ ləŋɤ 得楞——瞪[təŋɤ]。在两个支撑点上平放的意思。
如:荷棍棍把兀根杆杆~住。

tiʌʔɤ liɿ 滴离——提[tiɿ]。如:把醋瓶瓶~开。

tiʌʔɤ liɔɤ 滴料——吊[riɔɤ]。如:电管儿在兀儿~的咧。

tʻʌʔɤ lʌʔɤ 特勒——搭[tʌʔɤ]。如:电线也~到树儿上₂了₂。

tʻʌʔɤ leiɤ 特罗——拖[tʻeiɤ]。如:~的尾巴。

kuʌʔɿ laɿ 郭拉——刮[kuʌʔɿ]。如:把锅儿~干净。

kʌʔɤ lɔɤ 圪牢——角[ʨiɔɤ]。如:门~放的块瓶子。

kʌʔɤ lɔɤ 圪老——搅[ʨiɔɤ]。如:你在锅儿~甚咧。

kʌʔɤ lɔɤ 圪老——□[kɔɤ]柳条编的水斗。此条是否为分
音词,可疑。暂附于此。

kʌʔɤ liəuɤ 圪溜——钩[kəuɤ]。如:棍棍不直~的咧。

kʌʔɤ liɔɤ 圪料——翘[ʨʻiɔɤ]。如:~起腿来了。榆次话音
"刻撩",第一音节声母送气,与所切之字声母相合。

kʌʔɤ laŋɤ 圪懒——杆[kaŋɤ]。荷过些儿玉茭~来。("荷"
拿的意思)

    tʨiʌʔɤ kʌʔɤ laŋɤ kuŋɿ tsʌʔɿ xuaɤ 截圪懒子:夹杂有别处口
    音的话。[kʌʔɤ laŋɤ]是"杆"[kaŋɤ]的分音词。

kʌʔɤ ləŋɤ 割冷——埂[kəŋɤ]。如:兀来高的~,你能下去
了。

kuʌʔɤ læɤ 郭来——块[kʻuæɤ]。把菜切成小块,用干面搅

— 332 —

拌,蒸食的饭食。此条分音词的前头一个音节的声母与本字声母发音方法不同,有些特殊。类似的还有一两条。

kuʌˀɤ lyɛˠ 骨联——卷[tɕyɛˠ]。如:把兀张画～住。

kuʌˀɤ luaŋˠ 谷乱——□[kuaŋˠ]。如:一～屎。晋中榆次等地说"突恋",本字为"团"。符合分音词的构成方式,意义切合。

k'uʌˀɤ lyɛˠ 窟联——圈[tɕ'yɛˠ]。如:风～|屎～|日～|月～。也可以说"窟联联"。

k'uʌˀɤ laŋˠɤ laŋˠɤ 窟郎郎——框[k'uaŋˠ]。如:喂了块干～猪。"窟郎郎"猪,指只有猪的"框架"而无肉的瘦猪。

k'uʌˀɤ luŋˠ 窟窿——孔[k'uŋˠ]。如:裤儿上也烧了块～了。

kuʌˀɤ luŋˠ 郭拢——滚[kuŋˠ]。如:～上走哇。

k'uʌˀɤ luŋˠ 哭拢——(随便)捆[k'uŋˠ]。如:～住些儿再荷哇。

kuʌˀɤ liʌˀɤ 骨力——羯[tɕiʌˀɤ]。分音词"骨力"专指山羊,而"羯羊"专指阉割了的公羊。"骨力"虽是"羯"的分音词,但词义已有了转移。

二、合音词

合音词是指把双音节词合成一个单音节词说的。平遥方言的合音词不多,但使用的频率很高。例如:("＜"前是合音,"＜"后头是本词)。

喥 tsæˠ ＜ tsʌˀɤ xuæˠ 这块(这个),例:把～盆盆搬开。

咻 uæˠ ＜ uʌˀɤ xuæˠ 兀块(那个),例:把～炉子生着。

牙 ŋaˠ ＜ zʌnˠ tɕiaˠ 人家(前音的声母[ŋ]加后音的韵母),例:～房有钱儿好活。～房:人家的家里

哑 ŋaˠ ＜ ŋiɛˠ tɕiaˠ 我家,例:～房没钱儿不好活。～房:

我家里。

□ ɕyaˇ < sueiˇ tɕiaˇ 谁家。

男□ naŋˇ tiaˇ < naŋˇ tiʌʔˇ tɕiaˇ 男的家。

媳妇渣 ɕiʌʔˇ xuˉ tsaˇ < ɕiʌʔˇ xuˉ tsʌʔˇ tɕiaˇ 媳妇
子家。"渣"是"子家"的合音。

附　注

①　参看 Wen Duanzheng：Les Contractions et expansions lexicales dans
les dialectes Jin du Shanxi，Cahiers de Linguistique Asie Orientale，Vol，XVI，
No 1，1987．

②　赵秉璇：《晋中话"嵌l词"汇释》，《中国语文》1979.6　北京。

（原载《晋语研究》1989）

敬称　昵称　禁忌词

一、敬称

晚辈对长辈的敬称有：

你老人家 nˇ ləˇ zəŋˇ tɕiaˋ

兀家老人家 uˋʔˋ tɕiaˋ ləˇ zəŋˇ tɕiaˋ 说快了末两个
音节[zəŋˇ tɕiaˋ]音变为[ŋaˋ]。"你老人家"也可以简称"你
老"。

对女性老年人的敬称有：

你老儿娘 nˇ ləˇ ɣˇ ȵiaˋˋ

兀家老儿娘 uˋʔˋ tɕiaˋ ləˇ ɣˇ ȵiaˋˋ

例如：

① 你老(人家)慢些儿走。

② 你老儿娘咬动了？

二、昵称

长辈对晚辈(多指未成年的)的昵称用"哑"[ŋaˋ]。例如：

① 哑[ŋaˋ]睡哇。

② 哑[ŋaˋ]把椅兀兀掇过来。(椅兀兀：有靠背的旧式椅子。
掇：端。)

长辈对晚辈训斥时绝不能用哑[ŋaˋ]。上两个例的"哑"都得
换用重读的"你"[nˋ]。

三、禁忌词

《晋语的变读别义》一文指出的因避讳而引起的变读,本文拟
作进一步的讨论。

对汉语方言禁忌语的研究近年更多的引起人们的兴趣。例如对北京禁忌语"入"字的研究。①对上海郊区崇明方言的"雀、卵"等字读音的研究。②古人说:"入竟(境)而问禁,入国而问俗,入门而问讳",是很有道理的。李荣先生指出:"就学问本身说,这类禁忌的字眼常常造成字音的更改,词汇的变化,对认识语言的现状跟历史,都是很重要的"。③

下面请看在平遥方言里因禁忌而引起字音更改的例子。

1. 对拍 tuei˧ p'i˥ʔ˥ 龟。有人单说个"对 tuei˧",读去声,两种说法意思一样。

"对"是蟹摄合口一等去声端母。同组声母的字今韵母读[uæ]。如:堆[tuæʔ]推[t'uæʔ]腿[t'uæ˥]退[t'uæ˨]队[tuæ˨]。"对拍"的"对"韵母[uei]不合乎演变规律。"对不对"的"对"音[tuæ˨]。合乎演变规律。"对"[tuæ˨]是通用字音。"对"[tuei˧]是禁忌字音。

2. 透 t'əu˧

"透"音[t'əu˧]合乎演变规律,是禁忌字音。平遥方言"透气"的"透"音[təu˧],读不送气声母,不合乎演变规律,是个通用字音。北京话说"把地浇透",平遥话说"把地浇彻",北京话说"透雨",平遥话说"彻雨"。这是由禁忌而引起用词上的差别。

3. 片 p'iɛ˧ 女阴

"片"是古去声字,今平遥方言读去声,合乎演变规律。但由于这是个禁忌字音,作名词(禁忌义以外的)、量词用的"片"就改读上声[p'iɛ˥]。读上声是通用字音,但不合乎语音演变规律。比较下例:

片片 p'iɛ˧ p'iɛ˧ 女阴 ≠ 片片 p'iɛ˥ p'iɛ˥ 名词,(纸)片儿

≠ 片片 p'iɛ˥ p'iɛ˥ 量词,一~树叶叶

— 336 —

4. 堆儿 tuær 睾丸

"堆儿"作"睾丸"解必定要儿化。由"堆儿"引申出来的骂人话"地堆儿"[ti˥ tuær˩˥](指个头很矮的人)也必须儿化。作量词、名词(睾丸义以外的)或重叠或不重叠,但均不可儿化。如:一堆土(一堆堆土)|一堆炭(一堆堆炭)|土堆堆(＊土堆儿)|分开堆堆。此例是用儿化(或儿尾)表示禁忌字音,不儿化(或无儿尾)表示通用字音。

5. 埋 pæ˩ 死人入土

"埋"是明母字,平遥今读[m]声母。如:把兀只死猫挖块坑埋[mæ˩˥]了哇|种树了多埋[mæ˩]上些土。读[m]声母为通用字音,合乎古今语音演变。

"埋"用于死人入土,一定说[pæ˩˥],声母是[p]。平遥方言把人死后埋在非正式的墓穴(便于以后"合葬")叫做"寄埋"[tɕi˥ pæ˩˥], "埋"也读塞音[p]。"埋"读[p]声母为禁忌字音。

平遥话因避讳原因而改变用词的例子很多。例如:

忧事(丧事)

人没了(人死了)

少亡了(未成年亡故)

老杀了(上年纪亡故)

丢了孩儿了(死了出生不久的婴儿)

身上的(月经)

走了身子了(射精)

上面举的词语都很文,但都是口语里经常使用的。

附　注

①③ 李荣:论"入"字的音。《方言》1982.4。

② Hui ying, Zhang: Irregular sound Change and taboo in Chinese, Computational Analyses of Asian & African language, March, 1985.

（原载《晋语研究》1989）

四字格俗语的构成

四字格俗语在口语中使用的非常多,常用的条目约在一千条以上。其中并列四字格俗语条目最多,约占整个四字格条目的半数以上。因此,平遥方言的四字格俗语突出给人以对仗工整的感觉。例如:

丧德败兴　　明昼黑夜

言和气顺　　三八六九(经常的意思。如:～见这块人。)

有些四字格俗语虽然比较接近书面语,听起来文绉绉的,但也都是口语中常说的。有少数条目平遥话和北京话的意思大致相同,但在用字和读音上也有明显的差别。比较下列例子:

平遥

白说九道　　pɛʔ˧˩ ʂuʌʔ˧˩ tɕiəʔ˧ təʔ˧

一明二白　　iʌʔ˧˩ miˈ rʔe˧ piʌʔ˧˩

死气败力　　sʐˈ tɕʼiˈ˥˩ pæʔ˧ liʌʔ˧˩

百列巴义　　piʌʔ˧˥ liʌʔ˧˥ pɑˈ ts'ʌˈ

叠溜打连　　tiʌʔ˧˥ liəuˈ tʌˈ liɛˈ

北京

胡说八道　　xuˈ ʂuoˈ pɑˈ tɑoˇ

一清二楚　　iˈ tɕʼiˈˈ rʔe˧ tʂʼuˈ

死气白赖　　sʐˈ tɕʼiˇ pɑiˈ liɛ˥

噼里啪啦　　pʼiˈ liˈ pʼɑˈ ɺɑˈ

滴里嘟噜　　tiˈ liˈ tuˈ luˈ

平遥方言的四字格俗语的构成大致有五种格式。

① 合成格　　　② 带"圪"字格　　③ 带数字格

④ 附加衬字格　　⑤ 带叠字格

下面举例的释义及用例本文有的从略,请参看本书《四字格释例》一文。

一、合成格

① 寡妇|幼子(并列)　　　　清汤|寡水(并列)

　　天寒|日短(并列)　　　　棍|剑|叉|爪(并列)

② 雨布|天气(偏正)　　　　折腰|马蜂(偏正)

③ 恶神|拍马(主谓)　　　　鸭子|跩蛋(主谓)

④ 见景做法(连谓)　　　　挂口不提(连谓)

合成格里头1、2两类比较多,用字一般都很文。

二、带"圪"字格

① 麻连圪穗　　棉布等破烂的样子。

② 圪留拐弯　　不直的样子。

③ 白圪洞洞　　形容白。

④ 圪里圪捣　　形容事情麻烦。

以上四种是以"圪"在四字格的位置划分的。1、2两种格式比较常见。第 2 类"圪 ABC""圪"后头跟的有时是动词。第 3 类"A圪 CC"式"圪"前头往往都是形容词。例如:

圪团矮曲　　形容地方窄小睡觉不舒服。(圪 ABC 式)

圪裂三四　　形容不投合,有距离。(圪 ABC 式)

硬圪巴巴　　形容东西很硬。(A 圪 CC)

短圪寸寸　　形容衣物过短(A 圪 CC)

第四类"圪 B 圪 D"式,BD 两字有的是叠字,这类格式在句中多做状语。例如:

圪影圪影　　隔一会儿挡一下光亮。"圪影",短暂的遮光。

　　　　　　如:~底晃的人实在难受咧。

"圪B圪D"式,BD两个字有的不是叠式,这类格式在句中多做定语。例如:

　圪几圪瘩　　形容难办的事。如:～底事你少管。

带"圪"字格是很口语化的,一些字音的本字往往不明。

三、带数字格

1. 一躺心肝　　安心的样子。如:等客人走了,再～地作事哇。

2. 七长二短　　形容长短不齐。如:～底件袄儿。

3. 挨七挨八　　按部就班。如:愿意买了咱们就～地搞(议价)哇。

4. 假眉三道　　弄虚作假、假模假样。如:～装好人。

5. 颠三二倒　　颠三倒四。如:作甚也是～。

1、2式的第一个字都是数目字,多是奇数。尤以"一"字居多。2、3两式的两个数字往往都是相连的。例如:

　一模二样　　一磕二响　　七颠八倒　　七除八扣

　眉三眼四　　抓七舀八　　舀二搁三

从数量上看,第2式使用的远比第3式多。第4式的数目字都在第三个字的位置。例如:

　粗罗五丝　　撕牙八怪

第5式的数目字位置往往是不固定。4、5两式条目要比其他三式少得多。

四、附加衬字格

1. 丑(支)八怪　　没精(倒)神　　糊(里大)涂
　脚臭(烂)气　　瘆病(半)腔　　花(里忽)哨

2. 胡(支)扯(野)　　冒(离)失(砍)　　(五)离(海)散

3. 假(留薄吃)　　面糊(薄吃)

4. 薄(计连串)

附加衬字四字格的衬字只起表音凑数(组成四字)的作用,衬字没有词汇意义。上面所举的例字衬字用括号括起来以后,意思都还比较明白。但在口语中由于有衬字在里头,外地人听起来就很费气力。附加衬字四字格许多都是形容性的,在句中做定语。例如:

① 面糊薄吃底块人,做甚也没主见。(像面糊一样的人,做事无主见。)

② 假留薄吃底块人,教吃甚也不吃。(作假的人让吃什么都不吃。)

五、带叠字格

1. 黄明朗朗　　黄而可爱的样子。

　　软薄贴贴　　形容说话柔和。

　　薄皮片片　　形容极薄。

　　乱薄纷纷　　乱纷纷。

2. 锅锅老朽　　形容驼背老人。

3. 不平不整　　不平整。

　　饱菜饱饭　　饱菜饭。

　　齷里齷龊　　齷龊。

第1式是后叠式,叠字往往有"很"的意思,第一个字多为形容词。"黄明朗朗"是"很黄","乱薄纷纷"是"很乱"。第2式是前叠式,很少见。第3式是交叉叠字。中间的一个字或中间的两个字在意义上往往是多余的衬字。

(原载《晋语研究》1989)

四字格释例

本文收录了平遥方言的四字格近四百条,这些条目大都是北京话不说的。所录条目依第一字的字调分阴平、阳平、上声、去声、阴入、阳入六类排列。平遥方言的单字调只有一个平声,不分阴阳平。连读调在多数情况下分阴阳平(参看本书《平遥方言的连读变调》一文。多数条目,平声字作为四字格的第一字分阴阳平,阴平读 31 调,阳平读 13 调,所以本文阴平、阳平分开排列。四字格条目都没有标音,有些四字格的字音不同于单字的读音,我们在字下加浪线表示,并在该条的末尾标注国际音标,音标外面加方括号。条目下面一般是先做简要的注释,后举例句,少数不必加注解的条目,只举例句不加注。对例句中不大好懂的词随文作了必要的解释,并且用圆括号括出来。有些四字格还可以有另外的说法,在第一种说法的下面列出第二种说法。如:"多言撕舌"条下又列出"多嘴偏舌"。

阴　平

抛米洒面:兀家(他)～底就不仔细。

漂汤圪溢　<small>形容汤水过满</small>:还能把米汤盛的～底。"漂"音[p‘ia]或[p‘ɔ]平声。

铺展叠被　<small>睡觉舒服貌</small>:人家常是～底。

颠三二倒　<small>颠三倒四</small>:做甚也是～。

　　又:颠二倒三

多言撕舌　<small>多嘴状</small>:实在好～咧。

— 343 —

又：多嘴偏舌

丢盔撂甲：看看你～，遗下一世界。

单枝圪撩　冷天衣单状：～底，你不冷？

冬寒时月：～实在冷咧。

听人道说　听话、驯服：～底块孩儿。

天反世乱　不太平状：～地不用去啦。

天寒日短：～底一时时变黑将来啦。

汤里格水：～些儿饭，没拉吃饱。

挑匙拣碗　挑食：～底概不好好吃饭。

推磨滚碾：天每（每天）～地忙杀啦。

推奸滑懒：教做些甚也～地不想做。

拖脚磨手　行动迟缓不灵便：作甚也是～底。

拉六扯八　针脚过稀：衣裳作的～倒开啦。

猪眉畜眼　貌丑：～底块（个）孩儿丑杀啦。

抓七舀八　东拉西扯：～地告了我一顿。

又：抓货里刀

张牙拨口：甚也的～问人家要。

精眉炯眼　眉眼俊秀：～底块孩儿。

精眉怪眼　精灵状：～底块人。

炯牙拖嘴　龇牙咧嘴：痛的兀家～底。

伸手没脚　打人状：这块人就好～。"伸"音[ts'ʮ]，平声。

清汤寡水：～底些儿米汤。

又：澄清寡水

粗罗五丝　粗鲁：咻（那）是些～人。

穿门踏窗　形容爱串门：天每～底就不在家。

撕牙八怪　小儿哭状：～底块孩儿。

私病短头　短处：咱在他手儿又没拉些～。

三跌六垂　衣不整状：衣裳常是穿的～底。"垂"音[suei]，上声。

三八两句　话少而快：说了～就走啦。

三八六九　经常状：～就见兀家来啦。

三班两样　饭食不止一种：要吃甚全吃甚，不用～。

丧官吊唁　说话不实：手儿有钱还～哭穷咧。

山猫儿眼　贼眉鼠眼：～地不是块好人。

松离五三　不紧状：包包捆不紧，～底快开啦。

睁眼巴武　态度蛮横：动不动就和人家～。

鸡鸣弄鼓　大张声势：悄些儿说不要～地。

坚皮圪韧　韧而不脆：干面火烧冷了就～。

筋尻连胯　走路无力，尻：屁股。"尻"音[tuʌʔ]，阴入。《广韵》入声屋
　　　　　韵"豚，尾下窍也。"丁木切，俗作尻。本地印行的《方言杂
　　　　　字》"尻"，用"笃"字直音，注云"出粪门也"。

　　又：筋腿连胯

觑眉弄眼　眯缝眼：～底甚也看不清楚。"觑"音[tɕ'y]，平声。

敲猪拨狗　形容人心不好：吶人～底，不用朝理（理）。

虚弄诧虎　虚而不实：～底一碗面。

鲜艳滴色：这疙瘩布儿～好看。

羞大面软　人脸皮薄：兀家～见了生人不说话。

香汤辣水：今晌午格～吃了一顿。

瓜葛水清　指经济上两清：咱们两块是～。

锅锅老朽　形容驼背：～底块老婆。

干子牙稠　形容粥稠：～底些儿粥儿。

干巴硬正　不认错状：兀家偷了嗾，～说没啦。

干瀽食呛：～底就吃了两块火烧。

亏情恓惶　凄惨事：又磨念（念叨）你的～来啦。

宽眉大眼　俊秀貌：～底块好后生。

厮屎盼伴　喻人懒惰：教兀家做甚也是～。

挨情擦理：人家说甚也～。

挨拢靠壁　东西放置贴四壁状：～地放下哇。

挨七挨八：愿意买了咱们就～地搞(议价)哇。

花狸活哨　穿戴色艳,有贬意：～底块女人。

花红油绿　色艳：穿的～底。

化子烂气　褴褛貌：穿的～底块人。

灰土麻虎　灰尘满身貌：耍的～底。

欢眉俊眼：这两天看见(看上去)～啦。

哼哈二将　形容凶相：～底怕杀(怕死)人。"哈"音[xʌ],阴入。

浑家老小　一家大小：～身体都好。

烟屎烂气　形容抽烟的气味：浑身～底。

妖魔古怪　形容女人搬弄是非：～底圪节(一个)老婆。

阴凉细稍　形容暑天的阴凉地方：树儿底下～。

歪流打垮　无力状：把我今天～底概没劲儿。

歪挪屁擦　形容屁股在炕上擦着挪动：快些儿下炕哇,不用～啦。

歪流扯屁　不正状：兀家写的字～底不照正(直)。

　　作为下列四字格第一字的连读调是 13,但是,从别的结构来看,从来历和分阴阳平的方言来看,这些字也是阴平字。

粗茶盆饭　家常饭：一块庄稼人,谁家也是～。

加官进禄　乱七八糟的东西：把你这些～收了哇。

惊心胆战：想起咻事还～咧。

心宽洒落　无忧愁：人家格～好活咧。

光棍石汉　形容老光棍可怜：～底没人伺候。

锅背折腰　腰不展状：兀家老的～底。

宽袍大袖：～底块祆儿。

凶邪霸道：～底块人,谁家也不敢理。

阳　平

爬锅爬腰　做饭弯腰状：天每～地作饭。

爬针咬线　形容针线活粗糙：人老啦，作下甚也是～底。

皮眉瞪眼　不愿做某事，有意拖拉的样子：告教作甚也～底，再早咧。

疲温圪吃　形容饮食不热：～不大暖啦。

明昼黑夜　白天晚上：这些儿活害的我～地作。

明灯蜡烛　形容灯火通明：过灯节街儿上是～底。

眉三眼四　待理不理：见了块人～，谁也不和兀家来往。

麻鸡圪瘦　形容女人瘦小：～底块媳妇子。

麻连圪絮　棉布等破烂的样子：被子也烂的～啦。

麻连圪撮　形容线缠绕到一起：把线也都～啦。

　　又：麻撮水观

麻薄条条　苗条：人家～底身子。

麻籷圪卷　身上搓下的泥儿：有日子不洗澡，搓下多少～来。

绵流圪斜　悄悄地：～独自家就回来啦。

　　又：绵流绵斜　　绵流圪出

毛腰老鼠　腰不展状：～底块老婆婆。

猫眉蛇眼　别有用心看人的样子：进来了就～地不知道看甚咧。

　　又：三猫二眼

描花剪样：人家咧媳妇子（[tsʌʔ]，阴入）～底实在巧咧。

蛮人异马　形容家中奴仆多：人家是～地伺候的（着）活出来的人。

门疼肚胀　肚胀疼状：～底实在难受。

调泥烂水　形容道路泥泞：今日雨下的大咧，～地不好走。

铜包铁底　形容家道殷实：～的人家。

拿妖捉怪　蹑手蹑脚，有贬意：～地就进来啦。

拿脚盘手　悄悄地：没拉听见兀家～地就进来啦。

能言快舌　能说会道:人家格～底实在能说咧。

缭边活沿　形容针线活的针脚靠外:作的～底还要开了咧。

獠牙撕嘴　～底实在难看咧。

獠脸圪叉　形容人过高:～底块人不好看。

来三动静　举止行动:看见兀家咻～还可以。

瘤子孤拐　多形容头脸上的疙瘩:把头还磕碰的～底。

溜皮倒蛋　调皮:这孩儿不认生～底实在奇特咧。

流垂圪瘩:兀家咻布袋合里里面～地装的是甚咧。

爁油炒爆　形容炒菜花样多:人家房常是～底。"爁"音[laŋ],单字调
　　　　　　平声。

临紧上马　紧要关头:早些儿去医院哇,不要等的～了再走。

临梢末尾　最后:吃的倒～,兀家又回来啦。

坕眉疤眼　发面食品不展貌:～底些儿黄儿(发糕)。"坕"音[tsɿ],平
　　　　　　声。《广韵》平声脂韵"坕,以土增道。"疾资切。

雾红牙天　形容天气晴朗:～底块天气。

时分晌节　时节:过(到)了～再吃哇。

陈设摆落　陈设:居舍的～好看。

黏淋糊洒　形容黏东西弄得满处:～吃下一世界。"洒"音[tsʻɑ],上声。

人红体面　形容人长的体面:看见人家～底。

人来理客　来往客人:兀家房的～实在多咧。

人惯马熟　比喻因久往而熟悉:这地(现在)格在这儿住的～啦。

穷毛鬼胎　形容人小气:～底甚也舍不得吃。

穷极心短　形容因贫困产生嫉妒:兀家这是～。

穷极圪缭　形容人衣着寒酸:恓惶常是～底。

牙缝口缝:人家格～没拉露下。

悬饥吊渴　形容不饱:在人家房～老吃不如适。

斜溜不偏　不正状:铺的疙瘩单子(床单)～底。

————　348　————

闲游细摆	缓慢状：作甚也是～底概不急赶。
闲口没谈	表示说话随便：～说了句, 兀家就当真了。
熬眉扯眼	形容熬夜不睡的样子：～还在写咧。
胡拍流洗	游手好闲地：～底块人不用朝理。
胡支扯野	东拉西扯：～底没甚正经话。
胡梢末尾	形容东西不值钱：～底些儿东西给了人哇。
胡说三道	胡说八道：兀家最好～。
胡招掩饰	说话不老实：没说的了就～咧。
胡收乱拾	做零碎活计：尽～了一天。
胡七麻烦	杂乱地：～地摆了一桌子。
浮游失骗	招摇撞骗：正经营干咧没拉就是～。
嚎嚎打闹	又哭又闹：～地吵咧。"闹"音[lɔ], 去声。
黄皮搭连	有病状：病的～底。
黄明朗朗	黄而可爱的样子：～底些儿小米。
黄痨鬼气	面黄肌瘦状：～底倒像有了病。
黄尘黑暗	大风状：今日的风大咧, 刮的～底。
黄昏乌气	不务正业, 东游西串：～底块孩儿不朝道(不走正路)。
回言咧舌	辩解：大人说了, 还敢～。
河劳床床	指家具活动状：这块凳凳也作成～底啦。
和泥搅水	：当泥匠一天起来断不了～。
咸里倒磣	肮脏貌：～底块孩儿。
混汤切水	形容家务纠纷：混家儿闹的～底。
缝针撮线	缝缝补补：教兀家给你～。
红团火烟	形容日子过得兴盛：人家浑家老小～底过年咧。
红尘世务	指家务俗事、抚养儿女：这家人家正在闹～咧。
红黑不挡	不畏状：人家咻人嘟～。
摇门筛窗	风大貌：～地刮了一黑夜。"筛"音[sæ], 上声。

油鬂水刮　形容头发整齐,衣服干净:人家常是切理(收拾)的～底。

油条瓠子　(家)形容人白胖:吃的～家地。

油脂抹奈　污垢貌:～底件衣裳。

又:油腻背滚

油腻方僧　肮脏貌:～底也不洗涮。

又:游方僧道

油腥烂气　油炸东西的气味:～地不知道吃甚来。

扬名海鼓　形容名声大:～底谁不晓的。

扬风搽抹　小孩高兴貌:这孩儿～底实在高兴咧。

无远尺近　形容很远:～底些儿亲戚,不大来往。

圆头大脑　形容小儿头圆,有喜意:～底块孩儿长的好看。

又:圆头怪脑

云雾扫道　不洁貌:玻璃没拉擦干净,～底。

言和气顺　和气状:兀家概不和人～地说话。

上　声

饱茶饱饭:～倒吃了还要帮吃(吃零食)。

免不挡防　冷不防:～就跑进来啦。"挡"音[tʻuə],平声。

短圪寸寸　形容衣物短:～底块裤儿。

土模化样　形容人灰尘满身:兀块人浑身～底。

躺倒郭骡　形容和衣而卧:时时分分～。"躺"音[tʻei],上声。

呆而不醒　形容人胡涂:～底块人。"呆"音[tʻəŋ],上声。

暖月时天　热天:～不用出门。

冷洼圪吃　形容吃喝的东西不热:～些儿饭不敢吃。

脸流没淡　待人不热情:兀家对人老是～底。

老皮巴叉　青菜不鲜貌:～底些儿青菜。

老树圪叉　年老行动不便貌:～底哪儿也去不了。

咋长么短　从头至尾：兀家来了，～地告了我一顿。

早麻圪裂　形容外地人说话难听：说的咻话～底，实在难听咧。

又：早麻圪柳

仔细克俭：～底家人家。

嘴尖毛长　形容说话不知轻重：～底甚也敢给人家说。

肿眉泡眼：兀家这一向(一阵)病的～底。

死把荆州　形容拿住东西不撒手：～底也不放下歇歇。

死皮烂掌　慢慢腾腾：作甚也是～底。

死磨黏牙　死乞白赖：说了好一阵阵(阵)，～底不走。

死烂扎实　形容东西重：这些儿东西～底实在重咧。

死将吃来　口头语，该死了：兀家～尽和人闹。

死颜倒色　颜色不好看：～底圪瘩布儿。

死牙挽糟　形容睡觉手脚不规矩：看兀家～底睡下啦。

死灰扑烟　炉灰飞扬状：看看～地透下(落下)。"透"音[tɐu]，不送

气，多少死灰(炉灰)啦咧。

死蔫圪擦　形容人性子慢：～底块人，实在叫人着急。

死气背力　形容拿不动东西硬拿：～底强强搬过来。

软薄贴贴　形容说话柔和：人家咻人说话～底实在好听。

扯屎不谎　形容人说话不老实：～底概没句实话。

丑支八怪　貌丑状：兀块孩儿～概没人喜。

扭头活耳　交头接耳：先生讲书不好好听则(只)见～咧。

少调没和　缺作料：～底些儿饭不好吃。

少主没意：作甚也～底。

少材没料：～底咋作咧。

少家没什　缺少灶具：～还要什么好看。

少颜没色　形容颜色单调：～底圪瘩布儿。

少手没理　形容光棍生活：没拉块家小～底。

少人没手　缺劳力：～底还种自留地作甚。

少功没夫　没功夫：～底还去街儿游逛咧。

闪眼不现　形容很快：～走啦。

惹是搬非　搬弄是非：这人最好～。

假留拨吃　装假貌：教吃些儿老是～底不吃。

假眉三道　弄虚做假,装腔做势：～装好人咧。

拣近截说　说话快,说话短：没时分啦～哇。

抢死背活　说话急促：慢些儿说哇,不用～底。

巧脚蹑手：～底块闺女实在俏皮咧。

咬牙并脖　咬牙切齿：看咻～底样子。

眼上十行　形容小儿馋别人的吃食：不用在孩儿跟前吃招呼兀家～咧。

显情卖乖　显示自己：人家到有啦～又给送了些儿。

显贼卖舌　卖弄聪明：～底块婆姨。

小模作样　不大方貌：～底连句话也不敢说。

小样薄吃　形容人小气：～底块女人。

朽扁得老　形容人无能："得老"是头的意思。～底甚也不会做。

古董玩器　古董：兀家房的～实在多咧。

古时不变　过时的：～底些儿样子实在难看啦。"变"音[pʻie],去声。

乭七马八　形容东西破烂：把兀些儿(那些)～底东西送给兀家哇。

寡滋油水　饭食无味：～底些儿饭不好吃。

寡妇幼子：～们谁家管咧。

拐溜折腿　形容瘸腿人的走路：你～还能走快了。

鬼屎圪捣　鬼鬼祟祟：～底甚也怕人看见。

鬼怕恶人　欺软怕硬：兀家咻是～。

鬼眉溜眼　鬼头鬼脑：～地看谁咧。

可恶渣渣　形容面貌和声音凶恶：～底还要吃人咧。

苦言辣语　形容骂人利害:把孩儿们骂的~底。

砍天弄地　东一句,西一句:兀家咻说话~底又没底子。

炻烟闭火　形容火不旺:~地作熟一顿饭。"炻"音[ŋəu],上声。

拗腰折背　形容做事勉强:作甚也是~底。

炻焦物烂　形容烧焦的气味:~底实在难闻。

虎雄塌拉　神气状:看人家穿上~底。

伙家伙计　伙计:过年了~们都要拜年来咧。

野猫直挵　冒失状:回来了就是~底。

舀二搁三　形容人做作:兀家常是~。

　　又:舀油搁水

以规合矩　规规矩矩:~底家人家。

倚老负实　老老实实:~底块人。

五明大亮　光明正大:~地荷将来(拿过来哇)。

枉言作实　说话不真实:兀家咻说话尽是~。

雨布天气　连阴天:~不敢下城(进城)。

去　声

半大不小:都是几块~的孩儿靠不住。

半通不达　形容似通未通:看封信还~底看不通咧。

半精不明　形容头脑不清楚:~底块人。

　　又:不精半明

半死落活　病的~底。

半生潦熟　半生不熟:~底你就吃咧。

面鼻眼花　形容面子上过不去:人家没拉(没有),你唧穿上,~不好
　　看。

面糊薄吃　形容人随和:~底块人作甚也没主意。

冒离薄搁　形容被子未盖严实:把被子盖好了,不要~底。

　　　　　　　　　　　　　　　　　　　　　— 353 —

冒离失砍　冒冒失失：～底把碗也打啦。

大明白眼　眼睁大状：～就把块瓶瓶踢倒。

大打开交　形容天冷门大张：闭住些儿门子哇～不嫌冷。

淡疲寡水　味淡：～底些儿茶,倒了哇。

淡流寡水　色淡：这圪瘩布儿～底,颜色不大好。

澄清寡水　形容稀饭太稀：～些儿米汤(稀饭)。

　　　又：清汤寡水

跳起失座　形容人不安分：～底作甚也长不了。

闹饥别荒　形容家庭纠纷：兀家房天每～底。

烂衣破裳　破烂衣服：穿下的～们还一堆咧。"破"音[p‘ʌʔ],阴入。

烂鞋破脚　鞋袜破烂：这块孩儿～底。"破"音[p‘ei],去声。

乱离格倒　乱七八糟：～底嫌麻烦人咧。

乱薄纷纷　乱纷纷：头发还是～底就出去了。

愣眉死眼　痴呆貌：兀块人生来是～底。

弄枪舞剑　作甚也是～底概不安摆(没有条理)。

上庙击鼓　去某处评理：不拘咋地哇省的和兀家～。

上衙下府　去打官司：人家要通说(劝说)不下来了还的和兀家～
　　　咧。

碎离圪捣　比喻人啰嗦：～底块老婆婆。

照正格水　笔直状：～底条路路(路)。

暗掐暗掠　形容继母虐待前房子女：把人家咿前家孩儿常是～。"掠"
　　　音[lye],上声。

肉不瓢瓢　形容小儿胖：～底块孩儿。"瓢"音[nɑŋ],上声。

架汉偷盗　女人不正当地找男人。"偷"音[t‘ʌʔ],阴入。

气粗霸道　要强称霸：这人在家儿～底。

见景作法　随机应变：你去了就～哇。

尽水和泥：反正咱这是～都打折(用光)啦。

— 354 —

禁杀无名　顶多:怕甚咧～兀家嚷给你一顿。

气装逼肚　不遂心:人家房还～咧不用去。

俏圪蹑蹑　俏皮状:常扎刮(打扮)的～底。

硬格邦邦　形容坚固结实:这只箱箱钉的～。"邦"音[pɑ],平声。

挂口不提　闭口不说:有人来问了你就～。

怪眉色眼　形容面部表情不同于平常:兀家进来了说话还～底。

怪色老哇　形容声音刺耳:～底实在难听咧。

　　　　　又:怪色猴(儿)家

跪膝马爬　爬跪在炕上状:在炕上～不知道作甚咧。"跪"音[k'uei],
　　　　　去声。

过河隔道　形容行路不便:～实在不方便咧。

棍剑叉爪　棍棒一类的东西:把这些儿～荷出去。"叉"音[ts'ʌʔ],阴
　　　　　入。"爪"音[tsuʌʔ],阳入。

下马威风　凶言恶态貌:～底尽欺侮老实人。

夏月时天　热天:～洗涮的干净些儿。

画眉刻鬓　描眉搽粉:天每～地去街上串(玩儿去)。

放横打马　无约束状:～底想作甚就作甚。"横"音[ɣye],平声。

要紧三关　要紧时刻:到了咧～了就走啦。

恶神拍马　凶恶利害貌:～进来了闹了一顿。"恶"音[u],去声。与
　　　　　"可恶"的"恶"字同音。

阴　入

不平不整:看铺的单子(床单)～底。

不逗不断　连续不断:人家房常是～底人。

不利斯落　碍事状:椅子("子"音[tsʌʔ],阴入)放到这儿～底。

不成烂气　形容不像样子:～底块袄儿不好看。

百条四整　形容样样都行:你管的这些儿孩儿们实在～。

百列巴叉　干脆痛快状：～底给兀家们说了哇。

百国六州　形容会胡说八道：～哩咧胡说。

　　又：百花九样

跌交骨罗　行动不便状：刚刚病好了～底还能走动。

遢邋流水　衣冠不整状：～底块人。

　　又：邋遢流水，"流"音[ləu]，平声。与"楼"字同音。

铁巴老硬　极硬貌：和的～底圪瘩面。

作活作计　做活计：人家媳妇子格常是～。

作饭打连　做饭：～底忙杀啦。

说话不急　形容时间快：～就作熟饭啦。

吃皮耐厚　形容人皮实：～底块人好交往。

失寡霁天　天气突然转晴：刚刚还下咧这倒～啦。

失笑人人　微笑状：人家的眉眼常是～底。

急抢连忙　匆促状：～地吃了顿饭就走啦。

隔二撇三　不连贯状：～地看了看信。

脚臭烂气　脚臭气：臭的把居舍还～了咧。

切脖脐脐　形容上衣短。脖脐，肚脐儿：～底块袄儿。

七病八痛　多病状：～底块人。

七打八兑　勉强：～底就去了太原。

七颠八倒　颠三倒四：人老了作事～底。

七长二短　长短不齐：穿的衣裳常是～底。

七除八扣　七折八扣：领下些儿钱来～就快没啦。

七齐八楚　不整齐状：穿的衣裳常是～底。

七安八摆　形容给人使坏：兀家的心实在不好咧，尽～人家。

吸骨顶凉　透骨冷：～底坐到咧儿(那里)作甚。

隔山探海　隔着东西取物：你不用～去荷(拿)咧盆盆。

圪团蹉曲　形容地方窄小不舒展：这圪瘩地方太小～地睡不着。"蹉"

音[uei]，平声。

圪撩不直　不直状：看兀圪瘩板板～底。

　　　　又：圪流歪腿

圪留拐弯　不直：～底根棍棍(棍儿)。

圪流烂堆　一堆破烂(东西)：～不知道是些甚咧。

圪裂三四　形容不投合：两块人～概说不到一带儿(一块儿)。

圪堆冒尖　形容盛物过满：～地盛了一碗米饭。

圪擞筛糠　发抖状：冷的～底。

圪啾马爬　蹲下状：～地扫脚底(扫地)。

郭雷抱蛋　矮胖人走路摇摆状：～地走的实在慢咧。

刮风扬尘：～地刮下一居舍土。

圪豆牛牛　形容小儿胖得可爱：～底块孩儿实在奇特咧。

瞌睡模糊　瞌睡貌：今日把我～底心里还胡涂咧。

鸭子跩蛋　形容人走路慢：走道道(路)赛如～咧。

黑灯谢火　漆黑状：～底甚也看不见。

黑眉怪眼　形容面孔不清洁：～底块人。

黑铁烂片　形容炒菜色不正：把些茄子还炒成～底。

黑青巴烂　蔬菜有病斑：把两颗瓜儿也冻的～啦。

喝噜搜洒　形容吃饭快：～底就吃了一碗面。

瞎失盲碰　行事冒失：作甚也没准儿，尽是～底。

忽雷爆阵　(暴雨、脾气)突然发作：说话间雨就～下将来啦。

一明两白　一清二楚：兀家的咿人，咱是～。

一模二样　一模一样：兄弟两块～。

　　　　又：一模一样

一没净光　净光：变卖的把居舍～底。

一躺心肝　安心状：等他走了我就～地作咧。

一沾混水　形容衣袜长年不洗：把～块袜儿就穿了。

一齐乎子　一起、全部：～吃了哇。

一时一霎　一会儿：～的块事，将就的穿哇。

一掌名声　形容名声大：兀家～谁家也知道。

一磕两响　形容事情一说就成：十保二十保(十分把握)能办到了，咻还不是～的事。

一海二愣　形容债务多：饥荒兑下(债务欠下)～了，概也还不了人家。

一赫威震　独断专行：作甚也是～，甚也不和人商量。

龌里龌龊　不洁状：看看兀家作下～些儿饭。

五离海散　形容衣裳宽大：穿的衣裳不合适，～底。"五"音[uʌʔ]，阴入，下面两条"五"也读入声。

五马六盗　形容胆子大：走到那儿也是～底，甚也不怕。

五截六兽　形容品行不端：来往的尽是些～底人。

阳　入

鼻涕落泪　形容鼻涕眼泪满脸：兀家哭的～底。"鼻"音[pʌʔ]，阳入。

薄皮片片　极薄状：～底些板子用不成。

薄计连串　物长串状：～底不知道吊的是些甚咧。

薄人瓦瓦　形容很冷：～底两只手。

白圪洞洞　形容白：～底块孩儿。

白眉怪眼　色彩单调：这圪瘩布儿～底不好看。

白说九道　胡说八道：一天起来～。

没油倒水　毫无道理：～地说了一顿。

没劲圪擦　没精神状：饥的我走路还～咧。

没精倒神　无精打采：～底块孩儿。

跌溜打连　形容提的东西摇晃：～提的是些甚咧。

杂零古董　东西杂乱：～底摆下一桌子。"子"读阴入。

贼眉怪眼 　贼里贼气：～地进来了块孩儿。"贼"字也可以读[tsei]，
　　　平声。

直猫野撒　不好好作事～底。

直酸扑落 　形容酸味不正：这些儿醋～底不好吃。

十八把稳 　形容有把握：这块事情～能办到了。

十面埋伏 　形容拥着被子坐着：甚也不作就兀样样（那样）～底坐的
　　　（坐着）。

折腰马蜂 　腰细而弯：～底颗腰看见也走动不得手（不便）。

日夜打垮 　无精打采：～底甚也没拉作下。

　　又：日要打垮

日利倒脏 　肮脏状：～底圪瘩肉。

日明尽夜 　黑夜白天：～底实在忙咧。

　　又：明尽黑夜

截后撩胯 　上衣过短：兀块袄儿～地穿上$_2$不嫌冷。

蹑脚搬手 　做事缓慢状：作块甚也是～底。

　　又：拿脚搬手

趄门料户 　形容寻人家饭吃：守到人家房～底想吃些儿。

活拍流洗 　流里流气：～底块人，不用朝理。

糊里大涂 　胡涂状：～底甚也不想作。"糊"音[xuʌʔ]，阳入。"涂"
　　　音[tuʌʔ]，阳入。

（原载《语文研究》1980.1）

儿尾　儿化　子尾

本文讨论平遥方言的儿尾、儿化和子尾。

一、儿尾

平遥方言的儿尾自成音节。读作[zʌʔɹ]，阴入，与"热"同音。儿尾是平遥方言的一大特点，本地有所谓"儿[zʌʔ]是平遥人的口号儿"（口头禅）的说法。①例如：

刀儿	tɔɹ zʌʔɹ	芽儿	ȵiɑɹ zʌʔɹ
袄儿	ɣɔ zʌʔɹ	柜儿	tɕyɹ zʌʔɹ
塔儿	tʰʌʔ zʌʔɹ	活儿	xuʌʔ zʌʔɹ

老年人多保留儿尾的读法，中青年人"儿尾""儿化"常自由变读。青少年学生多把儿尾急读成儿化。由此看来，儿尾变读儿化是近三四十年的事情。例如：

腰儿	iɔɹ zʌʔɹ	腰儿	iɹɕi（腰里头）
窑儿	iɔɹ zʌʔɹ	窑儿	iɹɕi
树儿	suɹ zʌʔɹ	树儿	suɹ
手儿	ʂəuɹ zʌʔɹ	手儿	ʂuɹ

入声韵母儿化时失去喉塞音[ʔ]韵尾，阴入[ʔɹ]13短调读作平声[ɹ]13调。阳入[ʔɹ]53短调读作上声[ɹ]53调。比较下列例字，由于入声韵母与舒声韵母儿化后的主要元音不同，只能找音近的字比较。

角儿（饺子）	tɕyʌʔ zʌʔɹ →	角儿	tɕyʌɹ
墙儿	tɕyəɹ zʌʔɹ →	墙儿	tɕyəɹ

轴儿　　　tsuʌʔɥ zʌʔɥ　→　轴儿　tsuʌɥ

主儿　　　tsɥɥ zʌʔɥ　→　主儿　tsɥɥ

儿尾的主要语法作用是表示"……里头"的意思。例如：

手儿	心儿	地儿	口儿
耳朵儿	大瓮儿	炭仓儿	包袱儿
柜柜儿	瓶瓶儿	锅锅儿	抽斗斗儿(抽屉里头)
鼻子儿	箱子儿	茅子儿	房子儿

"手儿""心儿"是手里头、心里头的意思。"耳朵儿""柜柜儿"是耳朵里头，柜子里头的意思。北京话的"……里头"，平遥方言说"……合里"[xʌʔɥ leiɥ]。上列儿尾(儿化)例均可用"……合里"代替，意思是一样的。

少数儿尾没有"里头"的意思，而表示方位"上"。例如：

脊背儿(＝脊背上)　玻璃儿(＝玻璃上)　帘子儿(＝帘子上)

上列各例的"儿"均可用"上"[xɔɥ]代替。意思相同。例如：

①兀家在玻璃儿看人家咧＝兀家在玻璃上看人家咧。

②脊背儿长了块疙瘩＝脊背上₂长了块疙瘩

有的儿尾(儿化)表示泛指。例如：

(1) 借给我些钱儿　　(*借给我些钱)

(2) 借给我拾块钱　　(*借给我拾块钱儿)

(3) 买了₁些梨儿　　(*买了些梨)

(4) 买了₁三斤梨　　(*买了三斤梨儿)

表示泛指的儿尾名词的前头自然不能用数量词。平遥方言不能说"三匹马儿"，但可以说，"要马儿跑，不教马儿吃草"。

以上所举是名词加儿尾的例子。有些形容词也可以加儿尾，形容词加儿尾可以构成名词。例如：

长儿(长度)　例：这块桌子～下有五尺。

黄儿(发糕)　例：～蒸的不谓怎地(不谓怎地：不错。)

高儿(高度)　例：～下有两米。

二、儿化

老年人一般没有儿化韵。平遥方言有三十一个儿化韵。排列如下，括号里头的是基本韵母。

ɑr(<ɑ)马儿　　　iɑr(<iɑ)豆芽儿　　　uɑr(<uɑ)花儿

ιɛr(<ιɤ)风车儿　iɛr(<iɛ)燕儿　　　　　　　　　yɛr(<yɛ)院儿

　　　　　　　　　　　　　　uər(<uə)黄儿　　yər(<yə)羊儿

ær(<æ)胎儿　　　　　　　　uær(<uæ)腿儿

ɔr(<ɔ)袍儿　　　iɔr(<iɔ)窑儿

ər(<ɿ)字儿　　　ir(<i iŋ)梨儿 镜儿　ur(<u)裤儿　　yr(<y)鱼儿

　　　　　　　　　　　　　　ɥr(<ɥ)猪儿

er(<ei)磨儿　　　　　　　　uer(<ue)胃儿

əur(<əu)口儿　　iəur(<iəu)球儿

ãr(<ɑŋ)班儿　　　iãr(<iɑŋ)眼儿　　uãr(<uɑŋ)橡儿

ẽr(<əŋ)盆儿　　　　　　　　uẽr(<uŋ)虫儿　　yẽr(<yŋ)裙儿

ʌr(<ʌʔ)塔儿　　　iʌr(<iʌʔ)脊儿　　uʌr(<uʌʔ)活　　yʌr(<yʌʔ)月儿

儿化韵母比基本韵母的数目要少。[yɑ、ιɿ]两韵没有收集到儿化的例字。[iŋ]韵儿化并入[i]韵。例如："瓶儿"与"梨儿"只有声母的不同，韵母完全相同。"磬儿"与"气儿"完全同音。

儿化韵的发音特点是，在发元音的同时加上卷舌的动作。与北京话儿化韵发音相近。

三、子尾

北京话的轻声"子"尾，平遥方言读[tsʌʔɿ]，阴入。例如：

扳子 paŋʌʔɿ tsʌʔɿ　　　钳子 tɕiɛɿ tsʌʔɿ

椅子 iɿ tsʌʔɿ　　　　　棍子 kuŋʔ tsʌʔɿ

橘子 tɕyʌʔɿɿ tsʌʔɿ　　　碟子 tiʌʔɿ tsʌʔɿ

后缀"子"尾读入声在晋语区相当普遍。平遥的"子"尾是名词的标志。少数动词加"子"尾构成名词。例如上列的"扳子"。

名词加子尾还可以再加儿尾。加儿尾与不加儿尾意思不同。例如：

树根子儿 （≠树根子） 面盆子儿 （≠面盆子）

瓶子儿 （≠瓶子） 饭馆子儿 （≠饭馆子）

锅底子儿 （≠锅底子） 瓮底子儿 （≠瓮底子）

"名词＋子尾＋儿尾"，表示"……里头"的意思。"树根子儿"指树根儿埋在土里的部份。"面盆子儿"是指面盆里头。"饭馆子儿"是指饭馆里头，请比较下列例句：

① 西街上饭馆子儿卖的东西便宜。

② 西街上又开了块饭馆子了。

③ 去把瓶子儿兀些水倒出去。

④ 把兀些空瓶子来卖了哇。

"儿尾名词＋底"、"子尾名词＋底"都可以构成形容词。例如：

1. 猪儿底块孩儿。（像猪那样肥胖的小孩儿。）

2. 脑子底碗面。（像'猪'脑子那样松软的一碗面。）

附　注

① 原话是：为了半斤四两小葱儿，还能改了平遥家的口号"儿"[ʐʌʔɿ]。

（原载《晋语研究》1989）

— 363 —

重　叠　式

　　平遥方言的重叠式非常丰富。名词、量词、动词、形容词、副词、象声词都有重叠形式。此外，个别数词也有重叠形式。本文讨论的内容限于重叠式的构成和意义。关于重叠式的连读变调，请参看拙文《平遥方言的连读变调》、《平遥方言三字组的连读变调》，这里不专门讨论。

　　一、名词重叠

　　名词重叠式可以分为以下两类。

　　1.1　单音名词或带"子"尾名词的重叠式。例如：

刀——刀刀小刀儿	瓯——瓯瓯小盅儿
虾——虾虾小虾	渠——渠渠小渠
衫——衫衫小孩儿穿的单上衣	河——河河小河
草——草草小草	碗——碗碗小碗儿
手——手手小孩儿的手	案——案案小菜板儿
碟子——碟碟小碟儿	盒子——盒盒小盒儿
裙子——裙裙小孩儿穿的裙子	桌子——桌桌小桌儿
棍子——棍棍小棍儿	渣子——渣渣碎屑
珠子——珠珠小珠子	罐子——罐罐小罐儿
椅子——椅椅小椅子	钵子——钵钵小盆儿

以上例子，单音名词或子尾名词多是统称或泛指，重叠式多是小称或专指。有些重叠式名词的词义与单字的词义有明显的不同。例如：

　　a.票　例：买～没啦|票票钞票　例：手儿没～，甚也作不了$_1$。

b. 火　例：着了$_1$火了$_2$。｜火火炉灶　例：这～不好使唤。

c. 牛　例：买了$_1$一头牛。｜牛牛小虫儿总称　例：在地儿捉了兀
　　　些些～。

d. 面　例：买了$_1$二十斤好面。｜面面末儿　例：药～。

e. 腿　例：我～疼咧。｜腿腿器具下部起支撑作用的部分　例：椅子
　　　～折啦。

f. 水　例：挑上两挑子甜～。｜水水菜汤等　例：把兀些菜～们
　　　都吃了$_2$。

g. 锁　例：大门上$_2$的～放的哪儿了$_2$?｜锁锁幼儿颈上带的银制饰
　　　品；幼儿的一种发型　例：给咱孩儿买上块～｜给孩儿留
　　　上块～哇。

有<u>些</u>重叠式名词不是小称，也非专指。构成此种重叠式的名
词词素不能单说。例如：

　　　蛛蛛蜘蛛　腰腰贴身穿的背心　爷爷　格格格子

　　　谱谱门道　料料毒品海洛因

少数单音儿尾名词的重叠式有小称或专指的意思。例如：

椽儿——椽椽小的椽子

泡儿——泡泡肥皂泡

1.2　名词性三字组有后叠 ABB 式与前叠 AAB 式两类。

后叠式三字组。

手巾巾　ʂuei↗ tɕiŋʌ↗ tɕiŋʌ↗ 洗脸毛巾

门环环　məŋ↗ xuaŋ↗ xuaŋ↗ 门环

沾水水　tsaŋ↗ suei↗ suei↗ 吃饺子等蘸的作料

兄弟弟　ɕyʌ↗ ti↗ ti↗ 兄弟

脚束束　tɕyʌʔ↗ suʌʔ↗ suʌʔ↗ 脚镯

葱白白　ts'uŋ↗ pi↗ pi↗ 葱白

前叠式三字组。例如：

汤汤饭 tʰuəʌˀ tʰɛuʌˀ xuaŋˑᴛᴀ 汤饭

驴驴皮 lueiʌ lueiʌ pʰiʌˀ 驴皮

桶桶菜 tʰuŋˀ tʰuŋʌᴀ tsʰaˀ 成桶儿的菜

帽帽铺 mɛm mɛm pʰuʌᴀ 帽子铺

格格纸 kʌʔʌᴀ kʌʔʌᴀ tʂʅᴀ 有格子的纸

橛橛眼 tɤʌˀᴀ tɤʌʔᴀ ȵiaŋᴀ 针眼

后叠式三字组的数量大大超过前叠式三字组。少数后叠式三字组（ABB 式）的意思与重叠前的二字组（AB 式）有了明显的引申、发展。例如：

耳朵朵冬天戴的护耳套 ≠ 耳朵

衣裳裳汉字偏旁"衣" ≠ 衣裳

手巾巾手绢儿 ≠ 手巾

兄弟弟年纪最小的弟弟 ≠ 兄弟弟弟

地方方座位或较小的空间。如：找块～坐下哇。≠ 地方

后叠式三字组的前二字（AB）往往有比较完整、独立的意思。例如：

羊羔|羔　　骡驹|驹　　黄昏|昏

麦秸|秸　　别针|针　　花栏|栏庭院中砖砌的放花盆的矮墙

单辕|辕　　猪娃|娃　　阴凉|凉阴凉地儿

这类三字组的叠字（BB）有些是不能独立使用的。如"羔羔""驹驹""昏昏""秸秸""针针"等。

前叠式（AAB 式）三字组的叠字（AA）往往是能够独立使用的。前叠式三字组的末字（B）一般都有比较完整的意思。例如：

面面|炭面儿煤　　蛛蛛|窝蜘蛛窝　　毛毛|雨

温温|水温水　　对对|眼斗眼儿　　婆婆|嘴碎嘴的人

窝窝|面做"窝窝"的面。"窝窝"：玉米面、豆面等做的蒸食品。

上列例子的末字："炭、窝、雨、水、眼、嘴、面"都有完整的意思。

各例的叠字："面面、蛛蛛、毛毛、温温、对对、婆婆、窝窝"也都可以独立使用。

二、量词重叠

多数量词都有重叠式，有的重叠式与单用式意思相同。例如：

堆堆一~屎，一~粪　　　　对对一~胆瓶，一~鞋样样

匙匙一~药，一~油　　　　杳杳一~票票，一~纸

把把一~面，一~绳绳　　　截截一~院子，一~木头

北京话量词的重叠式有"每"的意思。例如：个个都是棒小伙子。指的是每一个人都是棒小伙子。平遥方言的量词重叠式不表示"每"的意思。"一堆堆屎、一匙匙药"就是"一堆屎、一匙药"的意思。

决定量词单用还是叠用，在很大程度上要看后头跟什么样的名词。平遥方言不能说"一把把尺、一把把木锨、一把把橛子、一把把伞"。在这些例子里头，量词只能单用，不能叠用。可是平遥方言却可以说"一把把筷子、一把把面、一把把炭（"炭"指煤末儿）、一把把绳绳"；又如，平遥方言口语不能说："一片肉、一片菜"，却可以说："一片片肉、一片片菜"。从这些例子来看，在数量可以分到很少的具体名词前头（如：肉、菜、炭、面、油、辣椒面、纸）可以用重叠量词。这只是就多数而言，也不是绝对的。上列例子"一截截院子""一对对胆瓶"，量词是重叠式，但"院子、胆瓶"不能再往小里细分了。

有少数量词重叠表示"又"的意思。例如，

一笔笔钱儿（一笔又一笔钱儿）　　一座座山（一座又一座山）

一顶顶帽子（一顶又一顶帽子）

这类重叠量词前头的数词限于"一"。

动量词、名量词也都有重叠形式。例如：

打了三下下　　去了两遍遍　　买了两件件　　喝了一口口

煮了两开开　　睡了两觉觉　　蒸了三屉屉　　提了一瓶瓶
北京话动量词、名量词都不能重叠。

三、动词重叠

动词重叠可以分为以下几类。

3.1　单音节动词的重叠式。例如：

搬搬 paŋˑ˨ paŋˑ˨　　　　　谋谋 muˑ mu˨˥ 想一想

尝尝 suəˑ˥ suəˑ˥　　　　　切切 tɕ'iʌʔ˨ tɕ'iʌʔ˨

躲躲 tuəiˑ˥ tuəiˑ˥　　　　　择择 tʂʌʔ˥ tʂʌʔ˨

3.2　双音节动词的重叠。双音节动词的重叠形式是间接重叠 ABAB 式。例如：

开导开导 k'æˑ˨ rɕ˥ k'æˑ˨ rɕ˥

提拔提拔 tiˑ˨ pʌʔ˥˥ tiˑ˨ pʌʔ˥˥

洗涮洗涮 seiˑ˥ suaŋˑ seiˑ˥ suaŋˑ

问讯问讯 uŋˑ ɕiŋˑ˨ uŋˑ ɕiŋˑ˨ 打听打听

掐算掐算 tɕ'iʌʔ˨ ɽuaŋˑ tɕ'iʌʔ˨ ɽuaŋˑ

拾掇拾掇 ʂʌʔ˥ tuʌʔ˨ ʂʌʔ˥ tuʌʔ˨

单音节或双音节动词的重叠形式均表示动作延续时间的短暂或动作反复的次数很少。换句话,平遥动词重叠的语法作用是表示动作的时量短和动作的动量小。动词重叠式前头可以加"多",例如:你多开导开导我|多听听人家是咋说的。加"多"以后,动词重叠形式仍然表示动作延续的时间短暂或动作的反复次数少。平遥话和北京话动词重叠式的语法功能大致相当。由于重叠式表示时量的"短暂"和动量的小,所以,在祈使句里显得口气缓和,有亲切意味。

单音节动词的重叠式中间往往可嵌"一"。例如:看一看|问一问,"一"可省去。加"一"后意思不起变化。

动词重叠式的否定式只出现在反问句里。例如:你不看看兀

— 368 —

家他去？‖你不搓抹搓抹用湿布多次擦坐舍家？

3.3　圪Ａ圪Ａ式。本式由词缀"'圪'＋单音动词"的隔字重叠构成。例如：

圪搬圪搬　kʌʔʅ paŋˤ kʌʔʅ paŋˤ

圪尝圪尝　kʌʔʅ suəʅ kʌʔʅ suəˤ

圪躲圪躲　kʌʔʅ tueiˤ kʌʔʅ tueiˤ

圪谋圪谋　kʌʔʅ muˑ kʌʔʅ muˑ

圪切圪切　kʌʔʅ tɕ'iʌʔˑ kʌʔʅ tɕ'iʌʔˑ

圪择圪择　kʌʔʅ tsʌʔʅ kʌʔʅ tsʌʔʅ

圪Ａ圪Ａ式和单音节动词重叠式（ＡＡ）的语法意义相当，圪Ａ圪Ａ式也是表示动作时量短暂和动作反复次数少。圪Ａ圪Ａ式和"圪Ａ＋补语＋时量/动量词"的语法意义也大致相当。例如：

圪吃圪吃就行了＝吃吃就行了＝圪吃上₂几口就行了。

圪看圪看哇＝看看哇＝圪看上₂几眼哇

有些动词的重叠形式后头往往可以加宾语，圪Ａ圪Ａ式则不能带宾语。例如。

去洗洗碗　　　　　＊去圪洗圪洗洗碗

拾掇拾掇厨房　　　＊圪拾掇圪拾掇厨房

3.4　单音节动词重叠构成名词。例如：

开开主意。如：谋下块～～了₂。　　锁锁小锁头。如：买下两把～。
擦擦小擦子。如：新买的～，好使唤。　塞塞小塞子。如：用～堵住。
顺便提一下，平遥方言名词重叠与动词重叠的变调不同。上例的"开开""擦擦"从变调上可以判断是名词。比较下列两组例子：

开开名叠　k'æˤ k'æˤ 主意≠开开动叠　k'æˤ k'æˤ

擦擦名叠　ts'ʌʔˤ ts'ʌʔˤ≠擦擦动叠　ts'ʌʔˤ ts'ʌʔˤ

少数双音节动词重叠末字，构成ＡＢＢ式名词。例如：

拨拉　pʌʔʅ laˤ 例：把兀碗面～开。

拨拉拉 pʌʔʮ laʌ˥ laʮ˥ 拨鱼儿,面食一种。由"拨拉"动作引申成名词。

薄来 pʌʔʮ læʮ "摆"的分音词。例:鱼儿还～咧,没啦死了。

薄来来 pʌʔʮ læʮ læʌ˥ 子了。子了游的时候身体要摇摆,由此引申成名词。

孝顺 xɔʮ suŋʮ 有时可做动词。例:以前～过,现在不～了。

孝顺顺 xɔʮ suŋʮ suŋʌ˥ 挠痒痒的挠子,东北话叫"老头儿乐"。

四、形容词重叠

4.1 单音形容词重叠形式。例如:

美 meiʮ 例:～吃

美美底 meiʌ˥ meiʮ tiʮ 例:～睡了一觉。

密 miʌʔʮ 例:针颗～针脚密

密密底 miʌʔʌ˥ miʌʔʮ ʮiʮ 例:～缝上₂两针。

黑 xʌʔʮ 例:没明没～的做。

黑黑底 xʌʔʌ˥ xʌʔʮ ʮiʮ tiʮ 例:～就走了。

单音形容词的重叠形式在平遥方言里头数量很有限。远不如单音名词、单音动词的重叠形式丰富。

4.2 单音形容词重叠可以构成名词。重叠后词义也有了扩展。比较下列六组例子。

尖 tɕiɛʮ 例:～的。

尖尖 tɕiɛʌ˥ tɕiɛʮ 尖儿。例:笔～,针～。

红 xuŋʮ 例:～的。

红红 xuŋʮ xuŋʮ 胭脂。例:把脸上₂抹上₂些～。

甜 tiɛʮ 例:～的。

甜甜 tiɛʮ tiɛʮ 鲜玉米秸、高粱秸的有甜味儿的心儿。例:给我些～
　　吃。

大 teiˀ 例:～的。

大大 teiˀ teiˀ 排行第一的孩子。例:年咴～是女子还是小子。

（你们家的大孩子是女的还是男的？）

猴 xuɛⱴ 很小的意思。例：～门门很小的小门儿。～手手很小的小手。

以上两例"门门""手手"已有"小门儿、小手儿"的意思。加"猴"有"更小"的意思。

猴猴 xəuⱴ xuɛⱴ 排行最末的一个孩子。

例：哑我家兀块那个～是女子。

五、副词重叠

单音节副词重叠很少见。例如：

刚 tɕiaŋⱴ 例：兀家～走了。

刚刚 tɕiaŋⱴⱴ tɕiaŋⱴⱴ 例：～走了，你就来了。

单音节形容词重叠构成副词。这种形式也很少见。例如：

白 piʌʔⱴ 例：～的、～布。

白白 piʌʔⱴ piʌʔⱴ 例：～（地）等了半天。

单音节副词的重叠形式的语法意义在于加重单音节副词的意思。"刚刚走了"比"刚走了"的时间更要短暂。

六、象声词的重叠形式

有些单音节象声词可以重叠。重叠形式表示声音的连续不断。例如：（象声词很多无本字可言，所以例字下头干脆不加浪线，以利排版）

拐底 kuæⱴ tiⱴ 例：～就笑了。

拐拐底 kuæⱴ kuæⱴ tiⱴ 例：笑的～。

有些象声词只有重叠式，并无单音节形式，这类象声词仍然表示声音的连续不断。例如：

嘈嘈底 tsɔⱴ tsɔⱴ tiⱴ 高声喧闹声。

初初底 ts'ʮⱴ ts'ʮⱴ tiⱴ 汤类溢出，汤水扑火声。

□□底 tɕ'yaⱴ tɕ'yaⱴ tiⱴ 连续咳嗽声。

附说

文中"了₁"老派读[lɤɪ]上声。新派有读[liɒɪ]的，动词后缀，表示动作处于完成的状态。"了₂"读[liɒɪ]，语气助词，表示新情况的出现。"上₂"读[xɔɪ]去声，方位词。"上₁"读[suəɪ]动词。"上₁"本文未见，一并附此说明。

(原载《语文研究》1988.4，原题作《平遥方言的重叠式》)

词 缀 "圪"

　　平遥方言的词缀"圪"音[kʌʔ]，多读阳入，有时也读阴入。本调不明。"圪"通用的范围比较广，晋语地区多数方言都有"圪"。①"圪"的构词能力很强，多用作词的前缀，也有用作中缀的，但未见用于后缀。"圪"可以构成名词、量词、动词、形容词、象声词和四字格俗语。"圪"的意思很虚，通常只起表音衬字作用。作为动词的前缀，"圪"有时可以用来表示动作的短暂、轻微。作为名词的前缀，"圪"有时有表"小"的意思。作为名词词组的中缀，"圪"有时用来表示"圪"的前后两部分是种修饰关系。以下分别讨论。

　　一、构成名词。例如：

　　甲组

　　圪针 kʌʔʏ tʂəŋʌʏ(酸枣树上长的小刺儿)≠针(缝衣物的工具)

　　圪洞 kʌʔʏ tuŋʌ(往下挖的浅洞)≠洞(平挖的洞)

　　圪台 kʌʔʏ tæʌ(台阶)≠台 tʻæ,ʏ(看~，戏~)

　　圪搓搓 kʌʔʏ tɕʻiɛʌʏ tɕʻiʏʌ(手搓的细条面食)≠搓搓(动词"搓"的重叠式)

　　圪渠渠 kʌʔʏ tɕʏʏ tɕʏʏ(小水沟)≠渠渠(比"圪渠渠"大)

　　圪掺掺 kʌʔʏ səŋʌʏ səŋʏʏ(食品，玻璃等的碎渣儿)≠掺掺(谷、豆类磨成面后剩下的碎皮、碎渣)

　　乙组

　　圪蚤 kʌʔʏʏ tsɤʏ(跳蚤)

　　圪渣 kʌʔʏ tsɑʏ(饭菜中的小木棍一类杂物)

　　圪须 kʌʔʏ ɕyʏ(碎布条儿)

圪缩鳖 kʌʔɤ tsʼuʌˀɤ̆ piʌʔʌ̆(吝啬人)

纸圪卷 tsʅˀɤ kʌʔɤ̆ tɕyɤ̆(纸卷)

圆圪堆 yɛʌ kʌʔɤ tuæʌ(圆堆)

圪摺摺云 kʌʔɤ tʂʌʔʌ̆ tʂʌʔʌ̆ yŋʌ(山鳞状云)

山圪壑子 saŋʌ̆ kʌʔɤ̆ xʌʔʌ̆ tsʌʔʌ̆(山壑)

抢锅圪刷子 tɕʼyəɤ kueiʌ̆ kʌʔɤ̆ suəʌ̆ tsʌʔʌ̆(洗锅刷子)

甲组例加"圪"不加"圪",意思不同。像"圪针"与"针"的差别就很大。"圪渠渠"与"渠渠"基本意思虽然相同,但所指的东西也还是有大小分别的。在这类例子里头,"圪"有表"小"的意思,具有形容词性。乙类例没有对立的无"圪"式。从字面上看,省去"圪"意思也大致可明,但词缀"圪"不是可有可无的,不能省略。此外,"圪"作为名词词组的中缀表示"圪"前头部分与后头部分是一种修饰关系。"纸圪卷"是纸(的)卷。"圆圪堆"是圆(的)堆儿。"山圪壑子"是山(的)壑子。"抢锅圪刷子"是抢锅(的)刷子。"抢锅"指刮掉或磨掉锅底的饭菜嘎巴儿。

二、构成量词。例如:

圪溜 kʌʔɤ liəuˀ一~人:一群人。

圪洞 kʌʔɤ tuŋˀ这~水:这一小坑水。

圪瘩 kʌʔɤ taʌ一~砖头。

圪瘩瘩 kʌʔɤ taʌ̆ taʌ̆一~砖头(比"圪瘩"还小)。

圪撮 kʌʔɤ tsʼuʌʔʌ一~盐:一小撮儿盐。

圪撮撮 kʌʔɤ tsʼuʌʔʌ̆ tsʼuʌʔʌ̆一~盐(比"圪撮"还少)。

圪丝 kʌʔɤ sʅ̆ʌ一~辣角角面面:一丁点儿辣椒面儿。

圪丝丝 kʌʔɤ sʅ̆ʌ̆ sʅ̆ʌ̆一~辣角角面面(比"圪丝"还少)。

圪牛牛 kʌʔɤ ȵiəuʌ ȵiəuʌ一~肉:一小点儿肉。

由"圪"构成的量词有个体量词,如:圪瘩、圪节。也有不定量词,如:圪撮、圪丝。"圪"作为量词的前缀,有圪 A 式和圪 AA 式。

只有少数量词兼有这两种形式。如上列所举的"圪丝:圪丝丝;圪瘩:圪瘩瘩;圪撮:圪撮撮"。

三、构成动词。例如：

甲组

圪升　kʌʔʌ ʂʅ↗　稍微抬起。如:把桌子~起,我支上圪瘩木头头。木头头:小木头块儿。

圪团　kʌʔʌ tuɑŋ↗　随随便便地团住(纸片、布头等)。如:去把兀块袄儿~住放到柜柜儿。柜柜儿:柜子里头。

圪束　kʌʔʌ suʌʔ↗　轻轻拍打。如:再~上两下下哇。两下下:两下。

圪落　kʌʔʌ lʌʔ↗(灰、泥土等)少量往下落。如:兀面墙墙不牢靠了,往下~土咧。

圪焙　kʌʔʌ pæ↗　微火烘干。如:把炉子上~些儿烟叶子。

乙组

圪藏　kʌʔʌ tɕɣə↗　藏。如:兀家~到门子后头了。

圪挑　kʌʔʌ tʻiɤ↗　挑拨。如:咻人心眼子不好,尽~人家们。

圪脱　kʌʔʌ tʻuəʔ↗　脱。如:给你打针咧,快~下裤子来。

圪截　kʌʔʌ tɕiʌʔ↗　从中克扣。如:兀家给我买肉还~了几毛钱。

圪眊　kʌʔʌ mɔ↗　偷视。如:在门后头~甚咧。

上列的甲组例子,动词的前缀"圪"具有副词性,表示动作的轻微、短暂、随意。乙组例子,动词的前缀"圪"不具有副词性,"圪"只是单纯表音。

有些单音动词加前缀"圪"后意义有了明显的改变。例如:

圪夹　kʌʔʌ tɕiʌʔ↗　通奸:兀家两块(那两个人)~上了。

　　　(≠夹　tɕiʌʔ↗　如:把绳子上的衣裳~住。)

圪糊　kʌʔʌ xu↗　小睡。如:我~了一时时(一小会儿)就起来了。

　　　(≠糊　xu↗　如:我今日打的~窗子来。)

圪丢　kʌʔɤ tieu˩(用手或眼神)暗示。如:我～了兀家一下下,兀家才过来。

(≠丢　tieu˩遗失。如:在街上～了两块钱。)

圪游　kʌʔɤ ieu˩溜溜达达。如:不用坐车了,咱们～上走哇。此例"圪游"绝不能换"游"。

(≠游　ieu˩游玩。如:～过来～过去也不知道～甚例。此例"游"可以换"圪游"。)

圪挪　kʌʔɤ nei˩专指病人、老人、婴儿本人困难地移动。如:这孩儿将～动。

(≠挪　nei˩移动。如:去～到玻璃跟前就能看见了。)

圪吱　kʌʔɤ tsʅɤ多嘴。如:用你～咧。此例"圪吱"可以换用"吱",意思相同。

(≠吱　tsʅɤ高声叫嚷。如:兀家也～我来了。此例"吱"不能换"圪吱"。)

圪聚　kʌʔɤ tɕy˥旧时自发联合搞生产或商业。如:你买块骡子,我买上挂车,～到一搭儿做哇。

(≠聚　tɕy˥如:咧儿～下一洼水。)

圪抓　kʌʔɤ nzuɑ˩握。如:把手一～住招呼把钉钉丢了。

(≠抓　nzuɑ˩抓、拔(小件东西)。如:～上两泼葱儿。)

圪瞅　kʌʔɤˠ tʂʻɤu˩扫视。如:老王把兀家～了一下下,兀家再不说了。

(≠瞅　tʂʻɤu˩看。如:我～见咱的猫儿出去了。)

圪搂　kʌʔɤˠ səu˥因惊恐、疾病、寒冷而发抖。如:凉的～例。

(≠搂　səu˥抖动。把面布袋袋～干净哇。)

圪啃　kʌʔɤˠ kʻʊŋˏ小口啃。如:老的没啦牙了,只能～。

(≠啃　kʻʊŋˠ如:～了这截截骨头哇。)

圪扭　kʌʔɤˠ ŋɤu˥(专指把绳索拧到一块儿或肚子绞痛)如:肚儿～人咧。

(≠扭　ŋɤu˥拧、扭。如:把兀块螺丝来～住些儿|兀家看见我过来了就～转脸。)

此外,也有少数单音动词加前缀"圪"后构成名词。如:

喳 tsɑʔˁ 动词。用尖而高的声音说话。如:这块人实在能～。

圪喳 kʌʔˁ tsɑʔˁ 名词。①强词夺理的人。②多指米、面中的细小的木屑、杂物。如:兀块人谁也不敢惹是圪喳～|面合里还有这些～例。(合里:里头)

"圪V"式的重叠式是"圪V圪V"式。多数圪V式都可以重叠。圪V圪V式表示动作的短暂或轻微。圪V圪V做谓语,后头不带补语"上",也不带动量词。没有"圪V圪V+上+动量词"的句式。(*圪看圪看上阵阵哇)

圪V式做谓语后头一定要跟补语"上₂"[xɔʔˁ],和动量词"阵阵 口口 下下"等。通常的句式是"圪V+上₂+动量词"(圪看上₂阵阵哇)。"圪V+上₂+动量词"与"圪V圪V"式的意思相同。也表示动作的短暂、轻微。例如:

圪扇圪扇就行了=圪扇上₂阵阵就行了

圪吃圪吃哇=圪吃上₂口口(奶)哇

圪住圪住哇=圪住上₂几天哇

圪坐圪坐就走哇=圪坐上₂阵阵就走哇

平遥方言没有"圪VV"式,不说"圪坐坐"、"圪说说"。非重叠双音节动词前也可以加词缀"圪"。如:圪挣扎一下就开了|圪收拾一下就干净了。两例的"圪"均有"略微、短暂"的意思。

四、构成形容词。例如:

圪流不直底 kʌʔˁ liəuˁ ˁ pʌʔˁ tşʌʔˁ tiˁ

白圪洞洞底 piʌˁ kʌʔˁ tuŋˁ tuŋˁ tiˁ

坚皮圪韧底 tɕieʌˁ piˁ kʌʔˁ zəŋˁ tiˁ

请参看《四字格俗语的构成》一文。词缀"圪"构成的形容词多是四字格俗语。平遥方言"圪"不和单、双音形容词结合。没有*圪大、*圪肥、*圪明亮、*圪恓惶的说法。

五、构成象声词。例如：

圪保底 kʌʔɤ˞ pɔ˞ tiˠ 乒乓球破裂声

圪本底 kʌʔɤ pəŋ˞ tiˠ 咬硬物的响声

圪初圪初底 kʌʔˠ tsʻɥˠ kʌʔˠ tsɥ˞ˠ tiˠ 呜咽声

圪嘈圪嘈底 kʌʔˠ tsʻɔˠ kʌʔˠ tsʻɔ˞ˠ tiˠ 人多嘈杂声

附　注

① 参看《晋语的分区》一文。

(原载《晋语研究》1989)

后 缀 "们"

平遥方言的"们"[məŋ˩]是人称代词、疑问代词和名词的后缀,表示复数。北京话的"们"限于作人称代词和指人的名词的后缀。疑问代词和指物的名词后头不能加"们"。平遥方言"们"的用法要宽得多。例如:

① 大人们的话分文是不听。(分文:根本。)

② 寡妇幼子们再早就没人管。

③ 兀家妻夫们实在好咧。(妻夫们:夫妻。)

④ 鬼们才信你的话咧。

⑤ 兀些绸绸水水们穿的实在凉快咧。

⑥ 这些汤汤水水们就是不好掇。(掇:端。)

⑦ 把地下们扫簸了。(地下们:指室内的地。)

⑧ 把兀些烂东西们给了人哇。

⑨ 圪□[tɕiʌ˩]圪撮们放的一世界。(一世界:到处。)

平遥方言的"们"不仅可以加在指人的名词后头,也可以加在指物的名词后头。上面举的九个例句中,前三例,"大人们、寡妇幼子们、妻夫们"均指人,都是复数。后六例"鬼们、绸绸水水们、汤汤水水们、地下们、烂东西们、圪□圪撮们"均指物,也用加"们"来表示复数。这在北京话里是不行的。例④"鬼们"指的是各种鬼,复数。例⑤"绸绸水水们"指丝绸织品一类的东西。例⑥"汤汤水水们"指米汤、菜汤一类的东西。例⑦"地下们"指与扫地相关的事,如擦桌椅、洗茶具等。比较下面一组例子。

A. 把地下们扫簸了。

B. 把地下扫簸了。

A 句的范围要大得多，不限于扫地一件事。B 句的范围要小，仅限于扫地。例⑧"烂东西们"指烂鞋破袜子、破桌椅板凳等。例⑨"圪□圪撮们"指分别放有小米、杂豆、绿豆等各色粮食的小布袋儿(不止一个)。以上九例"们"的用法在北京话里头都没有。

平遥方言后缀"们"的用法可溯源于元代。在元人的作品里，有在指物名词后边加"每"表示复数的例子。在元代文献里表示复数的"们"一般写作"每"。下列例句的"每"相当于"们"。例如：

若论今日，索输与这驴群队。果必有征敌，这驴每怎用的！

(刘时中《新水令·得胜令》《代马诉冤》)

"驴每"表示驴的复数，由上文的"驴群队"可以看得出来。

窗隔每都飐飐的飞，椅桌每都出出的走，金银钱米都消为尘垢。　　(钱素庵《哨遍·三煞》)

从"窗隔每"之后的"都"、"椅桌每"之后的"都"来看，可知所指的不是一个窗隔、一把椅子、一张桌子。此条例句里的两个"每"也是用来表示复数的。[①]吕叔湘先生指出："在朝鲜旧时学习汉语的两种书《老乞大》和《朴通事》里，有在动物名词后边用们表示复数的例子"。"这是否反映元末明初的北京口语，还需要有其他材料来证实"，[②]摘两例如下：

这般时，马们分外吃得饱。

两个汉子，把那驴骡们喂的好着。[③]

上例中的"马们"今平遥话仍说。"驴骡们"今平遥话不说，但有"驴驴们"的说法。指驴、骡等牲口。日本学者太田辰夫先生认为："在《老乞大》中有诸如'马们''头口们'等'们'在动物中使用的例子。""在'马'这个词上用复数形式的方言还是存在的"。山西方言和河北方言(如：藁城)[④]在指物名词的后头可以加"们"的用法可以说是保留早期的说法。这再次证明现代方言是古代语言的活化石。

疑问代词"谁"的复数形式是"谁们"，此处不讨论。参看《关于"谁们"的说法》一文。

附　注

①　参看陈治文:《元代有指物名词加"每"的说法》,《中国语文》1988 年第 1 期。

②　吕叔湘著江蓝生补:《近代汉语指代词》67 页,学林出版社,1985 年 7 月。

③　同注②。

④　杨耐思、沈士英:《藁城方言里的"们"》,《中国语文》1958 年第 6 期。

（原载《晋语研究》1989）

"了₁了₂"与"的"

一、了₁了₂

了₁老派读[lɤʔ],新派有读[liɤʔ]的,后缀,表示动作、行为或状态的完成和实现。例如:

① 下了₁三天倒下下了₂。

② 把居舍搓抹净了₁再吃饭。(居舍:家。)

③ 病了₁一块月,刚刚上班。

④ 胖些了₁比瘦些了₁好。

⑤ 肿了₁两天刚好了₁。

⑥ 把这碗饭来吃了₁。

平遥话的了₁可以放在句子的末尾,如上面所举的例⑤⑥。

了₂[liɤʔ]语气词。表示新情况的出现。详见本书《语气助词》一文。

"了₁"与"了₂"字同音异,依据读音的不同我们比较容易分辨出作后缀的"了₁"与作语气词的"了₂"。

二、的

"的"音[tiʌʔit]。根据意义和用法的不同,本文分为"的₁"和"的₂"。

的₁表示动作、行为的继续,相当于北京话的动词后缀"着"。例如:

① 看～吃不下去还要扎挣咧。(扎挣:做力所不能及的事。)

② 坐～坐～就睡着了。

③ 伙伙住～咧。(伙伙:合伙。)

"V+的$_1$"带的宾语,有的放在动词的后头,后缀的$_1$的前头,即成"V+宾语+的$_1$"的格式。例如:

① 啐布儿可是好,就是钱儿挡手~。

② 看风~使船,看人~下材地。

③ 院儿住雀儿~咧。

④ 你可听些门子~嗐。

⑤ 个人就不惦量块轻重~。

⑥ 快走哇,等甚~咧。

"挡手的$_1$"是说挡着手,"看风的$_1$""看人的$_1$"是说看着风,看着人。"住雀儿的$_1$"是说住着麻雀。"听些门子的$_1$"是说听着点儿门。"惦量块轻重的$_1$"是说惦量着点轻重。"等甚的$_1$"是问等着什么? 以上各例的宾语都不能挪到后缀"的$_1$"的后头。这种用法北京话没有,是早期白话用法的遗存。

宾语放在后缀"的$_1$"的后头的例子也有。例如:

① 墙墙上挂~面镜儿。

② 锅儿煮~些儿骨头。

这类宾语的位置也不能动。不能把宾语挪到"的$_1$"的前头。

的$_2$用在名词、人称代词、形容词、动词的后头。相当于北京话的助词"的"和后缀"得"。例如:

纸~　　我~　　旧~　　买~

看~多　吃~少　冷~利害　小~多

的$_1$与的$_2$形同音同但意义和用法相去甚远,容易分辨。

(原载《晋语研究》1989)

"厮""可""敢"

一、厮

"厮"[sʌʔ˧], 副词。作状语用。"相互"的意思。"厮打"互相打。"厮骂"是互相骂。平遥方言里头"厮"可以用在很多动词的前头。例如:

厮挨　　厮跟　　厮挤　　　厮砍　　　厮看　　　厮问
厮咬　　厮照护　厮谨让　　厮谨厮让　厮打厮骂

"厮"读入声,文献有记载。宋孙奕《履斋示儿编》卷二十三引《古今诗话》"'厮'字唐人作斯音,五代时作入声。"(《丛书集成》本242页)白居易《山中问月》诗自注及陆游《老学庵笔记》卷十均指出,"相"字俗音思必切。读作入声。据项楚说"此音多写作厮"。①除平遥以外,"厮"在山西中部的其他地区也多读作入声。

"厮"作"相互"解,系古义。张相说:"厮,犹相也"。"张镃《夜游宫》词'到老长厮守,不喫饭也须唧嚼'。厮守,相守也"。②

二、可

"可",形容词,有时也用作副词。"可"有两个意思,读音也不同。我们分别写作"可₁"与"可₂"。

可₁[kʼiɛ˧],上声。形容词做谓语,表示病痛的程度减轻。③

① 病～了₂。
② 痛的～了₂。

可₁兼用作副词,有"不大……"的意思或表示程度还不够。例如:

　　　　可₁吃　　可₁去　　可₁看　　可₁打

— 384 —

可₁好　　可₁饱　　可₁冷　　可₁高

"可₁吃"是不大吃,"可₁去"是不大去。"可₁好"是不够好,"可₁饱"是不够饱。

可₂[kʻiɛ˥],去声。形容词,"满"的意思。例如:

可₂街上　　　可₂炕上　　　可₂居舍

可₂桌子上　　　可₂柜上　　　可₂村儿

以上各例的"可₂"都是"满"的意思。"可₂街上"是满街上,"可₂居舍"是满屋子。类似的用法北京话也说。例如:可世界,可楼道。"可₂"作定语,直接放在名词前头。"可₂"后头不能带"的","可₂的世界"不说。"可₂"的前头也不能受"很、不"的修饰。"可₂"也不能做谓语。

平遥方言"可"的用法是早期白话用例的保留。先看读音。"可"的中古音是果摄开口一等上声哿韵溪母字。哿韵见组字今多读[iɛ]。例如:哥[kiɛ˥]哦[ŋiɛ˥]我[ɣiɛ˥]饿[ŋiɛ˥]。溪母一等平遥今读[kʻ]。古清上今平遥仍读上声。因此,平遥的[kʻiɛ˥]是"可"字是无疑义的。读去声是变读。"可"在早期白话文献里头就有"满""轻"等义项。此说在讨论诗词曲语及敦煌变文的词语中已有文论及。例如:张相说:"可,轻易之词。引申之则犹云小事也。"④平遥"可₂"的意思与张说的"可(九)"意义吻合。江蓝生先生说"'可'在动词、形容词前作状语,本义为轻,引申之犹云'少也'"⑤。项楚先生曾指出,"可"有"满"的意思⑥。所说甚是,均在平遥方言得到印证。

三、敢

"敢"[kaŋ˥],助动词。"可"的意思。例如:

①　～是兀家来了?

②　不～吓觉孩儿来。(吓觉:吓醒。)

③　不～叫卖鸡蛋的进院子儿。

④　小心些儿,不～快走,路路不好走。

上列例句,"敢是"是"可是"的意思。"不敢"是"不可"的意思。"敢"有"可"义,旧诗词曲中用例很多。张相说:"敢,犹可也"。参看《"'敢'犹可也"补例》一文。

"敢"的第二个意思是,表示有胆量(做某事)。例如:我～一块人走黑路。"敢"的此种类义项和北京话相同。

附　注

①　项楚:《敦煌变文字义零拾》《中华文史论丛》1984.2,上海。

②　张相:《诗词曲语词汇释》中华书局 1977 年重印,228 页。

③　张相:《诗词曲语词汇释》(57 页)说:"可,犹愈也,病愈之愈。"就所举多数例句来看,似应解作"轻"。这从平遥话的用法也可得到验证。

④　张相:《诗词曲语词汇释》60 页。

⑤　江蓝生:《敦煌变文词语琐记》《语言研究》1985.1,武汉。

⑥　同注①。

(原载《晋语研究》1989)

代　词

本文讨论平遥方言的人称代词、指示代词和疑问代词。先看下表(见 388 页)。

一、人称代词

1. 第一人称的单数是"我",第二人称单数是"你",第三人称单数有"兀家""他"两种说法。"他"是后起的。

人称代词的复数形式就其构成来说,有两种形式:一是合音式,一是加"们"式。

甲、合音式

第一人称合音式有"哑"[ŋaʏ],"哑□"[ŋaʏ miaʟ]两种说法。

"哑"[ŋaʏ]是"我家"[ŋiEʏ tɕiaʟ]的合音。即:ŋaʏ < ŋiEʏ tɕiaʟ。

"哑□"[ŋaʏ miaʟ]的"□"[miaʟ]是"们家"[məŋʟ tɕiaʟ]的合音。即:ŋaʏ miaʟ < ŋaʏ məŋʟ tɕiaʟ。

第二人称合音式有"年"[n̮iɛʏ]、"年□"[n̮iɛʏ miaʟ]两种说法。

"年"[n̮iɛʏ]是"你家"[ʏ tɕiaʟ]的合音。合音后韵母的主要元音由[a]变[ɛ]。声调读平声,是"家"的调子。"年□"的"□"[miaʟ]也是"们家"的合音。

第三人称的复数只有"兀家□"[miaʟ]一种说法。"兀家□"的"□"[miaʟ]也是[məŋʟ tɕiaʟ]的合音。

人称代词合音式指的都是一个家庭范围。请比较下列同数码例句:

		我 ŋiaˀ	你 niaˀ	伍家 uˀ ȵiauˀ　他 t'aˀ		疑问代词	
人称代词	单数	哑□ ŋuˀ	年 niaˀ	伍家 uˀ ȵiauˀ 伍家 uˀ ȵiauˀ miar	他 t'aˀ	谁 sueiˀ	单数
	复数	哑□ ŋuˀ 哑□们 ŋiaˀȵ maŋiˀ	年 niaˀ 年□ niaˀȵ miar 年□们 niaˀȵ maŋiˀ	伍家 uˀ ȵiauˀ miar 伍家们 uˀ ȵiauˀ maŋiˀ		□□ ȵiauˀ 谁们 sueiˀ miar	复数
		人家 ʐəȵˀ tɕiaˀ; ŋuˀ 自家 tsʅˀ tɕiaˀ	人家（合音形式）咱 ȵiauˀ; ŋuˀ				
指示代词	处所	哗儿 ȵuˀ tsʅaˀȵ 这底下 tsʅaˀȵ teiˀ xɔˀ	哗儿 ȵuˀ teiˀ xɔˀ	兀儿 uɣˀȵ zʅaˀȵ	兀底下 uɣˀȵ teiˀ xɔˀ	哪儿 lɔˀȵ zʅaˀȵ 哪底下 lɔˀȵ teiˀ xɔˀ	
	方式	这底块 tsʅaˀȵ tiˀ ʐaˀȵ	兀底块 uɣˀȵ tiˀ xaueˀ			咋底块 tsaˀ tiˀ xaueˀ	
		这来（来）tsʅaˀȵ laɣˀ (laɣˀ)	兀来（来）uɣˀȵ laɣˀ (laɣˀ)			多来（来）laˀ laɣˀ (laɣˀ)	
	时间	这阵 tsʅaˀȵ tɕəȵiˀ 这昝番 tsʅaˀȵ tsaȵˀ iȵˀ 这阵儿 tsʅaˀȵ tɕəȵiˀ	兀阵 uɣˀȵ tɕəȵiˀ 兀昝番 uɣˀȵ tsaȵˀ iȵˀ 兀阵儿 uɣˀȵ tɕəȵiˀ			哪阵 lɔˀȵ tɕəȵiˀ 几昝番 tɕiˀ tsaȵˀ xuaȵiˀ	
		这般阵儿 tsʅaˀȵ bɔȵˀ tɕəȵiˀ				其唔 ɡəŋˀ	

① 你住到哑咻儿哇。(你住到我们家吧)

① 你住到我咻儿哇。(你住到我那里吧)

② 年不买咻录音机。(你们家不买那录音机)

② 你不买咻录音机。(你不买那录音机)

上列例句的"哑"[ŋaˑɤ]可以自由换成"哑□"[ŋaˑɤ miaiˑ]的说法。"年"[ȵiɛˑʌ],可以自由换成"年□"的说法。意思不变。"哑"有时可用作昵称。(参看《敬称、昵称、禁忌词》一文)

乙、加"们"式

人称代词加后缀"们"表示复数的说法,平遥话和北京话相同。这点不必再讨论。举例如下:

第一人称复数:我们 ŋʌˑɤ məŋˑʌ

第二人称复数:年们 ȵiɛiˑʌ məŋˑʌ

第三人称复数:兀家们 uʌˑɤ tɕiaˑʌ məŋˑʌ

加"们"式与合音式所表示的复数范围不同。合音式所表示的复数范围仅限于一个家庭,而加"们"式所表示的范围一定要超出一个家庭。平遥话人称代词的复数形式比北京话要丰富。人称代词合音式北京话没有。

合音式与加"们"式的比较。例如:

例①②只能用合音式,例③④只能用加"们"式。

① 哑房买下二百斤白菜。(哑房:我们家。)

  *我们家买下二百斤白菜。

② 哑院儿有棵枣树。

  *我们院儿有棵枣树。

③ 我们厂儿夜来黑间演电影来。(我们工厂昨天晚上演电影了。)

  *哑厂儿夜来黑间演电影来。

④ 我们学校来了块新老师。

— 389 —

       * 哑学校来了块新老师。

2．人家　咱们

"人家"既可指复数也可以活用指单数第一人称。含有撒娇的意味。例如：

① ～想去的利害，叫～去哇。

② ～晓不得。（有时可以加在第二人称的前头，略含亲近意味。）

例如：

① ～你好的多咧。（你的生活比我好的多）

② ～年是块甚活项，哑是块甚活项，差不下天和地。（活项：活计、收入。）

"咱们"指说话和听话的双方，与北京话相同。但可活用为第一人称单数，含亲近义，与对方套近乎。例如：

① 给～掇的碗碗茶来。

② 叫～也去看看。

二、指示代词

1．嗘儿　咻儿

嗘儿[tsærˠ]是"这块儿"[tsʌʔˠ xuæuˠ ʐˌʌʔˠ]的合音儿化，近指处所词。也可说"底下"[teiˠ ɣɑˠ]"这底下"[tsʌʔˠ ɣˠʌˠ teiˠ xɑˠ]。"下"[xɑˠ]也可以说成[kɑˠ]。擦音[x]与塞音[k]可以自由变读。

咻儿[uærrˠ]是"兀块儿"[uʌʔˠ xuæuˠ ʐˌʌʔˠ]的合音儿化，远指处所词。也可说"兀底下"[ʌʔˠ teiˠ xɑˠ]，"下"也可以说成[kɑˠ]。

"嗘"、"咻"在句中可做主语。"这""兀"不能做主语。例如：

① 嗘（这块）是谁的咧？

    * 这是谁的咧？

② 咻（兀块）是谁的咧？

* 兀是谁的咧?

　　吕叔湘先生说:"指物的这、那用作主语……早期多带'个',现代不带个字的较多。"①

　　梅祖麟先生更加明确地指出:"唐朝、五代'这、那'不单用作主语。"他认为"这种情形在北方一直维持到元末。""现代汉语方言里面,广东话和客家话还是不能用单音节的近指词或远指词作为主语……这种不单用指代词作为主语的语法规律是继承唐代北方方言的遗风。"②平遥及其他一些山西方言"这、兀"不能做主语的事实说明,唐朝、五代"这、那"不单用作主语的现象一直留存在现代晋语。这是个很有意思的问题。

　　2. 这底块　兀底块

　　"这底块"是"这样"的意思。"兀底块"是"那样"的意思。用以表示动作、行为的方式。回答"咋底块"提出的问题。例如:

　　① 就这底块做哇,兀底块做不行。

　　② 这底块写哇。

　　③ 兀底块走就不对了。

　　3. 这来　兀来

　　"这来"是"这么"的意思,"兀来"是"那么"的意思。"这来""兀来"的语法功能是修饰形容词。

　　重叠形式是"这来来""兀来来"。重叠后有"这么一点"的意思。例如:

　　① 这来重我搬不动(这么重我搬不动)。

　　② 这来来重我搬动了(这么一点分量我能搬动)。

　　③ 这来粗的椽儿行了(这么粗的椽子可以用)。

　　④ 这来来粗的椽儿不顶行行[xɑŋˑ xɑŋˑ](这么一点粗的椽子不顶用)。

　　4. 这阵阵　兀阵阵　这般阵儿　兀般阵儿

这阵阵　兀阵阵　这般阵儿　兀般阵儿都是时间词,但都有指代作用,也都是代词。这阵阵、兀阵阵指的是个短暂的时间点。"这阵阵"是"这时"的意思,"兀阵阵"是"那时"的意思。"阵阵"重叠表示时间的短暂。因此,"这阵阵"不能说成"这阵"。"兀阵阵"不能说成"那阵"。平遥话指示代词的重叠表时间的短暂与平遥话名词重叠指小称的作用是一致的。"这阵阵"也能说成"这营嗒番"(疑为"这一早晚"的音变)。"兀阵阵"也能说成"兀营嗒番",意思相同。

这般阵儿是指现在的一段时间,兀般阵儿是指过去的一段时间。

平遥话"这阵阵与这班阵儿;兀阵阵与兀般阵儿在意义上的这种区别在北京话里头是没有的。例如:

① 这阵阵雨下的紧了。

② 这般阵儿烫头发的多了。

③ 兀阵阵我肚儿疼咧。

④ 兀般阵儿顿顿吃稻黍面。(稻黍:高粱。)

三、疑问代词

1. 指人的疑问代词有单复数的不同。"谁"是单数,"谁们"是复数。参看《关于谁们的说法》一文,此处从略。

疑问代词的复数形式也有合音式和加"们"式两种。合音式有"□"[ɕyaʌ]、"□□"[ɕyaʌ miaʌ]两种说法。这两种说法可以自由换读,意思不变。"□"[ɕyaʌ]是"谁家"[sueiʌ tɕiaʌ]的合音。即:ɕyaʌ<sueiʌ tɕiaʌ。由于受第二个音节是细音的影响,合音后韵母由合口变撮口,声母也随之由[s]变作[ɕ]。

和人称代词的合音式相同,疑问代词的合音式也限于一家人的范围。例如:

① □[ɕyaʌ]有骡子咧?(谁家里有骡子?)

— 392 —

② 这挂车是□[ɕyaʋ]的咧?（这辆大车是谁家的?）

加"们"式疑问代词所表示的复数超出一个家庭的范围。

合音式与加"们"式的比较。例如:

① 谁[ɕyaʋ]住在南街上?（谁家住在南街?）

  *谁们住在南街上?

② 谁们去看电影?（那些人去看电影?）

  *谁[ɕyaʋ]去看电影?

"谁"[ɕyaʋ]的回答是"哑"[ŋaʋ]我家。"谁们"的回答是"我们"。"谁"[sueiʋ]的回答是"我"。（以上问话均以第一人称回答）

关于"们"的用法还可参看《后缀"们"》一文。

2. 哪儿　哪底下

哪儿[laɾʋ]是问处所的疑问代词。哪儿的声母是边音[l],而不是鼻音[n],这很特别,山西中部好几个县也读成边音[l]。

哪儿也可以说成"哪底下"[laɾʋ teiʋ xaɾʋ],意思相同。

3. 咋底块

咋底块是"怎么样"的意思,是问方式的疑问代词。往往用来修饰动词。例如:

① 你嗥衣裳是～剪的来?

② 兀块事情到底～办咧?

4. 多来　多来来

多来是问状态或程度的疑问代词。往往用来修饰形容词谓语。例如:

① 去太原有～远咧?

② 咻塔儿有～高咧?

③ 年咻小子有～重咧?

重叠形式"多来来"是"多来"的小称。例如:

① 照全身相要站～远嘟?

② 兀圪瘩布儿有～宽咧?

5. 哪阵阵　甚喏番

哪阵阵[lɑˇ tʂəŋˇ tʂəŋˇ]问的是短暂的时间点。例如:

① 兀家是～走的嘟?

② 风是～停的?

哪阵阵也可以说成"甚喏番",意思不变。例如:

① 兀家是～走的嘟?

② 风是～停的?

附　注

① 吕叔湘:《近代汉语指代词》,学林出版社,上海,1985,223 页。

② 梅祖麟:《唐、五代"这、那"不单用作主语》,《中国语文》1987 年第 3 期 207 页。

（原载《晋语研究》1989）

语 气 助 词

平遥方言的语气助词就用法来分大致可以分为以下四类：

一、表示时态

1. 表示新情况的出现。

2. 表示动作的持续。

3. 表示最近的过去发生过的事。

二、表示疑问、祈使。

三、表示说话人的态度、感情。

四、表示停顿或语气转折。

上述四种用法可概括如下表。

时　　态

表新情况的出现	表动作持续	表最近发生过的事
了₂[liaᴠ]	唡₁[liʌʔᴠ]	唻₁[læᴠ]

疑问　祈使

表　疑　问			表　祈　使
唻₂[læᴠ]　唡₂[liʌʔᴠ]　嗱₁[laŋᴠ]			哇[uaᴠ]

态度　感情

唡₃[liʌʔᴠ]　　啊[aᴠ]/[aŋᴠ]

停顿、语气转折

唡₄[liʌʔᴠ]　　郎₂[laŋᴠ]

以下分别讨论。

一、表示时态

1. 了₂[liaᴠ]新派有读[ᴠ]的。表示新情况的出现。① 例如：

① 下雨～。

② 买下彩电～。

③ 我不想吃～。

④ 老的连道道也走不将来～。(道道:路。)

"下雨了₂""买下彩电了₂"均指新情况的出现。原来的情况是,"雨没下""彩电没买"。有时"了₂"也用来表示即将出现的新情况。这类句子动词的前头都有副词"快"。例如:

① 赶紧走上两步哇,快下将雨来～。

② 快走不动～。

2. 咧₁[liʌʔↄ]表示动作持续的状态。例如:

① 下雨～。

② 刮风～。

说"下雨咧""刮风咧"一定是原来雨就在下,风就在刮,现在的状态是,雨继续的下,风继续的刮。

3. 唻₁[læↄ]表示不久前发生的事。例如:

① (问:下雨～?)　答:下～。(下过雨。)

② (问:是谁拾缀的居舍?)　答:我拾缀～。(我收拾过屋子。)

二、表示疑问、祈使

1. 唻₂[læↄ]表示疑问。例如:

① 下雨～?

② 那一遍是谁请客～?(那一遍:那一回。)

2. 咧₂[liʌʔↄ]表示疑问。例如:

① 你看该咋摆弄～?

② 你看哪一块好～?

3. 唥₁[lɑŋↄ]表示疑问。例如:

① 你老今年有多少(年纪)～?

② 谁是掌柜的～?

4. 哇[uaˍ]表示祈使。例如:

① 走～。

② 多住上两天～。

三、表示说话人的态度和感情

1. 咧₃[liˍʔˍʌˍ] 例如:

① 兀家咻字写的实在好～。(兀家:他。)

② 我自家活～用不着旁人管。(自家活:独自过日子。)

③ 路路上泥的利害～。(路路:路。)

2. 啊[aˍ]或[aŋˍ]

"啊"多用于其他语气词的后头,跟在疑问句后表追问,跟在祈使句后表示催促。用在其他句式后头表示说话郑重其事的态度。例如:

① 去咧不去,～?

② 快走哇,～!

③ 开车了,～。

四、表示停顿、语气转折

1. 咧₄[liˍʔˍʌˍ]

① 老汉死了～,弟兄三块赶紧打开箱子。

② 兀家三块人～,就分开了。

③ 你知道～不知道。

④ 买下车子～没啦。

例①②的咧₄只表示语气的停顿。例③④的咧₄表语气的转折。

2. 啷₂[laŋˍ]

啷₂只表示语气的停顿。例如:

① 你～,认的兀块卖票的。(兀块:那个。)

②　车～,由我去找,不用你管。

"嘟₂"只用于句中,与"嘟₁"不同。"嘟₂"也可以换用"咧₄",语义相同。

附　注

①　关于了₁了₂,请参看本书《"了₁了₂"与"的"》一文。

(原载《晋语研究》1989)

补　语*

本文讨论平遥方言的结果补语、趋向补语、可能补语和程度补语。

一、结果补语

有些结果补语平遥话与北京话的用法没有什么不同,可以不讨论。例如:

<blockquote>
长　（拉～　放～）　　短　（截～　剪～）

尽　（吃～　说～）　　满　（添～　舀～）

倒　（推～　砍～）　　通　（买～　闹～）

破　（说～　挂～）　　断　（掐～　拽～）
</blockquote>

本节讨论的"着、见、住"三个结果补语在北京话里头不说或很少说。请先看表一,表里头的"－"号表示北京话里没有这种用法。"＋"号表示北京话里有这种用法。

表　一

平遥	结果补语	着	见	住
	意　义	损伤	（看、听）到	牢、稳
	北　京	－	＋（少）	＋（少）

以下分别讨论。

1. 着[tsuʌʔʏ]

  ＊ 本文原题《平遥方言的动补式》,曾刊于《语文研究》1981.2,1989 年收入《晋语研究》时作了修订。

"V＋着"表示动作造成某种轻微的损伤。

例如：

① 裂～脖子了。（裂～：扭伤。）

② 狗儿叼住我的裤腿腿，好悬番没啦咬～。（裤腿腿：裤腿儿。好悬番：好危险。咬～：咬伤。）

"V＋着"形式使用的很广。例如：

吹～　打～　捣～　碾～　敲～　挂～

饿～　夹～　扎～　切～　踢～　跌～

吓～　戳～　呵～　砸～　烧～　冻～

少数形容词也可以加补语"着"。例如：

热～　冷～　暖～　偏～　歪～

"热～、冷～、暖～"的"着"表示"热、冷、暖"造成了某种轻微的损伤。"偏～、歪～"的"着"相当于北京话的"了"。例如：画儿钉得偏～点点了。

平遥的"V＋着"，北京话是"V＋伤"。如：平遥的"戳着"普通话是"戳伤"。

少数几个"V＋着"没有"伤"的意思。"着"仍读阳入。例如：

③ 走着哑门前了进来串串。（哑[ŋaʁ]"我家"的合音词。）

④ 去着了去不着？（值得去不值得去？）

⑤ 烧着火啦。（火点着了。不同于"教火烧着了"中的"烧着"。后者是烧伤的意思。）

例③的"着"是"到"的意思。例④用于反复问句，全句的意思是"值得去不值得去？"例⑤中的"着"大致相当于北京话表结果的"着" tʂɑu˨。例③④⑤一类例子不多见。

2. 见

"V＋见"的"见"是看到、听到、感觉到的"到"。例如：

① 家儿烧的实在暖咧，脸还觉见扑红咧。（家儿：家里。扑红

咧:发烧呢。)

② 兀块事我思忖见不对了。(思忖见:捉摸到。)

"觉见"是感觉到,"思忖见"是捉摸到。北京话也有类似的说法。如:看见、听见。但数量比平遥话要少得多。平遥话说"吃见、扫见(用眼角看到)、穿见、寻见、问见"等,北京话都不说。"吃见"是吃当中感觉到。"寻见"是寻到。"问见"是问到。

3. 住

"V+住"多用来表示动作结果的牢、稳。例如:

① 单子上的血教滚水烧住啦。(单子上:床单上。)

② 不是我喝叫～兀家倒走啦。(喝叫:叫。兀家:他。)

③ 老婆在闺女家房住～了。

"烧住、住住"都表示动作的牢、稳。"喝叫住"是叫住的意思。这里"住"表示"停止"。

"V+住"的形式北京话也有。如:站住、糊住、逮住、绑住、盖住、卡住。但是平遥话"V+住"用得更多。像下面的例子平遥话可以说,北京话不能说。如:说住、闹住、串住、讹住、爬住、寻住、捣住、挑拣住。

有少数"V+住"表示动作的完结。"住"可以换成"起$_2$"。(参看下文"起$_2$")例如:

④ 写住(起$_2$)些儿,不敢教忘了$_1$(不敢:不可。)

⑤ 第明就把鞋口口给你缉住(起$_2$)了(第明:明天。鞋口口:鞋口。)

表结果动补式的否定形式是在动补式的前头加副词"没啦"mʌʔʌ lʌʔ 或"没"mʌʔ("没拉"的合音),或者是在动词与补语中间加副词"不"。例如:

没啦(没)吹着　　吹不着

没啦(没)问见　　问不见

没啦(没)喝叫住　　喝叫不住

表结果动补式的宾语都放在补语的后面。

例如：

① 夹着我的手了。

② 看见倒像兀家回来了。

③ 兀家倒又拍住人家了。(拍住：巴结上。)

有的宾语也可以用把字提前。例①③可以说：

④ 把我的手夹着啦。

⑤ 兀家倒又把人家拍住啦。

二、趋向补语

本节讨论的趋向补语有：

来	去			
上来	下来	过来	将来	起来
上去$_2$	下去$_2$	过去$_2$	将去$_2$	起去$_2$
起	上	下		

以下分别讨论。

1. 来[læɹ]　去$_2$[tiʌʔɹ]①

"来"作趋向补语的用法和北京话相同。

"去$_2$"[tiʌʔɹ]只作趋向补语用，不能作谓语动词。作谓语动词的"去"，我们写作"去$_1$"[tɕʻyɹ]。"去$_2$"在动词后表示动作的方向是背着说话的人与趋向补语"来"的方向正好相反。作动词谓语的"去$_1$"与表趋向的补语"去$_2$"不仅读音不同，用法也分得很清楚，绝不能互相替换。如："我去$_1$串串门子"(我去串个门儿)中的"去$_1$"，绝不能改用"去$_2$"。"你去$_1$唤兀家去$_2$"(你去叫他去)的"去$_2$"不能说成"去$_1$"。

平遥的"V + 去$_2$"式用得很多。例如：

起～　问～　尿～　吼～　买～　攉～　回～　拍～(吹牛

拍马去)

2. 上来[suə˧ læ˧˩]　　下来[xaɤ læ˧˩]　　起来[tɕʰiˀ læ˧˩]

　　过来[kuei˧ læ˧˩]　　将来[tɕye˧ læ˧˩]

"上来、下来、起来"的用法与北京话大致相同。讨论从略。有一点要说的是，"起来"也可换说"起"，不加"来"。例如：

> 换起来(起)　　　　梳起来(起)
>
> 端起来 (起)　　　　飞起来 (起)
>
> 掀起来 (起)　　　　勒起来 (起)
>
> 贴起来 (起)　　　　重起来 (起) (重：叠置)

"过来、将来"，"过来"北京话也说，意思相同。"将来"北京话不能作补语。平遥话"将来"有"过来"的意思。在许多例句里，"将来"与"过来"可以换用。例如：

① 兀些些人一下下就拥将(过)来了。(兀些些：那么多。一下下：一下子。)

② 舞将(过)股子黑风来。

③ 串将(过)根蛇来了。

④ 日头爷落将(过)来了。(太阳要落了。)

⑤ 不用点灯了，你摸揣将(过)来哇。(摸揣：摸索。)

苏轼有"刚被太阳收拾去，却教明月送将来"(《花影》)的名句。平遥话可以说"送将来"。如：他送将兀些些枣儿来。|把筛筛送将来啦。"将来、过来"用得很广。例如：

> 搬将(过)来　　　唱将(过)来　　　拖将(过)来　　　担将(过)来
>
> 动弹将(过)来(动弹：干体力活。)　　　吃喝将(过)来

上列例子，"将来"与"过来"可以互换。但不能都用。不能说"打将过来"。《西游记》中"提将过来""拿将过来"的用法，平遥话没有。

与"过来"的"过"比，"将来"的"将"意思要虚得多。尽管如此，

"将"字绝不能省略。例如:

① 妈甚也给百百般般安排将来。(百百般般:百般。)

② 想将来也认不的兀块人。(兀块人:那个人。)

③ 拾掇将来的车子倒又坏啦。

④ 兀家能咧,甚也能谋将来。(谋:谋划。)

"过来"还可以用来表示动作方向的改变,"过"的意思比较实一些。这类例子只能用"过来",不能用"将来"。例如:

① 把被子翻过来盖哇。

② 掉过你的得老来。(得老:头。)

还有一点不同。"将来"的"将"不能作谓语动词,不说"你将来"。"过来"的"过"可以作谓语动词。可以说,"你过来"。"将去₂"与"过去₂"也有这种分别,在此总提一下,下文不再重复。

3. 上去₂[suə˧ tiʌʔ˧˥] 下去₂[xɑ˥ tiʌʔ˧˥] 过去₂[kuei˥ tiʌʔ˧˥] 将去₂[tɕyə˧ tiʌʔ˧˥] 起去₂[tɕʰiˠ tiʌʔ˥]

"上去₂、下去₂"和北京话用法大致相同。"起去₂"可以单说"起",不加"去₂[tiʌʔ˥]"。例如:

① 你坐起去₂(你坐起)

② 把椅子扶起去₂(把椅子扶起)

例①北京话说"你坐起来"。例②北京话说"把椅子扶起来",平遥话和北京话的说法不同。

平遥话"将去₂、过去₂"常常可以自由换用,意思不变。

跳将去₂＝跳过去₂　　　滚将去₂＝滚过去₂

打将去₂＝打过去₂　　　抓将去₂＝抓过去₂

"将去₂"的"将"不能省略,否则,整句话意思就变了。例如:

① 买将些儿炭去₂。(买些煤送过去。)

② 买些儿炭去₂。(买些煤去。)

③ 盛将碗面去$_2$。（盛碗面送过去。）

④ 盛碗面去$_2$。（盛碗面去。）

例①③强调给谈话中提到的某个人去办事。例②④只是单纯的命令句。

下列例句的"将"如果省略就不成话了。

① 把这瓶瓶醋提将去$_2$。

　　*把这瓶瓶醋提去$_2$。（这瓶瓶：这瓶。）

② 把兀担担水担将去$_2$。

　　*把兀担担水担去$_2$。（兀担担：那担。）

有些例子只能说"过去"不能说"将去"。例如：

① 刚挤过去$_2$就卖完啦。

② 你把腿来弹过去$_2$。（弹：去声，迈。）

③ 裂过脸去$_2$。（转过脸去。裂音 liʌʏ 阳入。）

④ 悄悄底就钻过去$_2$了。

⑤ 转过身子去$_2$。

⑥ 躲过去$_2$倒没事啦。

4. 起[tɕiʔʏ] 上$_2$[rɔʌ] 下[xɑʌ]

"起"有两个意思，我们用"起$_1$、起$_2$"分别表示。

"起$_1$"与"起去$_2$、起来"的意思相同，可以换用，上文已有交代。

"起$_2$"表示的意思要虚得多，不能与"起去$_2$、起来"替换。

"起$_2$"表示动作的完结。例如：

① 给你的袄儿夜来才赶起$_2$。（夜来：昨天。）

② 你的咻信写起$_2$啦？（咻："兀块"的合音，"那个"的意思。）

③ 兀瓶瓶酒早就喝起$_2$啦。（兀瓶瓶：那瓶。）

"上$_2$"[rɔʌ]表示动作的方向往上。"下"表示动作的方向往下。有些动词加"上$_2$""下"趋向不明显，"上$_2$""下"的意思较虚。

例如：

　哭上$_2$　　闹上$_2$　　说笑上$_2$　　闭拍上$_2$(关闭上)

　看下　　买下　　站下　　听下

　　如同作补语的"去$_2$"不单用一样，作补语的"上$_2$"也不能单用。作动词的"上"音[suə˥]去声。我们写作"上$_1$"。作动词的"上$_1$"与表示趋向的"上$_2$"读音明显不同。

　　作动词的"上$_1$"也可以带趋向补语"上$_2$"。例如：

　① 上$_1$ 上$_2$[suə˥ ruə˩ xɔ˥] 门子。(门子：门。)

　② 上$_1$ 上$_2$[suə˥ ruə˩ xɔ˥] 圪瘩玻璃。

　　5. 平遥方言带趋向补语的动补式，宾语的位置是在补语中间。这从上文所举的例子可以看出来，下面再补充几条例句：

　① 买回两颗蔫茄子来了。

　② 溅过点子滚油来。(滚油：烧开的油。)

　③ 盛起启子去$_2$。(盛：抬。启子：屁股。)

　④ 下城去$_2$。(进城去。)

　　宾语的位置也可以用把字提前，例如：

　① 把两颗蔫茄子买回来啦。

　② 把启子盛起去$_2$。

　　北京话的说法和平遥话不太一样，北京话宾语的位置比较活动，可以像平遥话那样，宾语放在补语中间，也可以放在补语的后头。北京话可以说"你认出来我啦"，地道平遥话不说。北京话甚至可以把宾语放在补语前头。如："买俩烂茄子回来"，地道平遥话也不能说。

　　6. 转[tsuaŋ˩] 开[k‘æ˩]

　　"转"有两个意思，用"转$_1$、转$_2$"分别表示。

　　"开"也有两个意思，我们用"开$_1$、开$_2$"分别表示。

　　转$_1$、开$_1$的意思相同，都有表示"(分、离、展)开"的意思。多数

"V + 转$_1$"的例子可以换用"V + 开$_1$"。例如：

搬转$_1$(开$_1$)　　拖转$_1$(开$_1$)　　拉转$_1$(开$_1$)　　提转$_1$(开$_1$)

跑转$_1$(开$_1$)　　起转$_1$(开$_1$)　　走转$_1$(开$_1$)　　躲转$_1$(开$_1$)

喊转$_1$(开$_1$)　　打转$_1$(开$_1$)　　撵转$_1$(开$_1$)　　吼转$_1$(开$_1$)

有些"转$_1$"意思较实，和开$_1$意思不同。下列例句的"V + 转$_1$"不能换成"V + 开$_1$"。

① 去把钉钉捏转$_1$。(捏转：捏起来放到别处。)(捏：用两指尖拿细小东西。)

去把钉钉捏开$_1$。(捏开：按大小分开。)

② 把碗儿的面拨拉转$_1$。(拨拉转$_1$：折到别处。)

把碗儿的面拨拉开$_1$。(拨拉开$_1$：分开，以免凝住。)

"转$_2$"表示旋转、倒转。"转$_2$"仍读去声。例如：

① 把油瓶瓶栽转教空的哇。(油瓶瓶：油瓶子。空的：空着。"空"读去声。)

② 掉转$_2$启子走了。

③ 把兀些碗碗扣转$_2$。(兀些：那些。碗碗：小碗儿。)

④ 转转$_2$锅儿。(转转$_2$：旋转。"转转$_2$"此处不是动叠，从变调与意义看都是动补。)

"开$_2$"表示动作的开始。例如：

① 看见嘝天气退开$_2$啦。(乌云开始退了。)

② 节气到啦，树叶叶落开$_2$啦。(树叶儿开始落了。)

"V + 开$_2$"的用法北京话也有。如：冷得哆嗦开了。但平遥话用得要多。像下列例子平遥话说，北京话不说：

楞开　搭开　来开　耍开　吃开　眼奇开(开始羡慕)

三、可能补语

北京话的可能补语肯定式是"V + 得 + 补语"。如：搬得开。

坐得下。平遥方言的可能补语肯定式是"动词＋补语＋了$_1$"。了$_1$音 lɤʔ，新派多读 liɤʔ。"搬转了$_1$"是说能搬开，"坐开了$_1$"是说能坐得下，"夹着了$_1$"是说能夹伤，"担将去$_2$了$_1$"是说能担过去。平遥话的说法与北京话不同。

不带补语动词的可能式是"动词＋了$_1$"。如问："这碗面你吃了$_1$吃不了$_1$?"答："吃了$_1$"。有些上了年纪的人也可以说："吃了$_1$了$_1$"。

可能补语的否定式和北京话的说法相同，都是"动词＋不＋补语"。例如：睡不开　用不起　走不过去$_2$　拉不过来。

"动＋补＋了$_1$"构成的反复问句，"了$_1$"字可用可不用，意思都一样。例如：

① 窗子糊住(了$_1$)糊不住?

② 算将来(了$_1$)算不将来?

"动＋了$_1$"构成的反复问句，"了$_1$"字一律不能省。例如：

① 去了$_1$去不了$_1$?

② 拾掇了$_1$拾掇不了$_1$?

不管是问句，是肯定句还是否定句，平遥话的可能补语都不用"得"。

顺带说一下平遥方言还有"V＋成＋了$_1$"的形式。"成"是补语。这种形式用得很广。例如：

① 袄儿穿成(了$_1$)穿不成? 或袄儿穿成了$_1$? (上衣可以穿不可以穿?)

② 穿成$_2$了。穿不成$_2$。

"V＋成$_2$＋了$_1$"的问句形式是问可否(问是否具备条件，动作可以不可以进行)，不是问能力，也不是问情况。如："吃了$_1$吃不了$_1$"是问能力。(肯定回答：吃了$_1$。否定回答：吃不了$_1$。)"吃咧不吃"是问情况。(肯定回答：吃。否定回答：不吃。)

"V+成$_2$+了$_1$"中的补语"成$_2$"音[ʂɿˈ˥˩]。作谓语动词的"成$_1$"音[tʂʰˈəŋ˥]作补语的是白读,我们写作"成$_2$"。作谓语用的是文读,写作"成$_1$"。分得很清楚。例如:

① 你成$_1$[tʂʰˈəŋ˥]不了$_1$块魁气。(魁气:出息、作为。)

② 你去不成$_2$[ʂɿˈ˥˩]。

四、程度补语

本节讨论六组八个程度补语。参看下页表二。

1. 煞[sʌʔɿ˥],阴入。用于动词和形容词后,表示程度之深,相当于北京话的"……死了""……的很利害"的意思。"闹煞"是闹死了或闹的很利害的意思。"动"或"形"+煞的例子很多。例如:

拖～　　骂～　　挤～　　哭～　　笑～　　打～

气～　　想～　　痛～　　吃～　　冷～　　暖～

香～　　臭～　　干渴～　　恓惶～

"煞"作为加强程度补语,后头还可以带宾语,宾语多为人称代词。例如:

挤～我了　想～兀家了　冷～你了　臭～人了

"煞"在近代汉语里头用得很多,有专文论及②。平遥话的"煞"保存了近代汉语的一些用法。

2. 美[mei˩]可意[kʰˈiɛ iʔɿ˩]到家[˩tɕiɑ˩ tɕiɑˈɿ]意思差不多,放在一起讨论。三个程度补语多用在动词后头,均表示"……的很舒服"。例如:"吃美了/吃可意了/吃到家了"都是吃的很舒服的意思。用例很多,例如:

睡美(可意、到家)　　唱美(可意、到家)

听美(可意、到家)　　喂美(可意、到家)

3. 足意[tɕy˥ʌʔɿ iʔɿ]多用在动词后头,表示动作或行为"足够"了。与"美"(可意、到家)不同的是,"足意"强调的是"够",没有"舒服"的意思。比较下列例句:

睡美≠睡足意　　　唱美≠唱足意

听美≠听足意　　　喂美≠喂足意

"V＋美＋了"有时表示与"美"完全相反的意思。"走美了"是走得要累死人的意思，"累美了"是要累死人的意思。"问美了"是问(路，或了解其他情况)得太辛苦了。

4. 彻₁[tʂʻʌʔ]阴入。"透"的意思。"浇彻"是"浇透"。例如：

① 雨下～了。(雨下透了。)

② 把兀疙瘩布儿涮～哇。(把那块布泡透吧。)

5. 彻头[tʂʻʌʔ˩ təuˈ] 彻底[tʂʻʌʔ˩ tiˈ]。

"V＋彻头"可以省作"V＋彻₂"。意思是动作或行为到了尽头。"彻₂"是到尽头的意思，与彻₁表"透"的意思不同。例如：

放彻₂(头)　　　看彻₂(头)　　　告彻₂(头)　　　说彻₂(头)

油彻₂(头)

"彻底"的结合能力很强。例如：

放彻底　翻彻底　告彻底　烧彻底　挖彻底

"彻头"与"彻底"的区别是"彻头"多是就平面讲；"彻底"多是就上下讲。

表二　程度补语

程度补语	表示意义	例句
煞	……的很利害	这顿饭把我吃～了(撑得利害)
美，可意，到家	……的很舒服	这顿饭把我吃～了
足意	够	今晌午格吃～了
彻₁	透	村儿的地浇～了没啦
彻头(彻₂)	……到尽头	村儿的地浇～了没啦
彻底	……到底	井儿的绳绳下～了没啦

动词带程度补语，宾语可以放在补语的后面，也可以用把字提

到动补式的前头。比较下列同码例句。

① 你一口就想骂煞我咧。

① 你一口就想把我骂煞咧。

② 兀块孩儿打美哑孩儿啦。（哑：“我家”的合音）

② 兀块孩儿把哑孩儿打美啦。

③ 你要奶足意咱孩儿。

③ 你要把咱孩儿奶足意。

④ 夜来可[kʌʔʅ]浇彻(头)地儿的麦子了！

④ 夜来可把地儿的麦子浇彻(头)了。

⑤ 你告彻底兀家。（你详尽地讲给他）

⑤ 你把兀家告彻底。

以上讨论了平遥方言的四种类型的补语，正如上文所说，我们所讨论的动补式是不能扩展的，中间一般不能嵌入其他成分。这是就绝大多数情况而言，有些带结果补语的动补式中间可以嵌入"擦"[tsʼʌʔʅ]，"拍"[pʼiʌʔʅ]两个表音中缀。此外，少数带趋向补语"上""下""转""开"的动补式也可以嵌入"擦""拍"。例如：

嵌"擦"：　　　烧～着　　粘～住　　骂～开

　　　　　　　缝～上₂　　拖～下　　搬～转

嵌"拍"：　　　惊～着　　闭～住　　瞭～见

　　　　　　　垫～上₂　　藏～下　　包～转

以上多数例句"拍、擦"两个中缀可以换用，意思不变。例如："粘擦住、缝擦上、拖擦下、搬擦转、骂擦开"的"擦"可以自由换用"拍"。"闭拍住、垫拍上、藏拍下、包拍转、揭拍开"。"揭拍开"的"拍"也可以自由换读"擦"。

动补式中的表音中缀"擦""拍"可以有也可以没有。"烧擦着"与"烧着"，"包拍转"与"包转"都可以说，意思相同。有些动补式加"擦"给动作带上一点儿粗粗的、随便的色彩。如：别擦住、缝擦上。

附　注

① 把[tiʌʔɹ]看作"去₂"，从音上看，还需要进一步论证。

② 袁宾:《近代汉语里"煞"字的用法》,《语文园地》1986.11,南宁。

《晋语平遥方言分类语汇》自序[*]

平遥是一座很古老的县城,据文献记载,帝尧初封于陶就在这个地方。春秋时为晋国属地,战国时韩、赵、魏三卿分晋,属赵国。秦置县平陶。鲜卑拓跋部建立北魏,统一北方后属北魏。始光元年(公元 424 年)因避太武帝名焘,遂更名平陶为平遥。平遥城始建于周宣王时期,现在保存完整的城池为明洪武初年重修。城内阁楼式的沿街建筑和四合院民居保持了传统的格局和风貌。一九八六年平遥县被列入国务院第二批历史文化名城之列。

平遥县位于山西省的中部,距太原市约一百公里。现属山西省晋中地区行政公署所辖。据《平遥县地名录》,县境西起东经 112°12′,东至东经 112°31′;南起北纬 37°12′,北至北纬 37°21′。总面积为 1260 平方公里。其中平川约占 33％,黄土丘陵约占 21％,山区约占 46％。全县地势东南高西北低。县境西北是汾河冲积平原。汾河主干流经平遥县西北。全县共有人口四十一万多人。

本书记录的是平遥县城关方言,对城外四乡的话未作深入调查。据初步了解,除城关方言外,本县还有以东泉为中心的"东南垣"方言,以襄垣为中心的"东北片"方言,以王家庄为中心的"北首"方言,以"香乐"为中心的"西首"方言,以段村为中心的"南半片"方言。东南垣方言与城关片的语音差异比较明显。这就是本地人常说的东南垣方言把"鸡儿鸡蛋鸡娃娃"说成"资儿资蛋资娃娃"。

---

* 《晋语平遥方言分类语汇》1990 东京外国语大学亚非言语文化研究所出版,见《言语文化接触に関する研究》单刊第 2 号,此次刊出略有删节。

— 413 —

调查平遥方言开始于一九五九年。那年春天，我参加了河北省昌黎县方言的调查。同年秋天，工作大体结束后回到北京。丁声树先生，他当时是语言研究所汉语方言研究组的组长，鼓励我调查自己的家乡话——平遥话。是年冬天，我带上铺盖回到了自己的老家。我虽然出生在平遥，但在能记事之前就已离开了那里。这是我出来之后第一次回故乡。这次调查进行了约三个月光景。从那以后，到一九六六年"史无前例的文革"前，我几乎每年都要去平遥做两三个月的田野调查工作。这本分类语汇收录的条目大多是取自那个时候的调查资料。文革以后，中断多年的平遥方言的调查研究工作又得以继续进行。但由于我的很多时间已经用于编辑《中国语文》杂志，对平遥方言的研究只能忙里偷闲，时断时续地去做。一九八四年我参加了中国社会科学院和澳大利亚人文科学院合编《中国语言地图集》的编辑工作，趁到晋语区调查之便，先后多次到平遥去补充、核对材料，但每次来去匆匆，有时只能工作三五天。编辑出版一本平遥方言分类语汇的想法还是应聘日本东京外国语大学亚非言语文化研究所任客员教授以后才有的。一九八八年九月三十日我来到东京，在完成《晋语研究》一书的编写之后，即开始了这本书的整理工作。把旧稿的分类重新作了调整，从原来的三十类删、并为二十七类，又增补了一些条目，并修定、誊清全稿。四字格俗语、分音词两类的条目《晋语研究》一书已有专文辑录，本书从略。

　　平遥地处晋语区的中心地带，平遥话在晋语区有相当的代表性，晋语区的许多特点在平遥话里头都能反映出来。例如，平遥话保存古入声调，并且入声分阴阳；有成套的文白异读；重叠现象非常丰富；带有词缀"圪"[kʌʔɤ]的词很多。此外，还有相当数量的分音词，等等。本书记录平遥方言的基础语汇四千多条，比过去发表的有关晋语的语汇材料要多一些。其中有许多条目和普通话只是读音上的不同,但也有不少条目与普通话的说法不同。下面从身体类酌选了几条与普通话比较,可以看出两处的差别还是比较大的。

平遥话		普通话	
得老	tʌʔʅˎ ləˎ	头	tʻouˎ
泉子	tɕyɤʌˎ tsʌˎ	旋儿	ɕyarˎ
郭哝器儿	kuʌʔˎ luŋˎ tɕʻiˎ ʐʌʔˎ	喉咙	xouˎ luŋ·
胳正肩儿	kʌʔʔˎ tʂəʔˎ tɕiaŋˎ ʐʌʔˎ	胳肢窝儿	kaˎ tʂʅˎ uouˎ·
圪都	kʌʔʔ tuˎ	拳头	tɕʻyanˎ tou·
肚脖脐	tuˎ pʌʔʔ tseiˎ	肚脐眼儿	tuˎ tɕʻiˎ iarˎ
脚孤拐	tɕyʌʔˎ kuʌˎ kuæˎ	踝子骨	xuaiˎ· tsəˎ· kuˎ
后子	tuʌʔˎ tsʌʔˎ	屁股	pʻiˎ ku·

这本分类语汇记录的条目对汉语方言语汇现状的比较研究,古今语汇的历史比较研究,特别是对宋以来白话文学语汇的研究都有一定的参考价值。

方言词语的记录、研究不仅为语言学,还可以为民俗学、社会学、史学的研究提供比较可靠的资料,关于婚丧、神鬼、祭祀以及民间传统游艺活动方面的语汇,本书有意多列了一些,就出于这种考虑。书末附的多幅照片除注明转载的以外,均为笔者所摄。这些照片对于了解词义很有帮助。有些反映旧时生活的词语年轻人很多都不会说了,对于这一类词语也尽可能记录下来。例如"社火"这个词儿,《拍案惊奇·二刻》有这样一段描述,摘引如下:

> "到于是日,合乡村男妇儿童无不毕赴,同观社火。你道如何叫得社火,凡一应吹箫、打鼓、踢毬、放弹、勾栏、傀儡、五花爨弄,诸般戏具尽皆施呈。"

《现代汉语词典》也收了这一条,解释为"民间在节日的集体游艺活动,如狮舞、龙灯等"。晋语区很多地方都有"社火"这个词儿。平遥话有"闹社火"的说法,"闹"有"搞"的意思。"闹社火"是指在旧时旧历年节或谢神还愿时搞的集体游艺活动。陆澹安的《小说词语汇释》也收录"社火"一条,释为"旧时每逢岁时令节或酬神还愿,往往由农民及工人所组织的社团表演游艺,其中包括吹箫、打鼓……总称社火"。"社火是说明社中伙伴的客串,不是职业艺人。"从平遥话"社火"的词义来看,"社"指的是旧时乡镇的居民组织,居民的一些共同活动由"社"安排。其中"闹社火"就是一项重要内容。据文献记载,古时二十五家为一社,社的宗旨是为邻里乡党谋公共之事情。"社"平遥口语说"社社儿","社"的头儿叫"社首儿"。"社火"的"火"大概指的是"红火"。"红火"有游艺活动的意思。平遥话"闹红火"一词就是指居民社区在节日搞的集体游艺活动。如:耍龙灯、踩高跷、跑旱船等。陆书对"社火"条的解释似可依据晋语的资料作些补正。

补记:1997年12月联合国教科文组织世界遗产委员会通过决议,批准平遥古城列入世界遗产名录。

1998年7月10日

晋语入声韵母的区别性特征与
晋语区的分立[*]

一 通摄一等与通摄三等入声精组字今韵母读音多有
分别,一等今多读合口呼,三等今多读撮口呼^①

1.1 "族速"与"足俗肃"读音比较表(表一)。^②例外读音外加圆括号,下同。"——"表示缺少资料,下同。

表一总共列出晋语区 13 个市、县的资料。其中,有贺巍(1989)、温端政(1982~1984)、温端政与笔者(1993)、陈章太、李行健(1996)和刘育林(1990)。这 13 个市县的地理分布,从晋语的中心地区——山西中部的太原盆地到山西西部的吕梁山区、东部的太行山区、东南部的上党盆地。山西省境外的晋语区,从陕北、豫北到河北西部、内蒙古黄河以东中西部地区。可以说上表举例覆盖了整个晋语区,例外较少。通摄一等与三等精组字今入声韵母读音有分别在晋语区具有相当大的一致性。

---

　　* 这是作者在 2000 年以前写的有关晋语研究的最后一篇文章,成文于《现代晋语的研究》交稿之后,因此无缘编入该书。此文是对学界有争议的所谓晋语"独立"问题,作出回应,发表一点在当时可能是新鲜的意见(也算是对《现代晋语的研究》上的同类文章做一些必要的补充)。感谢商务印书馆重印拙著,使此文得以有机会"归队"。本文要点在首届汉语言学国际研讨会(上海 1998.12)宣读,对与会同行的宝贵意见,谨致谢忱。

表　一

编号	地点 读音 例字	族 通一入屋从	速 通一入屋心	足 通三入烛精	俗 通三入烛邪	肃 通三入屋心
1	太原山西中部	tsʻuə?	suə?	tɕyə?	ɕyə?	ɕyə?
2	长治山西东南	tsuə?	suə?	tɕyə?	ɕyə?	ɕyə?
3	临县山西西部	tsuə?	——	tɕyə?	ɕyə?	ɕyə?
4	大同山西北部	tʂʻuə?	ʂuə?	tɕyə?	ɕyə?	ɕyə?
5	盂县山西东部	tsʻuɣ?	(ɕyɣ?)	tɕyɣ?	ɕyɣ?	ɕyɣ?
6	张家口河北	tsuɐ?	suɐ?	(tsuɐ?)	ɕyɐ?	ɕyɐ?
7	邯郸河北	tsuə?	suə?	tɕyə?	ɕyə?	ɕyə?
8	吴堡陕西	tsʻuə?	(ɕyə?)	tɕyə?	ɕyə?	ɕyə?
9	绥德陕西	tsʻuə?	(ɕyə?)	tɕyə?	ɕyə?	ɕyə?
10	林县河南	tsu?	——	tɕy?	——	——
11	获嘉河南	tsu?	su?	tɕy?	ɕy?	ɕy?
12	呼和浩特内蒙	tsuə?	suə?	tɕyə?	ɕyə?	ɕyə?
13	临河内蒙	tsʻuɛ?	suɛ?	tɕyɛ?	ɕyɛ?	ɕyɛ?

1.2 通摄一等与通摄三等精组、泥组(来母)舒声字在晋语区的一些地区今读音也有分别。一等今多读合口呼,三等今多读撮口呼。(主要集中在山西东南部及相邻的豫北、陕北)这是很好的旁证材料。如长治"笼聋"一等读[luəŋ],"龙陇垅"三等读[lyəŋ],"鬆宋送"一等读[suəŋ],"松诵讼"三等读[ɕyəŋ]。(侯精一 1985)

1.3 与冀鲁官话的比较。官话区的济南、西安,通摄一等与三等入声精组字今韵母读音也有分别。一等读舒声合口呼,三等读舒声撮口呼。如,属冀鲁官话的济南"族"[tsu]与"足"[tɕy]不同音。属中原官话的西安"族"[tsu]与"足"[tɕy]今韵母也有洪细的不同。一等读舒声合口呼,三等读舒声撮口呼。但冀鲁官话、中原官话均无入声韵,而晋语有入声韵,晋语与冀鲁官话、中原官话有明显分别。

1.4 与江淮官话的比较。"族"、"足"两组例字,江淮官话虽然为入声韵,但一等与三等精组今入声韵母的读音没有区别,而晋语则有区别,据此可以把晋语区与江淮官话区别开来。参看下表

二:(江苏省和上海市方言调查指导小组 1960,刘丹青 1998,李金陵 1998)

表　　二

例字＼地点	南京	扬州	高邮	淮阴	泰兴	如皋	合肥
族一等	tsʻuʔ	tsʻɔʔ	tsʻɔʔ	tsʻɔʔ	tsʻɔʔ	tsɔʔ	tsʻuəʔ
足三等	tsuʔ	tsɔʔ	tsɔʔ	tsɔʔ	tsɔʔ	tsɔʔ	tsuəʔ

二　曾摄开口一等、梗摄开口二等
帮组入声字今韵母多读齐齿呼

　　曾开一、梗开二帮组今入声韵母带有[i]介音的现象在晋语区很普遍。例如:山西文水话"北墨默"曾开一入德读[-iəʔ]、"伯泊白姓陌"梗开二入陌读[-ia]、"掰麦"梗开二入麦读[-iaʔ]。

　　2.1　"北曾开一入德帮墨曾开一入德明"、"伯梗开二入陌帮迫梗开二入陌帮"、"掰梗开二入麦帮麦梗开二入麦明"读音比较表(表三)。

表　　三

编号＼地点＼读音例字	北	墨	伯	迫	掰	麦
1　太原山西中部	pieʔ	mieʔ	pieʔ	pʻieʔ	pieʔ	mieʔ
2　长治山西东南	(pə)	miəʔ	piəʔ	pʻiəʔ	piəʔ	miəʔ
3　临县山西西部	piəʔ	miəʔ	piɑʔ	pʻiɑʔ	——	miɑʔ
4　大同山西北部	piəʔ	miaʔ	(paʔ)	pʻiaʔ	(pa)	miaʔ
5　盂县山西东部	piɤʔ	miɤʔ	piʌʔ	pʻiʌʔ	——	miʌʔ
6　张家口河北	pieʔ	mieʔ	(peʔ)	pʻieʔ	pieʔ	mieʔ
7　邯郸河北	pieʔ	mieʔ	piʌʔ	pʻiʌʔ	——	miʌʔ
8　吴堡陕西	piəʔ	□	piəʔ	pʻiəʔ	——	miəʔ
9　绥德陕西	pie	——	pie	pʻie	pieʔ	mieʔ
10　林县河南	(peʔ)	(mei)	(peʔ)	(pʻeʔ)	(peʔ)	(mem)
11　获嘉河南	(peʔ)	(mʌʔ)	(peʔ)	(pʻeʔ)	(peʔ)	(mʌʔ)
12　呼和浩特内蒙	piəʔ	miəʔ	piaʔ	pʻiaʔ	piaʔ	miaʔ
13　临河内蒙	miɛʔ		piɛʔ	pʻiɛʔ	piɛʔ	miɛʔ

为了尽可能比较客观地考察晋语入声韵母的特点,表三列出的 13 处地点方言与表一所列的 13 点完全相同。表三说明,曾开一、梗开二帮组入声字今韵母带有[i]介音的现象在晋语区相当普遍。这种现象大致分布在山西境内(南部中原官话区除外)及山西境外的内蒙古、冀北、陕北的部分地区(如:吴堡)。陕北的部分地区(如:绥德)曾开一、梗开二帮组入声今韵母虽然带有[i]介音,这部分入声字已经读成舒声与阳平合流了。③(刘育林 1990)。山西东南部邻近山西中部的沁县“北”字读齐齿呼以及襄垣方言“北、墨、伯、迫、掰、麦”均读齐齿呼。陵川方言“墨、伯、迫、麦”、屯留方言“墨、迫”也读齐齿呼。可以说,晋东南地区“北、墨、伯、迫、掰、麦”等字今有读齐齿呼也有读开口呼。与豫北临近的县市,如晋城、阳城、长治、平顺、长子等地读开口呼,其他地区多读齐齿呼。豫北晋语“北、墨、伯、迫、掰、麦”等字今不读齐齿呼,读开口呼,与中原官话的读音同。如,获嘉:北 peʔ 墨 mɐʔ 伯 peʔ 迫 pʼɐʔ 掰 peʔ 麦 mɐʔ(贺巍 1989)。豫北晋语的曾开一、梗开二帮组今入声韵母已读洪音,不带有[i]介音了。对比表一与表三,可以看出,“足族”不同音现象(表一)比起“北墨”、“伯迫”、“掰麦”今读齐齿呼现象(表三)的分布面要大一些。

　　桥本万太郎教授很早就注意这个现象,他指出:“我们发现一个更为有趣的事实,这就是-i-介音只莫名其妙地出现在晋语的一等和二等的入声字音中”,“在现代北方话诸方言里,只在那些晋语中带有非腭音声母的入声字包含着-i-介音。应该特别注意的是晋语中的舒声字没有-i-介音这个事实。④那些古代-c 尾音变成了-i 音的秦方言的入声字里,也找不到-i-介音的痕迹,当然更不用说舒声了”。(桥本万太郎 1982)

　　2.2 曾摄开口一等与梗摄开口二等帮组今入声韵母读音不同。表三列出 13 点中,有临县、大同、盂县、邯郸、呼和浩特等 5 点有这种情况。入声韵母不同表现为主要元音的不同。梗摄开口二等帮组今入声韵母的主要元音的开口度均比曾摄开口一等的要大。下面再举几个例子，列表四一并讨论。

表　四

编号 \ 地点 \ 读音例字	北 曾开一	墨 曾开一	伯 梗开二	迫 梗开二	掰 梗开二	麦 梗开二
1	清徐	piəʔ 白	miəʔ	pia 白	pʰia	pia	mia⑤
2	和顺	piɛʔ	miɛʔ	piɛʔ	pʰiɛʔ	piɛʔ	miɛʔ
3	太谷	piaʔ	miaʔ	piaʔ	pʰiaʔ	piaʔ	miaʔ
4	祁县	piɑʔ	miɑʔ	piɑ	pʰiɑ	piɑ	miɑ
5	寿阳	piəʔ	miəʔ	piaʔ	pʰiaʔ	piaʔ	pʰiaʔ
6	文水	piəʔ	miəʔ	piaʔ	pʰiaʔ	piaʔ	pʰiaʔ
7	娄烦	piəʔ	miəʔ	piaʔ	pʰiaʔ	piaʔ	miaʔ
8	怀仁	piəʔ	miəʔ	piaʔ	pʰiaʔ 文	piaʔ	miaʔ
9	忻州	piəʔ	miəʔ	piɛʔ	pʰiɛʔ	piɛʔ	miɛʔ
10	山阴	piəʔ	miəʔ	piʌʔ	pʰiʌʔ	piʌʔ	(mɛɛ)
11	天镇	piəʔ	miəʔ	piaʔ	pʰiaʔ	piaʔ	miaʔ

表四所列 11 点，曾摄开口一等帮组入声韵母的主要元音均为央元音[ə]，而梗摄开口二等帮组入声韵母的主要元音为[a]（或发音相近的[ɛ ʌ a]）。

从地域分布上看，表四所列 11 点均在山西省。1—7 各点在山西中部。8—11 在山西北部，其中的和顺、天镇两点均与邻省接壤。和顺与河北省邢台相邻。天镇位于山西省的东南角，北与内蒙古的兴和县为界，东南相邻河北省的怀安县和阳原县。

表四缺山西西部与东南部的材料。山西西部各县的方言志出版的很少，一些公开发表的论著，这方面的材料也比较零散。从《山西方言调查研究报告》第十章山西方言 42 点字音对照（"北"字的读音）、42 点词汇对照（"伯父"条的读音）来看，山西西部总共收录的 7 点中，有离石、临县（表三已列出）、汾阳（限文读）、岚县、隰

县、石楼等 6 点"北"读齐齿呼。只有汾西一点读开口呼。其中,临县、汾阳(限文读)、石楼等 3 点"北"与"伯"的主要元音不同。"北"的主要元音是[ə],"伯"的主要元音是[ɑ](临县)、[ɒ](汾阳)、[ɛ](石楼)。

2.3 与江淮官话比较。江淮官话"北墨"、"伯迫、麦"读音表(表五)。

表 五

编号	地点	北 曾开一人德帮	墨 曾开一人德明	伯 梗开二入陌帮	迫 梗开二入陌帮	麦 梗开二入麦明
1	南京	pəʔ	məʔ	pəʔ	pʻəʔ	məʔ
2	扬州	poʔ	moʔ	poʔ	pʻoʔ	moʔ
3	淮阴	poʔ	moʔ	poʔ	pʻoʔ	moʔ
4	合肥	pɐʔ	mɐʔ	pɐʔ	pʻɐʔ	mɐʔ

比较表四与表五可以看出,曾开一帮组入声字与梗开二帮组入声字江淮官话与晋语虽均为入声,但韵母读音不同。晋语有[i]介音,江淮官话无[i]介音。此外,晋语区曾开一帮组入声字与梗开二帮组入声字今韵母多有区别,而江淮官话没有区别。

2.4 "北墨"、"伯迫、麦"今读齐齿呼可以看做晋语区与其他大方言区的区别性特征。请看下页表六,该表所列 20 点汉语方言"北墨"、"伯迫、麦"几个字读齐齿呼的只有晋语区的太原一点。(《汉语方音字汇》,第 2 版 1989)

从表六可以看出,"北墨"、"伯迫、麦"等今读齐齿呼,在现代汉语方言中是很少见的。晋语区曾开一帮组入声字(北墨)与梗开二帮组入声字(伯迫、麦)今韵母有[i]介音,我们可以此来识别晋语,把晋语区与其他方言区区别开来。例外现象也存在,但是不多。湘语双峰话"北墨;伯迫、麦"5 个字中"北、迫"白读[pia];客家的梅县话"迫"读[pit];粤语区的广州、阳江"迫"有读[pık];[6]闽语区的厦门与广州、阳江的读音一致也有读[pık],厦门"麦"文读[bık]。

表　六

编号\读音\例字\地点	北 曾开一	墨 曾开一	伯 梗开二	迫 梗开二	麦 梗开二
1	北京	pei	mo	po 文 pai 白	p'o 文 p'ai 白	mai
2	济南	pei	mei	pei	p'ei	mei
3	西安	pei	mei	pei	p'ei	mei
4	太原	pieʔ	mieʔ	pieʔ/pai	p'ieʔ	mieʔ
5	武汉	pɤ	mɤ	pɤ	p'ɤ	mɤ
6	成都	pe	me	pe	p'e	me
7	合肥	pɐʔ	mɐʔ	pɐʔ	p'ɐʔ	mɐʔ
8	扬州	pɔʔ	mɔʔ	pɔʔ	p'ɔʔ	mɔʔ
9	苏州	poʔ	mɤʔ	pɒʔ	pɤʔ pɤ 新	mɒʔ
10	温州	pai	mai	pa	pa p'a 新	ma
11	长沙	pɤ	mɤ	pɤ	p'ɤ	mɤ
12	双峰	pe 文 (pia)白	me 文 mã 白	pe 文 po 白	pe 文 (pia)白	me 文 mo 白
13	南昌	pɛt	mɛt	pɛt 文 pak 白	p'ɛt	mɛt 文 mak 白
14	梅县	pɛt	mɛt	pak	(pit)	mak
15	广州	pɐk	mɐk	pak	pak/(pɪk)	mɐk
16	阳江	pɐk	mɐk	pak	(pɪk)	mɐk
17	厦门	pɔk 文 pak 白	bɪk 文 bak 白	(pɪk)文 peʔ 白	(pɪk)文 peʔ 白	bɪk 文 beʔ 白
18	潮州	pak	bak	peʔ	p'ek	beʔ
19	福州	pœyʔ	møyʔ	paiʔ 文 paʔ 白	paiʔ 文 p'œyʔ 白	meiʔ 文 maʔ 白
20	建瓯	pɛ	mɛ	pa	p'ɛ	ma

均为例外。如果我们对例外作一些具体分析，不用"迫"换一个同韵摄、同组的"拍"字，情形就不太一样了。"拍"双峰音[p'o]，梅县音[p'ɔk]，广州、阳江音[p'ak]，韵母都没有[i]介音，不构成例外。只有厦门"拍"文读[p'ɪk]。（《汉语方音字汇》，第2版 1989）由此看来，曾开一帮组入声字（北墨）与梗开二帮组入声字（伯迫、麦）今

韵母有[i]介音,在现代汉语方言中的确是少有的特点,具有区别性特征,对从现代汉语诸方言中分出晋语具有比较明显的作用。至于江淮方言,从表五可以知道,曾开一帮组字入声韵母与梗开二帮组字入声韵母均无[i]介音,与晋语明显不同。

附 注

① "等"依韵不依声。"足、俗、肃"等均作三等,从中国社会科学院语言研究所《方言调查字表》。

② 参看拙文《论晋语的归属》,载拙著《现代晋语的研究》,商务印书馆,1999 年。

③ 参看刘育林(1990)第 76 页绥德同音字表:[ie](阳平)拍便~宜[ie](去声)棉绵麦陌。

④ 晋语中非腭音声母的舒声字也并非没有[i]介音。例如:平遥"棚子"的"棚"梗开二平耕帮白读 $[pie^{31}]$,"迸开"的"迸"梗开二去诤帮白读 $[pie^{35}]$。桥本先生可惜没有看到这些材料。

⑤ 清徐"麦"无喉塞尾,但入声韵母自成一类与舒声不混。《清徐方言志》称作"平入"。

⑥ 赵元任先生(1948)指出"这个(指'迫'字——引用者)读[pik]的时候多,可认为'训读'为'逼'(跟广州一样)。"

参考文献

侯精一 温端政 1993 《山西方言调查研究报告》,山西高校联合出版社。

温端政 1997 《试论晋语的特点与归属》,《语文研究》第 2 期。

温端政主编 《山西省方言志丛书》:平遥、怀仁、太谷、晋城、陵川、寿阳、襄垣、祁县、文水等 9 种方言志,《语文研究增刊》,1982~1984 年;

长治、忻州、大同、原平、孝义、和顺、文水(修订本)等 7 种,语文出版社,1985~1991 年;

清徐、汾西、沁县、山阴、天镇、武乡、左权、盂县、临县、介休、阳曲等 11 种,山西高校联合出版社,1991～1997 年。

陈章太　李行健　1996　《普通话基础方言基本词汇集》,语文出版社。

贺　巍　1989　《获嘉方言研究》,商务印书馆。

——　1981　《济源方言记略》,《方言》第 1 期。

侯精一主编　《现代汉语方言音库》:《合肥话音档》(李金陵编写),上海教育
　　　　　　出版社,1997 年;《南京话音档》(刘丹青编写),上海教育出
　　　　　　版社,1998 年。

江苏省和上海市方言调查指导组　1960　《江苏省和上海市方言概要》,江苏
　　　　　　人民出版社。

桥本万太郎　1982　《西北方言和中古汉语的硬软腭音韵尾》,《语文研究》第
　　　　　　1 期。

刘育林　1990　《陕西省志·方言志》(陕北部分),陕西人民出版社。

北京大学语言文学系语言学教研室　1989　《汉语方音字汇》(第 2 版),文字
　　　　　　改革出版社。

赵元任　1948　《中山方言》,《史语所集刊》第二十本上册,上海商务印书馆;
　　　　　　科学出版社,1956 年。

　　　　　　(原载《中国语文》1999.2;《纪念中国社会科学院
建院三十周年学术论文集·语言研究所卷》,方志出版社,2007)

本书使用的音标符号

一、国际音标

方法 \ 部位			双唇	舌尖前	舌尖后	舌面前	舌根	喉
辅音	塞音 清	不送气	p	t			k	ʔ
		送 气	p'	t'			k'	
	塞擦音 清	不送气		ts	tʂ	tɕ		
		送 气		ts'	tʂ'	tɕ'		
	鼻音	浊	m	n	ɳ	ȵ	ŋ	
	鼻擦音	浊		nz				
	边音	浊		l				
	擦音	清		s	ʂ	ɕ	x	
		浊		z	ʐ			

	舌尖元音 前	舌尖元音 后	舌面元音 前	舌面元音 央	舌面元音 后
元音 高	ɿ ʮ	ʅ	iy		u
半高			e		ɤo
半低			ɛ ʒ	ə	ʌʊ
低			æ	ɐ	a ɑɒ

说明：上表有几个标准元音本书没有使用，为便于比较也一并列出。

二、 调值符号

本　调	变　调
⌐ 13	∠ 13
⌐ 35	⊢ 35
⌐ 53	⌐ 53
⌐ 51	⌐ 31
⌐ 55	⌐ 535
⌐ 214	

后　记

　　这本《现代晋语的研究》总共收录 37 篇论文,其中多篇先后在《中国语文》、《方言》、《语文研究》以及《晋语研究》上发表过。《晋语研究》1989 年由日本东京外国语大学亚非言语文化研究所刊印,印数很少,只有几百本,国内很难看到。这次能有机会把我在晋语研究方面的论文结集出版,对过去的研究作一个小结,实为幸事。

　　从论文的写作时间看,起于 1980 年止于 1998 年,前后有 18 年,这段时间是我研究工作的黄金年代,是"史无前例的文革"结束之后带给人们可以充分发挥自己力量的年代,只可惜来得太晚了。

　　此次重印的旧作只对其中少数几篇作了修订补充,其中《晋语区的形成》一文改动得最多。多数篇基本上没有什么改动。近年的新作有《论晋语的归属》和《晋语研究十题》两篇文章。《论晋语的归属》一文是我在语言的变化与汉语方言——纪念李方桂先生国际研讨会的发言(西雅图 1998.8)。这篇文章对晋语从北方话分出来补充了一些新的资料,可以看作是对晋语独立成区持异议的同行们的回音。《晋语研究十题》(1997.6)是为余霭芹教授与远藤光晓教授共同主持的《桥本万太郎教授纪念 中国语学论集》而作。近些年我除去继续编辑《中国语文》之外,研究工作的重点已经转到主持《现代汉语方言音库》上了。对晋语的研究几乎停了下来,要全面补充修订旧作已是有心无力了。

对于晋语的研究,在众多同行的辛勤努力下,虽说取得了一些成果,但也只能说是开了一个头儿,应该做的事还很多。例如,从本世纪 80 年代开始的晋语"独立成区"的观点还有待研究者拿出更多的成果给予更加丰满的论证,至于晋语与晋文化的综合研究、晋语的历史研究、古晋语的研究等重要课题几乎还是一片空白。长路漫漫,困难重重。但我想,晋语的丰富资源加上研究者的敬业精神,必将给晋语研究带来丰硕的成果。

在本书出版之际,我首先想到的是引导我走上晋语研究道路并鼓励我以此作为研究方向的已故的丁声树先生。我清楚记得,他多次向我讲起山西话很值得研究。我在平遥调查时,丁先生曾多次复信回答我提出的问题,《释"纠首"》一文(1982)就是丁先生出的题目。同时想到的是多年来给予指导的李荣先生。李荣先生广博的学识和精到的指点,每每使我豁然开朗、受益匪浅。还有温端政先生、贺巍先生以及各位好友多年来对我的鼓励、帮助也是令我难以忘怀的。谨在此一并表示由衷的感谢。还应当感谢的是对本书出版给以支持的商务印书馆,对他们为发展我国语言学事业所做的努力表示敬意。至于书中的疏漏失误,当不在少,期待读者批评指正。

作　者

1997 年 6 月 10 日　于北京